五書五經讀本

懸吐完譯

詩經集傳 上

集傳 朱熹 譯註 朴小東

전통문화연구회

目 次

詩經集傳 卷之三

詩經集傳 卷之四

鄭 一之七 / 232

詩經集傳 卷之五

齊 一之八 / 268

魏 一之九 / 289

詩經集傳 卷之六

唐 一之十 / 304

【中冊】

【下冊】

刊行辭

經은 본래 책을 가리키는 말이다. 후대에 특별히 經을 높여 聖賢의 말씀을 담고 있는 책이라는 의미로 사용하였다. 儒學이 중국문화는 물론 동아시아 사상의 주류를 이루면서 經은 일반적으로 유학의 기본 典籍을 가리키는 용어가 되었다. 따라서 經을 읽지 않으면 유학을 이해할 수 없고, 유학을 이해하지 못하면 중국문화나 동아시아의 문화를 이해할 수 없다.

1960년대 民族文化振興과 民族中興이라는 기치를 내건 정부는 學·藝術界 指導者 50여 분을 모시고 가장 시급한 문화 사업으로 漢文古典飜譯事業에 착수하였다. 光復 후 20여 년이 지났지만 韓國學의 기본 資料이자 교과서인 四書五經의 우리말 註釋書 하나 없던 시절이었다. 그러나 한문고전번역사업에서 東洋古典(中國古典篇)은 우리 古典이 아니라 하여 번역대상에서 제외되었고, 2000년대에 들어와서야 정부에서 얼마간의 보조금을 주기 시작하였다.

본회에서는 1990년대에 이미 四書三經을 비롯한 유학의 기본 古典을 선별하여 번역하였다. 당시 逐字譯의 실력이 없이는 현대어로의 완전한 번역이 불가능하다는 생각을 바탕으로, 동양학 전공 여부를 막론하고 유학을 넘어 동양학의 기본서를 머리맡에 사전처럼 두고 볼 수 있는 번역서를 목표로 東洋古典國譯叢書를 기획·간행하였다. 우리나라 漢文讀法의 전통을 계승하고자 懸吐 방식으로 원문을 정리하고 주석까지 完譯하여, 학계에 기여함은 물론 교육과 일반교양의 필독서로도 널리 인정을 받았다.

당시 오역 없는 번역에 力點을 두었음에도 불구하고 시간이 지남에 따라 쌓인 국내외

연구 성과로 인하여 번역서의 수정도 불가피하게 되었다. 그리하여 2005년 改訂增補版 四書를 발간하기에 이르렀다. 그러나 개정증보판 사서를 발간하면서 과거 先賢들의 註釋書와 국내외의 연구 성과, 시대에 따라 변화하는 언어를 오롯이 담아내지 못한 점을 아쉬워하였다. 이후 사서 이외의 개정증보판 발간을 미루고 고민한 결과, 동양고전국역총서가 20세기 버전으로 그 생명력을 다하였으니 21세기 번역의 표준을 제시할 수 있는 고전번역서를 새롭게 만들어보자는 쪽으로 의견이 모아졌다.

본 '五書五經讀本'은 바로 그 고민을 해결하기 위해 기획하였으며, 傳統과 現代를 아우르면서 역대 국내외 연구 성과를 망라하고 연구자는 물론 동양학 열풍으로 수준이 높아진 일반 독자의 눈높이에 맞춰, 독자의 기호에 따라 연구의 기본자료 또는 교재, 입문서 등으로 다양하게 활용할 수 있는 21세기 標準飜譯書 제공을 목적으로 하였다. 따라서 국내외의 역대 註釋書를 비롯하여 동양고전국역총서 발간 이후 축적된 연구 성과를 종합하였다. 이를 위해 몇 분 안 되는 元老漢學者 또는 전공교수와 일정 수준의 소양을 갖춘 신진학자의 協同硏究飜譯을 지향하였다.

본회에서 처음 추진한 협동연구번역은 후속연구자 양성이라는 측면에서도 큰 의미를 갖는다. 번역을 통해 徒弟式 교육을 받은 신진학자는 앞으로 학계를 이끌어나갈 주역으로서 단단히 자리매김하여 우리나라 학계의 큰 자산이 될 것이다.

또 번역뿐만 아니라 古典籍 정리사업에 따라 각종 校勘·潤文·校訂 등에도 번역수준의 전공자로 구성하는 등 기획부터 출간 단계까지 심혈을 기울였다. 이는 誤謬를 최소화한 표준번역서를 목표로 어느 곳에 내놔도 그 가치를 인정받을 수 있는 名品을 만들기 위한 하나의 노력이었다.

또한 과거에는 상상할 수 없던 모바일 器機의 등장과 대중화는 출판환경과 독서형태를 변화시켰다. 이러한 변화에 발 빠르게 對應하고 시대를 先導하기 위해 '오서오경독본'을 스마트 정보화하였다. 연구자, 교수자, 초학자, 原典을 통해 고전을 읽기 원하는 독자 등 누구나 쉽고 부담 없이 접근하여 동양고전의 참맛을 느낄 수 있을 것이다.

'오서오경독본'은 오류를 최소화하고 스마트화로 접근성을 높인 최상의 표준번역서로

서 동양고전 교육의 훌륭한 밑거름이 되어 학계의 수준을 一新하리라 굳게 확신한다. 또한 지식의 국경을 허물고 있는 인터넷 환경은 그 어느 때보다도 동양고전 情報化의 필요성을 切感(例 : 八佾舞)하게 한다. 따라서 시대의 흐름에 맞춰 '오서오경독본'을 정보화하여 그 활용 가치를 극대화할 계획이다. 이는 본회를 넘어 대한민국이 동북아시아뿐만 아니라 전 세계 동양고전 情報와 教育의 허브로서 중추적 역할을 담당할 것이다.

飜譯은 단순히 다른 言語를 옮기는 행위가 아닌, 한 언어를 사용하는 민족의 사상과 문화 전체를 옮기는 행위인 만큼 고전번역은 과거 聖賢의 사상은 물론 그 당시의 문화와 疏通하는 행위이며, 이는 현재 자신의 문화를 이해하는 尺度라 할 수 있다. '오서오경독본'은 21세기 번역의 표준으로서 우리 한국 고전번역의 수준을 가늠할 수 있는 척도가 되리라 스스로 자부해본다.

'오서오경독본' 시리즈의 첫 출간 시점이 우연히도 전통문화연구회 창립 30주년이 되는 해이다. 30년 동안 동양고전 번역에 무던히 매진하면서 고전의 중요성을 늘 강조하였다. 이제 다시금 내놓는 오서오경독본을 보면서 고전의 맛이 늘 새롭고 無窮함을 새삼 깨달았다. 고전과 씨름하며 지낸 30년 세월을 넘어 '오서오경독본'이 앞으로 30년, 50년을 이어갈 고전번역의 새로운 이정표가 되기를 기대하며, 정부에서도 21세기 東北亞 시대를 인식하여 東洋古典飜譯은 물론 東洋古典情報化에도 特段의 관심을 갖기를 고대한다.

나아가 2000여 년간 한자문화를 기반으로 찬란한 문화를 꽃피운 대한민국이 21세기 東北亞 漢字文化圈에서 다시 눈부신 문화의 융성을 목표로 본회와 관련단체에서 추진하는 先進文化韓國 VISION 2030-2050을 '五書五經讀本'과 '漢文讀解捷徑' 및 '東洋古典情報化'가 앞장서 이끌어 동북아 韓·中·日 三國鼎立과 世界平和에 기여하길 바란다.

2018年 10月 日

社團法人 傳統文化研究會 會長 李啓晃

解 題

이 책은 《詩傳大全》(內閣藏版 庚辰新刊[1])을 底本으로 하여 번역한 것이다. 《詩傳大全》은 明나라 永樂年間(1403~1424)에 편수 간행한 五經大全 중의 하나로 永樂 13년(1415)에 완성된 책이다. 이는 南宋 朱熹(1130~1200)의 《詩集傳》을 저본으로 하여 元나라의 劉瑾(1451~1510)이 편찬한 《詩傳通釋》을 약간의 보완과 수정을 하여 간행한 것으로 전해온다.[2]

元代의 학자들은 모두 朱熹의 해석을 따라 《詩集傳》을 중심으로 箋과 疏를 하였으므로 유근의 《시전통석》도 바로 그중의 하나이다. 明代에도 그대로 이어받아 변함이 없었는데 永樂帝(成祖)의 칙명을 받아 胡廣 이하 揚榮·金幼孜 등 모두 42인이 纂修에 참여하였지만 유근의 책을 기본으로 하였으니, 전체의 시 해석 방식은 朱熹의 《詩集傳》인 것이다.

1. 朱熹 《詩集傳》의 편찬 배경과 특징

1) 편찬 배경

중국 역사상 가장 오래된 詩輯 《詩經》 311편의 詩[3]를 대상으로 西漢時代의 학자 毛

---

1 이 책은 영조 40년(甲申, 1764)에 戊申字(현종 9, 1668)로 처음 간행되었으며, 앞에 〈英宗大王御製文〉이 실려 있다. 부록으로 남겨 참고하도록 하였다.(姜順愛, 〈朝鮮 英祖朝의 圖書編撰 및 刊行에 관한 書誌的 硏究〉, 성균관대학교 석사학위논문, 1982; 박철상, 〈'庚辰新刊內閣藏板' 판각의 전말과 의미〉, 《문헌과 해석》 80, 태학사, 2017 참조)

2 이는……전해온다 : 《四庫全書總目提要》〈經部 詩類 詩傳大全〉

3 《詩經》 311편의 詩 : 아래 "2. 詩에 대한 正義" 이하 詳論 참조.

亨(生卒未詳)이 《詁訓傳》을 짓고, 東漢時代 鄭玄(127~200)이 箋을 더하였다. 또 여기에 唐나라의 孔穎達(574~648) 등이 당시까지 전래해온 여러 자료를 중심으로 자세한 疏를 덧붙여 총정리한 《毛詩正義》가 나왔다. 이후로 모두 異論이 없었으나 宋代에 이르러 歐陽修(1007~1072)의 《毛詩本義》[4]와 蘇轍(1039~1112)의 《詩集傳》[5]이 나오면서 詩學에 대한 새로운 學風이 열리어 종전 시학의 기준이 되었던 漢代의 모형과 정현의 설이 論駁을 받기 시작하였다. 심지어 鄭樵(1104~1162)는 아예 《詩辨妄》[6]을 지어 經文에서 근거할 수 없는 풍자나 찬미 일변도의 시 해석에 대하여 조목조목 비판하였다. 물론 이 논변에 대한 반론을 제기한 周孚(1135~1177)의 《非詩辨妄》[7]도 있었고, 〈詩序〉를 중심으로 해석을 한 呂祖謙(1137~1181)의 《呂氏家塾讀詩記》[8]도 있었지만, 朱熹는 초기의 〈詩序〉 중심의 해석 태도를 바꾸어 就詩解詩의 《詩集傳》을 편찬하기에 이르렀다.[9] 물론 訓詁에 있어서는 모형과 정현의 의견을 많이 따랐지만 해설에 있어서는 〈小序〉를 중심으로 해석했던 漢唐時代의 방식[10]을 반박하고 새로운 뜻을 내세웠다.

---

4 《毛詩本義》 : 총 16권이다. 毛亨의 傳과 鄭玄의 箋에서 古詩의 뜻에 합치하지 않는 부분을 論辨하여 본래의 의미를 판단함으로써 傳과 箋의 오류를 辨證한 책으로 漢代의 시 해석에 대한 문제점 지적을 시도한 책이다.

5 《詩集傳》 : 총 20권이다. 毛詩에서 시 해석의 기준으로 삼는 〈小序〉가 한 사람의 저작이 아니고 毛亨의 詩學을 衛宏이 集錄한 것이라 의심하여 〈小序〉의 첫 부분만 남기고 뒷부분은 모두 삭제하였다. 소철은 〈自序〉에서 "옳은 부분은 채택하여 지금의 傳에 사용하였지만 옳지 않은 부분은 모두 그 잘못된 의미를 밝혔다."라고 하여 자신의 합리성을 강조하였다.

6 《詩辨妄》 : 逸失되어 전하지 않는다. 다만 이를 비판한 周孚의 《非詩辨妄》에서 거론한 조목이 60항목이다. 이 책에서 정초는 〈詩序〉의 저자로 전해오는 子夏를 부정하고, 자하의 이름을 빌린 漢代 학자들의 僞作이라고 단정한 데서부터 시작한다. 정초의 이러한 시 해석의 관점은 朱熹에게 많은 영향을 미쳤다.

7 《非詩辨妄》 : 총 62권이다. 이 책의 특징은 먼저 정초의 변론을 제시한 뒤에 자신의 의견을 개진하여 반론을 펴고 있는 것이다. 이를 근거로 편찬한 근대 학자 顧誦坤(1893~1980)의 《詩辨妄輯本》이 있다.

8 《呂氏家塾讀詩記》 : 총 32권이다. 이는 여조겸이 죽은 다음해(1182)에 간행된 책으로 주희의 서문이 실려 있다. 이 책에는 주희의 초기 시 해석의 태도를 살펴볼 수 있는 주희의 의견이 실려 있다. 주희는 서문에서 자신의 잘못된 초기 해석을 바로잡지 못함을 아쉬워하고 있다.

9 중국……이르렀다 : 아래 詳論하는 "12. 詩學의 傳承史" 참조.

10 〈小序〉를……방식 : 《譯註 毛詩正義》 〈解題〉 참조.

2) 특징

(1) 詩序의 폐기

주희의 《詩集傳》은 앞서 살펴본 바와 같이 宋代의 새로운 시 해석의 學風[11]에 기인한 것이기도 하지만, 주희는 풍자〔刺〕와 찬미〔美〕 일변도의 〈詩序〉 중심의 해석에 일찍부터 의문을 갖고 있었다. 그는 제자들과의 문답에서 〈詩序〉를 따르지 않는 이유에 대해 다음과 같이 말하고 있다.

> "내가 20세 때에 《시》를 읽었는데 〈小序〉는 의미가 없다고 생각되었다. 그래서 〈소서〉를 버리고 시의 내용만으로 음미하니 오히려 더욱 도리에 맞았다. 당초에 鄕先生들에게 물었지만 모두 〈序〉는 버려서는 안 된다는 대답이었다. 그러나 끝내 의심이 풀리지 않았었는데 뒷날 30세 때에 〈小序〉는 漢儒들이 지은 것으로 오류가 이루 말할 수 없다는 것을 확신하였다. 東萊(呂祖謙)는 이에 동의하지 않고 〈序〉만을 따라 해석하여 견강부회한 곳이 허다하였다. 내가 일찍이 그에게 말하였지만 끝내 믿으려 하지 않았다. 그리하여 그가 쓴 《讀詩記》에 〈序〉를 중심으로 해설한 곳이 많았지만 역시 맞지 않는 것은 폐기하였다. 나는 《詩傳》을 지으면서 마침내 《詩序辨說》 1책을 지어 잘못된 곳을 자세하게 변론하였다."[12]

이러한 주희의 詩學은 元나라를 거쳐 明나라에 이르기까지 모두 宗主로 삼아 科擧의

---

11 學風 : 주희는 〈呂氏家塾讀詩記後序〉에서 "唐나라의 초기 儒者들은 수많은 疏義를 지었지만 모형과 정현의 구역을 벗어나지 못하였는데, 本朝(宋)에 와서 劉侍讀(이름은 敞), 歐陽公(이름은 修), 王丞相(이름은 安石), 蘇黃門(이름은 轍), 河南 程氏, 橫渠 張氏 등이 처음으로 자신의 뜻을 이용하여 새롭게 밝힌 바가 있었다. 비록 그 깊이와 적절성은 서로 달랐지만 이후로 305편의 깊은 뜻을 찾아낼 수가 있었으니 이는 齊·魯·韓氏의 傳을 배우지 않아도 학자들은 이미 모형이나 정현의 해석이 전부가 아니라는 것을 알게 되었다."라고 하여 宋代의 脫毛詩 경향의 학풍이 일어나고 있었음을 말하고 있다.

12 내가……변론하였다 : 《朱子語類》 卷80 〈詩一 綱領〉의 내용이다. 〈詩序辨說〉은 《毛詩正義》에서 각 詩篇의 첫머리에 배치되었던 〈小序〉를 다시 모두 모아서 자신의 辨說을 붙여 별도로 1책으로 만들어 앞에다 첨부하였다. 그러나 우리나라에서 간행한 《詩傳大全》에는 이를 삭제하였다. 이 번역본에서는 《시서변설》을 번역하여 제3책에 부록으로 실어 참고하도록 하였다.

표준서로 사용하게 되었고 우리나라도 명나라 영락제 때의《詩傳大全》의 체제를 그대로 이어받아 간행하여 詩經學의 중심으로 삼았다.

⑵ 就詩解詩와 簡明한 해석

주희의《시집전》은 해석이 간결하고 분명하여 이해하기가 쉽다. 篇마다 주요 뜻을 서술하고 장마다 전체의 의미를 말하였다.《毛詩正義》에서 유지한 "疏不破注"의 체제에서 오는 잡다하고 번쇄함을 과감하게 탈피하고 經文에 직접 주석을 달면서도 인용문의 출처도 생략하여 번쇄함을 피하였다. 章과 章, 篇과 篇, 詩와 다른 책의 내용으로 밀접한 내용만 인용하고 나머지는 과감하게 생략하였다. 특히 모든 시를 당시의 諫書로 여겨 諷刺와 讚美 일변도의 해석으로 역사사실에 꿰맞추어 견강부회가 많았던 漢唐의 시학에서 벗어나 就詩解詩의 관점에서 새로운 해석을 하고 있다.

이를테면 〈邶風 柏舟〉는, 毛詩의 〈序〉는 "어질지만 不遇함을 말한 것이다. 衛 頃公 때에 어진 사람은 대우받지 못하고 小人이 군주 곁에 있었다."[13]라고 하였으나, 주희는 "婦人이 남편에게서 사랑받지 못하였다. 그리하여 잣나무 배로 자신에 비유하여 '잣나무로 만든 배는 견고한데도 타지 않아서 정박할 곳이 없어, 둥둥 물에 떠 있을 뿐이다. 그리하여 이렇듯 깊은 시름으로 아프니, 놀면서 근심을 풀 술이 없어서가 아니다.'라고 한 것이다.《列女傳》에 이를 부인이 지은 시라 하였으니, 이제 그 말투를 상고해보면 순하며 나약하고, 또 變風의 첫머리에 있어 下篇과 서로 비슷하니 역시 莊姜의 시가 아닐까 싶다."라고 하였고, 〈小雅 都人士〉는 〈序〉에서 "〈都人士〉는 주나라 사람이 衣服이 법도가 없음을 풍자한 시이다. 옛날의 통치자는 衣服이 일정한 법도가 있었고 행동이 원칙이 있어 백성을 다스리니 백성들의 마음이 통일되었었는데 지금은 그러한 사람을 다시 보지 못함을 안타까워한 것이다."[14]라고 하였는데, 주희는 "난리를 겪은 뒤에 사람들이 다시는 지난날의 흥성했던 도읍과 사람들의 아름다운 모습을 볼 수가 없었다.

---

13 어질지만……있었다 : 言仁而不遇也 衛頃公之時 仁人不遇 小人在側

14 〈都人士〉는……것이다 : 都人士 周人刺衣服無常也 古者長民 衣服不貳 從容有常 以齊其民 則民德歸壹 傷今不復見古人也

그리하여 이 시를 지어서 탄식하고 애석해한 것이다."라고 하는 등, 대부분 시의 내용을 중심으로 새로운 해석을 하고 있음을 볼 수 있는데, 이러한 시 해석에 대한 근거를 자세하게 따져 놓은 것을 별도로 부록한《詩序辨說》에서 확인할 수가 있다.

(3) 賦·比·興의 詩體 分類

章마다 賦·比·興을 표시하여 詩體의 특성과 아울러 시 해석의 지침을 제시하고 있어 첫 번째 장에 興만 표시한 毛亨의 傳과 비교된다. 이는《시경》의 예술적 作法을 구별하게 하는 것으로《시경》의 注疏史上 새로운 것으로 이해된다.

그리고 賦·比·興에 대하여 "賦는 그 일을 바로 서술하여 直言한 것이다."와 "比는 저 물건으로 이 물건을 비유한 것이다."와 "興은 먼저 다른 사물을 말하여 읊고자 한 말을 이끌어 오는 것이다."라고 분류의 정의를 제시하여 詩의 作法과 이에 따른 해석을 할 수 있도록 명쾌한 지침을 제공하고 있다. 좀 더 자세한 내용은 아래 "11. 詩의 六義"에서 논하였다.

(4) 涵泳道德 修身齊家書로서의 詩學

讚美와 諷刺로만 해석하는 漢唐時代의 詩學 전통을 완전히 바꾸어서 涵泳道德과 修身齊家 治國平天下를 讀詩의 最終目的으로 삼는 宋代의 理學적인 해석의 기준을 제시하였다. 주희는〈自序〉에서 "《詩經》이 아래로는 인간의 일이 흡족하고 위로는 하늘의 도리가 갖추어져 한 가지 이치도 구비되지 않음이 없는 이유이다."[15]라고 주장하고, "모든 詩語는 선한 것은 사람의 선한 마음을 감동시켜 일어나게 하고 악한 것은 사람의 방탕한 생각을 징계하도록 하니, 그 말들은 결국 사람들이 올바른 性情을 갖도록 하는 것일 뿐이다."라고 하여 분명 詩에는 美醜와 善惡이 있지만 그를 통하여 자신이 경계하여 從善棄惡을 할 수가 있고, 분명 詩에는 三綱五常의 天理가 있어 이를 통하여 자신의 감정이 본성을 충동하는 인욕을 억제할 수 있을 것임을 주장하였다. 이런 기준으로 일부 戀愛와 婚姻의 시를 해석하여 남녀가 올바른 禮를 갖추지 않고 서로 좋아하는 시

---

15 《詩經》이……이유이다 : 所以人事浹於下 天道備於上 而無一理之不具也

를 '刺淫' 또는 '淫奔'이라는 말로 표현하였다. 그리고 學詩의 효과에 대하여 다음과 같이 결론한다.

> "章과 句로써 큰 벼리를 삼고, 訓詁로써 작은 벼리를 삼고, 읊조리고 노래 불러 의미를 밝게 알고 충분히 마음에 체득하여, 性과 情의 은미한 사이를 살피고, 말과 행동의 중요한 始初를 살핀다면 몸가짐을 잘하여 집안을 다스림에 이르고, 천하를 공평하게 다스리는 도리도 다른 데서 구할 필요 없이 여기에서 얻어질 것이다."[16]

2. 詩에 대한 正義[17]

《尙書》〈堯典〉에 "詩言志 歌永言"이라 하여 자신의 뜻을 말한 것을 詩라 하고, 《國語》〈魯語 下〉에서는 "詩所以合意 歌所以泳詩也"라 하여 시는 생각에 맞고 노래는 시를 읊조리는 것이라 하였다. 《毛詩》의 〈序〉에서도 "詩者 志之所之也 在心爲志 發言爲詩"라 하여 시는 뜻이 지향하는 것인데 마음속에 두면 뜻이고 말로 하면 시가 된다 하였고, 《禮記》〈樂記〉에도 "詩 言其志也"라 하였다. 孔穎達은 '詩'의 뜻풀이에 대하여 《毛詩正義》〈詩譜序〉의 疏에서 "詩字에는 세 가지 풀이가 있는데 '承'과 '志'와 '持'이다. 시를 짓는 자가 君政의 善과 惡을 받들어〔承〕 자신의 뜻〔志〕을 기술해 시를 지으니, 이 때문에 사람의 행동을 지켜〔持〕 실추시키지 않게 한다. 그리하여 하나의 이름에 세 가지의 풀이가 있는 것이다."라고 하였다. 이를 정리해보면, 시는 사물에 대하여 느끼는 개인의 생각을 기록으로 표현한 것이라 정의할 수 있을 것이다.

---

16 章과……것이다 : 章句以綱之 訓詁以紀之 諷詠以昌之 涵濡以體之 察之情性隱微之間 審之言行樞機之始 則修身及家 平均天下之道 其亦不待他求而得之於此矣

17 詩에 대한 正義 : 이하 내용은 詩學에 대한 이해를 돕고자 《譯註 毛詩正義》〈解題〉를 수정보완하여 轉載하였다.

3. 詩의 起源

그러면 이러한 시가 어느 시대에 처음 지어지기 시작하였을까? 東漢末의 經學家 鄭玄은《毛詩正義》〈詩譜序〉에서, 大庭(神農) 이후로 비로소 여러 악기가 만들어진 것을 근거로 노래가 있었을 것이라 추정하고 노래가 있었으면 시가 있었을 것이라 의심하였지만, 악기가 꼭 노래와 같이 연주하는 것은 아니고 보면 반드시 시가 있었을 것이라 할 수 없고, 또 經書에 그 시대의 詩歌에 대한 기록이 보이지 않기 때문에 당시에 시가 있지는 않았을 것이라 의문하는 말로 결론짓는다.

정현은 또 "《尙書》〈舜典〉에 '詩는 뜻을 말하는 것이고, 歌는 말을 길게 하는 것이고, 聲은 긴 노래를 따르고, 律은 聲과 조화를 이룬다.'[18]라고 하였으니, 그렇다면 詩의 道는 이에서 시작한 것이다."라고 주장하였다. 여기에서 인용한 내용은 舜帝가 신하 夔에게 음악을 주관하도록 명하고서 詩와 歌, 聲과 律 등에 대하여 설명한 것이다.《尙書》는 경전 중에서 詩歌에 대하여 말한 것으로는 가장 앞선 시기의 책이다. 그리하여 '詩의 道'가 이때에 시작되었다고 말한다.

그러나 이후 夏나라가 계승했을 것이지만 전해오는 기록이 없고, 商나라에 와서는 風과 雅는 없고 商頌만이 남아 있다. 이에 대하여 孔穎達은 "〈商頌 殷武〉에서 '成湯이 下國에 명하여 그 복을 크게 세웠다.' 하였으니, 분명 성탕의 政敎가 차츰 일어나 역시 風과 雅가 있었을 것이다. 商나라와 周나라는 서로 이어져 세월이 많이 지나지 않았는데도, 商風과 商雅는 없고 商頌만 있으니, 이는 周나라 때에 버리고 채록하지 않은 것이다."라고 하였다. 그리고 그 이유로 "風과 雅의 詩에는 '論功頌德'과 '刺過譏失'의 두 가지 일만 있다. 따라서 이전 왕조의 風과 雅는 다시 기록할 필요가 없었던 것이다. 그러나 頌의 경우는 이전 왕조의 지극히 아름다운 詩이니, 이전 왕조를 공경하였기 때문에 채록한 것이다."라고 하여 商代에는 시가 갖추어졌을 것이지만, 周代에서 선별하여 채록하였을 법한 이유를 설명하였다. 그리고 지금 우리가 보는 시는 周代에 채록한 시로

---

18 詩는……이룬다 : 詩言志 歌永言 聲依永 律和聲

風·雅·頌이 갖추어 전해오는 것이다.

4. 詩의 效用

1) 의사소통의 도구 詩

그러면 이러한 시가 어떻게 해서 지어지고 어떻게 사용되었는가? 공영달은 "《尙書》〈益稷〉에 舜임금이 '樂官이 받아들일 수 있는 말을 때에 맞게 전파하여 바로잡으면 받들어 등용하고 그렇지 않으면 위엄을 내려라.'[19]라고 하였으니, 이는 순임금이 群臣들을 가르쳐 그들로 하여금 詩를 사용하게 한 것을 설명한 것이다. 이는 시를 가지고 規諫한 것이니 舜임금 때 이미 그렇게 한 것이다."라고 하여 시가 上下간에 의사소통의 기능을 담당했음을 밝히고 있다. 같은 篇에는 실제 舜帝와 皐陶가 서로의 의견을 노래로 주고받는 내용이 있다. 그러나 五霸의 말기에는 소통할 王이 없어져 시가 지어지지 않았다고 한다. 공영달은 또 〈詩譜序〉의 疏에서 다음과 같이 말한다.

> "《春秋公羊傳》 僖公 원년에 '위로는 천자가 없고 아래로는 方伯이 없어 天下의 諸侯 중에 서로 滅亡시키는 자가 있을 때에 桓公이 구제할 수 없으면 이를 수치로 여겼다.'[20] 하였으니, 이는 바로 齊 桓公과 晉 文公이 賞善罰惡을 하였던 것이다. 그 뒤로는 다시는 霸君이 없어 賞善罰惡을 할 수 없었으니, 이것이 天下의 기강이 없어진 것이다. 그러니 설사 詩를 짓더라도 끝내 아무런 보탬이 없었다. 그리하여 어진 자들이 다시는 시를 짓지 않았으니, 이는 왕의 은택이 다 없어진 것에서 말미암은 것이다."

이를 정리해보면, 시는 위와 아래가 서로의 의사를 소통하는 도구로 작용하였음을 말한다. 크게는 천자와 제후, 백성들과 관료간의 의사소통과 작게는 남녀간에 사랑의 감

---

19 樂官이……내려라 : 工以納言 時而颺之 格則承之庸之 否則威之

20 위로는……여겼다 : 上無天子 下無方伯 天下諸侯有相滅亡者 桓公不能救 則桓公恥之

정을 소통하는 매개 역할을 하였음을 알 수 있다.

2) 詩의 교육효과

詩敎라는 말은《禮記》〈經解〉에 처음 나온다. "공자가 말하였다. '그 나라에 들어가면 그 나라의 교화에 대하여 알 수가 있다. 사람들이 溫柔하고 敦厚하면 詩로 敎化함이고……'"[21]라고 하였는데, 이는 六經의 교육에 따른 사회적인 효과를 말하는 부분 중에 시의 교육적 효과를 말한 것이다. 그 나라에 들어가서 그들의 풍속을 살펴보았을 때 말이 온화하고 성품이 너그러우면 그것은 詩敎의 효과라는 것이다. 시는 樂歌로 바뀌어 사람의 感興을 쉽게 불러오기 때문에 그 효과가 情感적이어서 온화하고 너그러운 품성을 유지하게 된다는 것이다.

《論語》에도 시의 중요성에 대하여 언급한 내용이 많다. 〈陽貨〉에, 제자들에게 시를 배울 것을 권장하면서 시의 효용에 대하여,《시경》의 구성된 내용을 기준으로 그 교육효과를 말한다.[22] 채집되고 정리되고 작곡되어 연주되는 과정을 거친 詩歌에서 다양한 사유와 감정에 同調하면서 얻어지는 것들을 말한 것이다. 특히 어렵고 괴롭고 슬프고 원망스러운 상황에 대해서도 은유적인 표현으로 완곡하게 자신의 의사를 표현할 줄 알게 된다는 것은 시의 효과에 대해 가장 많이 언급되는 가치이기도 하다. 이는 詩學이 사회성을 높여주는 것으로 이해된다.

《論語》〈季氏〉에서는 아들 伯魚에게 "시를 배우지 않으면 말을 할 수가 없다."[23]라고 하였고, 〈陽貨〉에서도 "사람이 周南과 召南을 배우지 않으면 얼굴을 담장에 대고 서 있는 것과 같다."[24]라고 하였다. 여기서 말하는 주남과 소남은《詩經》의 첫 편에 나오는 것으로,《詩經》을 상징적으로 표현한 것이라는 설과, 正風이기에 특히 더 중요하게 지

---

21 공자가……敎化함이고 : 孔子曰 入其國 其敎可知也 其爲人也 溫柔敦厚 詩敎也

22 《시경》의……말한다 : "詩는 선한 마음을 일으키게 하고, 정치의 잘잘못을 살펴볼 수 있게 하며, 어울려 사는 도리를 알게 되고, 불만과 원망을 표현하는 방법을 알게 되며, 가까이는 어버이를 섬기고 멀리는 군주를 섬기는 도리를 알게 되고, 鳥獸와 草木의 이름도 많이 알게 된다.〔詩可以興 可以觀 可以群 可以怨 邇之事父 遠之事君 多識於鳥獸草木之名〕"

23 시를……없다 : 不學詩 無以言

24 아들……같다 : 子謂伯魚曰 女爲周南召南矣乎 人而不爲周南召南 其猶正牆面而立也與

적한 것이라는 설도 있지만, 어쨓든 詩는 자신의 감정을 다양하게 표현하는 기교가 담겨 있고, 그러한 표현 기법을 익혀야 자신의 감정을 올바르게 표현할 줄 알게 된다는 것이다.

이는 개인의 대인관계에서만 그런 것이 아니라 국가 간의 외교에서도 흔히 詩歌로 의사를 표현하는 외교적인 修辭로 활용되었다. 이에 대한 가르침으로 《論語》〈子路〉에서 "詩 300편을 줄줄 외우면서도 政事를 맡겨주면 제대로 다스리지 못하고, 다른 나라에 사신으로 가서 독립적으로 외교에 대응하지 못한다면 아무리 시를 많이 외운다 한들 무엇에 쓰겠는가."[25]라고 하였다. 春秋時期에는 외국사신을 접대하는 연회에서 詩歌로 상징적인 의미를 표현하고 사신도 詩歌로 응대하였다. 《春秋左氏傳》에 인용된 시가 130여 곳이나 되는 것도 이를 의미한다.

《論語》〈述而〉에는 "子所雅言 詩書執禮 皆雅言也"라는 말이 있다. 朱子는 "雅는 常이다." 하여 "공자가 늘 말한 것은 《詩》와 《書》와 禮를 행하는 것이었다."라고 해석하였지만, 西漢의 經學家 孔安國은 "雅言은 正言이다."라고 하였다. 당시 周 王朝가 衰落하고 諸侯들이 발흥하면서 方言이 盛行하니, 詩 300편의 내용이 상호간 교류하는 수단으로 사용되었고, 따라서 《詩》나 《書》를 읽을 때와 禮를 행할 때에는 모두 표준어〔正音〕로 말하였다는 해석이다. 그런 의미에서 본다면 "不學詩 無以言"이라는 말도 시를 正音으로 배워야 비로소 대화할 수 있다는 해석도 가능할 것이다.

이렇듯이 시는 개인의 품성을 올바르게 함양하는 효과와 자신의 감정을 표현하고, 국가 간의 외교에서도 반드시 알아야 하는 학문이었던 것이다. 詩와 禮와 樂은 불가분의 관계로 국가의 올바른 풍속을 형성하는 데 없어서는 안 되는 것이었다. 《論語》〈泰伯〉에서는 "詩에서 善한 마음을 일으키고, 禮를 행하여 자신의 위치를 확립하고, 樂에서 완성한다."[26]고 하여 詩禮 교육의 중요성을 말하였다.

---

25 詩……쓰겠는가 : 誦詩三百 授之以政不達 使於四方 不能專對 雖多亦奚以爲

26 詩에서……완성한다 : 興於詩 立於禮 成於樂

5. 詩와 樂의 관계

《周禮》〈春官 大司樂〉에 "樂語로 國子를 가르치니, 興과 道와 諷과 誦과 言과 語이다."[27]라고 하였는데, 여기에서 말하는 樂語는 詩를 말한다. 《周禮》〈春官 大司樂〉에는 이외에도 國子를 가르치는 방법으로 '樂德'과 '樂舞'[28]를 제시하고 있다. 이를 중심으로 살펴보면 周代에는 詩와 樂이 매우 긴밀한 관계여서, 樂은 전체를 말하는 명칭이고 그 구성 내용은 詩였음을 알 수 있다.

《禮記》〈樂記〉에 "德은 性의 단서이고 樂은 德의 표현이며, 金·石·絲·竹은 樂의 기구이다. 詩는 뜻을 말하는 것이고, 歌는 말을 길게 하는 것이며, 춤은 몸을 움직이는 것이다. 세 가지는 마음에 뿌리가 있으니 그런 뒤에야 악기가 따르는 것이다. 그런 까닭에 정감이 깊어서 문채가 선명하고, 기운이 왕성하여 조화가 신비롭다. 和順함이 속에 쌓여 그 광채가 밖으로 드러나는 것이니, 오직 음악은 거짓으로 할 수가 없다."[29]라고 하였다. 이는 《周禮》의 樂語·樂德·樂舞를 하나로 보아 더 한층 깊이 있게 표현한 말이다. 따라서 周代에는 詩와 樂의 관계가 둘이면서 하나이었음을 알 수가 있다.

그렇다면 우리가 보는 소위 詩 300篇은 모두 樂曲이 있었을까? 司馬遷의 《史記》〈孔子世家〉에는 "시 305편을 공자가 모두 弦歌하여 韶와 武와 雅와 頌의 音에 맞도록 하였다."[30]는 기록이 있다. 이는 《詩經》의 시마다 모두 樂曲이 있었다는 근거이다. 이보다 앞서 吳나라의 季札(B.C. 576~B.C. 484)이 魯나라에 와서 周樂을 감상할 때에도 周南부터 檜風까지 차례로 들었다는 기록도 이를 증명하는 것이다.

---

27 樂語로……語이다 : 以樂語教國子 興道諷誦言語

28 國子를……樂舞 : 樂德으로 國子를 교육하고……樂舞로 國子를 교육하는데, 雲門·大卷·大咸·大磬·大夏·大濩·大武의 춤을 춘다.〔以樂德教國子……以樂舞教國子 舞雲門大卷大咸大磬大夏大濩大武〕

29 德은……없다 : 德者 性之端也 樂者 德之華也 金石絲竹 樂之器也 詩言其志也 歌 詠其聲也 舞 動其容也 三者本於心 然後樂器從之 是故情深而文明 氣盛而化神 和順積中 而英華發外 唯樂不可以爲僞

30 305편을……하였다 : 三百五篇 孔子皆弦歌之 以求合韶武雅頌之音

6. 現在의《詩經》

현재 우리가 보는《詩經》은 모두 311篇이다. 그중에 小雅의 6편은 笙詩로 제목만 있고 가사가 없기 때문에 실제는 305편이다. 작품은 風·雅·頌 세 부분으로 편성되어 있으며, 風은 15개 나라의 國風으로 총 160편이고, 雅는 小雅와 大雅로 나누어, 小雅는 74편인데 가사가 없는 笙詩 6편을 합치면 총 80편이며, 大雅는 31편이다. 頌은 周頌·魯頌·商頌이다. 周頌은 31편, 魯頌은 4편, 商頌은 5편이다.

7. 詩作品의 蒐輯

《漢書》〈藝文志 六藝略〉에 "옛날에 시를 채집〔采詩〕하는 관원을 두어서 王者가 풍속을 관찰하고 정치의 잘잘못을 알아 스스로 바로잡았다."[31]라고 하였는데, 周代의 采詩官은 바로 太師이다.《禮記》〈王制〉에 "天子는 5년에 한 번 巡狩하니, 그해 2월에 동쪽으로 巡狩하여……太師에게 명하여 詩를 진열하게 하여 民情과 風俗을 살폈다."[32]라고 하고,《漢書》〈食貨志〉에도 "孟春에 무리지어 살다가 흩어지려 할 때가 되면, 行人이 木鐸을 흔들며 도로를 순행하면서 采詩하여 太師에게 바치면 音律에 맞추어서 天子에게 들려준다. 그리하여 王者는 백성들의 집을 돌아다니면서 엿보지 않고도 천하의 상황을 알게 된다."[33]라고 하였다.

우리가 보는 현재 詩의 전래는, 첫째는 周朝에 민간 가요를 채집하는 官員을 사방에 파견하여 민간에서 불리는 詩歌를 채집하여 朝廷에 바쳐 民情과 風俗을 관찰함으로써 그 지역 정치의 잘잘못을 판단하는 자료로 삼았다는 것과, 둘째는 周朝에 獻詩하는 제

---

31 옛날에……바로잡았다 : 古有采詩之官 王者所以觀風俗知得失 自考正也

32 天子는……살폈다 : 天子五年 一巡守 歲二月 東巡守 至于岱宗 柴而望祀山川 覲諸侯 問百年者 就見之 命大師陳詩 以觀民風

33 孟春에……된다 : 孟春之月 群居者將散 行人振木鐸徇于路 以采詩 獻之太師 比其音律 以聞於天子 故曰王者不窺牖戶而知天下

도가 있어서 公·卿·大夫가 천자에게 獻詩하였다는 것이다.

8. 詩의 生成時期와 構成 내용

이러한 詩歌가 저작된 시기는 가장 이른 시기로는 西周 초기에서 가장 늦은 시기로는 春秋五霸時代까지 상하 500여 년의 시기에 걸쳐 지어지고 수집된 시가들이다. 文王과 武王이 周나라의 터전을 세우고 成王과 康王의 시대로 내려오면서 문화의 황금기를 이루었다. 그러나 昭王과 穆王 이후 점차 통치력이 쇠락하여 厲王은 쫓겨나고 幽王은 피살되고 平王은 東遷하기에 이르러 소위 春秋時期로 접어든다. 춘추시기는 周王室이 극도로 衰微해져 제후들이 跋扈하고 夷狄들이 번갈아 침략하여 천하가 혼란하게 되었다. 이러한 장기간의 시기에 지어진 詩歌는 당시의 사회상을 보여주는 歷史詩라 할 것이다. 이렇게 수집된 시를 風·雅·頌으로 분류 구성하였다. 그 구성별 내용을 살펴보면 다음과 같다.

1) 國風

15개 지역에서 불리던 民間詩歌로《詩經》의 精華이다. 남녀간의 애정을 노래한 시, 노동의 아름다움을 노래하고 賦役에 나간 이의 고향을 그리는 시, 전쟁에 나간 남편을 그리는 시, 학정에 시달려 원망하고 분노하는 시 등으로, 당시 민간의 애환과 풍속의 변화를 엿볼 수 있는 시들로 구성되었다. 風의 국가별 순서와 내용을 살펴보면, 周南 11편, 召南 14편, 邶風 19편, 鄘風 10편, 衛風 10편, 王風 10편, 鄭風 21편, 齊風 11편, 魏風 7편, 唐風 12편, 秦風 10편, 陳風 10편, 檜風 4편, 曹風 4편, 豳風 7편이니, 이는 현재의 우리가 보는 순서와 편수이다.

하지만 元代의 학자 朱倬의 저술인《詩經疑問》卷1의 내용을 보면, 15國風이 공자의 刪詩 이전에 季札이 魯나라에서 음악을 감상할 적에 들은 순서, 공자가 정리한 이후의 순서, 그리고 東漢의 정현이《詩譜》에서 정한 순서가 다르다. 물론 현재 우리가 보고 있는 朱子의《詩經集傳》은 공자가 정한 것과 같다. 표로 정리해보면 다음과 같다.

季札	周南	召南	邶	鄘	衛	王	鄭	齊	豳	秦	魏	唐	陳	檜	曹
孔子	周南	召南	邶	鄘	衛	王	鄭	齊	魏	唐	秦	陳	檜	曹	豳
詩譜	周南	召南	邶	鄘	衛	檜	鄭	齊	魏	唐	秦	陳	曹	豳	王

이를 보면 공자가 删詩正樂하기 이전에 노나라에는 정리된 15국의 風詩가 악가로 연주되고 있었다는 것을 의미한다. 표에서 공자가 删定한 것을 기준으로 비교해보면 周南부터 衛風까지는 모두 같고, 季札 당시와는 齊風까지 같다. 《詩譜》는 檜風을 鄭風 앞에 둔 것과 王風을 가장 뒤에 배치한 것이 다르다.

이에 대하여 공영달은 "周南과 召南은 國風의 正經이므로 본디 처음이 되어야 하지만, '衛'이하 10여개 나라는 이들의 선후를 정한 것이 예부터 분명한 설명이 없고 공자께서 돌아가신 지 오래되어 알기가 어렵다."라고 하여 이유를 파악하기 힘들다 하였다. 그러면서도 몇 가지 의문을 제시한다. 나라의 성립된 순서로 따지더라도 맞지 않고, 시가 지어진 순서로 따져도 맞지 않고, 국가의 크기로 따져도 맞지 않다는 의견을 제시하고 나름대로 국풍 순서의 기준을 추정한다.

공영달은 〈國風 關雎〉의 疏에서 그 이유를 "아마도 먼저 봉해진 것의 善否를 추적하고 그 시의 美惡을 참작하며, 그 당시 政事의 得失을 징험해보고 그 나라의 大小를 상고하여 순서의 마땅한 것을 짐작하여 그 순서로 삼았을 것이다."라고 하고, 이어서 "邶·鄘·衛는 商나라 紂王의 京畿 천 리 안에 있고 邶風의 〈柏舟〉가 지어진 시기는 夷王의 때이다. 衛나라는 康叔이 남겨준 공적과 武公의 훌륭한 덕이 있었으며, 어머니가 같은 아우로서의 배경과, 周나라에 들어가 이룬 공로가 있었다. 文公은 멸망한 나라를 다시 부흥하고 楚丘로 옮겨 다시 부강하게 하였으며 영토가 넓은데다 詩도 이른 시기에 지어졌으므로 變風의 首篇으로 삼았다. 衛風을 首篇으로 삼았으니 邶와 鄘은 衛나라가 멸망시킨 나라로 풍속이 비록 다르지만 찬미한 것과 풍자한 것은 같기 때문에, 지어진 선후에 따라 邶風과 鄘風을 衛風의 앞에 두었다."라고 하여 여러 가지 조건을 따져서 배치하였음을 설명한다.

특히 鄭玄은 《詩譜》에서 檜風과 王風을 바꾸어 배치한 이유에 대하여는 "鄭나라가 虢과 檜의 지역을 차지하였기 때문에 마치 邶와 鄘이 衛나라에 병합된 것과 같은 경우로 파악하여 鄭나라의 앞에 檜를 배치한 것이고, 王風을 맨 뒤에 둔 것은 뒤로 이어지는 雅·頌과 같이 王의 시대를 말한 것이기 때문이다."라고 해석한다. 그러면 공자는 왜 豳風을 가장 뒤에 배치하였는가? 그 의미를 隋나라의 經學家 王通(584~617, 諡는 文中子)이 그의 제자 程元과의 대화에서 밝힌 것에서 확인해볼 수 있다.

> "程元이 文中子에게 '감히 묻겠습니다. 豳風은 어떤 風입니까?' 하자, 文中子는 '變風이다.' 하였다. 정원이 '주공 때에도 變風이 있었습니까?' 하자, 문중자가 '君臣間에 서로 꾸짖었으니 正이라 하겠는가. 成王이 끝내 주공을 의심하였다면 風이 마침내 변했을 것이다. 주공의 至誠이 아니었다면 누가 끝내 이를 바로잡을 수 있었겠는가.' 하였다. 정원이 '變風의 맨 끝에다 둔 것은 어째서입니까?' 하자, 문중자는 '夷王 이후로 변풍이 다시 바루어지지 못했으니, 夫子께서 이를 서글퍼하신 것이다. 그리하여 豳風으로 끝마쳤으니, 變을 바로잡을 수 있음은 주공만이 가능하다는 것을 말한 것이다. 그리하여 正에 붙인 것이니, 변하면 능히 바루고 위태로우면 능히 붙들어서 시종 그 근본을 잃지 않은 것은 오직 주공뿐일 것이니, 빈풍에 붙인 뜻이 원대하다.' 하였다."

공영달도 "豳風은 周公의 일을 노래한 것으로 周公을 높이고자 하여 온전한 하나의 나라로 여겼다. 그리하여 여러 國風의 뒤와 小雅의 앞에 두어 國風과 小雅의 아름다움을 겸하게 하려 하였으니 일반 列國의 예가 아니다."라고 하여 역시 왕통의 의견과 같이 한다. 이러한 차서는 본디 太師가 정한 것을 공자가 산정하면서 다시 정한 것으로 파악하였다. 西晉의 경학가 杜預(222~285)도 지금의 순서는 공자가 정한 것이고 그 이전에는《春秋左氏傳》에 기록된 계찰이 觀樂할 때의 순서와 같았을 것이라 생각하였다.

그러나 공영달은《儀禮》〈鄕飮酒〉"無筭樂"의 註에서 "군왕의 燕禮樂은 일정한 順序나 回數가 없이 기호에 따라 합주하기도 하고 순서를 뒤섞어서 연주하기도 하여 즐거움을 만끽하고 나서야 그친다."라고 한 것을 들어, 季札이 觀樂할 때에도 그렇게 하였을 것이지 꼭 순서대로 연주한 것은 아닐 것이라 해석하여 특별한 의미를 부여하지 않았다.

2) 小雅와 大雅

小雅는 西周의 晩年과 東遷 이후의 詩歌이다. 대부분 貴族들 祭祀의 詩歌로 豐年의 기원과 조상의 덕을 칭송하는 내용이며, 일부분은 전쟁과 勞役에 관한 민간의 시가도 있다. 大雅도 西周時代의 시로, 宴會와 祭祀의 樂歌 이외에 백성들의 바람과 풍자의 시로 구성되어 있다. 작자는 대부분 貴族文人으로 추정된다.

3) 頌

宗廟祭祀의 악가이다. 周頌은 周 武王이 商나라를 멸한 서주 초기(B.C. 1066)에 저작된 것으로 당시 귀족문인의 작품이다. 宗廟에서 연주하는 악가로 조상신의 업적을 찬미하는 내용이 대부분이다. 魯頌과 商頌은 모두 周室이 東遷(B.C. 770)한 이후의 저작이다.

9. 詩의 作者

詩의 작자를 상고할 수 있는 것으로는 직접 시에 작자의 이름이 등장하는 5편뿐이다. 바로 〈小雅 節南山〉의 家父, 〈小雅 巷伯〉의 孟子, 〈大雅 崧高〉와 〈大雅 烝民〉의 吉甫, 〈魯頌 閟宮〉의 奚斯이다. 그리고 직접 밝힌 것은 아니지만 작자를 추정해볼 수 있는 것으로는 〈邶風 燕燕〉의 衛 莊姜과 〈鄘風 載馳〉의 許穆夫人이 있다. 대부분의 시는 民間閭巷의 가요로 작자가 밝혀져 있지 않다. 詩人이 당시 상황을 풍자하고 찬송하며 원망하고 슬퍼하는 심정을 시가로 지어 불렀기 때문에 별도의 이름을 드러내지 않은 것으로 파악한다.

10. 詩의 生産 地域[34]

詩가 생산되고 채집된 지역은 매우 넓다. 黃河 以北에서부터 江·漢 流域에 이르기

34 黃覺弘, 〈《毛詩序》成于貫長卿考〉, 《中華文化論壇》(2009. 03期, 南京師範大學文學院)

까지 넓은 지역이 포함되어 陝西·山西·河北·山東省 등에까지 미친다.

國風 중에 周南과 召南의 詩篇은 주요 생산지역이 南方에 있어 長江·漢水·汝水의 流域까지 포괄되고, 風을 채집한 범위는 河南의 臨汝·南陽과 湖北의 襄陽·南漳·宜昌·江陵 등지까지 이른다.

邶와 鄘과 衛는 殷商의 首都지구로 지금 河北의 磁縣과 河南의 濮陽·安陽·淇縣·滑縣·汲縣·開封·中牟와 山東의 東明 등지가 포함된다.

王風의 詩歌는 주로 洛邑에서 채집된 것이니, 지금 하남의 洛陽·偃師·鞏縣·孟縣·沁陽·溫縣 등지가 포함된다.

鄭風과 檜風의 詩歌는 지금 하남의 鄭州·新鄭·滎陽·密縣 등지에서 채집된 것이고, 齊風의 詩歌는 山東 대부분 지역에서 채집된 것이고, 魏風의 詩歌는 지금 山西의 芮城 東北에서 채집된 것이고, 唐風의 詩歌는 지금 山西省의 翼城·曲沃·絳縣·聞喜 등지에서 채집된 것이고, 豳風의 詩歌는 지금 陝西의 旬邑과 彬縣에서 채집된 것이고, 秦은 最初는 지금 甘肅의 天水 부근이고, 뒤에는 陝西境內까지 옮겨 갔다.

陳은 지금 河南의 淮陽에 있었으므로 河南의 柘城과 安徽의 亳縣까지 포괄하고, 曹는 지금 山東省의 菏澤·定陶·曹縣 등지에 있었다. 大雅와 小雅의 詩歌는 대체로 鎬京(西安)과 洛邑(洛陽)에서 생산되었고, 周頌의 詩歌도 鎬京에서 생산되었다. 魯頌의 詩歌는 山東의 曲阜에서 생산되고, 商頌의 詩歌는 宋國의 作品으로, 宋國의 도읍인 지금의 河南 商丘에서 생산된 것이다.

11. 詩의 六義

《周禮》〈春官 大師〉에 "六詩를 가르치니, 風과 賦와 比와 興과 雅와 頌이다." 하였는데, 鄭玄은 註에서 "'風'은 賢聖 治道의 남은 교화이고, '賦'의 뜻은 鋪이니 지금 政敎의 善惡을 곧바로 말한 것이고, '比'는 지금의 잘못을 보고서 감히 바로 말하지 못하여 비슷한 것을 가져다 말한 것이고, '興'은 지금의 아름다움을 보고 아첨한다 할까 싶어 좋은 일을 가져다 비유하여 권장한 것이고, '雅'는 바름이니 지금의 바름을 말하여 후세의 법으로 삼게 한 것이고, '頌'의 뜻은 誦이니 容이다. 지금의 덕을 외워서 널리 찬미한 것이다."라고 하였다. 이는《毛詩正義》의 風·雅·頌의 찬미와 풍자에 관한 說을 가져다 해석한 것으로, 毛詩 〈大序〉의 六義와 같은 해석이다.

다만 風·雅·頌과 賦·比·興은 성격상 같은 범주로 논하기에는 차이가 있다. 前者는 시의 文體를 구분하는 것에 가깝고, 後者는 시를 짓는 方式에 가깝기 때문이다. 따라서 風·雅·頌은《시경》편찬에서 篇目 분류의 기준으로 삼았고, 賦·比·興은 시마다 표현 방식의 분류 형식으로 사용하고 있음을 볼 수 있다.

공영달은 疏에서 "風·雅·頌은 詩篇의 다른 文體이고, 賦·比·興은 詩文의 다른 수사법이다. 형태가 다른데도 같이 '六義'가 된 것은 賦·比·興은 시의 作用이고, 風·雅·頌은 시의 모습이다. 저 賦·比·興 세 가지로 이 風·雅·頌 세 일을 이루었다. 그리하여 같이 六義라 한 것이다." 하여 실제로는 다르지만 서로 어울려 詩篇을 이루었기 때문에 같이 六義라고 표현한 것이라 정의하고 있다.

그러나 지금의《毛詩》에는 興만을 표시하였고 賦와 比는 구분하여 표시하지 않았다. 鄭玄은《鄭志》에서 제자 張逸의 "어느 시가 比·賦·興에 가깝습니까?" 하는 질문에 "賦·比·興은 吳나라의 季札이 시를 감상할 적에 이미 노래하지 않았다. 공자가 시를 刪削하여 기록할 때에 이미 風·雅·頌 속에 포함되어 다시 구별하기 어려웠다. 그리하여 篇 중에 興의 뜻이 많다."고 대답하였다.

朱子는 賦·比·興에 대한 해석을 달리하고 있다.《詩集傳》에서 "부는 그 일을 그대로 서술하여 사실대로 말하는 것이다.〔賦者 敷陳其事而直言之者〕"라 하고, "비는 저 물건으로 이 물건을 비유하는 것이다.〔比者 以彼物比此物也〕"라 하고, "흥은 먼저 다른 사물을 말하여 읊을 말을 이끌어오는 것이다.〔興者 先言他物 而引起所詠之詞也〕"라 하였다. 정리하면, '賦'는 敍情詩의 형식이다. 사물을 보고 느낀 그대로 감정을 표현하는 것으로, 대화법이나 반문법 등 다양한 표현방식을 사용하여 情感을 노래하는 형식이고, '比'는 현대의 비유법에 해당하는 표현형식이다. 직접 말하는 賦의 형식으로 표현하기 어려울 때에 다른 사물이나 사유를 가지고 말하고자 하는 것을 비유하여 은유하는 방법이고, '興'은 다른 사물의 현상을 빌려서 詩歌의 감정을 이끌어온다는 것이다. 실제 '興'은

'일으킨다〔起〕', 또는 '이끌어온다〔引起〕'는 뜻을 지니고 있다고 해석한다. 따라서 興은 詩에서 언제나 다른 사물에 의탁하여 詩情을 일으키는 것을 말한다.

12. 詩學의 傳承史

1) 漢代의 四家詩

孔子의 제자 중에 子夏가 가장 시에 뛰어났다고 전한다. 그리하여 그를 통하여 詩가 전해졌다. 漢나라 초기에 魯나라 申培公과 齊나라 轅固生과 燕나라 韓嬰의 학설을 각각 魯詩·齊詩·韓詩라 하여 三家詩라 하였는데, 모두 學官에 들어가 博士로서 교육활동을 하였다. 이외에 西漢 趙의 毛亨이 지은《詁訓傳》이 당시 민간에만 광범위하게 전파되다가 東漢時期에 제자 毛萇이 博士가 되고 學官에 들었는데, 이를 毛詩라 하였다. 차례대로 살펴보면 다음과 같다.

魯詩의 申培公(약 B.C. 219~B.C. 135)은 魯의 曲阜사람으로 荀子의 제자 浮丘伯에게서 시를 배웠는데, 漢 文帝 때 博士가 되었다. 學官이 세워지고 今文經學으로 제자를 가르쳐 수많은 제자를 배출하였는데, 저명한 제자로는 孔安國이 있다.《漢書》〈藝文志〉를 근거로 살펴보면, 魯詩는《魯故》25권,《魯說》28권이 있다고 기록되어 있다. 그러나 魯詩는 西晉 때에 와서 그 전수가 끊겼다.

齊詩의 轅固生(B.C. 194~B.C. 104)은 시를 전공하여 漢 景帝(B.C. 188~B.C. 141) 때 박사가 되었다.《漢書》〈藝文志〉에는《齊後氏故》20권,《齊孫氏故》27권,《齊後氏傳》39권,《齊孫氏傳》28권,《齊雜記》18권이 전한다. 그러나 齊詩는 三國 魏나라에 내려와 전수가 끊겼다.

韓詩의 韓嬰은 燕의 사람으로《詩》와《易》에 뛰어났다. 漢 文帝 때에 박사가 되었다. 당시 燕과 趙의 學詩者는 거의 한영의 시를 추종하였다. 시를 해석함에《春秋》나 諸子의 내용을 많이 인용하여 齊詩나 魯詩와는 많이 달랐던 것으로 전한다. 그러나 唐代를 거쳐 宋代에 와서 전수가 끊겼다.《漢書》〈藝文志〉에는《韓故》36권,《韓內傳》4권,《韓外傳》6권,《韓說》40권이 기록되어 있지만 현재는《韓詩外傳》10권만 남아 있다.

三家詩가 모두 今文經學으로서 官學의 지위를 누린데 반하여, 西漢初에 毛亨이 지은《詁訓傳》은 초기에는 민간에만 전파되다가 제자 毛萇이 河間獻王에게 인정을 받아서 박사가 됨으로 인하여 비로소 學官에 들게 되었다. 이로 인하여 毛亨을 大毛公, 毛萇을 小毛公이라 불렀다.《漢書》〈儒林傳〉에 의하면 모장 이후의 전수자에 대하여, 모장은 貫長卿에게 전수하고 관장경은 解延年에게, 해연년은 徐敖에게, 서오는 陳俠에게 전수한 것으로 기록되어 있다. 東漢時期에 이르러서 衛宏·鄭衆·賈逵·馬融·鄭玄 등의 학자들이 모두 毛詩를 전공하였는데, 그중에서도 정현의《毛詩箋》은 매우 영향력이 있었다.

毛傳과 鄭箋을 비교해보면 모전은 訓詁는 자세하지만 詩義는 소략하고, 詩의 敎化論에 근거하여 모든 시를 역사 사실과 연관하여 해석하여 실제 시와는 괴리된 부분이 있다. 이에 대하여 鄭箋은 毛傳의 뜻을 기준으로 부연 설명하여 밝히고, 毛傳에서 자신의 의견과 다른 부분과, 내용이 부족한 부분은 자신의 뜻을 추가하여 밝히고 있다. 그리고《詩譜》를 지어서 각 시의 시대 정치적 배경과 지방풍토와의 관계를 밝히고 있다. 모시가 세상에 전해진 이후로 三家詩가 점차 衰微해져 중단되었다.

2) 魏晉時期의 毛傳과 鄭箋에 대한 논쟁

魏晉時期에 와서는 王肅과 王基 등의 학자가 毛傳을 지지하고 鄭箋을 비난하거나, 鄭箋을 지지하고 毛傳을 비난하는 등 논쟁이 끊이지 않았고, 南北朝時期에 이르러 北朝에서는 毛傳과 鄭箋을 모두 중시한 반면, 南朝에서는 毛傳을 중심으로 하였지만 한편으로는 鄭箋과의 다른 점에 대한 논쟁은 여전하였다.

3) 唐代의 毛傳과 鄭箋의 國學化

唐代에 와서 孔穎達은《毛詩正義》를 편찬하면서 唐나라 이전의 여러 학설을 수집하여 “融貫群言 包羅古義”의 저작을 남겼다. 그리하여 唐나라는 물론 宋代 초기까지 官學에서 이를 기준으로 삼아 교육하고 인재를 채용함으로써 소위 三家詩는 더 이상 지위를 잃게 되고 毛詩만이 전해지게 되었다.

4) 宋代의 〈詩序〉에 대한 의문과 새로운 해석

宋代에 와서는 疑古의 學風이 盛行하면서 〈詩序〉에 대하여 懷疑하고, 毛傳과 鄭箋의 잘잘못을 힐난하면서 새롭게 시의 本義를 탐구하고 義理로 시를 해설하였다. 歐陽脩는 《毛詩本義》에서 毛詩의 잘못을 힐난하고 자신의 뜻을 내세워 변론하기 시작하였고, 蘇轍은 《詩集傳》에서 毛詩의 〈小序〉를 모두 믿을 수 없다 하여 〈詩序〉를 의심하는 시발점이 되었다.

南宋에 이르러 鄭樵는 《詩辨妄》을 지어 毛傳과 鄭箋을 공격하고, 〈詩序〉를 비난하여 〈小序〉를 버리고 引用하지 않았다. 王質은 《詩總聞》을 지어 詩의 事實에 따라서 뜻을 찾았고, 朱熹는 젊어서는 毛傳과 鄭箋의 설을 중심으로 하여 〈詩序〉를 믿고 따랐는데, 뒤에 鄭樵의 설에 영향을 받아 연구한 결과 〈詩序〉를 믿지 않는 쪽으로 바뀌어 자신의 뜻으로 시를 해설하였다. 그리하여 〈大序〉와 〈小序〉를 별도로 편집하고 오류를 분류해 내는 疏를 덧붙여서 《詩序辨說》을 짓고, 《詩集傳》도 지어서 종전의 〈詩序〉에 얽매였던 해설에서 벗어났다. 이어 '就詩論詩'하여 한 편의 뜻을 서술하고 義理를 밝혀 전체의 뜻을 말함으로써 간결하고 알기 쉽게 하여 詩學의 一家를 이루었다.

5) 元代의 宋學 繼承

元代에는 과거시험에서 주희의 《詩集傳》을 적용하였는데, 劉瑾의 《詩經通釋》은 대체로 주희의 《詩集傳》을 따르고 〈詩序〉와 毛傳과 鄭箋의 舊說을 따른 것은 극히 일부였다.

6) 明代의 宋學 繼承과 《詩經大全》의 편찬

明代에도 元代의 제도를 따라 주희의 《詩集傳》을 표준교재로 사용하였다. 胡廣 등이 칙명을 받들어 《詩經大全》을 편찬하였는데 劉瑾의 《詩經通釋》을 저본으로 하여 약간의 刪削과 보완을 하여 간행한 것이었다. 그러나 就詩論詩의 주희 詩學에서 벗어나지 않아 조선조까지 이어졌다.

7) 淸代의 考證學과 漢學復興

淸代에는 詩學이 매우 왕성하였는데, 漢代의 詩學을 주장하는 학파와 宋代의 詩學을 주장하는 학파와 두 시대의 시학을 다 주장하는 학파도 있었다. 특히 乾隆·嘉慶 연간의 학자들은 漢學 부흥에 많은 연구를 하였는데 毛傳을 기본으로 하여 文字·音韻·訓詁 방면에 새롭고 정밀한 견해를 많이 제시하였다. 청대의 연구자로는 王夫之·毛奇齡·姚際恒·陳啓源·胡承珙·馬瑞辰·牟庭·方玉潤·范家相·魏源·陳壽祺·陳喬樅·王先謙·顧炎武·段玉裁·包世榮·顧棟高·陳大章 등이 있었으며 수많은 연구서가 나왔다. 이들 연구서는 부록으로 첨부한《四庫全書簡明目錄》에 대부분 소개되어 있으므로 여기서는 생략한다.

參考文獻

原典資料

- 《毛詩正義》, 十三經注疏整理委員會, 北京大學出版社, 1999.
- 《尙書正義》, 十三經注疏整理委員會, 北京大學出版社, 1999.
- 《禮記正義》, 十三經注疏整理委員會, 北京大學出版社, 1999.
- 《論語注疏》, 十三經注疏整理委員會, 北京大學出版社, 1999.
- 《周禮注疏》, 十三經注疏整理委員會, 北京大學出版社, 1999.
- 《漢書》, 班固(漢) 撰, 顔師古(唐) 注, 中華書局, 1997.
- 《後漢書》, 范曄(南朝 宋) 撰, 中華書局, 1997.
- 《隋書》, 魏徵·長孫無忌(唐) 等 撰, 中華書局, 1997.

論文資料

- 姜順愛, 〈朝鮮 英祖朝의 圖書編撰 및 刊行에 관한 書誌的 硏究〉, 성균관대학교 석사학위논문, 1982.
- 박철상, 〈'庚辰新刊內閣藏板' 판각의 전말과 의미〉,《문헌과 해석》80, 태학사, 2017.

• 黃覺弘 〈《毛詩序》成于貫長卿考〉, 《中華文化論壇》, 2009. 03期, 南京師範大學文學院.
• 徐有富 〈《詩序》考〉, 《中國韻文學刊》, 南京大學, 2008.
• 韓宏韜 〈《毛詩正義》硏究〉, 山東大學, 2007.
• 程俊英 · 蔣見元, 《詩經注析》, 中華書局, 2005.

데이터베이스(DB) 자료

• 한국고전종합DB (http//db.itkc.or.kr)
• 동양고전종합DB (http//db.cyberseodang.or.kr)
• 電子版 文淵閣四庫全書, 上海古籍出版社

凡 例

1. 본서는 五書五經讀本의 한 책이다.
2. 본서의 底本은 庚辰新刊 內閣藏板《詩傳大全》(純祖 20년(1820), 大田 : 學民文化社 影印本)으로 하였다. 書名은 四庫全書의 서지분류를 따라《詩經集傳》으로 하였다. 저본의 小註는 필요한 경우에만 번역하여 註釋으로 실었다.
3. 原文에는 우리나라 전통 방식으로 懸吐하였다. 經文은 朝鮮 校正廳 諺解를 위주로 현토하고 栗谷 李珥의 諺解를 참고하였으며, 필요에 따라 조정하였다. 朱子의 集傳은 譯註者가 현토하였다.
4. 經文과 集傳의 分節은 저본을 따르되, 活字의 크기로 구분하고, 번역문도 이를 따랐다.
5. 經文의 章마다 原文 끝에 아라비아 숫자로 일련번호를 표시하여 독자의 이용 및 검색에 편리하도록 하였다.
6. 異音, 僻字의 경우는 원문의 해당 글자 뒤에 한글로 音을 달아주었으며, 難解字는 각 章의 아래에 字義를 실었다.
7. 飜譯은 原義에 충실하게 하되, 이해가 어려운 부분은 意譯 또는 補充譯을 하였다.
8. 飜譯文은 한글과 漢字를 混用하였으며, 맞춤법과 띄어쓰기는 한글 맞춤법과 표준어 규정을 따르는 것을 원칙으로 하였다.
9. 譯註는 校勘, 인용문의 出典, 故事, 역사사건, 전문용어, 難解語, 制度 등에 관한 사항을 밝혔다.
10. 四書 및 古典에서 인용되는《詩經》에 뿌리를 둔 용어를 용례와 함께 각 篇의 말미에 수록하고, 下冊에 索引을 첨부하였다.

11. 校勘은 원문의 誤字, 脫字, 衍字, 倒文 등을 대상으로 하였다.
12. 각종 物名은《詩名多識》(丁學游(1786~1855) 著, 허경진·김형태 譯, 한길사, 2007)에서 밝힌 명칭을 위주로 통일하였다.
13. 草木, 器物 등 내용의 이해를 돕기 위한 圖版을 수록하였으며, 역사적 背景과 地理에 대한 설명을 담아 國風과 魯頌 앞에 地圖 및 世系를 수록하였다. 지도는《中國歷史地圖集》(程光裕·徐聖謨, 臺北 : 中華文化出版事業委員會, 1957)의 내용을 바탕으로 해당 내용에 알맞게 수정하였다.
14. 下冊에는 朱熹의 〈詩序辨說〉, 朝鮮 英祖大王의 〈英宗大王御製〉,《四庫全書簡明目錄》〈經部 三 詩類〉를 附錄하였다.
15. 본서에 사용한 주요 符號는 다음과 같다.

“ ” : 對話, 각종 引用

‘ ’ : “ ” 안에서 再引用, 强調

「 」: ‘ ’ 안에서 再引用, 强調

( ) : 원문에서는 讀音이 다른 글자나 僻字의 音
저본의 誤字 또는 衍字
번역문에서는 간단한 譯註

〔 〕: 번역문과 뜻은 같으나 音이 다른 漢字나 句節
譯註에서 인용한 原文
저본의 교감한 正字 또는 脫字 補充

《 》: 書名

〈 〉: 篇章名, 作品名, 補充譯

○ : 저본에 사용된 단락 구분 표시 遵用

字義 : 字義 표시

詩經集傳

詩經集傳

詩傳序

或이 有問於予曰 詩는 何爲而作也오 予應之曰 人生而靜은 天之性也요 感於物而動은 性之欲也[1]라 夫既有欲矣면 則不能無思요 既有思矣면 則不能無言이요 既有言矣면 則言之所不能盡而發於咨嗟咏歎之餘者 必有自然之音響節族(주)하여 而不能已焉하니 此詩之所以作也니라

어떤 이가 나에게 "시는 어찌하여 짓게 됩니까?" 하고 물었다. 나는 "사람이 태어나 고요한 상태는 타고난 그대로의 천성이고, 사물에 感觸되어 움직이는 것은 본성의 욕구이다. 욕구가 있고 보면 생각이 없을 수 없고 생각이 있고 보면 말이 없을 수 없고 말이 있고 보면 말로 다 표현하지 못하여 감탄하고 노래하는 나머지에 드러낼 때에 반드시 〈여러 형태의〉 자연스런 음향과 가락이 있어 그칠 수 없으니 이것이 시를 짓게 되는 이유이다."라고 대답하였다.

曰 然則其所以敎者는 何也오 曰 詩者는 人心之感物而形於言之餘也니 心之所感엔 有邪正이라 故로 言之所形에 有是非하니 唯聖人在上이면 則其所感者 無不正하여 而其言이 皆足以爲敎요 其或感之之雜하여 而所發이 不能無可擇者면 則上之人이 必思所以自反하여 而因有以勸懲之하니 是亦所以爲敎也[2]니라

---

1 性之欲也 : 주자는 이 부분에 대하여 다음과 같이 분석했다. "사물과 접촉하지 않았을 적에는 순수하고 지극히 善하여 모든 이치가 갖추어져 있으니 이른바 性이고, 사물에 감촉하여 움직이면 性의 욕구가 나와 善惡이 여기에서 나뉘니, 性의 욕구는 바로 이른바 情이다.〔其未感也 純粹至善萬理具焉 所謂性也 感於物而動 則性之欲者出焉而善惡於是乎分矣 性之欲 卽所謂情也〕"(《晦庵集》 卷67 〈雜著 樂記動靜說〉)

2 因有以勸懲之 是亦所以爲敎也 : 眉山 蘇氏(蘇轍)는 "사람들이 순수한 왕의 교화를 직접 받아 시로 표현하게 되면 선하지 않음이 없으니, 이런 시가 正詩이고, 잡된 감촉에 의해 근심과 걱정, 분노와 원망이 있어 평온함을 얻지 못하여 淫佚과 放蕩으로 禮에 맞지 않으니 이런 시가 變詩이다."라고 하고, 安成 劉氏(劉瑾)는 "선왕이 시로써 교화를 한다는 것은, 시의 말이 선과 악이 있기는 하지만 모두 교화를 할 수가 있다. 때문에 말의 옳고 그름을 통하여 감촉이 바르고 바르지 못함을 알게 된다. 자기 자신에 대해서는 더욱 다스리고, 다른 사람에 대해서는 권장하거나 경계하는 정치를 하는 것이다."라고 하였다.(《詩傳大全》 〈詩傳序〉 小註)

"그렇다면 시가 가르침이 되는 이유는 무엇입니까?"

"시는 사람의 마음이 사물에 감촉되어 말 밖에 감정이 표현된 것이니, 마음의 감촉하는 바에는 바르지 못한 것과 바른 것이 있다. 그리하여 말로 나타나는 것에 옳고 그름이 있다. 다만 성인이 윗자리에 있으면 감촉된 것이 바르지 않음이 없어 그 말이 모두 충분히 가르침이 될 수 있고, 혹시라도 감촉됨이 雜되어 표현된 것이 가리지 않을 수 없는 경우는 윗사람이 반드시 스스로 돌이킬 바를 생각해서 이를 인하여 선한 것은 권장하고 악한 것은 징계함이 있게 되니, 이것이 또한 가르침이 되는 이유이다.

昔周盛時에 **上自郊廟朝廷**으로 **而下達於鄕黨閭巷**히 **其言**이 **粹然無不出於正者**는 **聖人**이 **固已協之聲律**하여 **而用之鄕人**하며 **用之邦國**하여 **以化天下**하고 **至於列國之詩**하여는 **則天子巡守**에 **亦必陳而觀之**하여 **以行黜陟之典**[3]이러니 **降自昭穆**[4]**而後**로 **寖以陵夷**하여 **至於東遷**[5]하여 **而遂廢不講矣**라 **孔子生於其時**하여 **旣不得位**하여 **無以行勸懲黜陟之政**이라 **於是**에 **特擧其籍而討論之**하여 **去其重複**하고 **正其紛亂**하며 **而其善之不足以爲法**과 **惡之不足以爲戒者**는 **則亦刊而去之**하여 **以從簡約 示久遠**하여 **使夫學者**로 **卽是而有以考其得失**하여 **善者師之**하고 **而惡者改焉**케하니 **是以**로 **其政**은 **雖不足以行於一時**나 **而其敎**는 **實被於萬世**하니 **是則詩之所以爲敎者然也**니라

옛날 주나라의 전성기에 위로는 郊祭와 종묘제사와 조정으로부터 아래로는 지방과 시골 마을에 이르기까지 그 시의 말이 순수하여 모두 바른 도에서 나온 것은, 성인이 진실로 이를 가락에 맞추어 지방 사람들에게도 사용하고 국가에도 사용하여 천하를 교화하였고, 列國의 시에 있어서는 천자가 巡守할 때에 역시 반드시 이를 채록해 올리게 하여 살펴서 黜陟의 법을 시행하였다. 그런데 시대가 내려와서 昭王·穆王 이후부터는 점점 침체되어 동쪽으로 遷都함에 이르러서는 마침내 〈采詩하는 법이〉 폐지되고 시행되지 않았다.

공자는 이때에 태어나 지위를 얻지 못하여 勸善懲惡하고 黜陟하는 帝王의 정치를 행할 수 없었다. 그리하여 典籍만을 가지고 토론하여 중복된 것을 삭제하고 뒤섞인 것을 바로잡으며, 후세의 법이 되기에는 부족한 善과 경계가 되기에는 부족한 惡은 역시 삭제하여 간략함을 따라 먼 후세까지 보여주어서, 배우는 자로 하여금 이것을 가지고 그 득실을 따져서 선한 것은 본받고 악한 것은 고치게 하였다. 이 때문에 그 정치는 비록 그 시대에 행할 수는 없었지만, 그 가르침은 실로 만세에 영향을 끼쳤으니 이 점이 바로 詩가 가르침이 되는 이유인 것이다."

---

3 行黜陟之典 : 安成 劉氏는 "여기서의 '선왕이 시로 교화하였다' 함은 郊, 廟, 朝, 野의 正詩는 周頌, 正雅, 二南 등의 종류로 가락에 올려서 傳播하고, 列國의 시는 채집하여 善·惡을 살펴서 해당 제후에게 黜陟의 법을 시행하였다. 성인은 周公이고 천자는 武王, 成王, 康王을 가리킨다."라고 하였다.(《詩傳大全》〈詩傳序〉 小註)

4 昭穆 : 昭王과 穆王은 文王, 武王, 成王, 康王 이후에 이어지는 왕이다.

5 東遷 : 주나라 말기 平王이 犬戎의 난리를 피하여 동쪽 洛陽으로 도읍을 옮긴 것을 말한다.

曰 然則國風雅頌之體 其不同若是는 何也오 曰 吾聞之하니 凡詩之所謂風者는 多出於里巷歌謠之作하니 所謂男女相與詠歌하여 各言其情者也로되 唯周南召南은 親被文王之化以成德하여 而人皆有以得其性情之正이라 故로 其發於言者 樂而不過於淫하고 哀而不及於傷이라 是以로 二篇이 獨爲風詩之正經이요 自邶而下는 則其國之治亂이 不同하고 人之賢否亦異하여 其所感而發者 有邪正是非之不齊하니 而所謂先王之風者 於此焉變矣라 若夫雅頌之篇은 則皆成周之世에 朝廷郊廟樂歌之詞니 其語和而莊하고 其義寬而密하여 其作者 往往聖人之徒니 固所以爲萬世法程而不可易者也요 至於雅之變者하여는 亦皆一時賢人君子 閔時病俗之所爲어늘 而聖人이 取之하니 其忠厚惻怛之心과 陳善閉邪之意 尤非後世能言之士의 所能及之라 此는 詩之爲經이 所以人事浹於下하고 天道備於上하여 而無一理之不具也[6]니라

"그렇다면 國風·雅·頌의 문체가 이처럼 같지 않음은 어째서입니까?"

"내가 들으니, 시 중에 風이란 것은 마을에서 지은 歌謠에서 나온 것이 많으니, 이른바 남녀가 서로 읊조리고 노래하여 각자의 감정을 말했다는 것이지만, 周南과 召南만은 직접 문왕의 교화를 받아 덕을 이루어서 사람들이 모두 그 올바른 性情을 얻었다. 그리하여 그 말에 나타난 것이 즐거우면서도 너무 지나치지 않고, 슬프면서도 마음이 상하는 데까지는 미치지 않은 것이다. 이리하여 주남과 소남 두 편만이 風詩의 正經이 되었고, 邶風부터 그 이하는 각 나라의 治亂이 다르고 사람의 賢否도 달라, 감촉하여 말한 것이 邪正과 是非의 같지 않음이 있으니, 이른바 선왕의 風이 이에서 변하였다.

雅와 頌의 편과 같은 경우는 모두 成周의 시대에 朝廷과 郊廟에 사용하던 樂歌의 가사이다. 그 말이 부드러우면서도 장엄하고, 그 의미가 너그러우면서도 엄밀하여, 그를 지은 자가 종종 성인의 무리였으니, 본디 만세의 법이 되어 바꿀 수 없는 것이다. 變雅에 있어서도 모두 당시의 현인·군자가 세상을 걱정하고 풍속을 안타깝게 여겨 지은 것인데 성인이 이를 선정하였으니, 진실하고 애잔한 마음과 선을 말하고 간사함을 막으려는 뜻은 후세에 문장을 잘하는 선비들이 미칠 수 있는 바는 더욱 아니다. 이는《詩經》이 아래로는 인간의 일에 흡족하고 위로는 하늘의 도리가 갖추어져 한 가지 이치도 구비되지 않음이 없기 때문이다."

曰 然則其學之也 當奈何오 曰 本之二南하여 以求其端하고 參之列國하여 以盡其變하고 正

---

6 無一理之不具也 : 이 부분에 대하여, 주자는 "《시경》의 전체에는 크게는 하늘의 도가 정밀하고, 작게는 인간의 여러 곡절이 그 속에 모두 갖추어져 있다."라고 하고, 安成 劉氏는 "3백 편을 통하여 大義를 논하자면, 기쁘다 하여 버릇없는 데까지는 가지 않고, 화난다고 하여 관계를 끊는 데까지는 가지 않고, 원망하지만 亂을 일으키는 데까지는 가지 않고, 諫을 하지만 고자질하는 데까지는 가지 않으며, 크게는 天時와 日星과 미물로는 벌레·새·풀·나무며, 人倫綱常의 道와 風氣와 土地에 알맞은 것이며, 귀신과 조상의 제사와 禮樂과 刑政의 시행 등 하늘과 사람이 서로 어울리는 이치가 모두 이 한 經 속에 갖추어져 있다."라고 하였다.(《詩傳大全》〈詩傳序〉 小註)

之於雅하여 以大其規하고 和之於頌하여 以要其止니 此學詩之大旨也라 於是乎章句以綱之하고 訓詁以紀之하며 諷詠以昌之하고 涵濡以體之하여 察之情性隱微之間하고 審之言行樞機之始면 則修身及家와 平均天下之道 其亦不待他求而得之於此矣리라 問者唯唯而退어늘 余時方輯詩傳일새 因悉次是語하여 以冠其篇云이라

"그렇다면 이를 배우는 것은 어찌해야 합니까?"

"二南을 기본으로 하여 그 端緖를 찾고, 列國의 風을 참고하여 그 變함을 다 이해하고, 雅에서 바루어 그 규모를 키우고, 頌에서 조화롭게 하여 그 귀결점을 찾아야 하니, 이것이《시경》을 배우는 중요한 要旨이다. 이에 章과 句로써 큰 벼리를 삼고, 訓詁로써 작은 벼리를 삼으며, 읊조리고 노래 불러 의미를 밝게 알고, 충분히 마음에 체득하여 性과 情의 은미한 사이를 살피고, 말과 행동의 중요한 始初를 살핀다면 몸을 닦아 집안을 다스림에 미치고 천하를 공평하게 다스리는 도리도 다른 데서 구할 필요 없이 여기에서 얻어질 것이다."

묻는 자가 "예, 잘 알겠습니다." 하고 물러갔다.

나는 마침《시전》을 편집하고 있는 중이었으므로 이 말들을 모두 차례로 정리하여 이 책의 머리말로 적는다.

淳熙四年丁酉 冬十月戊子에 新安朱熹는 書하노라

淳熙 4년 丁酉年(1183) 겨울 10월 戊子日에 新安 朱熹는 서문을 쓰다.

字義 咨 : 탄식할 자　嗟 : 탄식할 차　咏 : 읊을 영　族 : 풍류 가락 주　形 : 드러날 형　懲 : 징계할 징
郊 : 교제사 교　閭 : 마을 려　巷 : 거리 항　粹 : 순수할 수　守 : 순행 수　黜 : 내칠 출
陟 : 올릴 척　昭 : 밝을 소　穆 : 화목할 목　寖 : 점점 침　夷 : 평평할 이　刊 : 깎을 간
卽 : 나아갈 즉　雅 : 바를 아　頌 : 기릴 송　謠 : 노래 요　邶 : 패나라 패　閔 : 불쌍히 여길 민
惻 : 슬퍼할 측　怛 : 슬퍼할 달　浹 : 젖을 협　詁 : 주석 고　諷 : 풍자할 풍　昌 : 밝을 창
涵 : 젖을 함　濡 : 젖을 유　樞 : 지도리 추　機 : 기틀 기　唯 : 대답할 유　熹 : 밝을 희

詩經集傳 卷之一

國風 一

國者는 諸侯所封之域이요 而風者는 民俗歌謠之詩也라 謂之風者는 以其被上之化하여 以有言이요 而其言이 又足以感人하니 如物因風之動以有聲하고 而其聲이 又足以動物也라 是以로 諸侯采之하여 以貢於天子면 天子受之하여 而列於樂官하고 於以考其俗尙之美惡하여 而知其政治之得失焉하니라 舊說[1]에 二南은 爲正風이니 所以用之閨門鄕黨邦國하여 而化天下也요 十三國은 爲變風이니 則亦領在樂官하여 以時存肄하여 備觀省而垂監戒耳니 合之凡十五國云이라

國은 諸侯가 封해 받은 지역이고, 風은 民俗歌謠의 詩이다. 風이라 말하는 것은 위의 敎化를 받아 말을 하게 되고, 그 말이 또 충분히 사람을 감동시키기 때문이니, 마치 물건이 바람의 움직임을 따라 소리가 나고 그 소리가 또 충분히 다른 물건을 움직이게 하는 것과 같다. 그렇기 때문에 제후가 채집하여 天子에게 바치면 천자가 받아서 樂官에게 진열하게 하고, 이로써 풍속의 숭상함이 좋은지 나쁜지를 따져서 그 나라 정치의 잘하고 못함을 알았다.

舊說에 '二南은 正風이니, 閨門과 鄕黨과 邦國에 사용하여 天下를 교화하는 것이고, 十三國風은 變風이니, 이 또한 樂官이 관리하게 하여 때로 익혀 〈天子가〉 살펴보는 데 대비하고 경계를 드리운 것이다. 합하면 모두 十五國風이다.'라고 하였다.

字義 閨 : 규방 규　肄 : 익힐 이

---

1 舊說 : '예전의 해석'이란 말로, 주로 毛亨(前漢)의 傳이나 鄭玄(後漢)의 箋을 일컫는 말로 사용된다. 이 내용은 정현의 〈周南召南譜〉에 나온 내용을 정리한 것이다.

周南 一之一[2]

周世系

后稷 - 不屈 - 鞠 - (豳) 公劉 - 慶節 - 皇僕 - 差弗 - 毀隃 - 公非 - 高圉 - 亞圉 - 公叔祖類 - (岐) 周 太王 - 王季 - 文王 - 武王 - 成王 - 康王 - 昭王 - 穆王 - 共王 - 懿王 - 孝王 - 夷王 - 厲王 - 宣王 - 幽王 - (東遷) 平王 - 桓王 - 莊王 - 釐王 - 惠王 - 襄王 - 頃王 - 匡王 - 定王 - 簡王 - 靈王 - 景王 - 悼王 - 敬王 - 元王 - 貞定王 - 哀王 - 思王 - 考王 - 威烈王 - 安王 - 烈王 - 顯王 - 愼靚王 - 赧王

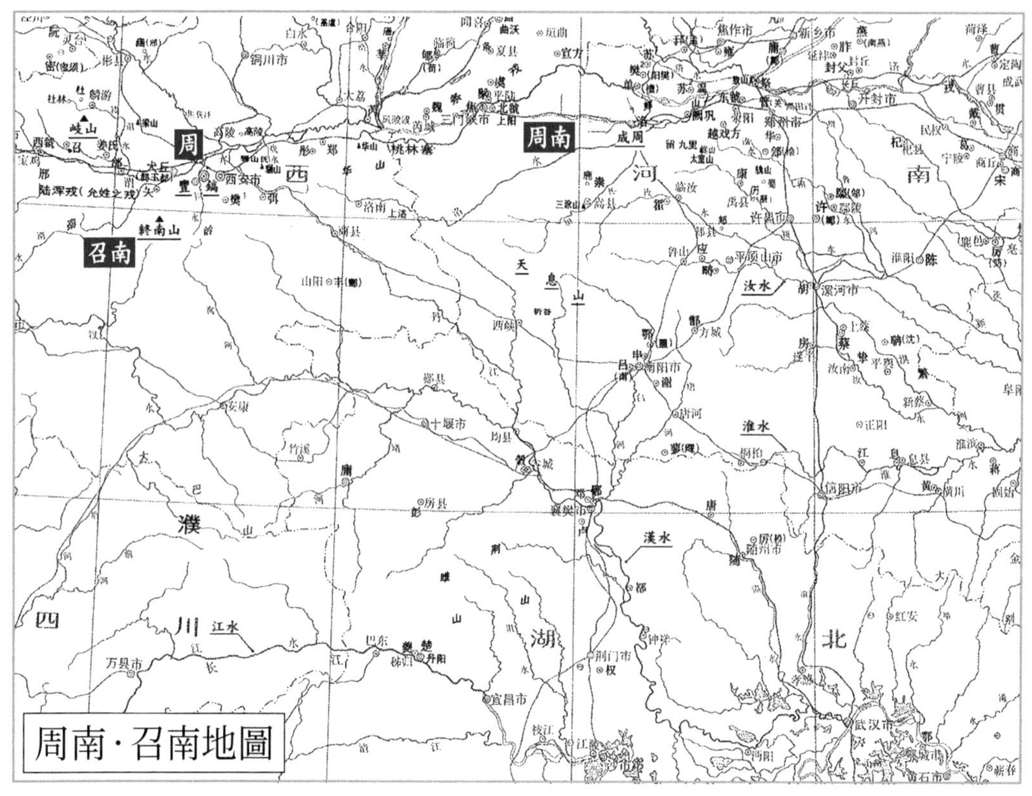

周南·召南地圖

---

2 一之一 : 앞의 國風 아래 一을 붙인 것은, 風一, 小雅二, 大雅三, 頌四 등으로 구분한 것에 따른 것이고, 여기의 '一之一'은 앞의 一은 周南이 國風 중에서 첫 번째라는 의미이고, 뒤의 一은 주남에서도 첫 번째 편이라는 의미이다. 뒤의 구분도 이런 원칙에 따라 표기하고 있다.

周는 國名이요 南은 南方諸侯之國也라 周國은 本在禹貢雍州境內岐山之陽하니 后稷十三世孫 古公亶父(보) 始居其地하니라 傳子王季歷하고 至孫文王昌하여 辟國寖廣이라 於是에 徙都于豐하고 而分岐周故地하여 以爲周公旦召公奭之采邑이라 且使周公爲政於國中하고 而召公으로 宣布於諸侯하니 於是에 德化大成於內하여 而南方諸侯之國과 江沱汝漢之間이 莫不從化하니 蓋三分天下而有其二焉이라 至子武王發하여 又遷于鎬하고 遂克商而有天下하니라 武王崩하고 子成王誦立하니 周公相之하여 制作禮樂할새 乃采文王之世 風化所及民俗之詩하여 被之筦弦하여 以爲房中之樂하고 而又推之하여 以及於鄕黨邦國하니 所以著明先王風俗之盛하여 而使天下後世之修身齊家治國平天下者로 皆得以取法焉이라 蓋其得之國中者는 雜以南國之詩하여 而謂之周南하니 言自天子之國而被於諸侯요 不但國中而已也라 其得之南國者는 則直謂之召南하니 言自方伯之國으로 被於南方하여 而不敢以繫于天子也라 岐周는 在今鳳翔府岐山縣이요 豐은 在今京兆府鄠縣終南山北이라 南方之國은 卽今興元府京西湖北等路諸州요 鎬는 在豐東二十五里하니라 小序[3]曰 關雎麟趾之化는 王者之風이라 故로 繫之周公하고 南은 言化自北而南也라 鵲巢騶虞之德은 諸侯之風也니 先王之所以敎라 故로 繫之召公이라하니 斯言이 得之矣라

周는 國名이고, 南은 남방 제후의 나라이다. 주나라는 본래 〈禹貢〉의 雍州 境內인 岐山의 남쪽에 있었으니, 后稷의 13세손 古公亶父가 처음 그곳에 〈터를 잡고〉 살았다. 아들 王季 歷에게 〈왕위를〉 전하고 손자 文王 昌에 이르러 점점 영토를 넓혔다. 이에 도읍을 豐으로 옮기고 岐周 옛 땅을 나누어 周公 旦과 召公 奭의 采邑으로 삼았다. 그리고 周公은 나라 안에서 정치를 하게 하고, 召公은 諸侯에게 교화를 펼치게 하였다. 이에 德의 교화가 나라 안에 크게 이루어져서 남쪽 제후의 나라와 江水, 沱水, 汝水, 漢水 사이의 지역이 따라서 교화되지 않은 곳이 없었으니, 이는 천하의 3분의 2를 소유한 것이었다. 아들 武王 發에 이르러 또 도읍을 鎬로 옮기고 마침내 商을 이기고 천하를 소유하였다. 武王이 崩하고 아들 成王 誦이 즉위하자 周公이 도와

---

3 小序 : 大序와 구분하는 용어이다. 대서는 시 전체에 대한 설명을 한 내용이고, 小序는 그 편에 대한 의미만을 말한 것으로, 《毛詩正義》에서 각 篇의 첫머리에 그 편의 要旨를 설명한 글을 말한다. 大序와 함께 毛詩序로 부른다. 陸德明(唐)은 《經典釋文》 〈毛詩音義 上〉에서 '關雎 后妃之德也'에서부터 '用之邦國焉'까지를 小序로, 그 다음의 '風 風也 敎也'부터 끝까지를 大序로 구분하고, 주자는 '詩之至也'까지를 大序로, 그 다음부터 끝까지를 앞부분과 이어 小序로 보았다. 이 번역서에서는 朱子 《詩集傳》의 例에 따라 〈詩序辨說〉을 번역하여 부록으로 게재하여 참고하도록 하였다. 鄭玄은, 大序는 子夏가, 小序는 子夏와 毛公의 합작이라고 하였는데, 范曄(南朝宋)이 東漢初의 衛宏이 지었다는 설을 주장하였고, 《隋書》 〈經籍志〉에서는 子夏가 처음 지었고 모공과 위굉이 보태고 윤색하였다고 하였다. 韓愈(唐)는 漢代의 유생들이 짓고서 자하의 이름을 빌린 것이라고 하였다. 朱子로부터 淸代의 주요 학자들은 모두 衛宏이 詩序를 지었다는 설을 지지하였는데, 이는 《後漢書》 〈儒林列傳〉에 "衛宏이 謝曼卿에게 수학하여 〈毛詩序〉를 지었는데, 風雅의 뜻을 잘 알았으며 지금까지 세상에 전한다."고 밝히고 있기 때문이다. 이후 주석에서 나오는 〈序〉는 이 〈毛詩序〉를 말한다.

서 禮를 제정하고 樂을 만들었다. 이때에 文王의 세대에 교화가 미친 民俗의 시를 채집하여 管弦의 악기에 맞추어서 房中의 음악으로 삼고, 또 미루어 鄕黨과 邦國에까지 미쳤으니, 이는 先王 風俗의 훌륭함을 드러내 밝혀서 天下 後世의 修身, 齊家, 治國, 平天下 하는 자로 하여금 모두 법으로 삼을 수 있게 하려는 것이었다.

나라 안에서 얻은 것은 南國의 시와 섞어서 '周南'이라 하였으니, 天子의 나라로부터 제후 나라까지 영향을 받아 나라 안뿐만이 아님을 말한 것이다. 南國에서 얻은 것은 '召南'이라고만 하였으니, 方伯의 나라로부터 南方까지 영향을 받아 감히 天子의 시에 연계할 수 없어서이다.

岐周는 지금의 鳳翔府 岐山縣에 있었고, 豐은 지금의 京兆府 鄠縣 終南山 북쪽에 있었다. 南方의 나라는 바로 지금의 興元府와 京西路, 湖北路 등의 여러 州이고, 鎬는 豐의 동쪽 25리 지점에 있었다.

《毛詩》〈小序〉에 "〈關雎〉와 〈麟趾〉의 교화는 王者의 風이므로 周公에게 연계하였고, 南은 교화가 북쪽에서 남쪽까지 미쳤음을 말한 것이다. 〈鵲巢〉와 〈騶虞〉의 덕은 諸侯의 風이니, 先王이 가르친 것이기 때문에 召公에 연계시켰다."라고 하였으니, 이 말이 맞다.

字義 雍 : 땅 이름 옹　岐 : 산 이름 기　亶 : 믿을 단　父 : 이름 보　辟 : 열 벽　奭 : 클 석
采 : 식읍 채　沱 : 물 이름 타　鎬 : 호경 호　筦 : 피리 관　翔 : 날 상　豐 : 땅 이름 풍
鄠 : 땅 이름 호　雎 : 징경이 저　趾 : 발가락 지　鵲 : 까치 작　騶 : 짐승 이름 추
虞 : 짐승 이름 우

關雎(관저)

關關雎鳩 在河之洲로다 窈窕淑女 君子好逑로다 (周南 關雎-01)

關關雎鳩　구욱구욱 정겨운 물수리
在河之洲　하수 모래톱에 노닐고
窈窕淑女　얌전도 할사 숙녀는
君子好逑　군자의 좋은 짝이로세

興也라 關關은 雌雄相應之和聲也라 雎鳩는 水鳥니 一名王雎요 狀類鳧鷖하니 今江淮間有之라 生有定偶而不相亂하고 偶常竝遊而不相狎이라 故로 毛傳에 以爲摯而有別이라하고 列女傳[4]에 以爲人未嘗見其乘居而匹處者라하니 蓋其性然也라 河는 北方流水之通名이요 洲는

4 列女傳 : 西漢의 劉向이 지은, 一名《古列女傳》이다. 古代의 賢妃와 貞婦로서 나라를 흥성하게 하거나 가문을 빛나게 하여 법이 될 만한 사람과 요망하여 나라나 가문을 혼란하게 하거나 망하게 한 사람을 선정하여 차례로 기록하였다. 모두 8편으로, 〈母儀〉, 〈賢明〉, 〈仁智〉, 〈貞順〉, 〈節義〉, 〈辯通〉, 〈孽嬖〉 등 7類로 나누고, 類마다 15명씩, 총 105명의 사적이 기록되어 있다.

水中可居之地也라 窈窕는 幽閑之意요 淑은 善也라 女者는 未嫁之稱이니 蓋指文王之妃大(태)姒 爲處子時而言也라 君子는 則指文王也라 好는 亦善也요 逑는 匹也라 毛傳之摯字는 與至通하니 言其情意深至也라

興이다. 關關은 암수가 서로 부르고 화답하는 소리이다. 雎鳩는 물수리〔水鳥〕이니, 또 다른 이름은 王雎이고, 모양은 오리와 비슷한데 지금 江水와 淮水 사이에 있다. 태어나면서부터 정해진 짝이 있어서 서로 난잡하지 않고, 짝이 항상 같이 놀면서도 함부로 어울리지는 않는다. 그리하여 毛亨의 傳에 "정이 지극하면서도 분별이 있다."라고 하였고, 《列女傳》에는 "사람들이 네 마리가 함께 살거나 암수가 함께 사는 것을 본 적이 없다."라고 하였으니, 그 천성이 그러하다. 河는 北方에 흐르는 물의 공통된 이름이고 洲는 물 가운데 머물 만한 곳이다. 窈窕는 조용하고 얌전하다는 뜻이고 淑은 善함이다. 女는 아직 시집가지 않은 여자의 칭호이니, 이는 文王의 妃 大姒가 處子일 때를 가리켜 말한 것이다. 君子는 文王을 가리킨다. 好도 善함이고, 逑는 짝이다. 毛亨의 傳에 '摯'자는 至와 通하니, 情意가 매우 지극한 것을 말한다.

○興者는 先言他物하여 以引起所詠之詞也라 周之文王이 生有聖德하고 又得聖女姒氏하여 以爲之配하니 宮中之人이 於其始至에 見其有幽閑貞靜之德이라 故로 作是詩하여 言彼關關然之雎鳩는 則相與和鳴於河洲之上矣니 此窈窕之淑女는 則豈非君子之善匹乎아 言其相與和樂而恭敬이 亦若雎鳩之情摯而有別也니 後凡言興者는 其文意 皆放此云이라 漢匡衡曰 窈窕淑女 君子好逑는 言能致其貞淑하고 不貳其操하여 情欲之感이 無介乎容儀하고 宴私之意 不形乎動靜이니 夫然後에 可以配至尊而爲宗廟主니 此綱紀之首요 王敎之端也라하니 可謂善說詩矣라

○興은 먼저 다른 사물을 말하여 읊을 말을 이끌어오는 것이다. 周 文王은 태어나면서부터 성군의 덕을 지녔고 또 성인의 덕을 지닌 여인 姒氏를 얻어 배필로 삼으니, 궁중 사람이 태사가 처음 시집 올 때에 그녀가 조용하고 얌전하여 정숙한 덕이 있음을 보았다. 그리하여 이 시를 지어서 '구욱구욱 정겨운 물수리는 하수 모래톱에서 서로 부르고 화답하며 노닐고, 이 얌전한 숙녀는 어찌 군자의 좋은 짝이 아니겠는가.'라고 하였다. 서로 화락하면서도 공경함이 역시 정이 지극하면서도 분별이 있는 물수리와 같음을 말한 것이다. 뒤의 모든 '興'이라 말한 것은 그 글의 뜻이 모두 이와 같다. 漢나라의 匡衡이 "'窈窕淑女 君子好逑'는 지극히 貞淑하여 그 지조를 바꾸지 않아 情欲의 감정이 몸가짐에 배지 않고, 안일하게 지내고자 하는 생각이 행동에 나타나지 않음을 말한다. 그런 뒤에야 지극히 높은 군주의 배필이 되어 종묘의 주인이 될 수 있으니, 이는 綱紀의 첫 번째이고 王敎의 시작이다."라고 하였으니, 시를 잘 설명한 것이라 할 만하다.

字義 關 : 새우는 소리 관 雎 : 암컷 자 鳩 : 비둘기 구 洲 : 섬 주 窈 : 고요할 요 窕 : 고요할 조
逑 : 짝 구 鳧 : 물오리 부 鷖 : 갈매기 예 狎 : 친압할 압 摯 : 지극할 지 乘 : 넷 승
匹 : 짝 필 姒 : 성 사 放 : 같을 방 貳 : 변할 이 介 : 낄 개 宴 : 편안할 연

參差(참치)荇菜[5]를 左右流之로다 窈窕淑女를 寤寐求之로다 求之不得이라 寤寐思服하여 悠哉悠哉라 輾轉反側하소라 (周南 關雎-02)

參差荇菜	올망졸망 마름나물
左右流之	이리저리 물길 따라 따노라
窈窕淑女	얌전한 저 숙녀를
寤寐求之	자나 깨나 찾았노라
求之不得	구하여도 얻지 못해
寤寐思服	자나 깨나 그리노라
悠哉悠哉	아, 그리움 가없어
輾轉反側	잠 못 이뤄 뒤척였네

荇菜

興也라 參差는 長短不齊之貌라 荇은 接余也니 根生水底하고 莖如釵(차)股하며 上青下白하고 葉紫赤하며 圓徑寸餘니 浮在水面이라 或左或右는 言無方也라 流는 順水之流而取之也라 或寤或寐는 言無時也라 服은 猶懷也라 悠는 長也라 輾者는 轉之半이요 轉者는 輾之周요 反者는 輾之過요 側者는 轉之留니 皆臥不安席之意라

興이다. 參差는 길이가 일정하지 않은 모습이다. 荇은 接余이니, 뿌리가 물밑에서 자라고, 줄기는 비녀다리 같으며, 〈줄기의〉 위는 푸르고 아래는 희며, 잎은 자주색이고 둘레는 지름이 한 치〔寸〕 남짓하며 물 위에 떠 있다. 왼쪽에서도 하고 오른쪽에서도 한다는 것은 일정한 방향이 없음을 말한다. 流는 흐르는 물결을 따라 따는 것이다. 깨기도 하고 잠들기도 한다는 것은 일정한 때가 없음을 말한다. 服은 그리워함과 같은 것이고, 悠는 길다는 뜻이다. 輾은 몸을 반쯤 돌아눕는 것이고, 轉은 한 바퀴 도는 것이고, 反은 반을 더 지남이고, 側은 한 바퀴 돌아 멈추는 것이니, 모두 누워도 자리가 편치 못하다는 뜻이다.

◯此章은 本其未得而言이라 彼參差之荇菜는 則當左右無方以流之矣요 此窈窕之淑女는 則當寤寐不忘以求之矣라 蓋此人此德은 世不常有하니 求之不得이면 則無以配君子而成其內治之美라 故로 其憂思之深하여 不能自已 至於如此也라

◯이 章은 배필을 얻지 못했을 때를 근거로 한 말이다. 저 올망졸망한 마름나물은 이리저리 물결 따라 따야 하고, 이 얌전한 숙녀는 자나 깨나 잊지 않고 찾아야 한다. 이런 사람과 덕은 세

5 荇菜 : 荇은 우리나라 자전에서는 '마름'이라 하였고, 종전의 여러 번역에서도 그리 표기하였다. 하지만 《爾雅》에서 莕(행)으로 표기하고 '接余'라 하였고, 우리나라의 이름은 조름나물과의 '노랑어리연꽃'이라 한다. '마름'과는 다른 종이다. 그러나 먹는 나물이라는 의미를 살리기 위해 종전 표현을 그대로 사용하였다.

상에 항상 있지 않으니 찾다가 얻지 못하면 군자의 배필이 되어 아름다운 內治를 이룰 수가 없다. 그리하여 깊이 근심하고 그리워하여 스스로 그만둘 수 없음이 이러함에 이른 것이다.

字義 參 : 들쑥날쑥할 참 差 : 어긋날 치 荇 : 마름 행 菜 : 나물 채 流 : 찾을 류 寤 : 잠깰 오 寐 : 잠깰 매 服 : 생각할 복 悠 : 아득할 유, 멀 유 輾 : 구를 전 轉 : 구를 전 側 : 기울 측 莖 : 줄기 경 釵 : 비녀 차 股 : 다리 고 徑 : 지름 경

參差荇菜를 左右采之로다 窈窕淑女를 琴瑟友之로다 參差荇菜를 左右芼(모)之로다 窈窕淑女를 鐘鼓樂(락)之로다 (周南 關雎-03)

參差荇菜　　올망졸망 마름나물
左右采之　　이리저리 다듬노라
窈窕淑女　　얌전한 저 숙녀를
琴瑟友之　　거문고 비파로 사랑하네
參差荇菜　　올망졸망 마름나물
左右芼之　　이리저리 삶아 올리네
窈窕淑女　　얌전한 저 숙녀를
鐘鼓樂之　　종과 북치며 즐겁게 하네

興也라 采는 取而擇之也요 芼는 熟而薦之也라 琴은 五弦或七弦이요 瑟은 二十五弦이니 皆絲屬이니 樂之小者也라 友者는 親愛之意也라 鐘은 金屬이요 鼓는 革屬이니 樂之大者也라 樂은 則和平之極也라

興이다. 采는 가져다 다듬는 것이고, 芼는 익혀서 올리는 것이다. 琴은 5弦 또는 7弦이고, 瑟은 25弦이니, 모두 현악기로 악기 중에 작은 것이다. 友는 親愛하는 뜻이다. 鐘은 금속악기이고, 鼓는 가죽악기이니, 악기 중에 큰 것이다. 樂은 매우 和平함이다.

○此章은 据今始得而言이라 彼參差之荇菜를 既得之면 則當采擇而亨芼之矣요 此窈窕之淑女를 既得之면 則當親愛而娛樂之矣라 蓋此人此德은 世不常有하니 幸而得之면 則有以配君子而成內治라 故로 其喜樂尊奉之意 不能自已 又如此云이라

○이 장은 처음 배필을 얻었을 때를 근거로 말한 것이다. 저 올망졸망한 마름나물을 얻었으면 다듬어서 삶아 올려야 하고, 이 얌전한 숙녀를 얻었으면 親愛하여 즐겁게 해야 한다. 이런 사람과 덕은 세상에 항상 있지 않으니 〈찾다가〉 다행히 얻으면 군자의 배필이 되어 內治를 이룰 수가 있다. 그리하여 기쁘고 즐거워 높이 받드는 뜻을 스스로 그만둘 수 없음이 또 이러하다고 한 것이다.

字義 琴 : 거문고 금 瑟 : 비파 슬 友 : 친할 우 芼 : 삶아서 올릴 모 鼓 : 북 고 亨(烹) : 삶을 팽

關雎 三章이니 一章은 四句요 二章은 章八句라

〈關雎〉 3章이니, 1章은 4句이고 2章은 장마다 8句이다.

孔子曰 關雎는 樂而不淫하고 哀而不傷이라하니 愚謂 此言은 爲此詩者 得其性情之正 聲氣之和也라 蓋德如雎鳩하여 摯而有別이면 則后妃性情之正을 固可以見其一端矣요 至於寤寐反側 琴瑟鐘鼓하여 極其哀樂而皆不過其則(칙)焉이면 則詩人性情之正을 又可以見其全體也라 獨其聲氣之和를 有不可得而聞者 雖若可恨이나 然學者 姑卽其詞而玩其理하여 以養心焉이면 則亦可以得學詩之本矣리라

孔子는 "〈關雎〉는 즐거워하면서도 지나치지 않고 슬퍼하면서도 마음이 傷하지 않았다."라고 하였는데, 나는 이 말씀은 이 시를 지은 이가 性情의 올바름과 소리의 조화를 얻었음을 말한 것이라 생각한다. 德이 물수리와 같이 정이 지극하면서도 분별이 있다면 后妃의 올바른 性情의 一端을 참으로 볼 수 있고, 寤寐反側하고 琴瑟鐘鼓하여 슬픔과 즐거움이 지극하면서도 모두 법도에 지나치지 않다면 詩人의 올바른 性情의 全體를 볼 수가 있다. 다만 조화로운 곡조를 들을 수 없는 것은 비록 한스러운 듯하지만, 學者가 우선 그 가사에서 이치를 연구하여 마음을 기른다면 역시 시를 배우는 기본을 얻게 될 것이다.

◯匡衡曰 妃(배)匹之際는 生民之始요 萬福之原이니 婚姻之禮正然後에 品物遂而天命全이라 孔子論詩에 以關雎爲始하니 言太上者는 民之父母라 后夫人之行이 不侔乎天地면 則無以奉神靈之統하여 而理萬物之宜라 自上世以來로 三代興廢 未有不由此者也라

◯匡衡이 말하였다. "배필을 맞이하는 것은 生民의 시작이고 萬福의 근원이니, 婚姻의 禮가 올바른 연후에 만물이 이루어지고 天命이 온전해진다. 孔子께서 詩를 논할 적에 〈關雎〉를 처음으로 삼았으니, 군주〔太上〕는 백성의 父母이므로 后夫人의 행실이 天地와 같지 못하면 조상의 계통을 받들어 萬物의 합당한 이치를 다스릴 수 없음을 말한 것이다. 상고시대 이후로 〈夏·殷·周〉 三代의 흥하고 망하는 것이 이에 말미암지 않은 적이 없었다."라고 하였다.

字義 姑 : 우선 고 玩 : 완미할 완 匡 : 바로잡을 광 妃 : 짝 배 遂 : 이룰 수 侔 : 가지런할 모

用 例

〔河洲〕 - 后妃의 덕을 찬미하거나 남녀간의 사랑에 대한 전거로 사용한다. 盧照鄰(唐),《中和樂》〈歌中宮〉 : "**河洲**在詠, 風化攸歸." 葉憲祖(明), 〈丹桂鈿合〉 第一折 : "姻緣湊, 似雙星此夜, 相對**河洲**."

〔採芼〕 - 內治를 잘함을 칭송하는 말이다. 徐勉(南朝 梁), 〈故永陽敬太妃墓志銘〉 : "推厚處薄, 秉默居沖, 參差**採芼**, 撿暎言工."

葛覃(갈담)

葛

葛之覃兮 施(이)**于中谷**하여 **維葉萋萋**어늘 **黃鳥于飛 集于灌木**하여 **其鳴喈喈**러라 (周南 葛覃-01)

葛之覃兮	쭉쭉 뻗은 칡덩굴
施于中谷	골짜기까지 뻗어서
維葉萋萋	그 잎새 무성한데
黃鳥于飛	꾀꼬리는 날아날아
集于灌木	떨기나무에 모여서
其鳴喈喈	꾀꼴꾀꼴 노래했네

黃鳥(金翅雀)

賦也라 **葛**은 **草名**이니 **蔓生**하고 **可爲絺綌者**라 **覃**은 **延**이요 **施**는 **移也**라 **中谷**은 **谷中也**라 **萋萋**는 **盛貌**요 **黃鳥**는 **鸝也**라 **灌木**은 **叢木也**요 **喈喈**는 **和聲之遠聞也**라

賦이다. 葛은 풀 이름이니, 넝쿨로 자라고 葛布를 만들 수 있는 것이다. 覃은 뻗어가는 것이고, 施는 옮겨가는 것이다. 中谷은 골짜기이다. 萋萋는 무성한 모양이고, 黃鳥는 꾀꼬리이다. 灌木은 떨기로 자라는 나무이고, 喈喈는 멀리까지 들리는 화답하는 소리이다.

○賦者는 **敷陳其事**하여 **而直言之者也**라 **蓋后妃旣成絺綌**하고 **而賦其事**하여 **追敍初夏之時**에 **葛葉方盛**에 **而有黃鳥鳴於其上也**라 **後凡言賦者**는 **放此**라

○賦는 그 일을 그대로 서술하여 사실대로 말하는 것이다. 이는 后妃가 갈포(絺綌)를 완성하고 난 뒤에 그 일을 읊어 초여름에 칡잎이 무성할 때 꾀꼬리가 그 위에서 울던 것을 추억하여 서술한 것이다. 이후로 모든 賦라고 말한 것은 이와 같다.

字義 覃 : 뻗을 담 施 : 뻗어날 이 萋 : 무성할 처 喈 : 새소리 개 蔓 : 덩굴 만 絺 : 가는 갈포 치 綌 : 굵은 갈포 격 鸝 : 꾀꼬리 리 灌 : 떨기 관 叢 : 떨기 총 敷 : 펼 부

葛之覃兮 施于中谷하여 **維葉莫莫**이어늘 **是刈是濩**하여 **爲絺爲綌**하니 **服之無斁**(역)이로다 (周南 葛覃-02)

葛之覃兮	칡덩굴 뻗고 뻗어
施于中谷	골짜기까지 뻗어서
維葉莫莫	그 잎새 무성한데

是刈是濩　　베어다 삶아서
爲絺爲綌　　가는 베 굵은 베 짜내니
服之無斁　　입을수록 마음에 드네

賦也라 莫莫은 茂密貌라 刈는 斬이요 濩은 煮也라 精曰絺요 麤曰綌이라 斁은 厭也라

賦이다. 莫莫은 무성하고 빽빽한 모양이다. 刈은 베는 것이고, 濩은 삶는 것이다. 정밀한 것이 絺이고, 거친 것이 綌이다. 斁은 싫어함이다.

◯此는 言盛夏之時에 葛旣成矣라 於是에 治以爲布하니 而服之無厭이라 蓋親執其勞하여 而知其成之不易(이)일새 所以心誠愛之하여 雖極垢弊나 而不忍厭棄也라

◯이는 "한 여름 칡이 다 자랐다. 이때에 손질하여 베를 짜니, 옷을 입음에 싫증나는 일이 없다."라고 한 것이다. 이는 직접 힘든 일을 하여 만드는 것이 쉽지 않음을 알았기에, 마음에 진실로 아껴 매우 때 묻고 해졌지만 차마 싫증나서 버리지 못한다는 것이다.

字義 莫 : 성할 막　刈 : 벨 예　濩 : 삶을 확　斁 : 싫어할 역　煮 : 삶을 자　麤 : 거칠 추　垢 : 때 구

言告師氏하여 言告言歸호라 薄[6]汚我私며 薄澣我衣니 害(할)澣害否오 歸寧父母하리라 (周南 葛覃-03)

言告師氏　　스승께 말씀드려
言告言歸　　친정 가리 고하라 했네
薄汙我私　　얼른 평상복 빨아놓고
薄澣我衣　　서둘러 예복도 빨았네
害澣害否　　어느 옷인들 빨지 않으리
歸寧父母　　돌아가 부모께 문안하리라

賦也라 言은 辭也라 師는 女師也라 薄은 猶少也라 汚는 煩撋之하여 以去其汚니 猶治亂而曰亂也라 澣則濯之而已라 私는 燕服也요 衣는 禮服也라 害은 何也요 寧은 安也니 謂問安也라

賦이다. 言은 어조사이다. 師는 여스승이다. 薄은 '잠깐'과 같다. 汚는 여러 번 비벼서 더러움을 제거하는 것이니, 마치 亂을 다스림을 亂이라 함과 같다. 澣은 그냥 빨기만 하는 것이다. 私는 燕服이고, 衣는 禮服이다. 害은 '어찌'의 뜻이고, 寧은 安이니, 問安함을 이른다.

6　薄 : 시간적으로 '짧음'으로 이해하여 '잠깐'으로 해석된다. 字書에는 '急急忙忙'이라는 의미도 있다. 따라서 '얼른'이나 '서둘러'라는 표현으로 시 전체의 흐름에 맞추었다. 뒤의 〈芣苢〉에 나오는 '薄言'도 같은 의미로 해석하였다.

◯上章은 旣成絺綌之服矣요 此章은 遂告其師氏하여 使告于君子以將歸寧之意하고 且曰 盍治其私服之汚而澣其禮服之衣乎아 何者當澣而何者可以未澣乎아 我將服之하고 以歸寧於父母矣라하니라

◯윗 장에서는 갈포 옷을 만들었고, 이 장에서는 마침내 여스승에게 고하여 君子에게 친정으로 돌아가 문안하고자 한 뜻을 고하게 하고, 또 "어찌 평상복의 더러움만 다스리고 禮服은 빨지 않겠는가. 어느 옷은 빨고 어느 옷은 빨지 않아도 되겠는가. 나는 이 옷을 입고 돌아가 부모께 문안하리라."라고 한 것이다.

字義 薄 : 잠깐 박 汚 : 비벼서 빨 오 害 : 어찌 할 澣 : 빨 한
 : 문댈 연 濯 : 씻을 탁
燕 : 편안할 연 盍 : 어찌 아니할 합

葛覃 三章이니 章 六句라

〈葛覃〉 3章이니, 장마다 6句이다.

此詩는 后妃所自作이라 故로 無贊美之詞라 然於此에 可以見其已貴而能勤하고 已富而能儉하며 已長而敬不弛於師傅하고 已嫁而孝不衰於父母하니 是皆德之厚而人所難也라 小序에 以爲后妃之本이라하니 庶幾近之라

이 시는 后妃가 직접 지은 것이다. 그리하여 贊美하는 말이 없다. 그러나 여기에서 귀하게 되었지만 부지런하고, 부유하게 되었지만 검소하며, 어른이 되었지만 스승을 공경함이 해이하지 않고, 시집을 갔지만 부모에게 효성이 줄어들지 않음을 알 수가 있으니, 이는 모두 德이 후한 것으로 사람이 행하기 어려운 것이다. 〈小序〉에 "〈葛覃〉은 后妃의 근본을 읊은 시이다."라고 하였으니, 이 뜻에 가깝다.

用 例

〔于飛〕 - 夫妻나 男女의 同行 또는 恩愛와 和合을 비유한다. 蒲松齡(淸), 《聊齋志異》〈梅女〉 : "兩人登榻, 于飛甚樂."

〔言歸〕 - 〈葛覃〉을 지칭하는 말로 사용한다. 蘇軾(宋), 《集英殿秋宴敎坊詞》〈放隊〉 : "羽觴湛湛, 方陳〈旣醉〉之詩, 鼉鼓淵淵, 復奏'言歸'之曲."

卷耳(권이)

采采卷耳호대 不盈頃筐하여서 嗟我懷人이라 寘(치)彼周行호라 (周南 卷耳-01)

采采卷耳 도꼬마리 캐다가
不盈頃筐 기운 광주리 반도 못 채워

嗟我懷人　　아, 내 님 그리워라
寘彼周行　　저 만치 길가에 던져두었네

賦也라 采采는 非一采也라 卷耳는 枲耳니 葉如鼠耳하고 叢生如盤이라 頃은 欹也라 筐은 竹器라 懷는 思也라 人은 蓋謂文王也라 寘는 舍也라 周行은 大道也라

賦이다. 采采는 한 번만 캐는 것이 아니다. 卷耳는 枲耳이니 잎이 鼠耳와 같고 쟁반처럼 무더기로 자란다. 頃은 기울임이다. 筐은 대그릇이다. 懷는 그리워함이다. 人은 文王을 말한 듯하다. 寘는 놓아둠이다. 周行은 큰 길이다.

○后妃 以君子不在而思念之라 故로 賦此詩라 託言 方采卷耳호되 未滿頃筐하여 而心適念其君子라 故로 不能復采하여 而寘之大道之旁也라

○后妃가, 君子가 〈곁에〉 있지 않아 그리웠다. 그리하여 이 시를 읊은 것이다. 가탁하기를 "도꼬마리를 캐다가 기울인 광주리에 반도 못 채워서 마음에 마침 군자가 그리웠다. 그리하여 다시 더 캐지 못하고 큰길가에 〈광주리를〉 던져두었다."라고 한 것이다.

字義 筐 : 광주리 광　寘 : 둘 치　枲 : 수삼풀 시　鼠 : 쥐 서　盤 : 서릴 반　欹 : 기울 의　旁 : 곁 방

陟彼崔嵬나 我馬虺隤란대 我姑酌彼金罍하여 維以不永懷하리라 (周南 卷耳-02)

陟彼崔嵬　　저 흙산에 오르자니
我馬虺隤　　내 말 비루먹었단다
我姑酌彼金罍　잠시 금잔에 술을 따라
維以不永懷　　긴 그리움 잊어나 볼까

賦也라 陟은 升也라 崔嵬는 土山之戴石者라 虺隤는 馬罷(피)不能升高之病이라 姑는 且也라 罍는 酒器니 刻爲雲雷之象하고 以黃金飾之라 永은 長也라

賦이다. 陟은 올라감이다. 崔嵬는 흙산 위에 돌이 있는 것이다. 虺隤는 말이 파리하여 높은 곳에 올라갈 수 없는 병이다. 姑는 우선이다. 罍는 술그릇이니, 구름과 우레의 모양을 새기고 황금으로 장식한 것이다. 永은 길이다.

○此又託言 欲登此崔嵬之山하여 以望所懷之人而往從之나 則馬罷病而不能進이라 於是에 且酌金罍之酒하여 而欲其不至於長以爲念也라

○이는 또 가탁하여 "이 흙산에 올라 그리워하는 사람을 바라보고 따라가고자 하나 말이 비루먹어 나아가지 못하니, 이에 우선 금잔에 술을 따라 길이 그리워함에 이르지 않고자 한다."라고 한 것이다.

字義 陟 : 오를 척　崔 : 우뚝할 최　嵬 : 산 뾰족할 외　虺 : 비루먹을 회　隤 : 무너질 퇴
罍 : 술잔 뢰　戴 : 일 대　罷 : 고달플 피

陟彼高岡이나 **我馬玄黃**이란대 **我姑酌彼兕觥**하여 **維以不永傷**하리라 (周南 卷耳-03)

兕觥

陟彼高岡　저 산마루 오르자니
我馬玄黃　검은말 누렇게 되었단다
我姑酌彼兕觥　잠시 뿔잔에 술을 따라
維以不永傷　긴 슬픔 잊어보리라

賦也라 **山脊曰岡**이라 **玄黃**은 **玄馬而黃**이니 **病極而變色也**라 **兕**는 **野牛**니 **一角 青色**이며 **重千斤**이라 **觥**은 **爵也**니 **以兕角爲爵也**라

賦이다. 산마루를 岡이라 한다. 玄黃은 검은 말이 누렇게 된 것이니, 병이 심하여 색이 변한 것이다. 兕는 野牛로 뿔이 하나이고 青色이며 무게가 千斤이다. 觥은 술잔이니, 들소 뿔로 만든 술잔이다.

字義　兕 : 외뿔소 시　觥 : 뿔잔 굉　脊 : 등뼈 척　爵 : 술잔 작

陟彼砠(저)**矣**나 **我馬瘏矣**며 **我僕痡矣**니 **云何吁矣**오 (周南 卷耳-04)

陟彼砠矣　저 돌산에 오르자니
我馬瘏矣　내 말 병들었고
我僕痡矣　내 마부도 병들었으니
云何吁矣　아, 어쩌면 좋을까나

賦也라 **石山戴土曰砠**라 **瘏**는 **馬病不能進也**요 **痡**는 **人病不能行也**라 **吁**는 **憂歎也**니 **爾雅註**에 **引此作盱**하니 **張目望遠也**라 **詳見**(현)**何人斯篇**이라

賦이다. 돌산 위에 흙이 있는 것을 砠라 한다. 瘏는 말이 병들어 나아가지 못하는 것이고, 痡는 사람이 병들어 걷지 못하는 것이다. 吁는 근심하고 탄식함이니, 《爾雅》의 註에는 이 구절을 인용하면서 '吁'를 '盱'로 적었으니, 盱는 눈을 크게 뜨고 멀리 바라보는 것이다. 〈小雅 何人斯〉에 자세히 보인다.

字義　砠 : 돌산 저　瘏 : 피곤할 도　痡 : 병들 부　盱 : 바라볼 우

卷耳 四章이니 **章四句**라

〈卷耳〉 4章이니, 장마다 4句이다.

此亦后妃所自作이니 **可以見其貞靜專一之至矣**라 **豈當文王朝會征伐之時**나 **羑里拘幽之日而作歟**아 **然不可考矣**라

이 시도 后妃가 직접 지은 것이니, 매우 정숙하고 〈마음이〉 專一함을 볼 수 있다. 어쩌면 文

王이 朝會나 征伐할 때이거나 羑里의 감옥에 구금되어 있던 때에 지은 것이 아닐까. 그러나 상고할 수 없다.

字義 羑 : 권할 유

用 例

〔三陟〕 - 여행의 괴로움을 形容한 말이다. 顔延之(南朝 宋), 〈秋胡〉詩 : "嗟予怨行役, **三陟**窮晨暮."

〔痛瘏〕·〔瘣隤〕 - 피곤해서 병이 남을 상징한다. 焦贛(漢), 《易林》〈師之臨〉 : "玄黃**瘣隤**, 行者勞罷 ; 役夫憔悴, 踰時不歸."

樛木(규목)

南有樛木하니 葛藟纍之로다 樂只君子여 福履綏(유)之로다 (周南 樛木-01)

南有樛木	남산 가지 드리운 나무에
葛藟纍之	칡덩굴이 매달렸네
樂只君子	즐거울사 군자시여
福履綏之	복록에 평안하시리

興也라 南은 南山也라 木下曲曰樛라 藟는 葛類요 纍는 猶繫也라 只는 語助辭라 君子는 自衆妾而指后妃니 猶言小君內子也라 履는 祿이요 綏는 安也라

興이다. 南은 南山이다. 나무가 아래로 휘어진 것을 樛라 한다. 藟는 칡 종류이고, 纍는 매달림이다. 只는 語助辭이다. 君子는 妾들의 입장에서 后妃를 지칭한 것이니, 小君, 內子라는 말과 같다. 履는 복록이고, 綏는 편안함이다.

○后妃 能逮下而無嫉妬之心이라 故로 衆妾이 樂其德而稱願之하여 曰 南有樛木하니 則葛藟纍之矣요 樂只君子는 則福履綏之矣라하니라

○后妃의 덕이 아래에까지 미쳐 질투하는 마음이 없었다. 그리하여 첩들이 그 덕을 좋아하여 칭송하고 바라기를 "남산 가지 드리운 나무에 칡덩굴 매달렸네. 즐거울사 우리 군자 복록에 평안하시리."라고 한 것이다.

字義 樛 : 가지 늘어질 규　藟 : 칡넝쿨 류　纍 : 맬 루　履 : 복 리　綏 : 편안할 수(유)　逮 : 미칠 체
嫉 : 미워할 질　妬 : 미워할 투

南有樛木하니 葛藟荒之로다 樂只君子여 福履將之로다 (周南 樛木-02)

南有樛木　　남산 가지 드리운 나무에
葛藟荒之　　칡덩굴이 덮였네
樂只君子　　즐거울사 우리 군자
福履將之　　복록이 도와주시리

興也라 荒은 奄也요 將은 猶扶助也라

興이다. 荒은 덮음이고, 將은 거들어서 도와줌이다.

字義 荒 : 덮을 황　將 : 도울 장　奄 : 가릴 엄

南有樛木하니 葛藟縈之로다 樂只君子여 福履成之로다 (周南 樛木-03)

南有樛木　　남산 가지 드리운 나무에
葛藟縈之　　칡덩굴이 감기었네
樂只君子　　즐거울사 우리 군자
福履成之　　복록을 이루리라

興也라 縈은 旋이요 成은 就也라

興이다. 縈은 감기는 것이고, 成은 이룸이다.

字義 縈 : 얽힐 영

樛木 三章이니 章四句라

〈樛木〉 3章이니, 장마다 4句이다.

螽斯(종사)

螽斯羽 詵詵兮니 宜爾子孫이 振振兮로다 (周南 螽斯-01)

螽斯羽　　메뚜기 날아서
詵詵兮　　떼 지어 모였으니
宜爾子孫　　당연코 당연하다
振振兮　　너희 자손 번성함이

比也라 螽斯는 蝗屬이라 長而青하고 長角長股하니 能以股相切作聲하며 一生九十九子라 詵詵은 和集貌라 爾는 指螽斯也라 振振은 盛貌라

比이다. 螽斯는 메뚜기 종류이다. 길고 푸르고 촉각과 다리가 기니 다리를 비벼서 소리를 낸다. 한 번에 새끼를 99마리 낳는다. 詵詵은 어울려 모이는 모습이다. 爾는 메뚜기를 가리킨다.

振振은 번성한 모습이다.

○比者는 以彼物로 比此物也라 后妃不妒忌而子孫衆多라 故로 衆妾이 以螽斯之群處和集而子孫衆多로 比之하니 言其有是德而宜有是福也라 後凡言比者는 放此라

○比는 저 물건으로 이 물건을 비유하는 것이다. 后妃가 투기하지 않아 자손이 많았기 때문에 妾들이, 메뚜기가 무리지어 살면서 잘 어울려 모여서 자손이 많은 것으로 비유한 것이니, 이러한 덕이 있으면 당연히 이러한 복이 있음을 말한 것이다. 이후로 모든 比라고 말한 것은 이와 같다.

字義 螽 : 메뚜기 종　詵 : 많을 선　蝗 : 메뚜기 황　股 : 다리 고　切 : 갈 절

螽斯羽 薨薨兮니 宜爾子孫이 繩繩兮로다 (周南 螽斯-02)

螽斯羽　　메뚜기 날아서
薨薨兮　　떼 지어 날으니
宜爾子孫　　당연도 하다 할사
繩繩兮　　너희 자손 이어짐이

比也라 薨薨은 群飛聲이요 繩繩은 不絶貌라

比이다. 薨薨은 떼 지어 나는 소리이고, 繩繩은 끊이지 않는 모양이다.

字義 薨 : 떼 지어 나는 소리 훙　繩 : 이을 승

螽斯羽 揖揖兮니 宜爾子孫이 蟄蟄兮로다 (周南 螽斯-03)

螽斯羽　　메뚜기 날아서
揖揖兮　　떼 지어 모여드니
宜爾子孫　　당연하고 당연하다
蟄蟄兮　　너희 자손 번성함이

比也라 揖揖은 會聚也요 蟄蟄은 亦多意라

比이다. 揖揖은 모이는 것이고, 蟄蟄은 역시 많다는 뜻이다.

字義 揖 : 모을 집　蟄 : 모일 칩

螽斯 三章이니 章四句라

〈螽斯〉 3章이니, 장마다 4句이다.

用 例

〔螽斯之德〕 - 后妃와 妾 사이에 투기하지 않는 婦德을 가리킨다. 張說(唐), 〈祈國公碑〉 :

"元女祥發望雲, 業參練石, 內被〈**螽斯**〉**之德**, 外偃〈關雎〉之化, 門風之至也."

〔詵誨〕 - 여자가 투기하지 않으면 자손이 흥성한다는 교훈을 말한다. 沈遘(宋), 〈長壽縣太君魏氏墓志銘〉: "維諷**詵誨**, 克紹厥美, 宜其子兮."

〔螽羽詵詵〕 - 夫婦의 和睦과 자손이 많음을 비유한다. 無名氏(明), 《四賢記》〈媒議〉: "但只願**螽羽詵詵**, 掌上珠還." 亦省作"螽羽".

〔螽斯〕 - 자식이 많음을 상징하는 전거로 쓰인다. 《後漢書》〈皇后紀下 順烈梁皇后〉: "夫陽以博施爲德, 陰以不專爲義, **螽斯**則百, 福之所由興也."

〔螽斯振羽〕 - 자손이 많음을 가리킨다. 無名氏(明), 《鳴鳳記》〈夏公命將〉: "願將樛木連枝舉, 早見**螽斯振羽**飛."

桃夭(도요)

桃之夭夭여 灼灼其華로다 之子于歸여 宜其室家로다 (周南 桃夭-01)

桃之夭夭　어리고 예쁜 복숭아나무
灼灼其華　활짝 피었네 붉은 꽃
之子于歸　시집가는 이 아씨
宜其室家　온 집안 화목케 하리라

興也라 桃는 木名이니 華紅하고 實可食이라 夭夭는 少好之貌요 灼灼은 華之盛也니 木少則華盛이라 之子는 是子也니 此는 指嫁者而言也라 婦人謂嫁曰歸라 周禮에 仲春에 令會男女라하니 然則桃之有華는 正昏姻之時也라 宜者는 和順之意라 室은 謂夫婦所居요 家는 謂一門之內라

興이다. 桃는 木名이니, 꽃은 붉고 열매는 먹을 수 있다. 夭夭는 어리고 예쁜 모습이고, 灼灼은 꽃이 화사한 것이니, 나무가 어리면 꽃이 화사하다. 之子는 '이 사람'이니, 이는 시집가는 사람을 가리켜 말한 것이다. 婦人이 시집가는 것을 歸라고 한다. 《周禮》〈地官 媒氏〉에 "仲春에 男女를 만나게 한다."라고 하였으니, 그렇다면 복숭아꽃이 필 때는 바로 혼인할 때이다. 宜는 和順하다는 뜻이다. 室은 부부가 사는 곳이고, 家는 한 집안을 말한다.

○文王之化 自家而國하여 男女以正하고 婚姻以時라 故로 詩人이 因所見以起興하여 而歎其女子之賢하여 知其必有以宜其室家也라

○文王의 교화가 집으로부터 나라에까지 미쳐서 男女가 바르게 되고 혼인을 시기에 맞게 하였다. 그리하여 시인이 본 것으로 詩情을 일으켜, 시집가는 여자가 현숙하여 반드시 집안을 화순하게 할 줄을 알겠다고 감탄한 것이다.

字義 桃 : 복숭아 도 夭 : 어릴 요 灼 : 꽃 활짝 필 작 華 : 꽃 화

桃之夭夭여 有蕡其實이로다 之子于歸여 宜其家室이로다 (周南 桃夭-02)

桃之夭夭 어리고 예쁜 복숭아나무
有蕡其實 복숭아 열렸네 주렁주렁
之子于歸 시집가는 이 아씨
宜其家室 온 집안 화목케 하리라

興也라 蕡은 實之盛也요 家室은 猶室家也라

興이다. 蕡은 열매가 많이 열린 것이고, 家室은 室家와 같다.

字義 蕡 : 열매 많이 열릴 분

桃之夭夭여 其葉蓁蓁이로다 之子于歸여 宜其家人이로다 (周南 桃夭-03)

桃之夭夭 어리고 예쁜 복숭아나무
其葉蓁蓁 무성도 할사 푸른 잎들
之子于歸 시집가는 이 아씨
宜其家人 온 가족 화목케 하리라

興也라 蓁蓁은 葉之盛也요 家人은 一家之人也라

興이다. 蓁蓁은 잎이 무성한 것이요, 家人은 온 집안사람이다.

字義 蓁 : 무성할 진

桃夭 三章이니 章四句라

〈桃夭〉 3章이니, 장마다 4句이다.

用 例

〔桃夭〕 - 혼인함을 가리킨다. 白居易(唐), 〈得乙女將嫁於丁旣納幣而乙悔丁訴之乙云未立婚書判〉 : "請從玉潤之訴, 無過**桃夭**之時."

〔夭桃穠李〕 - '夭桃穠李'라고도 쓰며, 신부의 아름다움을 贊頌하는 말이다. 張說(唐), 〈安樂郡主花燭行〉 : "星昴殷冬獻吉日, **夭桃穠李**遙相匹."

〔夭桃〕 - 배필을 찾는다는 의미로 사용한다. 梅鼎祚(明), 《玉合記》〈懷春〉 : "詠〈**夭桃**〉雖則有時, 歎'匏瓜'終當無匹."

〔宜室〕 - 夫婦가 화목하다는 말이다. 湯顯祖(明), 《牡丹亭》〈閨塾〉 : "有風有化, **宜室**宜家."

〔宜家〕 - 家庭이 화목하다는 말이다. 王維(唐), 〈工部楊尙書夫人贈太原郡夫人京兆王氏

墓志銘〉:"天生淑德, 實俾宜家. 特能柔順, 深棄驕奢."
〔桃夭之化〕- 男女가 혼례를 마침을 뜻한다. 本高明(元),《琵琶記》〈伯喈辭官辭婚不准〉: "其所議姻事, 可曲從師相之請, 以成**桃夭之化**."

兎罝(토저)

肅肅兎罝(저)여 椓之丁丁이로다 赳赳(규규)武夫여 公侯干城이로다 (周南 兎罝-01)

肅肅兎罝　　가지런한 토끼그물
椓之丁丁　　말뚝을 텅텅 박네
赳赳武夫　　헌걸찬 무사여
公侯干城　　군주의 방패로세

興也라 肅肅은 整飭貌라 罝는 罟也요 丁丁은 椓杙聲也라 赳赳는 武貌요 干은 盾也니 干城은 皆所以扞外而衛內者라

興이다. 肅肅은 가지런한 모습이다. 罝는 그물이다. 丁丁은 말뚝을 박는 소리다. 赳赳는 씩씩한 모습이다. 干은 방패이니, 방패와 城은 모두 밖을 막아 안을 보호하는 것이다.

○化行俗美하여 賢才衆多하니 雖罝兎之野人도 而其才之可用이 猶如此라 故로 詩人이 因其所事하여 以起興而美之하니 而文王德化之盛을 因可見矣라

○교화가 행해지고 풍속이 아름다워 賢才가 많아졌으니, 토끼 잡는 野人까지도 그 재주의 쓸만함이 오히려 이와 같았다. 그리하여 詩人이 그가 하는 일을 인하여 詩情을 일으켜 찬미하였으니, 문왕 덕의 교화가 훌륭함을 이를 통하여 알 수 있다.

字義 兎 : 토끼 토　罝 : 그물 저　椓 : 칠 탁　赳 : 헌걸찰 규　飭 : 삼갈 칙　罟 : 그물 고
杙 : 말뚝 익　盾 : 방패 순　扞 : 막을 한

肅肅兎罝여 施于中逵(규)로다 赳赳武夫여 公侯好仇로다 (周南 兎罝-02)

肅肅兎罝　　가지런한 토끼그물
施于中逵　　길목에다 치네
赳赳武夫　　헌걸찬 무사여
公侯好仇　　군주의 좋은 짝이로세

興也라 逵는 九達之道라 仇는 與逑同이니 匡衡이 引關雎에 亦作仇字라 公侯善匹은 猶曰聖人之耦니 則非特干城而已니 歎美之無已也라 下章放此라

興이다. 逵는 사방팔방으로 통하는 길이다. 仇는 逑와 같으니, 匡衡이 〈關雎〉를 인용한 데에도 '仇'자로 되어 있다. 군주의 좋은 짝은 '聖人의 짝'이라는 말과 같으니, 그렇다면 干城일 뿐만이 아니라는 것이니 감탄하고 찬미하기를 마지않은 것이다. 아래 장도 이와 같다.

字義 逵 : 길거리 규 仇 : 짝 구 耦 : 짝 우

肅肅兎罝여 施于中林이로다 赳赳武夫여 公侯腹心이로다 (周南 兎罝-03)

肅肅兎罝 가지런한 토끼그물
施于中林 숲속에다 치네
赳赳武夫 헌걸찬 무사여
公侯腹心 군주의 심복이로세

興也라 中林은 林中이라 腹心은 同心同德之謂니 則又非特好仇而已也라

興이다. 中林은 숲속이다. 腹心은 마음이 같고 덕이 같음을 이르니, 그렇다면 또 좋은 짝일 뿐만이 아니라는 것이다.

兎罝 三章이니 章四句라

〈兎罝〉 3章이니, 장마다 4句이다.

用 例

〔兎罝〕 - 在野의 賢人이나 武臣을 가리킨다. 陳子昂(唐), 〈秋日遇荊州府崔兵曹使宴〉詩序 : "皇華昭國, 懷鳳紵而高尋, 白駒追遊, 邀**兎罝**而下顧."

〔赳赳〕·〔赳武〕·〔赳赳桓桓〕·〔赳桓〕 - 씩씩하고 건장한 모습을 형용하는 말이다. 《漢書》〈趙充國傳〉 : "在漢中興, 充國作武, **赳赳桓桓**, 亦紹厥後." 용맹한 武將을 가리키는 말이기도 하다. 魏源(淸), 《默觚下》〈治篇十〉 : "是以明王任忠亮於臺輔, 付**赳武**於干城, 易地則皆敗."

芣苢(부이)

采采芣苢를 薄言采之호라 采采芣苢를 薄言有之호라 (周南 芣苢-01)

采采芣苢 질경이 캐러 가서
薄言采之 서둘러 찾았네
采采芣苢 질경이 캐러 가서

芣苢(車前)

薄言有之　　　서둘러 캐었네

賦也라 芣苢는 車前也니 大葉長穗하고 好生道旁이라 采는 始求之也요 有는 旣得之也라

賦이다. 芣苢는 질경이〔車前〕이니, 잎이 크고 이삭이 길며 길가에서 잘 자란다. 采는 처음 찾는 것이요, 有는 얻은 것이다.

○化行俗美하여 家室和平하니 婦人無事하여 相與采此芣苢하여 而賦其事以相樂也라 采之未詳何用이라 或曰 其子治産難이라

○교화가 행해지고 풍속이 아름다워 집안이 화평하니, 婦人이 일이 없어 서로 어울려 질경이를 캐면서 그 일을 읊어 서로 즐거워한 것이다. 캔 것을 어디에 사용하는지는 자세하지 않다. 혹은 "그 씨앗이 難産을 치료한다."고 한다.

字義 芣 : 질경이 부　苢 : 질경이 이　薄 : 잠깐 박　穗 : 이삭 수　旁 : 곁 방

采采芣苢를 薄言掇之호라 采采芣苢를 薄言捋之호라 (周南 芣苢-02)

采采芣苢　　　질경이 캐러 가서
薄言掇之　　　서둘러 씨를 주었네
采采芣苢　　　질경이 캐러 가서
薄言捋之　　　얼른 씨를 훑었네

賦也라 掇은 拾也요 捋은 取其子也라

賦이다. 掇은 줍는 것이고, 捋은 씨를 훑는 것이다.

字義 掇 : 주울 철　捋 : 뽑을 랄

采采芣苢를 薄言袺之호라 采采芣苢를 薄言襭之호라 (周南 芣苢-03)

采采芣苢　　　질경이 캐러 가서
薄言袺之　　　얼른 옷섶에 담았네
采采芣苢　　　질경이 캐러 가서
薄言襭之　　　얼른 옷섶에다 넣었네

賦也라 袺은 以衣貯之而執其衽也요 襭은 以衣貯之而扱其衽於帶間也라

賦이다. 袺은 옷에다 담아 그 옷섶을 잡는 것이고, 襭은 옷에다 담고 그 옷섶을 띠 사이에다 꽂는 것이다.

字義 袺 : 옷섶 잡을 결　襭 : 옷섶 힐　貯 : 담을 저　衽 : 옷섶 임　扱 : 끼울 삽

芣苢 三章이니 章四句라

〈芣苢〉 3章이니, 장마다 4句이다.

用 例

〔芣苢〕 - '芣苡'로도 쓰며, 《韓詩》에서는 惡疾을 앓는 이를 동정하는 노래로 사용한다. 《文選》 劉孝標 〈辯命論〉 : "顏回敗其叢蘭, 冉耕歌其〈芣苢〉." ○질경이는 씨가 많기 때문에 옛사람이 이 시를 노래하여 득남을 축하하는 뜻을 보였다. 胡熊鍔〈生女慰內〉詩 : "霜林未合歌〈芣苢〉, 秋實徒增慨〈黍離〉."

漢廣(한광)

南有喬木하니 不可休息(思)[7]로다 漢有游女하니 不可求思로다 漢之廣矣 不可泳思며 江之永矣 不可方思로다 (周南 漢廣-01)

南有喬木	남쪽의 키 큰 나무
不可休息	그 아래 쉴 수 없네
漢有游女	한수 가에 노니는 여인
不可求思	찾을 수가 없네
漢之廣矣	한수는 하도 넓어
不可泳思	헤엄쳐 건널 수 없고
江之永矣	강줄기 하도 길어
不可方思	뗏목으로도 건널 수 없네

興而比也라 上竦無枝曰喬라 思는 語辭也니 篇內同이라 漢水는 出興元府嶓冢山하여 至漢陽軍大別山하여 入江이라 江漢之俗은 其女好遊하여 漢魏以後猶然하니 如大堤之曲[8]에 可見也라 泳은 潛行也라 江水는 出永康軍岷山하여 東流與漢水合하여 東北入海라 永은 長也요

---

7 不可休息(思) : 息은 저본의 주에 "吳氏가 말하기를 《韓詩》에는 息이 思로 되어 있다.〔吳氏曰 韓詩作思〕"라 하였고, 구마다 반복되는 조사로 보아 思로 읽는다. 《毛詩正義》의 공영달 疏에도 '休思'로 본 것으로 해석하고 있다.

8 大堤之曲 : 안성 유씨가 말하였다. "李太白 詩의 註釋에, 大堤는 漢水의 제방이고 〈대제곡〉은 南朝 宋나라의 隨王 劉誕이 양양군수일 때에 지은 것으로, 《악부》에 남아 있다.……가사에, '아침에 양양성을 떠나 저물녘 대제에 와서 잤네. 대제의 여인들 꽃처럼 예뻐 사나이 눈을 놀라키네'라고 하였다.〔安成劉氏曰 李太白詩註曰 大堤 漢水之堤 大堤曲 宋(隋)〔隨〕王誕 爲襄陽時作 樂府遺聲……古詞云 朝發襄陽城 暮至大堤宿 大堤諸女兒 花豔驚郎目〕"(《詩傳大全》 小註)

方은 桴也라

興이면서 比이다. 위로 솟아 가지가 없는 나무를 喬라 한다. 思는 어조사이니, 이 篇에서는 모두 같다. 漢水는 興元府 嶓冢山에서 發源하여 漢陽軍 大別山에 이르러 江水로 들어간다. 江水와 漢水 지역의 풍속은 여자들이 놀기를 좋아하여, 漢魏시대 이후에도 그러하였으니 〈大堤曲〉의 경우에서 볼 수 있다. 泳은 물속에 잠겨 헤엄치는 것이다. 江水는 永康軍 岷山에서 발원하여 동쪽으로 흘러 漢水와 만나 東北 바다로 들어간다. 永은 깊이고, 方은 뗏목이다.

○文王之化 自近而遠하여 先及於江漢之間하여 而有以變其淫亂之俗이라 故로 其出游之女를 人望見之하고 而知其端莊靜一하여 非復前日之可求矣라 因以喬木起興하고 江漢爲比하여 而反復詠歎之也라

○文王의 교화가 가까운 곳에서부터 먼 곳까지 이르러 먼저 江水와 漢水 사이에 미쳐 淫亂한 풍속을 변하게 하였다. 그리하여 놀러 나온 여인들을 사람들이 바라보고 단정하고 정숙하여 다시는 지난날처럼 만날 수 없다는 것을 알았다. 인하여 喬木으로 시정을 일으키고 江水와 漢水로 비유하여 반복해 읊은 것이다.

字義 喬 : 높을 교　方 : 뗏목 방　竦 : 우뚝 솟을 송　嶓 : 산 이름 파　堤 : 둑 제　岷 : 산 이름 민
桴 : 뗏목 부

翹翹錯薪에 言刈其楚하리라 之子于歸에 言秣其馬하리라 漢之廣矣 不可泳思며 江之永矣 不可方思로다 (周南 漢廣-02)

翹翹錯薪	쑥쑥 자란 잡목 속에
言刈其楚	가시나무를 베어내리
之子于歸	아가씨 시집갈 때
言秣其馬	말 먹이나 주리라
漢之廣矣	한수는 하도 넓어
不可泳思	헤엄쳐 건널 수 없고
江之永矣	강줄기 하도 길어
不可方思	뗏목으로도 못 건넌다네

楚(黃荊)

興而比也라 翹翹는 秀起之貌라 錯은 雜也라 楚는 木名이니 荊屬이라 之子는 指游女也라 秣은 飼也라

興이면서 比이다. 翹翹는 빼어난 모양이다. 錯은 섞임이다. 楚는 나무이름이니 가시나무 종류이다. 之子는 놀러 나온 여인이다. 秣은 말을 먹이는 것이다.

○以錯薪起興而欲秣其馬하니 則悅之至요 以江漢爲比하여 而歎其終不可求하니 則敬

之深이라

○錯薪으로 詩情을 일으키고 그 말을 먹이고자 하였으니 매우 좋아한 것이고, 江水와 漢水로 비유하여 끝내 찾을 수 없음을 탄식하였으니 깊이 존경한 것이다.

字義 翹 : 빼어날 교 錯 : 어긋날 착 刈 : 벨 예 楚 : 가시나무 초 秣 : 먹일 말 荊 : 가시나무 형 飼 : 먹일 사

翹翹錯薪에 言刈其蔞하리라 之子于歸에 言秣其駒[9]하리라 漢之廣矣 不可泳思며 江之永矣 不可方思로다 (周南 漢廣-03)

翹翹錯薪 쑥쑥 자란 잡목 속에
言刈其蔞 물쑥을 베어내리
之子于歸 아가씨 시집갈 때
言秣其駒 말에 먹이나 주려네
漢之廣矣 한수는 하도 넓어
不可泳思 헤엄쳐 건널 수 없고
江之永矣 강줄기 하도 길어
不可方思 뗏목으로도 못 건넌다네

蔞蒿

興而比也라 蔞는 蔞蒿也니 葉似艾하고 青白色이요 長數寸이니 生水澤中이라 駒는 馬之小者라

興이면서 比이다. 蔞는 물쑥이니, 잎은 쑥과 같고 청백색이고 길이는 몇 치쯤 되니 못가에 자란다. 駒는 작은 말이다.

字義 蔞 : 물쑥 루 駒 : 망아지 구 蒿 : 다북쑥 호 艾 : 쑥 애

漢廣 三章이니 章八句라

〈漢廣〉 3章이니, 장마다 8句이다.

用 例

〔翹楚〕 - 傑出한 人材나 특이한 事物을 비유한다. 孔穎達(唐), 《春秋左傳正義》 〈序〉 : "劉炫於數君之內, 實爲**翹楚**."

---

9 駒 : 毛亨은 傳에서 "6척 이상인 말을 '馬'라고 하고, 5척 이상인 말을 '駒'라고 한다.〔六尺以上曰馬 五尺以上曰駒〕"라 하였다.

汝墳(여분)

遵彼汝墳하여 **伐其條枚**호라 **未見君子**라 **惄如調飢**호라 (周南 汝墳-01)

遵彼汝墳　　저 여수 둑을 따라가며
伐其條枚　　나뭇가지를 베었네
未見君子　　낭군 보지 못했을 젠
惄如調飢　　거듭 굶은 양 허전했었네

賦也라 **遵**은 **循也**라 **汝水**는 **出汝州天息山**하여 **徑蔡潁州**하여 **入淮**라 **墳**은 **大防也**라 **枝曰條**요 **榦曰枚**라 **惄**은 **飢意也**라 **調**는 **一作輖**니 **重也**라

賦이다. 遵은 따름이다. 汝水는 汝州 天息山에서 發源하여 蔡州와 潁州를 지나 淮水로 들어간다. 墳은 큰 제방이다. 가지를 條라 하고, 줄기를 枚라 한다. 惄은 허전한 마음이다. 調는 輖로 된 곳도 있으니, '거듭'이란 뜻이다.

○汝旁之國도 **亦先被文王之化者**라 **故**로 **婦人喜其君子行役而歸**하여 **因記其未歸之時**에 **思望之情如此**하여 **而追賦之也**라

○汝水 곁의 나라도 먼저 文王의 교화를 받았다. 그리하여 婦人이 남편이 부역 갔다가 돌아옴을 기뻐하여 그가 돌아오기 전에 그리워하는 정이 이와 같았음을 기억하고서 추억하여 읊은 것이다.

字義　汝 : 물 이름 여　墳 : 둑 분　枚 : 가지 매　惄 : 허전할 녁　調 : 아침 굶을 주, 무거울 주
　　　逕 : 지날 경　潁 : 물 이름 영　榦 : 줄기 간　輖 : 무거울 주, 거듭 주

遵彼汝墳하여 **伐其條肄**호라 **旣見君子**하니 **不我遐棄**로다 (周南 汝墳-02)

遵彼汝墳　　저 여수 둑을 따라가며
伐其條肄　　다시 자란 가지를 꺾었네
旣見君子　　낭군님 만나고 나니
不我遐棄　　날 영영 버리지 않았네

賦也라 **斬而復生曰肄**라 **遐**는 **遠也**라

賦이다. 베어냈는데 다시 돋아난 가지를 肄라 한다. 遐는 遠이다.

○伐其枚而又伐其肄면 **則踰年矣**라 **至是**에 **乃見其君子之歸**하고 **而喜其不遠棄我也**라

○가지를 베어내고 또 다시 돋아난 곁가지를 베어냈으면 해를 넘긴 것이다. 이때에 돌아온 남편을 비로소 보고서 남편이 자신을 멀리 버리지 않았음을 기뻐한 것이다.

字義 肄 : 움싹 이 遐 : 멀 하 踰 : 넘을 유

魴魚赬尾어늘 王室如燬로다 雖則如燬나 父母孔邇시니라 (周南 汝墳-03)

魴魚赬尾	방어 꼬리 붉었는데
王室如燬	왕실이 불타는 듯
雖則如燬	불타는 듯하지마는
父母孔邇	부모님 매우 가깝다네

比也라 魴은 魚名이니 身廣而薄하고 少力細鱗이라 赬은 赤也니 魚勞則尾赤이라 魴尾本白而今赤則勞甚矣라 王室은 指紂所都也라 燬는 焚也라 父母는 指文王也라 孔은 甚이요 邇는 近也라

比이다. 魴은 물고기 이름이니, 몸은 넓고 얇으며 힘이 약하고 비늘은 가늘다. 赬은 붉음이니, 고기가 힘들면 꼬리가 붉어진다. 방어의 꼬리는 본래 흰데 지금 붉어졌으니 매우 힘든 것이다. 王室은 紂의 도읍을 가리킨다. 燬는 불타는 것이다. 父母는 文王을 가리킨다. 孔은 매우이고, 邇는 가까움이다.

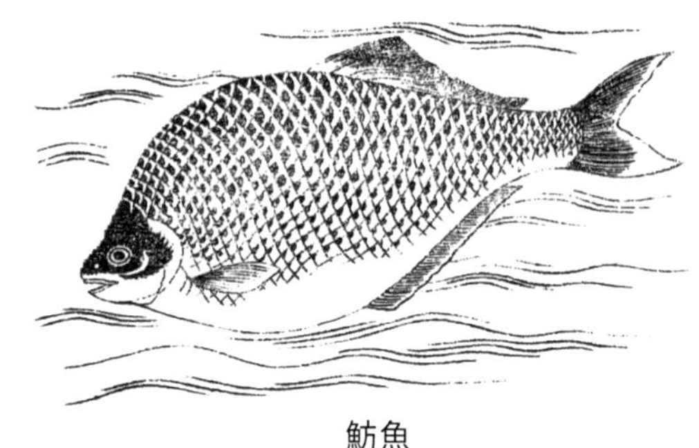
魴魚

◯是時에 文王이 三分天下에 有其二로되 而率商之叛國以事紂라 故로 汝墳之人이 猶以文王之命으로 供紂之役이라 其家人이 見其勤苦而勞之曰 汝之勞 旣如此어늘 而王室之政은 方酷烈而未已라 雖其酷烈而未已나 然文王之德이 如父母然하여 望之甚近하니 亦可以忘其勞矣라 此는 序所謂婦人이 能閔其君子로되 猶勉之以正者라 蓋曰雖其別離之久하여 思念之深이로되 而其所以相告語者 猶有尊君親上之意하고 而無情愛狎昵之私하니 則其德澤之深과 風化之美를 皆可見矣라 一說에 父母甚近하니 不可以懈於王事而貽其憂라하니 亦通이라

◯이때에 文王이 천하의 3분의 2를 차지하였는데도 商을 배반한 나라를 거느리고 紂를 섬겼다. 그리하여 汝墳의 사람들이 아직도 문왕의 명으로 紂의 부역을 하였다. 그 집안사람이 괴롭게 일하는 것을 보고서 위로하여 "그대의 노고가 이러하지마는 왕실의 정치는 혹독하기 그지없다. 비록 그지없이 혹독하지만 문왕의 덕이 부모와 같아 바라보면 매우 가까우니 역시 힘든 것을 잊을 수가 있다."라고 한 것이다. 이는 〈序〉에 "婦人이 그 남편을 걱정하면서도 오히려 올바른 도로 권면하였다."는 것이다. 이는 이별한 지 오래되어 그리움이 깊었지만 서로 주고받은 말은 오히려 군주를 존중하고 윗사람을 친애하는 뜻이 있고 애정으로 사사로운 외설스러움이 없

으니, 그 德澤의 깊음과 風化의 아름다움을 모두 볼 수 있다. 또 다른 說에 "父母가 매우 가까이 있으니 王事를 게을리하여 걱정을 끼쳐서는 안 된다고 한 것이다." 하니, 이것도 의미는 통한다.

字義 魴 : 방어 방 頳 : 붉을 정 燬 : 불탈 훼 孔 : 심할 공 邇 : 가까울 이 紂 : 임금 이름 주
勞 : 위로할 로 酷 : 심할 혹 昵 : 친할 닐 貽 : 끼칠 이

汝墳 三章이니 章四句라

〈汝墳〉 3章이니, 장마다 4句이다.

用 例

〔汝墳〕 - 敎化가 널리 미침을 찬미한 말이다. 王韶之(南朝 宋), 《宋宗廟登歌》 〈高祖武皇帝歌〉 : "功幷敷土, 道均**汝墳**."

〔頳尾〕 - '赬尾'로도 쓰며, 憂勞나 勞苦를 가리킨다. 羅隱(唐), 〈西京崇德里居〉詩 : "進乏梯媒退又難, 强隨豪貴殢長安……錦鱗**赬尾**平生事, 却被閒人把釣竿." ○물고기가 살찐 것을 가리킨다. 皮日休(唐), 《奉和魯望漁具十五詠》 〈種魚〉 : "池中得春魚, 點點活如蟻. 一月便翠鱗, 終年必**赬尾**."

〔魚勞〕 - 분주하고 힘듦을 비유한다. 李商隱(唐), 〈爲張周封上楊相公啓〉 : "擊水三千, 蹔隨鵬運 ; 墱流十二, 免使**魚勞**."

〔魴魚頳尾〕 - 괴롭거나 과중한 부담을 형용한다. 庾信(北周), 〈哀江南賦〉 : "旣而**魴魚頳尾**, 四郊多壘."

〔倦尾赤色〕 - 매우 괴로움을 비유한다. 曾鞏(宋), 〈送吳秀才〉詩 : "憐君滿腹富文彩, **倦尾赤色**無波瀾."

麟之趾(인지지)

麟之趾여 振振公子로소니 于嗟麟兮로다 (周南 麟之趾-01)

麟之趾	기린의 발이여
振振公子	인자한 공자여
于嗟麟兮	아, 기린이로다

興也라 麟은 麕身牛尾馬蹄요 毛蟲之長也라 趾는 足也니 麟之足은 不踐生草하고 不履生蟲이라 振振은 仁厚貌라 于嗟는 歎辭라

興이다. 麟은 고라니 몸, 소꼬리, 말발굽을 하였으며, 짐승 중에서 으뜸이다. 趾는 발이니, 기린의 발은 살아 있는 풀을 밟지 않고 살아 있는 벌레를 밟지 않는다. 振振은 仁厚한 모습이다.

于嗟는 감탄사이다.

◯文王后妃 德修于身하여 而子孫宗族이 皆化於善이라 故로 詩人이 以麟之趾로 興公之子하여 言麟性仁厚라 故로 其趾亦仁厚하고 文王后妃仁厚라 故로 其子亦仁厚라 然이나 言之不足이라 故로 又嗟歎之하여 言是乃麟也니 何必麕身牛尾而馬蹄然後에 爲王者之瑞哉아하니라

◯문왕의 후비가 몸에 덕을 修養하여 자손과 종족이 모두 善에 감화되었기 때문에 詩人이 기린의 발로 公子를 이끌어 와, “기린의 성품이 인후하기 때문에 그 발도 인후하고, 문왕의 후비가 인후하기 때문에 그 자손도 인후하다.”라고 한 것이다. 그러나 말로 다 표현하기에는 부족하였으므로, 또 감탄하여 “이들이 바로 기린이니, 어찌 꼭 고라니 몸, 소꼬리, 말발굽인 뒤에야 왕자의 祥瑞가 되겠는가.”라고 한 것이다.

字義 趾 : 발 지　振 : 성할 진　麕 : 고라니 균　蹄 : 발굽 제

麟之定이여 振振公姓이로소니 于嗟麟兮로다 (周南 麟之趾-02)

麟之定	기린의 이마여
振振公姓	덕성스런 공손이여
于嗟麟兮	아, 기린이로다

興也라 定은 額也니 麟之額은 未聞이라 或曰 有額而不以抵也라 公姓은 公孫也니 姓之爲言은 生也라

興이다. 定은 이마이니, 기린의 이마에 대해서는 들어보지 못하였다. 혹은 “이마가 있지만 들이받지 않는다.”고도 한다. 公姓은 公孫이니, 姓이란 뜻은 ‘태어난다’는 것이다.

字義 定 : 이마 정　額 : 이마 액　抵 : 들이받을 저

麟之角이여 振振公族이로소니 于嗟麟兮로다 (周南 麟之趾-03)

麟之角	기린의 뿔이여
振振公族	덕성스런 公族이여
于嗟麟兮	아, 기린이로다

興也라 麟은 一角이니 角端有肉이라 公族은 公과 同高祖니 祖廟未毁하여 有服之親이라

興이다. 기린은 뿔이 하나인데 뿔끝에 살이 있다. 公族은 公과 高祖가 같으니, 祖廟가 아직 보전되어 服이 있는 친족이다.

麟之趾 三章이니 章三句라

〈麟之趾〉 3章이니, 장마다 3句이다.

序에 以爲關雎之應이라하니 得之라

〈序〉에서 "〈麟之趾〉는 〈關雎〉의 효응이다."라고 하였는데 맞는 말이다.

用 例

〔吾家麒麟〕 - 집안의 자제가 준수함을 자랑하는 말이다. 《晉書》〈顧和傳〉: "〈顧和〉総角便有清操, 族叔榮雅重之, 曰: '**此吾家麒麟.**'"

〔龍驤麟振〕 - 將軍이 은총과 위엄을 兼備함을 비유한다. 《晉書》〈段灼傳〉: "〈鄧艾〉受命忘身, **龍驤麟振**, 前無堅敵."

〔麟趾〕 - 仁德이나 才智가 있는 賢人을 비유한다. 陸云(晉), 〈答孫顯世〉詩之七: "志擬龍潛, 德配**麟趾**." 子孫이 昌盛함을 비유하기도 한다. 王融(南朝 齊), 〈三月三日曲水詩序〉: "族茂**麟趾**, 宗固盤石.

周南之國 十一篇이니 三十四章이요 百五十九句라

周南 國風 11篇이니, 34章이고 159句이다.

按此篇首五詩는 皆言后妃之德이라 關雎는 擧其全體而言也요 葛覃, 卷耳는 言其志行之在己요 樛木, 螽斯는 美其德惠之及人이니 皆指其一事而言也라 其詞雖主於后妃나 然其實則皆所以著明文王身修家齊之效也라 至於桃夭, 兎罝, 芣苢하여는 則家齊而國治之效요 漢廣, 汝墳은 則以南國之詩附焉하여 而見(현)天下已有可平之漸矣라 若麟之趾는 則又王者之瑞니 有非人力所致요 而自至者라 故로 復以是終焉이어늘 而序者 以爲關雎之應也라하니 夫其所以至此는 后妃之德이 固不爲無所助矣라 然妻道無成하니 則亦豈得而專之哉아 今言詩者 或乃專美后妃하고 而不本於文王하니 其亦誤矣라

살펴보면 이 편의 첫머리 다섯 시는 모두 后妃의 덕을 말하였다. 〈關雎〉는 전체를 들어 말하였고, 〈葛覃〉과 〈卷耳〉는 바른 뜻과 행실을 몸에 지님을 말하였고, 〈樛木〉과 〈螽斯〉는 덕과 은혜가 다른 사람에게까지 미침을 찬미한 것이니, 모두 한 가지 일을 가리켜 말한 것이다. 그 말이 비록 후비를 위주로 하였으나 실제는 모두 문왕의 修身, 齊家의 효과를 드러내 밝힌 것이다. 〈桃夭〉, 〈兎罝〉, 〈芣苢〉에 있어서는 집안이 다스려지고 국가가 다스려진 효과이고, 〈漢廣〉과 〈汝墳〉은 南國의 시를 붙여 천하를 이미 평정할 수 있는 조짐이 있음을 나타낸 것이다. 〈麟之趾〉 같은 경우는 또 王者의 祥瑞이니, 사람의 힘으로 이르게 할 수 있는 것이 아니고 저절로 그에 이른 것이다. 그리하여 다시 이 시로 마무리한 것이다. 그런데 〈序〉를 쓴 이가 이를 "〈關雎〉의 효과이다." 하였으니, 이러한 경지에 이른 것은 후비의 덕이 도운 바가 없지는 않을 것이다. 그러나 아내의 道는 혼자서 이루는 것이 없으니, 어찌 후비 혼자만의 것일 수 있겠는가. 이제 시를 해석하는 이가 后妃만을 찬미하고 文王을 근본으로 하지 않았으니 그 역시 잘못이다.

字義 按 : 살필 안　漸 : 조짐 점

詩經集傳 卷之一

召南 一之二

召公世次

召公 奭 - (至九世) 惠侯 - 釐侯 - 頃侯 - 哀侯 - 鄭侯 - 繆侯 - 宣侯 - 桓侯 - 莊公 - 襄公 - 桓公 - 宣公 - 昭公 - 武公 - 文公 - 懿公 - 惠公 - 悼公 - 共公 - 平公 - 簡公 - 獻公 - 孝公 - 成公 - 湣公 - 釐公 - 桓公 - 文公 - 易王 - 子噲 - 昭王 - 惠王 - 武成王 - 孝王 - 王喜

召는 地名이니 召公奭之采邑也라 舊說에 扶風雍縣南에 有召亭하니 即其地라하니라 今雍縣은 析爲岐山 天興二縣하니 未知召亭的在何縣이라 餘는 已見(현)周南篇이라

召는 地名이니, 召公 奭의 采邑이다. 舊說에 "扶風 雍縣 남쪽에 召亭이 있으니 바로 그곳이다."라고 하였는데, 지금의 雍縣은 岐山縣과 天興縣 두 현으로 나뉘었으니, 召亭이 분명하게 어느 현에 있었는지는 모른다. 나머지는 周南篇에 나왔다.

字義 奭 : 클 석 采 : 채읍 채

鵲巢(작소)

維鵲有巢에 維鳩[10]居之로다 之子于歸에 百兩御(아)之로다 (召南 鵲巢-01)

維鵲有巢	까치가 지은 둥지
維鳩居之	뻐꾸기가 차지하네
之子于歸	새아씨 시집올 제
百兩御之	백 대의 수레로 맞이하네

興也라 鵲, 鳩는 皆鳥名이라 鵲은 善爲巢하여 其巢最爲完固요 鳩는 性拙하여 不能爲巢하고 或有居鵲之成巢者라 之子는 指夫人也라 兩은 一車也니 一車兩輪이라 故로 謂之兩이라 御는 迎也라 諸侯之子 嫁於諸侯에 送御皆百兩也라

---

10 鳩 : 毛亨(前漢)은 傳에서 '鳲鳩니 秸鞠也라' 하여 '뻐꾸기'로 해석하였다.

興이다. 鵲과 鳩는 모두 새 이름이다. 鵲은 둥지를 잘 만들어 그 둥지가 가장 튼튼하고, 鳩는 성격이 옹졸하여 둥지를 짓지 못하고 때로는 까치가 지어놓은 둥지를 차지하기도 한다. 之子는 夫人을 가리킨다. 兩은 한 대의 수레이니, 한 대의 수레는 바퀴가 두 개이기 때문에 兩이라 한 것이다. 御는 맞이함이다. 諸侯의 딸이 제후에게 시집갈 적에 보내고 맞이함을 모두 백 대의 수레로 한 것이다.

○南國諸侯 被文王之化하여 能正心修身하여 以齊其家하니 其女子 亦被后妃之化하여 而有專靜純一之德이라 故로 嫁於諸侯에 而其家人美之曰 維鵲有巢면 則鳩來居之라 是以로 之子于歸에 而百兩迎之也라하니라 此詩之意는 猶周南之有關雎也라

○南國의 諸侯가 문왕의 교화를 받아 正心 修身하여 집안을 다스리니, 그 女人도 后妃의 교화를 받아 진중하고 순수한 덕을 지녔다. 그리하여 제후에게 시집갈 적에 집안사람들이 찬미하여 "까치가 지은 집 뻐꾸기가 차지하네. 이 때문에 아씨 시집올 때 백 대 수레로 맞이하네."라고 한 것이다. 이 시의 뜻은 周南에 〈關雎〉가 있는 것과 같다.

字義 鵲 : 까치 작 巢 : 둥지 소 鳩 : 뻐꾸기 구 兩 : 수레 량 御 : 맞을 아

維鵲有巢에 維鳩方之로다 之子于歸에 百兩將之로다 (召南 鵲巢-02)

維鵲有巢 까치가 지은 둥지
維鳩方之 뻐꾸기가 차지하네
之子于歸 새아씨 시집갈 때
百兩將之 백 대의 수레로 배웅하네

興也라 方은 有之也요 將은 送也라

興이다. 方은 차지함이다. 將은 보냄이다.

字義 方 : 차지할 방 將 : 보낼 장

維鵲有巢에 維鳩盈之로다 之子于歸에 百兩成之로다 (召南 鵲巢-03)

維鵲有巢 까치가 지은 둥지
維鳩盈之 뻐꾸기가 가득하네
之子于歸 새아씨 시집와서
百兩成之 백 대의 수레로 禮 이루네

興也라 盈은 滿也니 謂衆媵姪娣[11]之多라 成은 成其禮也라

---

11 媵姪娣 : 제후에게 시집가는 여인을 따라가서 같이 생활하는 조카나 여동생 등을 말한다. 《春秋

興이다. 盈은 가득함이니, 여러 媵妾과 조카나 동생이 많음을 말한 것이다. 成은 禮를 치름을 말한다.

字義 媵 : 잉첩 잉 姪 : 조카 질 娣 : 손아래누이 제

鵲巢 三章이니 章四句라

〈鵲巢〉 3章이니, 장마다 4句이다.

用 例

〔鵲巢〕 – 婦人의 덕을 가리킨다. 陸贄(唐), 《冊杞王妃文》 : "明章婦順, 虔奉姆儀, 克茂**鵲巢**之規, 葉宣麟趾之美."

〔鵲巢鳩居〕 – 본래는 여자가 出嫁하여 남편의 집에 사는 것을 가리켰으나, 뒤에 남의 집이나 토지, 아내 등을 강점하는 것을 비유한다. 紀昀(淸), 《閱微草堂筆記》 〈灤陽續錄二〉 : "宗室敬亭先生, 英郡王五世孫也. 著《四松堂集》五卷, 中有〈拙鵲亭記〉曰 : '**鵲巢鳩居**, 謂鵲巧而鳩拙也.'"

〔鳩居鵲巢〕 – 남의 집을 강점하거나 부당한 조처 등을 비유한다. 劉知幾(唐), 《史通》 〈表曆〉 : "且其書上自庖犧, 下窮嬴氏, 不言漢事, 而編入《漢書》, **鳩居鵲巢**, 蔦施松上, 附生疣贅, 不知翦截, 何斷而爲限乎."

采蘩(채번)

于以采蘩이 于沼于沚로다 于以用之 公侯之事로다 (召南 采蘩-01)

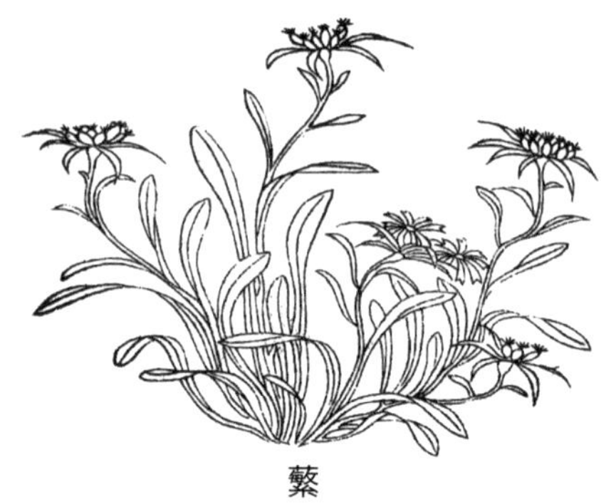
蘩

于以采蘩	다북쑥 뜯었네
于沼于沚	못이나 물가에서
于以用之	사용하는 곳
公侯之事	공후의 제사라네

公羊傳》 莊公 19년 기사에 "제후는 한 번에 9명의 여인을 맞이하는데, 두 나라에서 媵女를 보내고 조카와 여동생도 보낸다.〔諸侯一娶九女 二國往媵之 以姪娣從〕" 하였다. 宋時烈(鮮)은 '제후는 한 번에 9명의 여인을 맞이하는데, 만약 齊나라의 侯가 魯나라의 여인을 夫人으로 맞이하면 그의 姪娣 두 사람을 媵女로 데리고 가고, 魯나라와 同姓인 두 나라 이를테면 衛나라와 蔡나라가 각기 한 여인을 媵女로 보내고, 그 媵女가 각각 姪娣 두 사람씩을 거느리고 간다.' 하였다.(《宋子大全》 제121권)

賦也라 于는 於也라 蘩은 白蒿也라 沼는 池也요 沚는 渚也라 事는 祭事也라

賦이다. 于는 於이다. 蘩은 흰 쑥이다. 沼는 못이고, 沚는 물가이다. 事는 祭事이다.

○南國이 被文王之化하여 諸侯夫人이 能盡誠敬하여 以奉祭祀하니 而其家人이 敍其事以美之也라 或曰 蘩은 所以生蠶이라하니 蓋古者에 后夫人 有親蠶之禮라 此詩도 亦猶周南之有葛覃也라

○南國이 문왕의 교화를 받아 諸侯의 夫人이 정성과 공경을 다하여 제사를 받드니, 그 집안 사람이 그 일을 서술하여 찬미한 것이다. 혹은 "蘩은 누에를 치는 것이다." 하니, 이는 옛적에 后夫人이 직접 누에를 치는 禮가 있었다. 이 시도 周南에 〈葛覃〉이 있는 것과 같다.

字義 蘩 : 다북쑥 번 沼 : 못 소 沚 : 물가 지 蒿 : 다북쑥 호 渚 : 물가 저

于以采蘩이 于澗之中이로다 于以用之 公侯之宮이로다 (召南 采蘩-02)

于以采蘩	다북쑥 뜯었네
于澗之中	산골 시냇가에서
于以用之	사용하는 곳
公侯之宮	공후의 사당이라네

賦也라 山夾水曰澗이라 宮은 廟也니 或曰 卽記所謂公桑蠶室[12]也라

賦이다. 산골짜기의 물을 澗이라 한다. 宮은 사당이니, 혹은 "《禮記》에서 말한 公桑蠶室이다." 하였다.

字義 澗 : 계곡물 간

被之僮僮이여 夙夜在公이로다 被之祁祁여 薄言還歸로다 (召南 采蘩-03)

被之僮僮	단정한 머리장식 엄숙한 모습
夙夜在公	밤부터 새벽까지 公所에 있네
被之祁祁	단정히 빗은 머리 느린 걸음으로
薄言還歸	제사 마치고 조심스레 돌아 나오네

賦也라 被는 首飾也니 編髮爲之라 僮僮은 竦敬也라 夙은 早也라 公은 公所也라 祁祁는 舒

12 公桑蠶室 : 《禮記》〈祭義〉에 나오는 말로, 나라에서 누에치는 곳을 말한다. 다북쑥으로 누에도 친다는 의미로 해석할 때는 누에치는 곳으로 해석해야 한다는 뜻이다.

遲貌니 去事有儀也라 祭儀曰 及祭之後에 陶陶(요요)遂遂하여 如將復入然이라하니 不欲遽去는 愛敬之無已也라 或曰 公은 卽所謂公桑也라

賦이다. 被는 머리 장식이니, 머리를 땋아서 만든다. 僮僮은 엄숙하게 공경함이다. 夙은 일찍이다. 公은 公所(공적인 사무를 처리하는 곳)이다. 祁祁는 느린 모양이니, 일을 마치고 〈자리를 뜰 적에〉 몸가짐이 있는 것이다. 《禮記》〈祭義〉에 "제사를 마친 뒤에 따라서 다시 들어가려는 듯이 한다."라고 하였는데, 서둘러 떠나려고 하지 않는 것은 愛敬이 다함이 없는 것이다. 혹은 "公은 이른바 公桑(나라에서 누에치는 곳)이다."라고 하였다.

字義 被 : 머리 꾸밀 피　僮 : 굽신거릴 동　祁 : 느릿한 모양 기　陶 : 따라갈 요　遂 : 따를 수　遽 : 급할 거

采蘩 三章이니 章四句라

〈采蘩〉 3章이니, 장마다 4句이다.

用 例

〔祁僮〕 - 婦女가 엄숙하게 제사하고 여유롭게 행동함을 형용한다. 龔自珍(清), 《最錄南唐五百字》 : "閨闈稟哲, 笄翟**祁僮**."

〔蘋蘩〕 - 제사 의식을 잘 지키고, 부인의 직분을 잘 지킴을 말한다. 《詩》〈召南 采蘋〉과 《詩》〈召南 采蘩〉을 합하여 일컫는다. 謝朓(南朝 齊), 〈齊敬皇后哀策文〉 : "始協德於**蘋蘩**兮, 終配祇而表命."

〔采蘩〕 - 女子가 婦道를 삼가 부인의 직분을 극진히 다함을 뜻한다. 王禹偁(宋), 〈補李捘諫改葬楊妃疏〉 : "楊貴妃始以姿色召居掖庭, 頗肆姦回, 不循法度, 以歌舞取媚, 則**采蘩**之職不修."

草蟲(초충)

喓喓草蟲이여 趯趯阜螽이로다 未見君子라 憂心忡忡호라 亦旣見止며 亦旣覯止면 我心則降(항)이로다 (召南 草蟲-01)

喓喓草蟲	찍찍찍 풀벌레소리
趯趯阜螽	폴짝폴짝 메뚜기
未見君子	우리 님 보지 못해
憂心忡忡	시름겨워 마음 산란
亦旣見止	그대 보고
亦旣覯止	그대 만나면

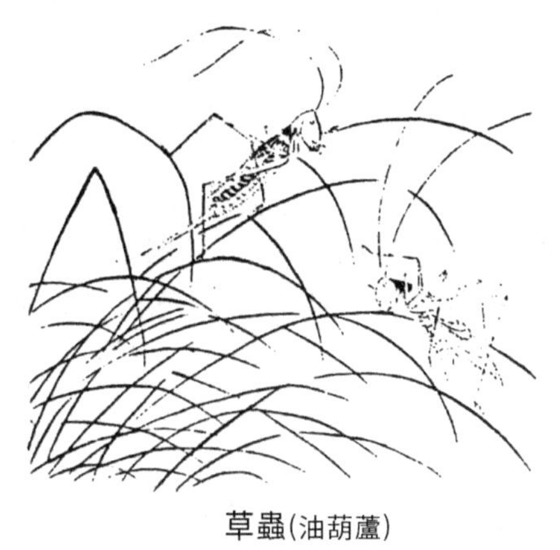

草蟲(油葫蘆)

阜螽(稻蝗)

我心則降　　이내 맘 놓이련만

賦也라 喓喓는 聲也라 草蟲은 蝗屬이니 奇音青色이라 趯趯은 躍貌라 阜螽은 蠜也라 忡忡은 猶衝衝也라 止는 語辭라 覯는 遇요 降은 下也라

賦이다. 喓喓는 소리이다. 草蟲은 메뚜기 종류이니, 소리가 기이하고 푸른색이다. 趯趯은 뛰어 오르는 모습이다. 阜螽은 메뚜기이다. 忡忡은 衝衝과 같다. 止는 어조사이다. 覯는 만남이고, 降은 가라앉음이다.

○南國이 被文王之化하여 諸侯大夫 行役在外에 其妻獨居할새 感時物之變하여 而思其君子如此니 亦若周南之卷耳也라

○南國이 文王의 교화를 받아 諸侯의 大夫가 行役가서 밖에 있게 되자 홀로 지내는 그의 아내가 변화하는 계절의 사물에 느낌을 받아 이처럼 남편을 그리워한 것이니 역시 周南의 〈卷耳〉와 같다.

字義 喓 : 벌레소리 요　趯 : 뛸 적　阜 : 메뚜기 부　螽 : 메뚜기 종　忡 : 근심할 충
衝 : 불안정한 모양 충　覯 : 만나볼 구　降 : 가라앉을 항　蝗 : 메뚜기 황　蠜 : 메뚜기 번

陟彼南山하여 言采其蕨호라 未見君子라 憂心惙惙호라 亦既見止며 亦既覯止면 我心則說(열)이로다 (召南 草蟲-02)

陟彼南山　　저 남산에 올라
言采其蕨　　고사리를 꺾었네
未見君子　　우리 님 보지 못해
憂心惙惙　　시름겨워 가슴 답답
亦既見止　　그이 보고
亦既覯止　　그이 만나면
我心則說　　이내 맘 기쁘련만

蕨

賦也라 登山은 蓋託以望君子라 蕨은 鼈也니 初生無葉時可食이라 亦感時物之變也라 惙은 憂也라

賦이다. 산에 오름은 남편이 있는 곳을 바라보려 함을 假託한 것이다. 蕨은 고사리이니, 막 돋아나 잎이 펴지지 않았을 때에는 먹을 수 있다. 이 역시 변화하는 계절의 사물에 느낌을 받은 것이다. 惙은 근심이다.

字義 蕨 : 고사리 궐 惙 : 근심할 철 鼈 : 고사리 별

陟彼南山하여 言采其薇호라 未見君子라 我心傷悲호라 亦既見止며 亦既覯止면 我心則夷로다 (召南 草蟲-03)

陟彼南山	저 남산에 올라
言采其薇	고비를 꺾었네
未見君子	우리 님 보지 못해
我心傷悲	이내 맘 서글펐네
亦既見止	그이 보고
亦既覯止	그이 만나면
我心則夷	이내 맘 평안하리

薇(箭舌豌豆)

賦也라 薇는 似蕨而差大하니 有芒而味苦라 山間人食之하니 謂之迷蕨이라 胡氏曰 疑卽莊子所謂迷陽者라 夷는 平也라

賦이다. 薇는 고사리와 비슷한데 조금 크니, 까끄라기가 있고 맛이 쓰다. 산중 사람들이 먹으니, 迷蕨이라 한다. 胡氏는 "《莊子》〈人間世〉에 이른바 迷陽이라 한 것인 듯하다."라고 하였다. 夷는 평안함이다.

字義 薇 : 고비 미 夷 : 평안할 이 芒 : 까끄라기 망

草蟲 三章이니 章七句라

〈草蟲〉 3章이니, 장마다 7句이다.

用 例

〔蟲鳴螽躍〕 - 자연의 법칙이 고유함을 비유한다. 《舊唐書》〈太宗紀論〉 : "礎潤雲興, **蟲鳴螽躍**. 雖堯舜之聖, 不能用檮杌 · 窮奇而治平 ; 伊呂之賢, 不能爲夏桀 · 殷辛而昌盛"

〔覯止〕 - 서로 만남을 표현한다. 沈佺期(唐), 〈哭蘇眉州崔司業二公〉詩序 : "佺期承恩北歸, 中途**覯止**, 訪及故舊."

采蘋(채빈)

蘋(四葉蘋)

于以采蘋이 **南澗之濱**이로다 **于以采藻 于彼行潦**로다 (召南 采蘋-01)

于以采蘋	네가래를 뜯었네
南澗之濱	남쪽 시냇가에서
于以采藻	마름을 뜯었네
于彼行潦	저기 도랑에서

賦也라 **蘋**은 **水上浮萍也**니 **江東人謂之薸**라 **濱**은 **厓也**라 **藻**는 **聚藻也**니 **生水底**하고 **莖如釵股**하며 **葉如蓬蒿**라 **行潦**는 **流潦也**라

賦이다. 蘋은 물 위의 浮萍이니, 江東 사람은 개구리밥〔薸〕이라고 한다. 濱은 물가이다. 藻는 붕어마름〔聚藻〕이니, 물 밑에서 자라고 줄기는 비녀다리와 같으며 잎은 쑥과 같다. 行潦는 흐르는 물이다.

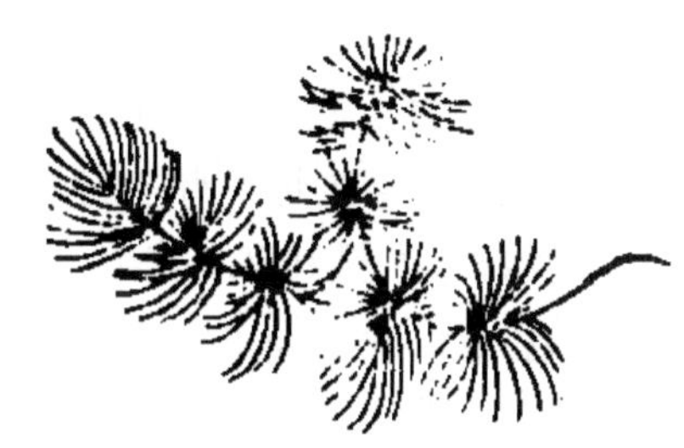
藻(薀草)

◯南國이 **被文王之化**하여 **大夫妻 能奉祭祀**하니 **而其家人**이 **敍其事以美之也**라

◯南國이 문왕의 교화를 받아 大夫의 아내가 제사를 잘 받드니 집안사람이 그 일을 서술하여 찬미한 것이다.

字義 蘋 : 네가래 빈 濱 : 물가 빈 藻 : 마름 조 潦 : 장마물 료 萍 : 마름 평 薸 : 개구리밥 표
厓 : 물가 애 莖 : 줄기 경 釵 : 비녀 차 蓬 : 쑥 봉

于以盛之 維筐及筥로다 **于以湘之 維錡及釜**로다 (召南 采蘋-02)

于以盛之	이를 담았네
維筐及筥	모난 바구니 둥근 바구니에
于以湘之	이를 삶았네
維錡及釜	세발솥과 가마솥에

賦也라 **方曰筐**이요 **圓曰筥**라 **湘**은 **烹也**니 **蓋粗熟而淹以爲葅也**라 **錡**는 **釜屬**이니 **有足曰錡**요 **無足曰釜**라

賦이다. 〈바구니 중에〉 모난 것을 筐이라 하고, 둥근 것을 筥라 한다. 湘은 삶는 것이니 데쳐서 담가 김치를 만든 것이다. 錡는 가마솥 종류이니, 발이 있는 것을 錡라 하고 발이 없는 것을

釜라 한다.

◯此는 足以見其循序有常하여 嚴敬整飭之意라

◯이 시에서는 일정한 순서를 따라서 엄숙히 공경하고 삼가는 뜻을 충분히 알 수 있다.

字義 盛 : 담을 성 筐 : 광주리 광 筥 : 광주리 거 湘 : 삶을 상 錡 : 세발 가마솥 기 淹 : 담글 엄 葅 : 김치 저

于以奠之 宗室牖下로다 誰其尸之오 有齊(재)季女로다 (召南 采蘋-03)

于以奠之 이를 올렸네
宗室牖下 종가 사당에
誰其尸之 주관하는 이 누구인가
有齊季女 공경스런 젊은 부인

賦也라 奠은 置也라 宗室은 大宗之廟也니 大夫士 祭於宗室이라 牖下는 室西南隅니 所謂奧也라 尸는 主也라 齊는 敬이요 季는 少也라 祭祀之禮는 主婦 主薦豆하니 實以葅醢라 少而能敬하니 尤見其質之美하여 而化之所從來者 遠矣라

賦이다. 奠은 차려놓는 것이다. 宗室은 大宗의 사당이니, 大夫와 士는 宗室에서 제사한다. 牖下는 방의 서남 모퉁이이니, 이른바 奧이다. 尸는 주관함이다. 齊는 공경함이고, 季는 어림이다. 祭祀의 禮는 主婦가 豆를 올리는 것을 주관하는데, 〈豆에는〉 김치와 젓을 담는다. 〈주부가〉 어리면서도 능히 공경하니 그 자질이 아름다워 〈文王의〉 교화가 멀리까지 미쳤음을 더욱 알 수 있다.

字義 奠 : 올릴 전 牖 : 들창 유 尸 : 주장할 시 奧 : 아랫목 오 豆 : 제기 두 實 : 담을 실 醢 : 육장 해

采蘋 三章이니 章四句라

〈采蘋〉 3章이니, 장마다 4句이다.

用 例

〔采蘋〕- 德行을 찬미하는 말이다. 王安石(宋), 〈王中甫學士挽辭〉 : "種橘園林無舊業, **采蘋洲渚有新篇.**"

〔采藻〕- 婦德을 칭송·선양한 典故이다. 《宋史》〈樂志十四〉 : "化以婦道, 覲於內宮. **采蘋**澗濱, 采藻澗中."

〔蘋藻〕- 부녀의 美德을 지칭한다. 陳汝元(明), 《金蓮記》〈書錦〉 : "〈王氏〉嗣育蘭蓀, 孝全**蘋藻.**"

甘棠(감당)

甘棠(豆梨)

蔽芾(패)甘棠을 **勿翦勿伐**하라 **召伯所茇(발)**이니라
(召南 甘棠-01)

蔽芾甘棠　　우거진 팥배나무
勿翦勿伐　　베지 말고 치지도 말게
召伯所茇　　소백의 초막 있었다네

賦也라 **蔽芾**는 **盛貌**라 **甘棠**은 **杜梨也**니 **白者爲棠**이요 **赤者爲杜**라 **翦**은 **翦其枝葉也**요 **伐**은 **伐其條幹也**라 **伯**은 **方伯也**라 **茇**은 **草舍也**라

賦이다. 蔽芾는 무성한 모양이다. 甘棠은 팥배나무이니, 흰 것이 棠이고 붉은 것이 杜이다. 翦은 가지와 잎을 자르는 것이고, 伐은 가지와 줄기를 치는 것이다. 伯은 方伯이다. 茇은 초막이다.

○召伯이 **循行南國**하여 **以布文王之政**할새 **或舍甘棠之下**러니 **其後**에 **人思其德**이라 **故**로 **愛其樹而不忍傷也**라

○召伯이 南國을 순행하면서 문왕의 정치를 펼 적에 때로 팥배나무의 아래에 머물렀는데, 그 뒤에 사람들이 그의 덕을 그리워하였다. 그리하여 그 나무를 아껴서 차마 손상하지 못한 것이다.

字義 蔽 : 우거질 폐　芾 : 우거질 패　棠 : 팥배나무 당　翦 : 벨 전　茇 : 초막 발　杜 : 팥배나무 두
舍 : 머무를 사

蔽芾甘棠을 **勿翦勿敗**하라 **召伯所憩**니라 (召南 甘棠-02)

蔽芾甘棠　　우거진 팥배나무
勿翦勿敗　　베지 말고 꺾지도 말게
召伯所憩　　소백이 쉬던 곳이라네

賦也라 **敗**는 **折**이요 **憩**는 **息也**라 **勿敗**는 **則非特勿伐而已**니 **愛之愈久而愈深也**라 **下章**도 **放此**라

賦이다. 敗는 꺾음이고, 憩는 쉼이다. 꺾지 말라는 것은 치지 말라는 것일 뿐만이 아니다. 아끼는 마음이 오랠수록 더욱 깊어진 것이다. 아래 장도 이와 같다.

字義 憩 : 쉴 게

蔽芾甘棠을 勿翦勿拜하라 召伯所說(세)니라 (召南 甘棠-03)

蔽芾甘棠　　우거진 팥배나무
勿翦勿拜　　베지 말고 휘지도 말게
召伯所說　　소백이 머물던 곳이라네

賦也라 拜는 屈이요 說는 舍也라 勿拜則非特勿敗而已라

賦이다. 拜는 휘는 것이고, 說는 머무는 것이다. 휘지 말라는 것은 꺾지 말라는 것일 뿐만이 아니다.

字義 拜 : 굽힐 배, 휠 배　說 : 머무를 세

甘棠 三章이니 章三句라

〈甘棠〉 3章이니, 장마다 3句이다.

用 例

〔甘棠〕·〔蔽芾〕 - 관리의 훌륭한 정치 업적을 칭송하는 말이다. 王褒(漢), 〈四子講德論〉 : "非有聖智之君, 惡有**甘棠**之臣?" 王禹偁(宋), 〈甘棠卽事簡孫何〉詩 : "因感得時留**蔽芾**, 更嗟無位泣麒麟."

〔召棠〕 - 관리의 정치 업적을 칭송하는 전거이다. 《藝文類聚》 卷77 引劉孝綽(南朝 梁), 〈棲隱寺碑銘〉 : "**召棠**且思, 羊碑猶泣."

〔坐棠〕 - 관리의 德政을 칭송하는 말이다. 李白(唐), 〈天長節使鄂州刺史韋公德政碑序〉 : "老父不畏死, 願留公以上聞. 悅**坐棠**而餐風, 庶刻石以賓美."

〔棠芾〕·〔勿拜〕·〔勿翦〕 - 은혜로운 정치나 德政을 비유한다. 李昴英(宋), 《賀新郎》 〈陪廣帥方右史登越台〉詞 : "清明官府歌**棠芾**. 且蕭閒事外, 下看玉城珠市." 《三國志》 〈蜀志 彭羕傳〉 : "今明府……體公劉之德, 行**勿翦**之惠."

〔憩棠〕 - 地方官의 德政을 비유한다. 梅堯臣(宋), 〈送棣州唐虞部〉詩 : "風俗已如此, **憩棠**無訟爭."

〔懷樹〕 - 仁政을 그리워하는 전거이다. 傅亮(南朝 宋), 〈爲宋公修楚元王墓教〉 : "愛人**懷樹**, 甘棠且猶勿剪."

〔伐棠〕 - 大臣이 召伯과 같은 공을 세우지 못해 국가를 멸망하게 하고 자신을 망친 것을 지칭한다. 魏源(清), 〈定軍山諸葛武侯祠〉詩 : "垂李緬鄭國, **伐棠**詠江漢."

行露(행로)

厭(엽)浥行露에 豈不夙夜리오마는 謂行多露니라 (召南 行露-01)

厭浥行露　　이슬 흠뻑 젖은 길에
豈不夙夜　　새벽 밤 다니고 싶지만
謂行多露　　길에 이슬이 많다 하네

賦也라 厭浥은 濕意라 行은 道요 夙은 早也라

賦이다. 厭浥은 젖었다는 뜻이다. 行은 길이고, 夙은 이른 아침이다.

○南國之人이 遵召伯之教하고 服文王之化하여 有以革其前日淫亂之俗이라 故로 女子有能以禮自守하여 而不爲强暴所汚者 自述己志하여 作此詩以絶其人이라 言道間之露方濕하니 我豈不欲早夜而行乎리오마는 畏多露之沾濡而不敢爾라 蓋以女子早夜獨行이면 或有强暴侵陵之患이라 故로 託以行多露而畏其沾濡也라

○南國의 사람들이 召伯의 가르침을 따르고 문왕의 교화에 감복하여 지난날의 음란한 풍속을 고쳤다. 그리하여 禮로써 자신을 잘 지켜서 사나운 자에게 더럽힘을 당하지 않은 여자가 자기의 뜻을 스스로 기술하여 이 시를 지어서 그 사람을 거절한 것이다. "길가의 이슬이 한창 축축하니, 내 어찌 이른 새벽이나 밤늦게 나다니고 싶지 않겠는가마는 이슬이 많아 옷이 젖을까 두려워 감히 그리하지 못한다."고 한 것이다. 이는 여자가 이른 새벽이나 늦은 밤에 혼자 다니면 혹 사나운 자에게 침해를 당할 걱정이 있기 때문에, 길에 이슬이 많아 옷을 적실까 두렵다는 것으로 핑계 삼은 것이다.

字義 厭 : 축축할 엽　浥 : 젖을 읍　夙 : 일찍 숙　沾 : 젖을 점　濡 : 젖을 유　託 : 핑계댈 탁

誰謂雀無角이리오 何以穿我屋고하며 誰謂女無家리오 何以速我獄고컨마는 雖速我獄이나 室家[13]는 不足하니라 (召南 行露-02)

誰謂雀無角　　뉘라서 참새에 뿔이 없다던가
何以穿我屋　　어떻게 내 지붕 뚫었나 하며
誰謂女無家　　뉘라서 네게 혼례절차 없다던가
何以速我獄　　어떻게 날 옥사에 불렀나 하건마는
雖速我獄　　아무리 날 옥사에 불렀어도
室家不足　　혼례의 절차는 부족하였네

興也라 家는 謂以媒聘으로 求爲室家之禮也라 速은 召致也라

興이다. 家는 중매쟁이로써 室家를 이루는 禮를 구함을 이른다. 速은 불러옴이다.

13　室家 : 남자가 아내를 얻음을 '有室'이라 하고, 여자가 남편을 얻음을 '有家'라 하므로, '혼례의 절차'로 해석하였다.

○貞女之自守如此나 然猶或見訟而召致於獄이라 因自訴而言 人皆謂雀有角이라 故로 能穿我屋이라하니 以興人皆謂汝於我에 嘗有求爲室家之禮라 故로 能致我於獄이라 然不知汝雖能致我於獄이나 而求爲室家之禮는 初未嘗備하니 如雀雖能穿屋이나 而實未嘗有角也라

○정숙한 여인이 자신을 지킴이 이러하였으나 오히려 송사를 당하기도 하여 옥사에 불려갔다. 이로 인하여 스스로 하소연하기를 "사람들이 모두 참새가 뿔이 있기 때문에 능히 나의 지붕을 뚫은 것이다." 하는 것으로써 "사람들이 모두 네가 나에게 일찍이 室家를 이루는 예를 구한 적이 있었기 때문에 나를 옥사에 불러들일 수 있는 것이다."라고 한 말을 이끌어내었다. 그러나 네가 비록 나를 옥사에 불러들였으나, 室家를 이루는 예를 구함은 당초에 갖추지 않았으니, 마치 참새가 비록 지붕을 뚫었지만 실제로는 뿔이 없는 것과 같다는 것을 모르는 것이다.

字義 雀 : 참새 작 穿 : 뚫을 천 速 : 부를 속 媒 : 중매 매 聘 : 부를 빙 致 : 부를 치

誰謂鼠無牙리오 何以穿我墉고하며 誰謂女無家리오 何以速我訟고컨마는 雖速我訟이나 亦不女從하리라 (召南 行露-03)

誰謂鼠無牙 뉘라서 쥐 어금니 없다던가
何以穿我墉 어떻게 내 담장 뚫었나 하며
誰謂女無家 뉘라서 네게 혼례 절차 없다던가
何以速我訟 어떻게 날 옥사에 불렀나 하건마는
雖速我訟 아무리 날 송사에 불렀어도
亦不女從 너를 따라가진 않으리라

興也라 牙는 牡齒也요 墉은 墻也라

興이다. 牙는 어금니이고, 墉은 담이다.

○言汝雖能致我於訟이나 然其求爲室家之禮는 有所不足하니 則我亦終不汝從矣라

○"네가 비록 나를 송사에 불러들였지만 室家를 이루는 예를 구함은 부족하였으니, 나도 끝내 너를 따르지 않겠다."라고 말한 것이다.

字義 墉 : 담 용 牡 : 클 모(무) 墻 : 담 장

行露 三章이니 一章은 三句이고 二章은 章六句라

〈行露〉 3章이니, 1章은 3句이고 2章은 장마다 6句이다.

用例

〔雀角鼠牙〕- 獄訟을 지칭한다. 《花月痕》 第50回 : "泯**雀角鼠牙**之釁, 絶狼呑虎噬之端."

〔鼠牙雀角〕- 强暴한 勢力을 비유한다. 許自昌(明), 《水滸記》 〈分飛〉 : "**鼠牙雀角**甚縱橫,

全仗你力周旋, 這死生肉骨感何窮."

〔鼠無牙〕 - 자신의 힘을 믿고 남을 침해함을 뜻한다. 劉兼(五代), 〈中春登樓〉 詩之二 : "失手已慚蛇有足, 用心休爲**鼠無牙**."

〔行露〕 - 女子가 정절을 지킬 것을 맹세하는 전고이다. 謝肇淛(明), 《五雜俎》〈人部四〉 : "惟文君之於長卿, 綠珠之事季倫, 可謂才色俱侔, 天作之合矣 ; 而一以琴心點玉於初年, 一以**行露**碎璧於末路, 令千古之下, 扼腕隕涕, 欲問天而無從也."

〔速獄〕 - 訴訟에 끌어들임을 뜻한다. 褚廷璋(清), 〈書學署批詳存稿後〉詩 : "懷君子素, **速獄**慎雀鼠."

〔角牙〕 - 다른 사람을 모함하는 수단을 비유한다. 《新唐書》〈朱敬則傳〉 : "去萋斐之**角牙**, 頓姦險之芒刃, 塞羅織之妄源, 掃朋黨之險跡."

羔羊(고양)

羔羊之皮여 素絲五紽[14]로다 退食自公하니 委蛇(이)委蛇로다 (召南 羔羊-01)

羔羊之皮	양 가죽 갖옷
素絲五紽	흰 실로 꿰매었네
退食自公	퇴청하여 식사 모습
委蛇委蛇	여유롭고 의젓하네

賦也라 小曰羔요 大曰羊이라 皮는 所以爲裘니 大夫燕居之服이라 素는 白也라 紽는 未詳이니 蓋以絲飾裘之名也라 退食은 退朝而食於家也요 自公은 從公門而出也라 委蛇는 自得之貌라

賦이다. 〈양 중에〉 작은 것을 羔라 하고, 큰 것을 羊이라 한다. 皮는 갖옷을 만드는 것이니 대부의 평상복이다. 素는 흰색이다. 紽는 자세하지 않으니 아마도 실로 갖옷을 꾸미는 것을 말한 듯하다. 退食은 조정에서 물러나와 집에서 식사하는 것이다. 自公은 公門에서 나오는 것이다. 委蛇는 여유 있는 모습이다.

○南國이 化文王之政하여 在位皆節儉正直이라 故로 詩人이 美其衣服有常하고 而從容自

---

14 五紽 : 朱子는 '未詳'이라고 하였으나, 毛亨의 傳과 孔穎達의 疏에는 '紽는 數이다.'라고 해석하고 '옛날에는 흰 실로 갖옷을 장식하였는데 그 제도를 잃지 않은 것이다.'라고 하였는데, 陳奐(清)은 《毛詩傳疏》에서 五紽의 五는 실제 숫자를 표시하는 것이 아니라, 꿰매는 실이 교차하는 모양을 표현한 것으로 보아야 한다고 해석하였다. 여기서는 진환의 설을 따라 해석하였다. 아래의 경우도 같다.

得如此也라

○南國이 文王의 정치에 감화되어 지위에 있는 이들이 모두 검소하고 정직하였다. 그리하여 시인이 그의 의복이 법도가 있고 이처럼 침착하고 여유 있음을 찬미한 것이다.

字義 羔 : 작은 양 고 紽 : 꿰맬 타 蛇 : 늘어질 이 裘 : 갖옷 구

羔羊之革이여 素絲五緎이로다 委蛇委蛇하니 自公退食이로다 (召南 羔羊-02)

羔羊之革 양 가죽 갖옷을
素絲五緎 흰 실로 꿰매었네
委蛇委蛇 여유롭고 의젓할사
自公退食 퇴청하여 식사 모습

賦也라 革은 猶皮也요 緎은 裘之縫界也라

賦이다. 革은 皮와 같고, 緎은 갖옷의 꿰맨 솔기이다.

字義 緎 : 솔기 역 縫 : 꿰맬 봉

羔羊之縫이여 素絲五總이로다 委蛇委蛇하니 退食自公이로다 (召南 羔羊-03)

羔羊之縫 양 가죽 갖옷솔기
素絲五總 흰 실로 꿰매었네
委蛇委蛇 의젓하고 여유로와
退食自公 퇴청하여 식사 모습

賦也라 縫은 縫皮合之하여 以爲裘也라 總도 亦未詳이라

賦이다. 縫은 가죽을 꿰매 합쳐서 갖옷을 만드는 것이다. 總도 자세하지 않다.

羔羊 三章이니 章四句라

〈羔羊〉 3章이니, 장마다 4句이다.

用 例

〔羔羊〕 - 士大夫의 行實이 潔白하고 進退에 節操가 있음을 찬미하는 말이다. 《漢書》〈儒林傳 張山拊〉 : "德配周召, 忠合**羔羊**."

〔素絲羔羊〕 - 正直하고 청렴한 官吏를 칭찬하는 말이다. 《後漢書》〈宋漢傳〉 : "策曰 : '〈太中大夫宋漢〉因病退讓, 守約彌堅, 將授三事, 未剋而終. 朝廷愍悼, 怛其愴然. 《詩》不云乎 : "肇敏戎功, 用錫爾祉." 其令將相大夫會葬, 加賜錢十萬, 及其在殯, 以全**素絲羔羊**之絜焉.'"

〔自公〕 - 盡心으로 公務를 수행함을 의미한다. 杜甫(唐), 〈遣悶奉呈嚴公二十韻〉: "黃卷眞如律, 靑袍也**自公**."
〔退食〕 - 官吏가 절약함과 검소함으로 공무를 수행함을 지칭한다. 任昉(南朝 梁), 〈梁武帝斷華侈令〉: "若能人務**退食**, 競存約己, 移風易俗, 庶期月有成."

殷其靁(은기뢰)

殷其靁는 在南山之陽이어늘 何斯違斯라 莫敢或遑고 振振君子는 歸哉歸哉인저
(召南 殷其靁-01)

殷其靁	우르릉 우레 소리
在南山之陽	남산 남쪽에서 들리는데
何斯違斯	어이 내 님 이곳 떠나
莫敢或遑	감히 겨를 내지 못하실까
振振君子	성실하고 후덕한 님
歸哉歸哉	어서어서 돌아오소서

興也라 殷은 雷聲也라 山南曰陽이라 何斯斯는 此人也요 違斯斯는 此所也라 遑은 暇也요 振振은 信厚也라

興이다. 殷은 우레 소리이다. 山의 남쪽을 陽이라 한다. 何斯의 斯는 '이 사람'이고, 違斯의 斯는 '이곳'이다. 遑은 겨를이고, 振振은 진실하고 후덕함이다.

○南國이 被文王之化하여 婦人이 以其君子從役在外而思念之라 故로 作此詩하여 言殷殷然雷聲은 則在南山之陽矣어늘 何此君子는 獨去此而不敢少暇乎아 於是에 又美其德하고 且冀其早畢事而還歸也라

○南國이 문왕의 교화를 받아 부인이 그 남편이 행역을 나가 밖에 있어 그를 그리워하였다. 그리하여 이 시를 지어 "우르릉 우레 소리 南山의 남쪽에서 들리는데, 어찌하여 우리 님만은 이곳을 떠나 감히 조금도 겨를을 내지 못하실까."라고 한 것이니, 이때에 또 그이의 덕을 찬미하고 일찍 일을 마치고 돌아오기를 바란 것이다.

字義 靁 : 우뢰 뢰　違 : 떠날 위　遑 : 겨를 황　冀 : 바랄 기

殷其靁는 在南山之側이어늘 何斯違斯라 莫敢遑息고 振振君子는 歸哉歸哉인저
(召南 殷其雷-02)

殷其靁	우르릉 우레 소리

在南山之側　　남산 곁에서 들리는데
何斯違斯　　어이 내 님 이곳 떠나
莫敢遑息　　감히 쉴 틈도 없으실까
振振君子　　진실하신 우리 님
歸哉歸哉　　부디 어서 오소서

興也라 息은 止也라

興이다. 息은 휴식함이다.

殷其靁는 在南山之下어늘 何斯違斯라 莫或遑處오 振振君子는 歸哉歸哉인저 (召南 殷其靁-03)

殷其靁　　우르릉 우레 소리
在南山之下　　남산 아래에서 들리는데
何斯違斯　　어이 내 님 이곳 떠나
莫或遑處　　잠시도 쉴 틈이 없으실까
振振君子　　진실하신 우리 님
歸哉歸哉　　어서어서 오소서

興也라

興이다.

殷其靁 三章이니 章六句라

〈殷其靁〉 3章이니, 장마다 6句이다.

摽有梅(표유매)

摽有梅여 其實七兮로다 求我庶士는 迨其吉兮인저 (召南 摽有梅-01)

摽有梅　　매화 열매 떨어지고
其實七兮　　이제 일곱 개만 남았네
求我庶士　　나를 찾는 남정네는
迨其吉兮　　좋은 날 가려 오소서

賦也라 摽는 落也라 梅는 木名이니 華白이요 實似杏而酢라 庶는 衆이요 迨는 及也요 吉은 吉日也라

賦이다. 摽는 떨어짐이다. 梅는 나무이름이니, 꽃은 희고 열매는 살구 같으면서 맛이 시다. 庶는 많음이고, 迨는 미침이고, 吉은 吉日이다.

○南國이 被文王之化하여 女子知以貞信自守하니 懼其嫁不及時하여 而有强暴之辱也라 故로 言梅落而在樹者少하여 以見(현)時過而太晚矣요 求我之衆士는 其必有及此吉日而來者乎인저하다

○南國이 문왕의 교화를 받아 여자가 정숙함으로 자신을 지킬 줄을 알았으니, 제때에 시집가지 못하여 사나운 자에게 욕을 당하는 일이 있을까 두려워하였다. 그리하여 매실이 떨어져 나무에 달린 것이 적음을 말하여 시기가 지나 너무 늦었음을 나타내고, 나를 찾는 남정네들은 반드시 길한 날을 가려서 오라고 한 것이다.

字義 摽 : 떨어질 표 迨 : 미칠 태 杏 : 살구 행 酢 : 맛이 실 초

摽有梅여 其實三兮로다 求我庶士는 迨其今兮로다 (召南 摽有梅-02)

摽有梅　　매화 열매 떨어지고
其實三兮　　이제 세 개만 남았네
求我庶士　　나를 찾는 남정네는
迨其今兮　　오늘 바로 오소서

賦也라 梅在樹者三이면 則落者又多矣라 今은 今日也니 蓋不待吉矣라

賦이다. 매실이 나무에 세 개 있으면 떨어진 것이 더 많은 것이다. 今은 今日이니, 이는 길일을 기다리지 않는 것이다.

摽有梅여 頃筐塈之로다 求我庶士는 迨其謂之인저 (召南 摽有梅-03)

摽有梅　　매화 열매 떨어지고
頃筐塈之　　마저 바구니에 담았네
求我庶士　　나를 찾는 남정네는
迨其謂之　　어서어서 말하세요

賦也라 塈는 取也니 頃筐取之면 則落之盡矣라 謂之는 則但相告語而約可定矣라

賦이다. 塈는 取함이니, 바구니를 기울여 담았으면 다 떨어진 것이다. 謂之는 서로 말만 하면 〈혼인의〉 약속을 정할 수 있는 것이다.

字義 塈 : 담을 기(게)

摽有梅 三章이니 章四句라

〈摽有梅〉 3章이니, 장마다 4句이다.

用 例

〔傾筐〕·〔摽梅〕 - 女子가 혼인 적령기에 이름을 비유한다. 白居易(唐), 〈得景嫁殤隣人告違禁景不伏判〉 : "況生死寧殊, 男女貴別 : 縱近**傾筐**之歲, 且未從人 ; 雖有遊岱之魂, 焉能事鬼!" 《南齊書》〈海陵王紀〉 : "督勸婚嫁, 宜嚴更申明, 必使禽幣以時, **摽梅**息怨."

〔迨吉〕 - 제때에 혼인함을 지칭한다. 蒲松齡(淸), 〈八月廿六日爲沈德符訂吉小啓〉 : "桂闕蟾輝, 値一歲長圓之月 ; 藍橋鵲渡, 正百年**迨吉**之辰."

〔及時〕 - 男女가 이미 혼인 적령기에 이름을 의미한다. 《二刻拍案驚奇》 卷11 : "〈焦大郎〉內有親女, 美貌**及時**, 未曾許人."

小星(소성)

嘒彼小星이여 三五在東이로다 肅肅宵征이여 夙夜在公하니 寔命不同일새니라 (召南 小星-01)

嘒彼小星	희미한 저 작은 별
三五在東	동쪽 하늘에 드무네
肅肅宵征	조심조심 가는 밤길
夙夜在公	새벽 저녁 공 모시니
寔命不同	운명 실로 다르기 때문

興也라 嘒는 微貌라 三五는 言其稀니 蓋初昏或將旦時也라 肅肅은 齊遬貌라 宵는 夜요 征은 行也라 寔은 與實同이라 命은 謂天所賦之分也라

興이다. 嘒는 희미한 모양이다. 三五는 드문 것을 말하니, 초저녁이나 새벽이 되려 할 때이다. 肅肅은 조심하는 모습이다. 宵는 밤이고, 征은 가는 것이다. 寔은 實(진실로)과 같다. 命은 하늘이 부여한 분수이다.

○南國夫人이 承后妃之化하여 能不妬忌하여 以惠其下라 故로 其衆妾이 美之如此하니라 蓋衆妾進御於君에 不敢當夕하여 見星而往하고 見星而還이라 故로 因所見以起興하니 其於義에 無所取요 特取在東在公兩字之相應耳라 遂言其所以如此者는 由其所賦之分이 不同於貴者라 是以로 深以得御於君으로 爲夫人之惠하여 而不敢致怨於往來之勤也라

○南國의 夫人이 后妃의 교화를 받아 투기하지 않아 자혜로움으로 그 아랫사람을 대하였다. 그리하여 첩들이 이렇게 찬미한 것이다. 이는 첩들이 군주에게 나아가 모실 적에 감히 밤을 보내지 못하고 〈새벽〉별을 보고 갔다가 〈저녁〉별을 보고 돌아온다. 그리하여 본 것으로 인하여 시정을 일으켰으니, 그 의미에서는 취한 바가 없고 다만 '在東'과 '在公'의 두 '在'자가 서로 對

應함만을 취했을 뿐이다. 이어서 "이와 같은 까닭은 부여받은 분수가 귀한 이와 같지 않기 때문이다. 이 때문에 〈첩들이〉 군주를 모시는 것을 깊이 부인의 은혜로 여겨서 오고가는 수고로움을 감히 원망하지 않는 것이다."라고 말한 것이다.

字義 嘒 : 반짝거릴 혜 宵 : 밤 소 寔 : 진실로 식 稀 : 드물 희 遬 : 공경할 속

嘒彼小星이여 維參與昴로다 肅肅宵征이여 抱衾與裯하니 寔命不猶일새니라 (召南 小星-02)

嘒彼小星 희미한 저 작은 별
維參與昴 삼성이며 묘성이라
肅肅宵征 조심조심 가는 밤길
抱衾與裯 이불 안고 가고 오니
寔命不猶 실로 운명 다르기 때문

興也라 參, 昴는 西方二宿之名이라 衾은 被也요 裯는 襌被也라 興은 亦取與昴與裯 二字相應이라 猶도 亦同也라

興이다. 參과 昴는 西方 〈7宿 가운데〉 2宿의 이름이다. 衾은 이불이고, 裯는 홑이불이다. 興은 역시 '與昴', '與裯'의 두 '與'자가 서로 대응함을 취한 것이다. 猶도 같다는 것이다.

字義 昴 : 별 이름 묘 衾 : 이불 금 裯 : 홑이불 주 被 : 홑이불 피 襌 : 홑옷 단

小星 二章이니 章五句라

〈小星〉 2章이니, 장마다 5句이다.

呂氏曰 夫人無妬忌之行하고 而賤妾安於其命하니 所謂上好仁而下必好義者也라

呂氏는 "夫人은 투기하는 행실이 없고, 賤妾은 운명을 편안히 받아들였으니, 이른바 위에서 仁을 좋아하면 아래에서 반드시 義를 좋아한다는 것이다."라고 하였다.

江有汜(강유사)

江有汜어늘 之子歸에 不我以로다 不我以나 其後也悔로다 (召南 江有汜-01)

江有汜 강물 갈라졌다 합치는데
之子歸 아씨 시집갈 때
不我以 날 데려가지 않았네
不我以 날 두고 갔지만

其後也悔　　　뒤에 뉘우쳤다네

興也라 水決復入爲汜니 今江陵漢陽安復之間에 蓋多有之라 之子는 媵妾이 指嫡妻而言也라 婦人謂嫁曰歸라 我는 媵自我也라 能左右之曰以니 謂挾己而偕行也라

興이다. 물이 갈라졌다가 다시 〈본류로〉 들어가는 것을 汜라 하니, 지금 江陵府, 漢陽軍, 安州, 復州 사이에 많이 있다. 之子는 媵妾이 嫡妻를 가리켜 말한 것이다. 婦人이 시집가는 것을 歸라 한다. 我는 媵妾 자신이다. 능히 좌지우지 하는 것을 以라 하니, 자기를 데리고 함께 감을 말한다.

○是時 汜水之旁에 媵有待年於國이나 而嫡不與之偕行者러니 其後嫡被后妃夫人之化하여 乃能自悔而迎之라 故로 媵見江水之有汜하고 而因以起興하여 言江猶有汜어늘 而之子之歸에 乃不我以로다 雖不我以나 然其後也亦悔矣라하니라

○이때에 汜水 부근에 媵妾이 나라에서 시집갈 때를 기다리고 있었으나, 함께 데리고 가지 않은 적처가 있었다. 그 뒤에 적처가 后妃 夫人의 교화를 받아 비로소 스스로 뉘우치고서 〈이 여인을 媵妾으로〉 맞이하였다. 그리하여 媵妾이 갈래진 강물을 보고서 이를 인하여 시정을 일으켜, “강에도 갈라졌다 다시 합친 물줄기가 있는데 아씨 시집갈 때 나를 데리고 가지 않았네. 날 데리고 가지 않았지만 그 뒤에는 역시 뉘우쳤네.”라고 한 것이다.

字義　汜 : 갈라진 물 합쳐질 사　以 : 거느릴 이　決 : 터질 결　媵 : 잉첩 잉

江有渚어늘 之子歸에 不我與로다 不我與나 其後也處로다 (召南 江有汜-02)

江有渚　　　갈래진 강에는 모래섬
之子歸　　　아씨 시집갈 때
不我與　　　날 데려가지 않았네
不我與　　　날 두고 갔지만
其後也處　　　뒤엔 편안케 하였다네

興也라 渚는 小洲也니 水岐成渚라 與는 猶以也라 處는 安也니 得其所安也라

興이다. 渚는 작은 모래섬이니, 물이 갈라져 모래섬을 이룬 것이다. 與는 以와 같다. 處는 편안함이니, 편안함을 얻은 것이다.

字義　渚 : 물가 저　岐 : 갈래질 기

江有沱어늘 之子歸에 不我過로다 不我過나 其嘯也歌로다 (召南 江有汜-03)

江有沱　　　강에는 샛강 있거늘
之子歸　　　아씨 시집갈 때

不我過	나를 찾지 않았네
不我過	나를 찾지 않았지만
其嘯也歌	한숨 쉬다 노래하였네

興也라 沱는 江之別者라 過는 謂過我而與俱也라 嘯는 蹙口出聲以舒憤懣之氣니 言其悔時也요 歌則得其所處而樂也라

興이다. 沱는 강이 갈래진 것이다. 過는 나를 찾아와 같이 데리고 감을 이른다. 嘯는 입을 오므려 소리를 내어 답답한 기운을 펴는 것이니 뉘우칠 때를 말한 것이고, 歌는 편안한 곳을 얻어서 즐거워한 것이다.

字義 沱 : 물 갈라질 타 過 : 방문할 과 嘯 : 휘파람 불 소 蹙 : 오므릴 축 憤 : 번민할 분 懣 : 번민할 만

江有汜 三章이니 章五句라

〈江有汜〉 3章이니, 장마다 5句이다.

陳氏曰 小星之夫人은 惠及媵妾하여 而媵妾盡其心이요 江沱之嫡은 惠不及媵妾이로되 而媵妾不怨이니 蓋父雖不慈나 子不可以不孝니 各盡其道而已矣라

陳氏는 "〈小星〉의 夫人은 은혜가 媵妾에게 미쳐 媵妾이 그 마음을 다하였고, 江沱의 嫡妻는 은혜가 媵妾에게 미치지 않았지만 媵妾이 원망하지 않았다. 이는 아비가 비록 사랑하지 않아도 자식은 불효를 하면 안 되는 것이니, 각기 그 도리를 다할 뿐인 것이다."라고 하였다.

用 例

〔江汜〕 - 버림받은 부인의 원망하는 말을 지칭한다. 王錂(明), 《春蕪記》〈候約〉 : "〔旦〕秋英, 你却疑著甚麽? 〔小旦〕怕相拋之子歌〈江汜〉."

野有死麕(야유사균)

野有死麕이어늘 白茅包之로다 有女懷春이어늘 吉士誘之로다 (召南 野有死麕-01)

野有死麕	들판에서 잡은 노루
白茅包之	하얀 띠풀로 묶네
有女懷春	봄 타는 여인네
吉士誘之	멋진 사내가 유혹하네

興也라 麕은 獐也니 鹿屬이나 無角이라 懷春은 當春而有懷也라 吉士는 猶美士也라

興이다. 麕은 노루이니, 사슴 종류지만 뿔이 없다. 懷春은 봄을 만나 그리움이 있는 것이다. 吉士는 美士와 같다.

○南國이 被文王之化하여 女子有貞潔自守하여 不爲强暴所汚者라 故로 詩人이 因所見以興其事而美之라 或曰[15] 賦也니 言美士 以白茅로 包其死麕하여 而誘懷春之女也라

○南國이 문왕의 교화를 받아 女子가 貞潔로 자신을 지켜 사나운 자에게 더럽힘을 당하지 않았다. 그리하여 詩人이 본 것으로 인하여 그 일로 詩情을 일으켜 찬미한 것이다. 或은 "부이니, 멋진 사내가 잡은 노루를 흰 띠풀로 싸서 이성을 그리워하는 여인을 유혹한 것이다."라고 해석하기도 한다.

字義 麕 : 노루 균 茅 : 띠 모 獐 : 노루 장

林有樸樕(복속)하며 野有死鹿이어늘 白茅純(돈)束하나니 有女如玉이로다 (召南 野有死麕-02)

林有樸樕　　숲에는 떡갈나무
野有死鹿　　들판에서 잡은 사슴
白茅純束　　하얀 띠풀로 묶으니
有女如玉　　여인네 옥처럼 고와라

樸樕(槲樹)

興也라 樸樕은 小木也라 鹿은 獸名이니 有角이라 純束은 猶包之也라 如玉者는 美其色也라 上三句는 興下一句也라 或曰 賦也니 言以樸樕으로 藉死鹿하고 束以白茅하여 而誘此如玉之女也라

興이다. 樸樕은 작은 나무이다. 鹿은 짐승 이름이니 뿔이 있다. 純束은 묶어서 싼다는 것과 같다. 如玉은 예쁨을 찬미한 것이다. 위의 세 句로 아래 한 句를 이끌어 온 것이다. 或은 "賦이니, 잡은 사슴을 떡갈나무 잎으로 싸고 흰 띠풀로 묶어서 옥처럼 예쁜 여인을 유혹한 것이다."라고 해석하기도 한다.

字義 樸 : 떡갈나무 복 樕 : 떡갈나무 속 純 : 묶을 돈 藉 : 쌀 자

舒而脫脫(태태)兮하여 無感我帨兮하며 無使尨也吠하라 (召南 野有死麕-03)

舒而脫脫兮　　가만가만 천천히 와서

---

15 或曰 : 이 시는, 앞의 2장은 사냥하는 젊은 청년이 사냥하여 잡은 노루를 깨끗하게 잘 싸서 여인에게 선물로 주며 구애하는 장면이고, 마지막 장은 기쁘면서도 두렵기도 한 여인의 심정을 잘 드러낸 것으로 보아 賦로 해석한 或說로 보는 것도 좋을 듯하다.

無感我帨兮　　수건도 흔들리지 않게
無使尨也吠　　삽살이도 짖지 않게 하소서

賦也라 舒는 遲緩也요 脫脫는 舒緩貌라 感은 動이요 帨는 巾이요 尨은 犬也라

賦이다. 舒는 천천히이고, 脫脫는 느린 모양이다. 感은 움직임이고, 帨는 수건이고, 尨은 개이다.

○此章은 乃述女子拒之之辭라 言姑徐徐而來하여 毋動我之帨하고 毋驚我之犬하라하니 以甚言其不能相及也라 其凜然不可犯之意를 蓋可見矣라

○이 장은 마침내 여자가 거절하는 말을 기술한 것이다. "우선 천천히 와서 나의 수건이 움직이지 않게 하고 우리 개가 놀라지 않게 하라."라고 하였으니, 서로 만날 수 없음을 심하게 말한 것이다. 엄숙하여 범할 수 없는 뜻을 알 수 있다.

字義 脫 : 더딜 태　感 : 움직일 감, 흔들 감　帨 : 수건 세　尨 : 삽살개 방　吠 : 짖을 폐
凜 : 늠름할 름

野有死麕 三章이니 二章은 章四句이고 一章은 三句라

〈野有死麕〉 3章이니, 2章은 장마다 4句이고 1章은 3句이다.

何彼襛矣(하피농의)

何彼襛矣오 唐棣之華로다 曷不肅雝(옹)이리오 王姬之車로다 (召南 何彼襛矣-01)

何彼襛矣　　어찌 저리도 무성한가
唐棣之華　　산앵도 꽃이로세
曷不肅雝　　공경하고 화목하지 않으랴
王姬之車　　왕희의 수레로세

唐棣

興也라 襛은 盛也니 猶曰戎戎也라 唐棣는 栘也니 似白楊이라 肅은 敬이요 雝은 和也라 周王之女 姬姓이라 故로 曰王姬라

興이다. 襛은 무성함이니, 戎戎이라는 말과 같다. 唐棣는 산앵도(栘)이니, 白楊과 비슷하다. 肅은 공경이고, 雝은 부드러움이다. 周王의 딸이 姬姓이기 때문에 王姬라 한 것이다.

○王姬下嫁於諸侯에 車服之盛如此로되 而不敢挾貴하여 以驕其夫家라 故로 見其車者 知其能敬且和하여 以執婦道라 於是에 作詩以美之曰 何彼戎戎而盛乎아 乃唐棣之華也로다

此何不肅肅而敬, 雝雝而和乎아 乃王姬之車也라하니라 此乃武王以後之詩니 不可的知其何王之世나 然文王太姒之教 久而不衰를 亦可見矣라

○王姬가 낮추어 아래 諸侯에게 시집을 갈 적에 수레와 복식의 성대함이 이와 같았으나 감히 귀한 신분을 믿고서 그 남편의 집안에 교만하지 않았다. 그리하여 그의 수레를 본 자가, 그가 공경하고 화목하여 부인의 도리를 잘 지킬 것을 알았다. 이에 시를 지어 찬미하기를 "어찌 저리도 무성한가. 산앵도 꽃이로세. 이 여인 어찌 엄숙히 공경하고 부드럽게 화목하지 않겠는가. 바로 왕희의 수레로세."라고 한 것이다. 이는 바로 무왕 이후의 시이니, 어느 왕의 세대인지는 분명히 알 수 없지만, 文王과 太姒의 교화가 오래되어도 없어지지 않았음을 이 시에서도 볼 수 있다.

字義 襛 : 무성할 농 棣 : 아가위 체 雝 : 화락할 옹 栘 : 산앵도나무 체(이) 楊 : 버드나무 양 挾 : 낄 협 戎 : 성할 융

何彼襛矣오 華如桃李로다 平王之孫과 齊侯之子로다 (召南 何彼襛矣-02)

何彼襛矣 어찌 저리도 무성한가
華如桃李 복숭아 오얏 꽃이로세
平王之孫 문왕의 손녀요
齊侯之子 제후의 아들이로세

興也라 李는 木名이니 華白이요 實可食이라 舊說에 平은 正也라 武王女, 文王孫이 適齊侯之子라하고 或曰 平王은 卽平王宜臼요 齊侯는 卽襄公諸兒니 事見春秋[16]라하니 未知孰是라 以桃李二物로 興男女二人也라

興이다. 李는 나무이름이니, 꽃은 희고 열매는 먹을 수 있다. 舊說에 "平은 바로잡음이다. 武王의 딸이고 文王의 손녀가 齊侯의 아들에게 시집을 간 것이다." 하였고, 或은 "平王은 바로 平王 宜臼이고, 齊侯는 바로 襄公의 아들이니, 사실이 《春秋》에 보인다." 하니, 어느 것이 옳은지 모르겠다. 복숭아와 오얏 두 가지로 男과 女 두 사람을 이끌어 온 것이다.

字義 適 : 시집갈 적

其釣維何오 維絲伊緡이로다 齊侯之子요 平王之孫이로다 (召南 何彼襛矣-03)

其釣維何 낚시는 무엇으로 하나
維絲伊緡 실 꼬아 만든 낚싯줄이네
齊侯之子 제후의 아들이요

---

16 事見春秋 : 《春秋左氏傳》 莊公 11년조에 보인다.

平王之孫　　문왕의 손녀로세

興也라 伊도 亦維也라 緡은 綸也니 絲之合而爲綸은 猶男女之合而爲昏也라

興이다. 伊도 維(어조사)이다. 緡은 綸(낚싯줄)이니, 실을 합쳐서 綸을 만드는 것이 마치 남자와 여자가 만나서 혼인하는 것과 같다.

字義　釣 : 낚시 조　緡 : 낚싯줄 민　綸 : 낚싯줄 륜

何彼襛矣 三章이니 章四句라

〈何彼襛矣〉 3章이니, 장마다 4句이다.

用例

〔襛華〕 - 젊은 여인의 아름다움을 지칭한다. 元稹(唐), 〈七女封公主〉 : "雖**襛華**可尙, 出閤未期, 而湯沐先施, 分封有據."

騶虞(추우)

彼茁者葭에 壹發五豝[17]로소니 于嗟乎騶虞로다 (召南 騶虞-01)

彼茁者葭　　저 무성하게 자라는 갈대밭에
壹發五豝　　화살 한 대에 암돝 다섯 마리
于嗟乎騶虞　　아, 추우로세

賦也라 茁은 生出壯盛之貌라 葭는 蘆也니 亦名葦라 發은 發矢요 豝는 牡豕[18]也니 一發五豝는 猶言中必疊雙也라 騶虞는 獸名이니 白虎黑文이요 不食生物者也라

賦이다. 茁은 싹이 돋아나 무성하게 자란 모양이다. 葭는 갈대이니, 葦라고도 한다. 發은 화살을 쏜 것이고, 豝는 암퇘지이니, 화살 한 대에 암퇘지 다섯 마리라는 것은 적중하면 반드시 두 마리씩이라는 것과 같은 말이다. 騶虞는 짐승 이름이니, 흰색 범에 검은 무늬가 있으며 살아 있는 것은 먹지 않는다.

17　五豝 : 《毛詩正義》에서는 '茁'은 갈대가 막 싹이 나는 것으로 해석하여 봄철의 사냥이라 해석하고, '壹發五豝'는 암퇘지 다섯 마리 중에서 한 마리만 맞춘 것이라 해석하여 어진 마음이어서 다 죽이지 않은 것이라 풀이하였다.

18　牡豕 : 《說文解字》와 毛亨은 '牝豕'라고 하였다. 潛室 陳氏(陳埴)도 "牡는 牝의 오자인 듯하니 牝자로 보아야 한다."라고 하였다. 따라서 "암돝"으로 번역하였다.

○南國諸侯 承文王之化하여 修身齊家하여 以治其國하고 而其仁民之餘恩이 又有以及於庶類라 故로 其春田之際에 草木之茂와 禽獸之多 至於如此하니 而詩人述其事以美之하고 且歎之曰 此其仁心自然이요 不由勉强이니 是卽眞所謂騶虞矣라하니라

○南國의 諸侯가 文王의 교화를 받아 修身 齊家하여 나라를 다스리고, 백성을 사랑하고 남은 은혜가 짐승들에게까지 미쳤기 때문에 봄에 사냥할 적에 草木의 무성함과 禽獸의 많음이 이러함에 이른 것이다. 그래서 詩人이 그 사실을 기술하여 찬미하고 또 감탄하여 "이는 자연스런 어진 마음이지 억지로 힘써서 된 것이 아니니, 이야말로 참으로 이른바 騶虞이다."라고 한 것이다.

字義 茁 : 풀싹 줄, 자랄 촬　葭 : 갈대 가　豝 : 암돼지 파　騶 : 짐승 이름 추　虞 : 추우 우
蘆 : 갈대 로　葦 : 갈대 위　豕 : 돼지 시　牝 : 암컷 빈　疊 : 거듭 첩　田 : 사냥할 전

彼茁者蓬에 壹發五豵이로소니 于嗟乎騶虞로다 (召南 騶虞-02)

彼茁者蓬　저 무성한 쑥대밭에
壹發五豵　화살 한 대에 새끼 돝 다섯 마리
于嗟乎騶虞　아, 추우로세

賦也라 蓬은 草名이라 一歲曰豵이니 亦小豕也라

賦이다. 蓬은 풀 이름이다. 1년 된 돼지를 豵이라 하니, 역시 작은 돼지이다.

字義 蓬 : 쑥 봉　豵 : 햇돼지 종

騶虞 二章이니 章三句라

〈騶虞〉 2章이니, 장마다 3句이다.

文王之化 始於關雎하여 而至於麟趾면 則其化之入人者深矣요 形於鵲巢하여 而及於騶虞면 則其澤之及物者廣矣라 蓋意誠心正之功이 不息而久면 則其熏蒸透徹하고 融液周徧하여 自有不能已者하니 非智力之私所能及也라 故로 序에 以騶虞爲鵲巢之應이니 而見王道之成이라하니 其必有所傳矣리라

文王의 교화가 〈關雎〉에서 시작하여 〈麟趾〉에 이르면 그 교화가 사람들에게 깊이 들어간 것이고, 〈鵲巢〉에 나타나서 〈騶虞〉에 미치면 그 은택이 사물에 널리 미친 것이다. 이는 뜻을 진실하게 하고 마음을 바르게 하는 공부를 쉬지 않고 오래도록 하면 김을 쐬는 것처럼 깊이 스며들고 녹아서 물이 되는 것처럼 빈틈없이 두루 미쳐서 저절로 그만둘 수가 없게 되니, 사사로운 지혜와 노력으로 미칠 수 있는 것이 아니다. 그리하여 〈序〉에서 "〈騶虞〉는 〈鵲巢〉의 효험을 읊은 시이니, 王道의 완성을 볼 수 있다."라고 하였으니, 그 말은 필시 전수받은 바가 있을 것이다.

召南之國 十四篇이니 四十章이요 百七十七句라

召南 國風 14篇이니, 40章이고 177句이다.

愚按 鵲巢至采蘋은 言夫人大夫妻하여 以見(현)當時國君大夫 被文王之化하여 而能修身以正其家也요 甘棠以下는 又見由方伯能布文王之化하여 而國君能脩之家하여 以及其國也라 其詞雖無及於文王者나 然文王明德新民之功이 至是而其所施者溥矣라 抑所謂其民皥皥而不知爲之者與인저 唯何彼穠矣之詩는 爲不可曉하니 當闕所疑耳라

나는 살펴보니, 〈鵲巢〉부터 〈采蘋〉까지는 夫人과 大夫의 妻를 말하여, 당시의 군주와 대부가 문왕의 교화를 받아 修身을 잘하여 집을 바로 다스린 것을 나타낸 것이고, 〈甘棠〉 이하는 또 方伯이 문왕의 교화를 충분히 펼쳐 군주가 집안을 잘 다스려 나라에까지 미친 것을 나타낸 것이다. 그 말이 비록 문왕을 언급한 것은 없으나, 문왕이 덕을 밝히고 백성을 새롭게 한 공이 이에 이르러 널리 베풀어진 것이다. 《孟子》〈盡心 上〉에 이른바 "백성들은 그 덕이 너무 커서 알지 못한다."는 것이다. 다만 〈何彼穠矣〉의 시는 분명하게 알 수가 없으니 의심나는 것은 빼놓는 것이 합당하다.

◯周南召南二國은 凡二十五篇이니 先儒以爲正風이라하니 今姑從之라

周南과 召南 두 國風은 모두 25편인데, 先儒가 正風이라 하였으니 이제 우선 그 설을 따른다.

◯孔子謂伯魚曰 女爲周南召南矣乎아 人而不爲周南召南이면 其猶正牆面而立也與인저하니라

孔子가 伯魚에게 "너는 周南과 召南을 배웠느냐. 사람으로서 주남과 소남을 배우지 않으면 얼굴을 담장에 마주하고 선 것과 같다." 하였다.

◯儀禮鄉飮酒, 鄉射, 燕禮에 皆合樂周南 關雎 葛覃 卷耳, 召南鵲巢 采蘩 采蘋하고 燕禮에 又有房中之樂하니 鄭氏註曰 弦歌周南召南之詩而不用鐘磬이라하니 云房中者는 后夫人之所諷誦 以事其君子라

《儀禮》의 〈鄉飮酒禮〉, 〈鄉射禮〉, 〈燕禮〉에 모두 周南의 〈關雎〉, 〈葛覃〉, 〈卷耳〉와 召南의 〈鵲巢〉, 〈采蘩〉, 〈采蘋〉을 합주하였고, 〈燕禮〉에 또 房中의 음악이 있는데, 鄭氏(鄭玄)의 注에 "周南과 召南의 詩를 현악기에 맞추어 노래하고, 鐘과 磬은 사용하지 않는다."라고 하였으니, 방중이라 한 것은 后夫人이 노래하여 남편을 섬기는 것이다.

◯程子曰 天下之治는 正家爲先이니 天下之家正이면 則天下治矣라 二南은 正家之道也라 陳后妃夫人大夫妻之德하니 推之士庶人之家一也라 故로 使邦國至於鄉黨에 皆用之하고 自朝廷至於委巷에 莫不謳吟諷誦은 所以風化天下니라

程子는 "天下를 다스림은 집안을 바르게 함을 우선으로 하니, 天下의 집안이 바르게 되면 천하가 다스려진다. 二南은 집안을 바르게 다스리는 방도이다. 后妃 夫人과 大夫妻의 德을 말하

였으니, 미루어보면 士庶人의 집도 똑같을 것이다. 그리하여 국가로부터 鄕黨에 이르기까지 모두 사용하고, 조정으로부터 시골에까지 모두 읊조리고 노래하게 한 것은 천하를 교화하기 위해서이다."라고 하였다.

字義 溥 : 넓을 보 皥 : 휠 호 燕 : 잔치 연 磬 : 경쇠 경 謳 : 노래할 구

詩經集傳 卷之二

邶 一之三

衛世系

康叔 - 康伯 - 考伯 - 嗣伯 - 捷伯 - 靖伯 - 貞伯 - 頃侯 - 釐侯 - 共伯 - 武公(共伯弟) - 莊公 - 桓公 - 宣公(桓公弟) - 惠公 - 黔牟 - 懿公(惠公子) - 戴公(公子頑子) - 文公(戴公弟) - 成公 - 穆公 - 定公 - 獻公 - 殤(定公弟) - 襄(戴公子) - 靈公 - 出公 - 莊(出公父) - 班師(襄公孫) - 君起(靈公子) - 悼公(出公季父) - 敬 - 昭 - 懷 - 慎(敬公孫) - 聲 - 成 - 平侯 - 嗣君 - 懷 - 元 - 君角

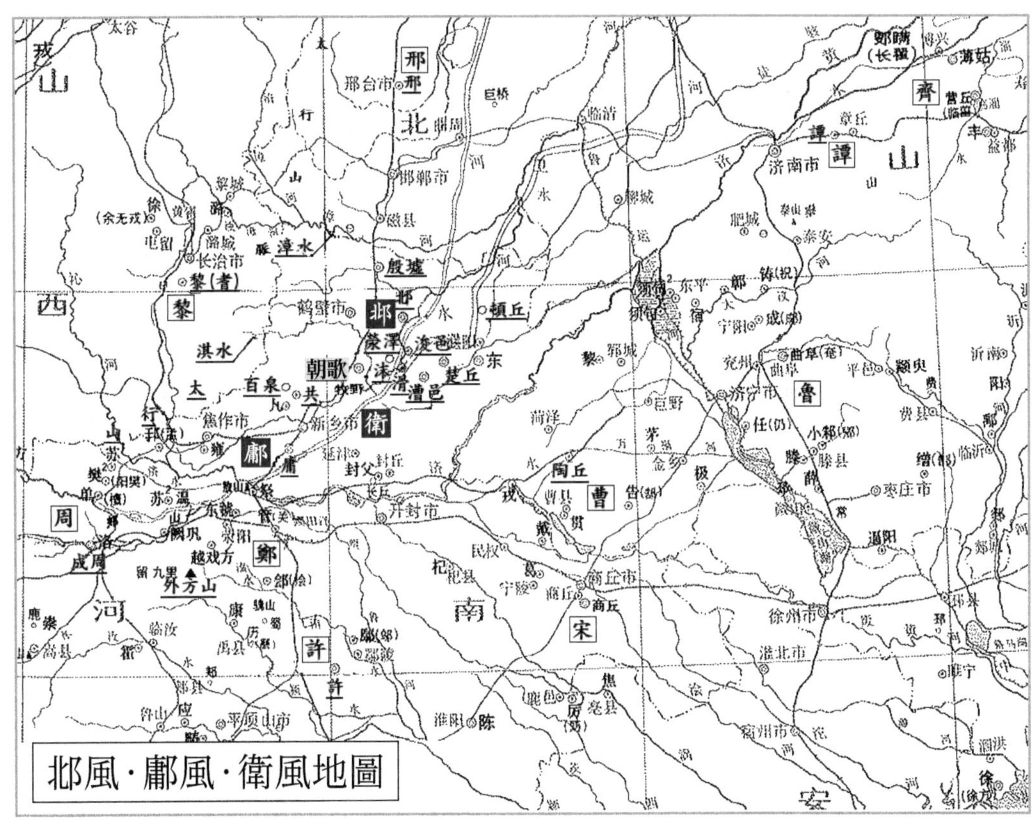

邶風·鄘風·衛風地圖

邶鄘衛는 三國名이니 在禹貢冀州라 西阻太行(항)하고 北逾衡漳하고 東南跨河하여 以及兗州桑土之野라 及商之季而紂都焉이러니 武王克商하고 分自紂城朝歌하여 而北謂之邶요 南謂之鄘이요 東謂之衛하여 以封諸侯라 邶鄘은 不詳其始封이요 衛則武王弟康叔[1]之國也라 衛는 本都河北하니 朝歌之東이요 淇水之北이요 百泉之南이라 其後不知何時幷得邶鄘之地며 至懿公하여 爲狄所滅하고 戴公[2]이 東徙渡河하여 野處漕邑하고 文公이 又徙居于楚丘하니 朝歌故城은 在今衛州衛縣西二十二里하니 所謂殷墟라 衛故都는 卽今衛縣이요 漕 楚丘는 皆在滑州하니 大抵今懷,衛,澶,相,滑,濮等州와 開封大名府界 皆衛境也라 但邶鄘은 地旣入衛하고 其詩皆爲衛事어늘 而猶繫其故國之名은 則不可曉라 而舊說에 以此下十三國을 皆爲變風焉하니라

邶와 鄘과 衛는 세 나라의 이름이니, 〈禹貢〉의 冀州에 있었다. 서쪽으로는 太行山에 막혀있고, 북쪽으로는 衡漳을 넘고, 동남쪽으로는 河水 유역을 지나 兗州의 桑土 들녘까지 이른다. 商나라 말기에 紂가 도읍하였는데, 武王이 商나라를 이기고는 紂의 都城 朝歌로부터 나누어 북쪽을 邶라 하고, 남쪽을 鄘이라 하고, 동쪽을 衛라 하여 諸侯를 봉하였다. 邶와 鄘은 처음 봉한 것이 자세하지 않고, 衛는 武王의 아우 康叔의 나라이다. 衛는 본래 河北에 도읍하였으니, 朝歌의 동쪽, 淇水의 북쪽, 百泉의 남쪽이었다. 그 후 어느 때에 邶와 鄘의 지역을 함께 차지하였는지는 모르며, 懿公에 이르러 狄에게 멸망을 당하고, 戴公이 東으로 하수를 건너 옮겨서 漕邑에 임시로 머물렀고, 文公이 또 옮겨 楚丘에 머물렀다. 朝歌의 옛 城은 지금의 衛州 衛縣의 서쪽 22리에 있었으니, 이른바 殷墟이다. 衛의 옛 도읍은 지금의 衛縣이고, 漕와 楚丘는 모두 滑州에 있으니, 대체로 지금의 懷州, 衛州, 澶州, 相州, 滑州, 濮州 등의 州와 開封府, 大名府의 경계가 모두 衛의 지역이다. 다만, 邶와 鄘은 지역이 衛나라로 들어갔고, 그 시는 모두 위나라에서의 일을 읊은 것인데도 그대로 옛 나라의 이름에 연계한 것은 이유를 알 수가 없다. 舊說에는 이하 13國의 시를 모두 變風이라 하였다.

字義 邶 : 나라 이름 패　鄘 : 나라 이름 용　漳 : 물 이름 장　跨 : 넘을 과, 걸칠 고　兗 : 고을 이름 연　紂 : 임금 이름 주　淇 : 물 이름 기　懿 : 아름다울 의　漕 : 땅 이름 조　墟 : 터 허　滑 : 미끄러울 활　澶 : 물 흐를 전　相 : 땅 이름 상　濮 : 강 이름 복

1　康叔 : 文王의 아들이고 武王의 同母弟이며 이름은 封이다. 武王이 誥命하여 康叔을 衛侯로 삼을 때 일러준 말이 《書經》〈周書 康誥〉의 내용이다.

2　戴公 : 《春秋左氏傳》 閔公 원년조에 "衛 懿公 9년 겨울에 오랑캐가 衛나라를 침입하자, 懿公이 오랑캐와 熒澤에서 싸우다가 패전하여 죽었다. 宋 桓公이 衛나라의 遺民들을 맞이하여 黃河를 건너 남쪽으로 가서 宣姜의 아들 申을 세워 漕邑에 임시로 초막을 짓고 살게 하니, 이가 戴公이다."라고 하였다.

柏舟(백주)

汎彼柏舟여 亦汎其流로다 耿耿不寐하여 如有隱憂로다 微我無酒 以敖以遊니라 (邶風 柏舟-01)

汎彼柏舟　　둥둥 저 잣나무 배도
亦汎其流　　물 가운데 떠있네
耿耿不寐　　근심으로 잠 못 들어
如有隱憂　　아픈 시름 있는 듯
微我無酒　　내 마시고 근심 풀
以敖以遊　　술이 없는 건 아니라네[3]

比也라 汎은 流貌요 柏은 木名이라 耿耿은 小明이니 憂之貌也라 隱은 痛也요 微는 猶非也라

比이다. 汎은 흘러가는 모양이고, 柏은 나무 이름이다. 耿耿은 조금 밝음이니 근심하는 모습이다. 隱은 아픔이고, 微는 非와 같다.

○婦人이 不得於其夫라 故로 以柏舟自比하여 言以柏爲舟면 堅緻牢實이어늘 而不以乘載하여 無所依薄하여 但汎然於水中而已라 故로 其隱憂之深如此하니 非爲無酒可以敖遊而解之也라 列女傳에 以此爲婦人之詩라하니 今考其辭氣면 卑順柔弱하고 且居變風之首하여 而與下篇相類하니 豈亦莊姜之詩也歟아

○婦人이 남편에게서 사랑받지 못하였다. 그리하여 잣나무 배로 자신에 비유하여 "잣나무로 만든 배는 견고한데도 타지 않아서 정박할 곳이 없어, 둥둥 물에 떠 있을 뿐이다. 그리하여 이렇듯 깊은 시름으로 아프니, 놀면서 근심을 풀 술이 없어서가 아니다."라고 한 것이다. 《列女傳》에 이를 부인이 지은 시라 하였으니, 이제 그 말투를 상고해보면 순하며 나약하고, 또 變風의 첫머리에 있어 下篇과 서로 비슷하니 역시 莊姜의 시가 아닐까 싶다.

字義 汎 : 뜰 범　柏 : 잣나무 백　耿 : 까막거릴 경　隱 : 가엾어할 은　微 : 아닐 미　敖 : 놀 오
緻 : 치밀할 치　牢 : 굳을 뢰　薄 : 이를 박

我心匪鑒이라 不可以茹며 亦有兄弟나 不可以據로소니 薄言往愬요 逢彼之怒호라 (邶風 柏舟-02)

我心匪鑒　　내 마음 거울 아니라

---

3 내 마시고……아니라네 : 순서대로 직역을 하면, "내게 술이 없는 게 아니네, 즐겁게 놀며 근심을 풀……"이 될 것이다.

不可以茹　　헤아릴 수 없으며[4]
亦有兄弟　　형제도 있지만
不可以據　　의지할 수 없으니
薄言往愬　　하소연 하였다가
逢彼之怒　　노여움만 샀노라

賦也라 鑑은 鏡이요 茹는 度(탁)이요 據는 依요 愬는 告也라

賦이다. 鑑은 거울이고, 茹는 헤아림이고, 據는 의지함이고, 愬는 고함이다.

◯言我心旣匪鑑而不能度物이요 雖有兄弟나 而又不可依以爲重이라 故로 往告之나 而反遭其怒也라

◯"내 마음이 거울이 아니어서 남을 헤아릴 수가 없고, 형제가 있지마는 의지하여 소중하게 여기는 대상이 되지도 못한다. 그리하여 가서 하소연하였다가 도리어 노여움만 샀다."라고 말한 것이다.

字義 匪 : 아닐 비　鑑 : 거울 감　茹 : 헤아릴 여　薄 : 잠깐 박　愬 : 하소연할 소　遭 : 만날 조

我心匪石이라 不可轉也며 我心匪席이라 不可卷也며 威儀棣棣라 不可選也로다
(邶風 柏舟-03)

我心匪石　　내 마음 돌이 아니라
不可轉也　　굴릴 수 없으며
我心匪席　　내 맘 자리가 아니라
不可卷也　　말 수도 없다네[5]
威儀棣棣　　내 몸가짐 분명하니
不可選也　　흠잡아 가릴 것이 없다네

4　헤아릴 수 없으며 : 주석을 따라 茹를 "헤아리다"로 번역하였다. 그러나 茹자는 '먹는다', '받아들인다', '용납한다' 등의 訓이 있다. 예컨대 "고금의 지식을 모두 포함한다."는 "茹古涵今"도 그런 예이다. 따라서 "내 마음이 거울이 아니기에 거울처럼 곱고 미운 것을 다 용납할 수가 없고, 내 마음은 선과 악을 알아 선하면 따르고 악하면 거절하여 모두 용납할 수 없다."는 뜻으로 해석하여, "내 마음 거울이 아니기에, 곱고 미움 다 용납할 수 없으며"로 해석하는 것이 좋을 듯하다. 鄭玄은 箋에서 거울은 겉으로 보이는 것만 살필 수 있지만, 내 마음은 선과 악을 헤아려 알 수 있으니 거울과는 다르다는 뜻으로 해석하고 있다. 그렇게 해석하면 "내 마음은 거울이 아니네, 헤아릴 수도 없는……"이 될 것이다.

5　내 마음……없다네 : 毛亨(前漢)은 傳에서 "돌은 단단하지만 굴릴 수 있고, 자리는 평평하지만 말 수가 있다. 그러나 내 마음은 굴릴 수도, 말 수도 없으니 돌보다 단단하고 자리보다 평평하다."고 해석하고 있다.(《毛詩正義》)

賦也라 棣棣는 富而閑習之貌요 選은 簡擇也라

賦이다. 棣棣는 넉넉하고 익숙한 모양이고, 選은 가리는 것이다.

◯言石可轉이나 而我心不可轉이요 席可卷이나 而我心不可卷이며 威儀無一不善하여 又不可得而簡擇取舍라하니 皆自反而無闕之意라

◯"돌은 굴릴 수나 있지만 내 마음은 굴릴 수가 없고, 자리는 말아둘 수가 있지만 내 마음은 말아 둘 수가 없다. 나의 몸가짐은 하나도 나쁜 것이 없어 가리고 선택할 것이 없다."라고 하였으니, 모두 스스로 돌이켜보아도 잘못한 것이 없다는 뜻이다.

字義 卷 : 말 권 棣 : 많을 체 閑 : 익힐 한

憂心悄悄어늘 慍于群小[6]호라 覯閔既多어늘 受侮不少호라 靜言思之요 寤辟有摽호라 (邶風 柏舟-04)

憂心悄悄　　근심으로 속타는데
慍于群小　　첩들 내게 화를 냈네
覯閔既多　　괴로움 많이 겪고
受侮不少　　수모도 적지 않았네
靜言思之　　차분히 생각해보고
寤辟有摽　　자다 깨어 쾅쾅 가슴을 쳤네

賦也라 悄悄는 憂貌요 慍은 怒意라 群小는 衆妾也니 言見怒於衆妾也라 覯는 見이요 閔은 病也요 辟은 拊心也요 摽는 拊心貌라

賦이다. 悄悄는 근심하는 모습이고, 慍은 성낸다는 뜻이다. 群小는 첩들이니, 첩들에게 화내는 일을 당한 것을 말한다. 覯는 보는 것이고, 閔은 괴로움이고, 辟은 가슴을 치는 것이고, 摽는 가슴을 치는 모습이다.

字義 悄 : 근심할 초 慍 : 성낼 온 閔 : 병들 민, 해로울 민 辟 : 가슴 두드릴 벽 摽 : 가슴 칠 표
見 : 당할 견 拊 : 두드릴 부

日居月諸(저)여 胡迭而微오 心之憂矣여 如匪澣衣로다 靜言思之요 不能奮飛호라 (邶風 柏舟-05)

日居月諸　　해여 달이여
胡迭而微　　어이 번갈아 이지러지나요

6　群小 : 鄭玄(後漢)은 箋에서 群小는 임금 곁에 있는 小人들이라 하였다.(《毛詩正義》)

心之憂矣　　시름에 겨운 이 마음
如匪澣衣　　때 묻은 옷을 입은 듯
靜言思之　　고요히 생각하고
不能奮飛　　떨치고 날지도 못하겠네

比也라 居, 諸는 語辭라 迭은 更(경)이요 微는 虧也라 匪澣衣는 謂垢汚不濯之衣라 奮飛는 如鳥奮翼而飛去也라

比이다. 居와 諸는 어조사이다. 迭은 번갈아이고, 微는 이지러짐이다. 匪澣衣는 빨지 않은 때가 낀 옷을 말한다. 奮飛는 새처럼 날개를 떨치고 날아가는 것이다.

◯言日當常明이요 月則有時而虧니 猶正嫡當尊이요 衆妾當卑어늘 今衆妾이 反勝正嫡하니 是日月更迭而虧라 是以로 憂之하여 至於煩寃憒眊하여 如衣不澣之衣나 恨不能奮起而飛去也라

◯"해는 언제나 밝아야 하고 달은 때에 따라 이지러지니, 정실 적처는 지위가 높아야 하고 첩들은 낮아야 하는 것과 같은데, 지금은 첩들이 도리어 정실 적처를 이기니, 이는 해와 달이 번갈아 이지러지는 것이다. 이 때문에 근심하여 번민하고 원통해하며 심란해하여 마치 빨지 않은 옷을 입은 듯하지만 떨치고 일어나 날아가지 못하는 것을 한스러워한다."라고 한 것이다.

字義 迭 : 갈마들 질, 바꿀 질　澣 : 빨 한　虧 : 이지러질 휴　憒 : 심란할 궤　眊 : 눈 어두울 모

柏舟 五章이니 章六句라

〈柏舟〉 5章이니, 장마다 6句이다.

用 例

〔石席〕 - 意志가 확고하고 정직함을 비유한다. 鮑照(南朝 宋), 〈紹古辭〉之二 : "**石席我不爽, 德音君勿欺.**"

〔柏舟〕 - '栢舟'로도 쓰며, 어진 이가 뜻을 얻지 못함을 의미한다.

綠衣(녹의)

綠兮衣兮여 綠衣黃裏로다 心之憂矣여 曷維其已오 (邶風 綠衣-01)

綠兮衣兮　　녹색 옷이여
綠衣黃裏　　녹색 옷에 황색 안감이로세
心之憂矣　　내 마음의 이 시름
曷維其已　　언제나 그치려나

比也라 綠은 蒼勝黃之間色[7]이요 黃은 中央土之正色이라 間色賤而以爲衣하고 正色貴而以爲裏하니 言皆失其所也라 已는 止也라

比이다. 綠은 푸른색이 황색을 이긴 間色이고, 황색은 中央 土의 正色이다. 간색은 천한데도 옷을 만들고 정색은 귀한데도 안감으로 사용하였으니 모두 제 위치를 잃음을 말한 것이다. 已는 그침이다.

◯莊公惑於嬖妾하여 夫人莊姜이 賢而失位라 故作此詩하여 言綠衣黃裏로 以比賤妾尊顯而正嫡幽微하고 使我憂之 不能自已也라

◯莊公이 嬖妾에 빠져 夫人 莊姜이 어진데도 지위를 잃었다. 그리하여 이 시를 지어서, 녹색은 겉감 황색은 안감을 댄 옷으로, 賤妾은 귀하게 존중받고 정실부인은 천하게 버림받은 것과 비유하고, 나로 하여금 근심을 그만둘 수 없게 한다고 말한 것이다.

字義 裏 : 속옷 리 嬖 : 사랑할 폐

綠兮衣兮여 綠衣黃裳이로다 心之憂矣여 曷維其亡고 (邶風 綠衣-02)

綠兮衣兮 녹색 옷이여
綠衣黃裳 녹색 저고리에 황색 치마로다
心之憂矣 내 마음의 이 시름
曷維其亡 언제나 잊히려나

比也라 上曰衣요 下曰裳이라 記曰 衣正色이요 裳間色이라하니 今以綠爲衣하고 而黃者自裏로 轉而爲裳하니 其失所益甚矣라 亡之爲言은 忘也라

比이다. 윗옷을 衣라 하고, 아래옷을 裳이라 한다. 《禮記》〈玉藻〉에 "윗옷은 正色으로 하고 아래옷은 間色으로 한다."라고 하였는데, 지금 녹색으로 윗옷을 만들고 황색은 안감에서 더 낮아져 치마가 되었으니 더욱더 제 위치를 잃은 것이다. 亡의 뜻은 잊는다는 것이다.

綠兮絲兮라 女所治兮로다 我思古人하여 俾無訧兮로다 (邶風 綠衣-03)

綠兮絲兮 녹색 이 실을
女所治兮 그대 손질하여 짜도다
我思古人 내 옛사람 생각하여
俾無訧兮 허물없이 하리로다

---

7 間色 : 東은 靑, 南은 赤, 中은 黃, 西는 白, 北은 黑 등 방위에 따른 다섯 가지 색을 正色이라 하고, 綠·紅·碧·紫·緇 등을 間色이라 하여 정색과 상대 개념으로 부른다.

比也라 女는 指其君子而言也라 治는 謂理而織之也라 俾는 使요 訧는 過也라

比이다. 女는 君子를 가리켜 말한 것이다. 治는 다스려 짜는 것이다. 俾는 使이고, 訧는 過이다.

◯言綠方爲絲어늘 而女又治之로 以比妾方少艾어늘 而女又嬖之也라 然則我將如之何哉오 亦思古人有嘗遭此而善處之者하여 以自勵焉하여 使不至於有過而已라

◯"녹색으로 실을 물들였는데 그대가 또 다스린다는 것으로, 妾이 어리고 예쁜데 그대가 또 총애한 것을 비유하였다. 그러고 보면 나는 앞으로 어찌해야 하는가. 옛사람 중에 이러한 일을 만나서 잘 대처한 사람을 생각하여 자신을 격려하여 허물에 이르지 않게 할 뿐이다."라고 한 것이다.

字義 俾 : 하여금 비 訧 : 허물 우 艾 : 예쁠 애 勵 : 힘쓸 려

絺兮綌兮여 淒其以風이로다 我思古人하니 實獲我心이로다 (邶風 綠衣-04)

絺兮綌兮 고운 갈옷 거친 갈옷에
淒其以風 부는 바람 차갑구나
我思古人 내 옛사람 생각하니
實獲我心 참으로 내 맘 아셨네

比也라 淒는 寒風也라

比이다. 淒는 찬바람이다.

◯絺綌而遇寒風은 猶己之過時而見棄也라 故로 思古人之善處此者하니 眞能先得我心之所求也라

◯갈포 옷이 찬바람을 만난 것은 마치 자신이 젊은 시절이 지나 버림을 받은 것과 같다. 그러므로 잘 대처했던 옛사람을 생각해보니 참으로 내 마음에 찾는 바를 먼저 알았다고 한 것이다.

字義 絺 : 가는 갈포 치 綌 : 굵은 갈포 격 淒 : 써늘할 처

綠衣 四章이니 章四句라

〈綠衣〉 4章이니, 장마다 4句이다.

莊姜事는 見春秋傳[8]이나 此詩無所考하니 姑從序說[9]하다 下三篇同이라

---

8 見春秋傳 : 《春秋左氏傳》 隱公 3년조에 보인다.

9 姑從序說 : 〈序〉에서는 "〈綠衣〉는 衛의 莊姜이 자신의 처지를 슬퍼한 시이다. 妾이 위로 참람하여 夫人이 지위를 잃고서 이 시를 지은 것이다.〔綠衣 衛莊姜傷己也 妾上僭 夫人失位 而作是詩也〕"라고 하였다. 朱子는 〈詩序辨說〉에서 "이 시 아래로 〈終風〉까지 4篇을 序에서는 모두 莊姜의 시로 여겼는데 이제 우선 이를 따른다. 그러나 〈燕燕〉 한 편의 詩文만이 대략 근거할 만할 뿐이다.〔此詩下至終風四篇 序皆以爲莊姜之詩 今姑從之 然唯燕燕一篇詩文 略可據耳〕"라고 하였다.

莊姜의 일은《春秋左氏傳》에 보이나, 이 시는 상고할 곳이 없으니 우선〈序〉의 說을 따른다. 아래 세 篇도 같다.

用 例

〔綠衣〕- 尊卑가 뒤바뀌고 貴賤이 제자리를 잃어 正室이 지위를 잃은 것을 비유하는 典故이다. 李德裕(唐),《討回鶻制》: "亟聞黃鵠之歌, 失位自傷, 甯免綠衣之歎, 念其羈苦."

燕燕(연연)

燕燕于飛여 差(치)池其羽로다 之子于歸에 遠送于野호라 瞻望弗及이라 泣涕如雨호라 (邶風 燕燕-01)

燕燕于飛	제비들이 날으네
差池其羽	이리저리 깃 펼치며
之子于歸	그녀 돌아갈 제
遠送于野	멀리 들판에서 보냈네
瞻望弗及	바라보다 보이지 않아
泣涕如雨	흐르는 눈물 비 오듯 하였네

興也라 燕은 鳦也니 謂之燕燕者는 重言之也라 差池는 不齊之貌요 之子는 指戴嬀也라 歸는 大歸也라

興이다. 燕은 제비이니, 燕燕이라 한 것은 거듭 말한 것이다. 差池는 일정하지 않은 모습이고, 之子는 戴嬀를 가리킨다. 歸는 영원히 돌아가는 것이다.

○莊姜無子하여 以陳女戴嬀之子完으로 爲己子러니 莊公卒하고 完卽位한대 嬖人之子 州吁弑之라 故로 戴嬀大歸于陳이어늘 而莊姜送之할새 作此詩也라

○莊姜이 자식이 없어 陳나라 여인 戴嬀의 자식 完을 자신의 아들로 삼았는데 莊公이 죽고 完이 卽位하자, 嬖人의 아들 州吁가 시해하였다. 그리하여 戴嬀가 陳나라로 영원히 돌아가게 되자 莊姜이 그를 전송하면서 이 시를 지은 것이다.

字義 燕 : 제비 연 差 : 어긋날 치 瞻 : 볼 첨 涕 : 눈물 체 鳦 : 제비 을 嬀 : 성 규
嬖 : 총애받을 폐 吁 : 한숨 쉴 우

燕燕于飛여 頡之頏之로다 之子于歸에 遠于將之호라 瞻望弗及이라 佇立以泣호라 (邶風 燕燕-02)

燕燕于飛　　제비들이 날으네
頡之頏之　　오르락내리락
之子于歸　　그녀 돌아갈 제
遠于將之　　멀리 나가 전송했네
瞻望弗及　　바라보다 보이지 않아
佇立以泣　　우두커니 서서 눈물만 흘렸네

興也라 飛而上曰頡이요 飛而下曰頏이라 將은 送也요 佇立은 久立也라

興이다. 날아서 오르는 것을 頡이라 하고, 날아서 내려오는 것을 頏이라 한다. 將은 보냄이고, 佇立은 오래 서 있는 것이다.

字義 頡 : 날아오를 힐　頏 : 날아내릴 항　將 : 보낼 장　佇 : 오래 서 있을 저

燕燕于飛여 下上其音이로다 之子于歸에 遠送于南호라 瞻望弗及이라 實勞我心호라 (邶風 燕燕-03)

燕燕于飛　　제비들이 날으네
下上其音　　오르내리며 지저귀네
之子于歸　　그녀 돌아갈 제
遠送于南　　멀리 남쪽에서 보냈네
瞻望弗及　　바라보다 보이지 않아
實勞我心　　실로 내 맘 괴로웠네

興也라 鳴而上曰上音이요 鳴而下曰下音이라 送于南者는 陳在衛南일새라

興이다. 울면서 오르는 것을 上音이라 하고, 울면서 내려오는 것을 下音이라 한다. 남쪽에서 전송한 것은 陳나라가 衛나라 남쪽에 있기 때문이다.

仲氏任只하니 其心塞淵이로다 終溫且惠하여 淑愼其身이요 先君之思로 以勗寡人이로다 (邶風 燕燕-04)

仲氏任只　　미더운 중씨
其心塞淵　　그 맘 진실하고 깊었네
終溫且惠　　끝내 온화하고 부드러워
淑愼其身　　몸가짐 착하였고
先君之思　　선군 생각하라는 말로

以勗寡人　　나를 권면하였네

賦也라 仲氏는 戴嬀字也라 以恩相信曰任이라 只는 語辭라 塞은 實이요 淵은 深이요 終은 竟이요 溫은 和요 惠는 順이요 淑은 善也라 先君은 謂莊公也라 勗은 勉也요 寡人은 寡德之人이니 莊姜自稱也라

賦이다. 仲氏는 戴嬀의 字이다. 은혜로 서로 믿는 것을 任이라 한다. 只는 어조사이다. 塞은 진실함이고, 淵은 깊음이고, 終은 마침내이고, 溫은 온화함이고, 惠는 순함이고, 淑은 善함이다. 先君은 莊公을 이른다. 勗은 권면함이다. 寡人은 덕이 적은 사람이니, 莊姜이 自稱한 것이다.

○言戴嬀之賢如此하고 又以先君之思로 勉我하여 使我常念之而不失其守也라 楊氏曰 州吁之暴와 桓公之死와 戴嬀之去는 皆夫人失位하여 不見答於先君所致也어늘 而戴嬀猶以先君之思로 勉其夫人하니 眞可謂溫且惠矣로다

○"戴嬀의 현명함이 이러하였고, 또 先君을 생각하라는 것으로 나를 권면하여 나에게 항상 생각하여 몸가짐을 잃지 않게 하였다."라고 한 것이다.

楊氏는 "州吁의 포악함과 桓公의 죽음과 戴嬀의 떠남은 모두 夫人이 지위를 잃어 先君에게 보답받지 못한 데서 온 것인데도 戴嬀는 오히려 선군을 생각하라는 말로 夫人에게 권하였으니 참으로 온화하고 부드럽다고 할 만하다."라고 하였다.

字義　任 : 믿을 임　塞 : 진실할 색　淵 : 깊을 연　淑 : 착할 숙　勗 : 힘쓸 욱

燕燕 四章이니 章六句라

〈燕燕〉 4章이니, 장마다 6句이다.

用 例

〔燕于飛〕 - 送別하는 典故이다. 許渾(唐), 〈送楊發東歸〉詩 : "紅花半落燕于飛, 同客長安今獨歸."

日月(일월)

日居月諸(저) 照臨下土시니 乃如之人兮 逝不古處하나다 胡能有定이리오마는 寧不我顧오 (邶風 日月-01)

日居月諸　　해여 달이시여
照臨下土　　이 땅을 비춰오시네
乃如之人兮　　이러한 사람

逝不古處　　옛사람의 도리 따르지 않네
胡能有定　　그 마음 어찌 일정할까마는
寧不我顧　　어이하여 나만 돌아보지 않는고

賦也라 日居月諸는 呼而訴之也라 之人은 指莊公也라 逝는 發語辭요 古處는 未詳이니 或云以古道相處也라 胡, 寧은 皆何也라

賦이다. 日居月諸는 해와 달을 부르면서 하소연한 것이다. 之人은 莊公을 가리킨다. 逝는 發語辭이다. 古處는 未詳이니, 혹은 "옛사람의 도리로 서로 대하는 것이다."라고 한다. 胡와 寧은 모두 '어찌'이다.

◯莊姜이 不見答於莊公이라 故로 呼日月而訴之하여 言日月之照臨下土久矣어늘 今乃有如是之人하여 而不以古道相處라 是其心志回惑하니 亦何能有定哉리오마는 而何爲其獨不我顧也오하니라 見棄如此로되 而猶有望之之意焉하니 此詩之所以爲厚也라

◯莊姜이 莊公에게서 답례를 받지 못하였기 때문에 해와 달을 부르면서 하소연하여 "해와 달이 이 땅을 비춘 지가 오래인데, 이제 이러한 사람이 있어서 옛사람의 도리로 서로 대하지 않네. 그 사람의 마음이 간사하고 미혹되었으니 어찌 定處가 있겠는가마는 어이하여 나만을 돌보지 않는가."라고 하였다. 이처럼 버림을 받았는데도 오히려 그에게 바라는 뜻이 있으니, 이것이 후덕한 시가 되는 이유이다.

字義　寧 : 어찌 녕

日居月諸 下土是冒시니 乃如之人兮 逝不相好하나다 胡能有定이리오마는 寧不我報오 (邶風 日月-02)

日居月諸　　해여 달이시여
下土是冒　　이 땅 덮어주시네
乃如之人兮　　이러한 사람
逝不相好　　날 좋게 대하지 않네
胡能有定　　그 마음 어찌 일정할까마는
寧不我報　　어이하여 나에게만 보답하지 않는고

賦也라 冒는 覆也요 報는 答也라

賦이다. 冒는 덮음이고, 報는 답함이다.

字義　冒 : 덮을 모　覆 : 덮을 부

日居月諸 出自東方이샷다 乃如之人兮 德音無良이로다 胡能有定이리오마는 俾也

可忘가 (邶風 日月-03)

日居月諸　　해여 달이시여
出自東方　　동쪽에서 뜨시네
乃如之人兮　이러한 사람
德音無良　　말이 아름답지 못하네
胡能有定　　그 마음 어이 일정할까마는
俾也可忘　　어이하여 나만 잊으려 하는고

賦也라 日은 旦必出東方이요 月은 望亦出東方이라 德音은 美其辭요 無良은 醜其實也라 俾也可忘은 言何獨使我爲可忘者耶아하니라

賦이다. 해는 아침이면 반드시 동쪽에서 뜨고, 달은 보름이면 역시 동쪽에서 뜬다. 德音은 말을 아름답게 함이고, 無良은 그 실제는 추한 것이다. 俾也可忘은 "어찌하여 나만을 잊을 수 있다고 여기는가."라고 한 것이다.

字義 醜 : 추악할 추

日居月諸 東方自出이샷다 父兮母兮 畜(휵)我不卒이샷다 胡能有定이리오마는 報我不述하나다 (邶風 日月-04)

日居月諸　　해여 달이시여
東方自出　　동쪽에서 뜨시네
父兮母兮　　아버지 어머니시여
畜我不卒　　날 잘 기르지 못하셨네
胡能有定　　어이 그 마음 일정할까마는
報我不述　　내게 보답하는 도리 따르지 않네

賦也라 畜은 養이요 卒은 終也니 不得其夫하여 而歎父母養我之不終이라 蓋憂患疾痛之極이면 必呼父母는 人之至情也라 述은 循也니 言不循義理也라

賦이다. 畜은 기름이고, 卒은 마침이니, 남편에게서 사랑을 받지 못하고서 부모가 나를 길러줌을 잘 마치지 못하셨다고 탄식한 것이다. 이는 근심과 아픔이 심하면 반드시 부모를 부르는 것은 사람의 지극한 감정이다. 述은 따름이니, 義理를 따르지 않는다고 말한 것이다.

字義 畜 : 기를 휵

日月 四章이니 章六句라

〈日月〉 4章이니, 장마다 6句이다.

此詩는 當在燕燕之前이니 下篇放此[10]라

이 시는 〈燕燕〉의 앞에 있어야 하니, 아래 篇(〈終風〉)도 이와 같다.

終風(종풍)

終風且暴나 顧我則笑하나니 謔浪笑敖라 中心是悼로라 (邶風 終風-01)

終風且暴	종일 사나운 바람 불지만
顧我則笑	날 보고 웃기도 하나니
謔浪笑敖	놀림과 조롱이라
中心是悼	이내 마음 슬프네

比也라 終風은 終日風也라 暴는 疾也요 謔은 戲言也라 浪은 放蕩也요 悼는 傷也라

比이다. 終風은 종일 바람이 부는 것이다. 暴는 빠름이고, 謔은 놀리는 말이다. 浪은 放蕩함이고, 悼는 슬퍼함이다.

○莊公之爲人이 狂蕩暴疾이어늘 莊姜蓋不忍斥言之라 故로 但以終風且暴爲比하여 言雖其狂暴如此나 然亦有顧我則笑之時로되 但皆出於戲慢之意하고 而無愛敬之誠하니 則又使我不敢言而心獨傷之耳라 蓋莊公暴慢無常이어늘 而莊姜正靜自守하니 所以忤其意而不見答也라

○莊公의 사람됨이 제멋대로이고 포악하였는데, 莊姜이 차마 지적하여 말할 수가 없었다. 그리하여 '종일 바람 불고 또 사납다는 것'으로만 비유하여 "비록 이처럼 사납지만 나를 돌아볼 때는 웃을 때도 있다. 다만 모두가 놀리는 뜻에서 나오고 사랑하고 존경하는 진실함이 없으니, 또 나로 하여금 감히 말하지 못하고 마음만 서글프게 할 뿐이다."라고 한 것이다. 이는 莊公의 포악함이 종잡을 수가 없으나 莊姜은 정숙함으로 스스로를 지키니, 이 때문에 그의 뜻을 거슬려 답례를 받지 못한 것이다.

字義 暴 : 급할 포 謔 : 해학할 학 敖 : 거만할 오 浪 : 방탕할 랑 悼 : 슬플 도 忤 : 거스를 오

終風且霾나 惠然肯來하나니 莫往莫來라 悠悠我思로다 (邶風 終風-02)

終風且霾	종일 바람 흙비 내리지만
惠然肯來	선선히 오기도 하나니

10 當在燕燕之前 下篇放此 : 〈燕燕〉은 莊公이 죽은 뒤에 戴嬀를 전송하면서 지은 시이고 〈日月〉과 〈終風〉은 장공이 살아 있을 때의 원망스러움을 읊은 시이기 때문이다.

莫往莫來　　전혀 발길 끊은지라
悠悠我思　　내 그리움 가이없네

比也라 霾는 雨土蒙霧也라 惠는 順也요 悠悠는 思之長也라

比이다. 霾는 흙비가 내려 컴컴한 것이다. 惠는 順함이다. 悠悠는 그리움이 긴 것이다.

○終風且霾로 以比莊公之狂惑也라 雖云狂惑이나 然亦或惠然而肯來로되 但又有莫往莫來之時니 則使我悠悠而思之라 望其君子之深하니 厚之至也라

○종일 바람 불고 또 흙비 내리는 것으로 莊公의 미치광이 짓을 비유하였다. 비록 미치광이 짓을 한다고는 하지만 역시 때로는 선선히 오기도 하는데, 다만 또 가지도 오지도 않을 때가 있으니, 나로 하여금 길이 그립게 한다. 군자를 바라는 마음이 깊으니 매우 후덕한 것이다.

字義 霾 : 흙비 매　惠 : 순할 혜　蒙 : 어두울 몽　霧 : 캄캄할 몽

終風且曀(에)요 不日有曀로다 寤言不寐하며 願言則嚏[11]호라 (邶風 終風-03)

終風且曀　　종일 바람 음산하고
不日有曀　　하루도 안 되어 또 흐리네
寤言不寐　　자다 깨어 잠 못 이루며
願言則嚏　　재채기 나기를 바랐네

比也라 陰而風曰曀라 有는 又也라 不日有曀는 言旣曀矣요 不旋日而又曀也니 亦比人之狂惑이 暫開而復蔽也라 願은 思也라 嚏는 鼽嚏也니 人氣感傷閉鬱하고 又爲風霧所襲이면 則有是疾也라

比이다. 흐리고 바람 부는 것을 曀라 한다. 有는 又이다. 하루도 안 되어 또 흐리다는 것은 흐린 뒤에 하루가 안 되어 또 흐린 것을 말하니, 역시 미치광이 짓이 잠시 멈추었다가 다시 가리어졌음을 비유한 것이다. 願은 생각이다. 嚏는 코가 막히고 재채기 함이니, 사람의 기운이 막힌 데다 바람이나 안개의 기운이 침범하면 이 병이 생긴다.

字義 曀 : 음산할 에　嚏 : 재채기할 체　有 : 또 유　願 : 사모할 원　鼽 : 코 막힐 구　霧 : 안개 무

---

11 願言則嚏 : 鄭玄은 箋에서 "지금 세속에서는 재채기하면서 '나를 말하는 사람이 있는가보다.' 하는데, 이는 예부터 내려오는 말이다.〔今俗人嚏云 人道我 此古之遺語也〕" 하였는데, 嚴粲(南宋)의 《詩緝》에 "그대 재채기하기를 바란다는 것이다.……그가 재채기하여 자기가 그리워하는 것을 알기 바라는 것이다.〔願汝嚏……願其嚏而知己念之也〕"라고 하였다. 우리나라에도 귀가 가려우면 누군가 자신의 말을 하는 사람이 있는 것이라는 속설이 있는 것과 같은 의미이다. 따라서 자신이 재채기가 나도록 상대방이 생각해주기를 바란다는 의미로 번역하였다.

曀曀其陰이며 虺虺(훼훼)其靁로다 寤言不寐하여 願言則懷호라 (邶風 終風-04)

曀曀其陰	어두컴컴 구름 끼고
虺虺其靁	우르릉 천둥을 치려 하네
寤言不寐	자다 깨어 잠 못 들어
願言則懷	날 생각하기를 바랐네

比也라 曀曀는 陰貌요 虺虺는 靁將發而未震之聲이니 以比人之狂惑이 愈深而未已也라 懷는 思也라

比이다. 曀曀는 흐린 모양이고, 虺虺는 우레가 울리려다 울리지 못하는 소리이니, 사람의 미치광이 짓이 더욱 깊어져 그치지 않음을 비유한 것이다. 懷는 그리움이다.

字義 虺 : 우레 소리 훼 靁 : 천둥 뢰

終風 四章이니 章四句라

〈終風〉 4章이니, 장마다 4句이다.

說見上[12]이라

해설은 앞에 나왔다.

用 例

〔終風〕 - 大風이나 暴風을 지칭한다. 李邕(唐), 〈楚州淮陰縣婆羅樹碑〉 : "同雲冒山, **終風**振壑."

〔願嚏〕 - 그리워하는 사람이 있음을 나타내는 전고이다. 梅堯臣(宋), 〈願嚏〉詩 : "我今齋寢泰壇下, 侘傺**願嚏**朱顔妻."

〔惠然肯來〕 - '惠然之顧'나 '惠然至'로도 쓰며, 찾아온 손님을 환영하는 마음을 표시한 말이다. 韓愈(唐), 〈與少室李拾遺書〉 : "想拾遺公冠帶就車, **惠然肯來**." 袁宏(晉), 《後漢紀》 〈靈帝紀 下〉 : "彌秋歷冬, 經邁二載, 深拒以疾, 無**惠然之顧**."

〔霾曀〕 - 하늘을 덮은 먼지 또는 구름을 가리킨다. 《文選》 木華(西晉), 〈海賦〉 : "若乃**霾曀**潛銷, 莫振莫竦."

擊鼓(격고)

擊鼓其鏜이어늘 踊躍用兵호라 土國城漕어늘 我獨南行호라 (邶風 擊鼓-01)

---

12 說見上 : 이 시도 앞의 〈日月〉과 같이 〈燕燕〉 앞에 있어야 한다는 말이다.

擊鼓其鏜	둥둥둥 북소리에 맞추어
踊躍用兵	무기를 들고 훈련을 하였네
土國城漕	도성엔 토목공사 조읍엔 성 쌓는데
我獨南行	나만이 싸우러 남쪽으로 떠났노라

賦也라 **鏜**은 **擊鼓聲也**라 **踊躍**은 **坐作擊刺之狀也**라 **兵**은 **謂戈戟之屬**이라 **土**는 **土功也**요 **國**은 **國中也**요 **漕**는 **衛邑名**이라

賦이다. 鏜은 북을 치는 소리이다. 踊躍은 앉았다 일어섰다 하면서 치고 찌르는 모습이다. 兵은 戈와 戟의 종류를 이른다. 土는 토목공사이고, 國은 도성이고, 漕는 衛나라의 邑 이름이다.

○衛人從軍者 自言其所爲하고 **因言衛國之民**이 **或役土功於國**하고 **或築城於漕**어늘 **而我獨南行**하여 **有鋒鏑死亡之憂**하니 **危苦尤甚也**라

○從軍하는 위나라 사람이 자신이 하는 일을 말하고 인하여 "위나라 백성이 도성에서 토목공사를 하거나 漕邑에서 성을 쌓는데, 나만은 남쪽으로 가서 무기(전쟁)에 죽을 근심이 있으니, 위험과 고생이 더욱 심하다."라고 한 것이다.

字義 鏜 : 북소리 당 踊 : 뛸 용 漕 : 땅 이름 조 刺 : 찌를 척 戟 : 갈라진 창 극 鋒 : 칼날 봉 鏑 : 화살촉 적

從孫子仲하여 **平陳與宋**하소라 **不我以歸**라 **憂心有忡**호라 (邶風 擊鼓-02)

從孫子仲	손씨 자중을 따라
平陳與宋	진나라 송나라와 연합을 하였네
不我以歸	나와 돌아가지 않으니
憂心有忡	가슴에 시름만 깊었네

賦也라 **孫**은 **氏**요 **子仲**은 **字**니 **時軍帥也**라 **平**은 **和也**니 **合二國之好也**라 **舊說**에 **以此爲春秋隱公四年州吁自立之時**에 **宋衛陳蔡 伐鄭之事**라하니 **恐或然也**라 **以**는 **猶與也**니 **言不與我而歸也**라

賦이다. 孫은 氏이고, 子仲은 字이니, 당시 장수이다. 平은 和이니, 두 나라가 우호로 연합한 것이다. 舊說에 이 시를 "《春秋》의 隱公 4년 州吁가 제 스스로 왕이 되었을 당시에 宋, 衛, 陳, 蔡가 鄭을 친 일이다."라고 하였는데, 어쩌면 그런 듯싶다. 以는 與와 같으니, 〈不我以歸는〉 나를 데리고 돌아가지 않았음을 말한 것이다.

字義 忡 : 가슴 두근거릴 충 蔡 : 채나라 채

爰居爰處하여 **爰喪其馬**하고 **于以求之 于林之下**호라 (邶風 擊鼓-03)

爰居爰處　　이리저리 다니다가
爰喪其馬　　말을 잃어버리고
于以求之　　말을 찾아 헤매어
于林之下　　숲속까지 왔노라

賦也라 爰은 於也라 於是居하고 於是處하여 於是喪其馬하고 而求之於林下하니 見(현)其失伍離次하여 無鬪志也라

賦이다. 爰은 於이다. 여기 머물고 여기 쉬면서 여기서 말을 잃고서 숲 아래에서 찾았다 하니, 대오를 잃고 위치를 떠나 싸울 의지가 없음을 드러낸 것이다.

字義 次 : 머무를 차

死生契(결)闊에 與子成說호라 執子之手하여 與子偕老라호라 (邶風 擊鼓-04)

死生契闊　　죽든 살든 떨어져 있든
與子成說　　잊지 말자 그대와 맹서하였네
執子之手　　그대 손 꼭 잡고
與子偕老　　해로하자 하였었네

賦也라 契闊은 隔遠之意요 成說은 謂成其約誓之言이라

賦이다. 契闊은 멀리 떨어졌다는 뜻이고, 成說은 맹서의 말을 한 것을 말한다.

○從役者 念其室家하고 因言始爲室家之時에 期以死生契闊에 不相忘棄하고 又相與執手하여 而期以偕老也라

○부역한 자가 그 아내를 생각하고 인하여, “처음 아내를 맞이할 적에 죽든 살든 멀리 떨어져 있든 서로 잊거나 버리지 말자고 기약하고, 또 서로 손을 잡고 해로하자고 약속했다.”라고 한 것이다.

字義 契 : 소원할 결　闊 : 넓을 활　偕 : 함께 해

于嗟闊兮여 不我活兮로다 于嗟洵兮여 不我信兮로다 (邶風 擊鼓-05)

于嗟闊兮　　아, 멀리 떨어져
不我活兮　　우리 함께 살지 못하리
于嗟洵兮　　아, 우리들의 맹서
不我信兮　　우리 지키지 못하리로다

賦也라 于嗟는 歎辭也라 闊은 契闊也라 活은 生이요 洵은 信也요 信은 與申同이라

賦이다. 于嗟는 탄식하는 말이다. 闊은 멀리 떨어짐이다. 活은 生이고, 洵은 약속이고, 信은 申(伸)과 같다.

○言昔者에 契闊之約如此로되 而今不得活하고 偕老之信如此로되 而今不得伸하니 意必死亡하여 不復得與其室家遂前約之信也라

○"지난날 이별의 약속이 이러한데도 이제 함께 살 수가 없고, 해로하자는 약속이 이러했는데도 이제 뜻대로 펼 수가 없으니, 필시 꼭 죽어서 다시는 아내와 한 지난날의 약속을 이룰 수가 없을 것이다."라고 한 것이다.

字義 洵 : 약속할 순 信 : 펼 신

擊鼓 五章이니 章四句라

〈擊鼓〉 5章이니, 장마다 4句이다.

凱風(개풍)

凱風自南으로 吹彼棘心이로다 棘心夭夭어늘 母氏劬勞삿다 (邶風 凱風-01)

凱風自南	따뜻한 바람 남녘에서
吹彼棘心	멧대추나무 싹에 불어오네
棘心夭夭	그 싹 여리고 어여쁜데
母氏劬勞	어머님 참으로 힘드셨네

棘(酸棗)

比也라 南風을 謂之凱風이니 長養萬物者也라 棘은 小木이니 叢生多刺 難長이요 而心은 又其稚弱而未成者也라 夭夭는 少好貌라 劬勞는 病苦也라

比이다. 南風을 凱風이라 하니, 만물을 자라게 하는 것이다. 棘은 작은 나무이니 무더기로 자라고 가시가 많으며 잘 자라지 않는다. 그리고 싹(心)은 또 어리고 약하여 아직 자라지 않은 것이다. 夭夭는 어리고 예쁜 모습이다. 劬勞는 괴로움이다.

○衛之淫風流行하여 雖有七子之母나 猶不能安其室이라 故로 其子作此詩하여 以凱風比母하고 棘心比子之幼時라 蓋曰 母生衆子하여 幼而育之에 其劬勞甚矣라하니 本其始而言하여 以起自責之端也라

○衛나라에 음란한 풍습이 유행하여 비록 일곱 자식을 둔 어머니지만 오히려 집안에 편히 있지 못하였다. 그리하여 그 자식이 이 시를 지어 凱風으로 어머니를 비유하고 棘心으로 자식의 어릴 때를 비유한 것이다. 이는 어머니가 자식들을 낳아 어린 아들을 기르느라 매우 힘들었음

을 말한 것이니, 그 처음을 기본으로 하여 말해서 스스로를 책망하는 단서를 일으킨 것이다.

字義 凱 : 즐거울 개 吹 : 불 취 棘 : 가시나무 극 劬 : 힘쓸 구 刺 : 가시 자 穉 : 어릴 치

凱風自南으로 吹彼棘薪이로다 母氏聖善이어시늘 我無令人하소라 (邶風 凱風-02)

凱風自南 따뜻한 바람 남녘에서
吹彼棘薪 멧대추나무 섶에 불어오네
母氏聖善 어머님은 슬기롭고 훌륭한데
我無令人 우리는 착한 아들이 없네

興也라 聖은 叡요 令은 善也라

興이다. 聖은 슬기로움이고, 令은 착함이다.

○棘可以爲薪則成矣라 然非美材라 故로 以興子之壯大나 而無善也라 復以聖善으로 稱其母하고 而自謂無令人하니 其自責也 深矣라

○멧대추나무가 섶이 될 만하면 다 자란 것이다. 그러나 좋은 재목은 아니다. 그리하여 자식이 다 장성하였지만 좋은 자식이 없음을 이끌어내고, 다시 '거룩하다'는 말로 그 어머니를 칭송하고, 좋은 자식이 없다고 스스로 말하였으니, 스스로를 깊이 책망한 것이다.

字義 薪 : 섶 신 叡 : 밝을 예 令 : 훌륭할 령

爰有寒泉이 在浚之下로다 有子七人호대 母氏勞苦아 (邶風 凱風-03)

爰有寒泉 차가운 샘물이
在浚之下 준읍 아래에 있네
有子七人 아들 일곱인데
母氏勞苦 어머님 고생케 하는가

興也라 浚은 衛邑이라

興이다. 浚은 衛나라의 邑이다.

○諸子自責하여 言寒泉在浚之下라도 猶能有所滋益於浚이어늘 而有子七人이로되 反不能事母하여 而使母至於勞苦乎아하니 於是에 乃若微指其事하고 而痛自刻責하여 以感動其母心也라 母以淫風流行하여 不能自守어늘 而諸子自責에 但以不能事母하여 使母勞苦爲詞하니 婉詞幾諫하여 不顯其親之惡하니 可謂孝矣라 下章放此라

○자식들이 스스로를 책망하여 "차가운 샘이 浚邑 아래에 있어도 오히려 준읍을 유익하게 적셔주는데, 일곱 아들이 있으면서도 도리어 어머니를 잘 섬기지 못하여 어머니가 힘들게 한단

말인가."라고 하였다. 이에 마침내 그 일을 약간 지적하고, 통렬하게 스스로를 꾸짖어 어머니 마음을 감동시키려 하였다. 음란한 풍속이 유행하여 어머니가 스스로 정조를 지키지 못하였지만, 자식들이 스스로를 책망하여 어머니를 잘 섬기지 못하여 어머니로 하여금 힘들게 하였다는 것만을 말하였다. 완곡한 말로 은미하게 간하여 어버이의 잘못을 드러내지 않았으니 효자라 할 만하다. 아래 장도 이와 같다.

字義 浚 : 깊을 준　滋 : 불어날 자　婉 : 완곡할 완　幾 : 살필 기

睍睆黃鳥 載好其音이로다 有子七人호대 莫慰母心가 (邶風 凱風-04)

睍睆黃鳥　　고운 노래 꾀꼬리
載好其音　　그 소리 곱기도 하네
有子七人　　아들 일곱이건만
莫慰母心　　어머님 마음 달래지 못하는가

興也라 睍睆은 淸和圓轉之意라

興이다. 睍睆은 맑고 곱다는 뜻이다.

○言黃鳥猶能好其音以悅人이어늘 而我七子 獨不能慰悅母心哉아

○"꾀꼬리도 오히려 아름다운 목소리로 사람을 기쁘게 하는데, 우리 일곱 자식만은 어머니 마음을 위로하여 기쁘게 하지 못한단 말인가."라고 한 것이다.

字義 睍 : 고울 현　睆 : 고울 환

凱風 四章이니 章四句라

〈凱風〉 4章이니, 장마다 4句이다.

用例

〔凱風〕 - 어머니 은혜를 생각하는 효자의 마음을 가리킨다. 《隷釋》〈漢敦煌長史武斑碑〉 : "孝深〈**凱風**〉, 志絜〈羔羊〉."

〔凱風寒泉之思〕 - 자식이 어머니를 그리워하는 심정을 의미한다. 陶潛(晉), 〈晉故征西大將軍長史孟府君傳〉 : "淵明先親, 君之第四女也. **凱風寒泉之思**, 實鍾厥心."

〔寒泉〕 - 자식이 모친께 효도함을 가리킨다. 《文選》 潘嶽(西晉), 〈寡婦賦〉 : "覽**寒泉**之遺歎兮, 詠〈蓼莪〉之餘音."

〔寒泉之思〕 - 자식이 모친에게 효도하거나, 모친을 그리워하는 심정을 말한다. 《三國志》〈蜀志 先主甘后傳〉 : "今皇思夫人宜有尊號, 以慰**寒泉之思**."

〔浚泉〕 - 孝子가 어머니를 잘 섬기지 못함을 자책하는 말이다. 劉禹錫(唐), 〈送僧元暠南遊〉詩引 : "始悲**浚泉**之有冽, 今痛防墓之未遷."

〔棘心〕 - 자식이 어리고 약하거나 자식이 어버이를 그리워하는 마음을 비유한다. 劉禹錫(唐), 〈送僧元暠南遊序〉 : "小失怙恃, 推**棘心**以求上乘."

雄雉(웅치)

雄雉于飛여 泄泄(예예)其羽로다 我之懷矣여 自詒伊阻로다 (邶風 雄雉-01)

雄雉于飛	날아가는 저 장끼
泄泄其羽	느릿느릿 여유 있네
我之懷矣	내 그리워하는 님은
自詒伊阻	스스로 멀어지셨네

興也라 雉는 野鷄니 雄者는 有冠長尾요 身有文采며 善鬪라 泄泄는 飛之緩也라 懷는 思요 詒는 遺요 阻는 隔也라

興이다. 雉는 野鷄이니, 수컷은 벼슬이 있고 꼬리가 길며 몸에 문채가 있고 잘 싸운다. 泄泄는 느리게 나는 것이다. 懷는 그리워함이고, 詒는 끼침이다. 阻는 멀어짐이다.

○婦人以其君子從役于外라 故로 言雄雉之飛 舒緩自得如此어늘 而我之所思者는 乃從役於外하여 而自遺阻隔也라

○婦人이, 남편이 객지로 부역을 나갔기 때문에 "날아가는 장끼는 저토록 여유 있게 나는데, 내 그리워하는 이는 객지로 부역 나가 스스로 멀어지셨네."라고 한 것이다.

字義 雉 : 꿩 치 泄 : 느릴 예 詒 : 끼칠 이

雄雉于飛여 下上其音이로다 展矣君子여 實勞我心이로다 (邶風 雄雉-02)

雄雉于飛	날아가는 저 장끼
下上其音	오르내리며 우네
展矣君子	진실로 내 님이시여
實勞我心	정말 내 마음 괴롭히네

興也라 下上其音은 言其飛鳴自得也라 展은 誠也니 言誠又言實은 所以甚言此君子之勞我心也라

興이다. 下上其音은 제 맘대로 날고 우는 것을 말한다. 展은 진실로(誠)이니, 誠을 말하고 또 實을 말한 것은 군자가 내 마음을 괴롭게 한다는 것을 심하게 말한 것이다.

字義 展 : 진실로 전

瞻彼日月하니 悠悠我思로다 道之云遠이어니 曷云能來리오 (邶風 雄雉-03)

瞻彼日月 저 해와 달을 보니
悠悠我思 내 그리움 가없어라
道之云遠 길이 멀다 하니
曷云能來 어느 제나 돌아오려나

賦也라 悠悠는 思之長也라 見日月之往來하고 而思其君子 從役之久也라

賦이다. 悠悠는 그리움이 긴 것이다. 해와 달이 오가는 것을 보고 군자가 부역나간 지 오래되었음을 생각한 것이다.

百爾君子는 不知德行가 不忮不求면 何用不臧이리오 (邶風 雄雉-04)

百爾君子 모든 군자들은
不知德行 덕행을 모르실까
不忮不求 해치지도 탐하지도 않는다면
何用不臧 어이 좋은 일 아니리오

賦也라 百은 猶凡也라 忮는 害요 求는 貪이요 臧은 善也라

賦이다. 百은 '모든(凡)'과 같다. 忮는 해치는 것이고, 求는 貪하는 것이고, 臧은 착함이다.

○言凡爾君子는 豈不知德行乎아 若能不忮害하고 又不貪求면 則何所爲而不善哉아하니 憂其遠行之犯患하여 冀其善處而得全也라

○"모든 군자들은 어찌 덕행을 모르겠는가. 만일 남을 해치지도 않고 탐하지도 않는다면 무엇을 하든 좋지 않겠는가."라고 한 것이다. 이는 먼 길에서 죄를 지을까 걱정하여 잘 처신하여 온전하기를 바란 것이다.

字義 忮 : 해칠 기 臧 : 착할 장

雄雉 四章이니 章四句라

〈雄雉〉 4章이니, 장마다 4句이다.

匏有苦葉(포유고엽)

匏有苦葉이어늘 濟有深涉이로다 深則厲요 淺則揭니라 (邶風 匏有苦葉-01)

匏有苦葉 박은 쓴 잎이 있는데

濟有深涉	건너는 곳 깊고 얕은 곳 있네
深則厲	깊은 곳은 옷을 입은 채로
淺則揭	얕은 곳은 옷을 걷고 건넌다네

匏(匏瓜)

比也라 匏는 瓠也니 匏之苦者는 不可食이요 特可佩以渡水而已라 然今尙有葉이면 則亦未可用之時也라 濟는 渡處也라 行渡水曰涉이요 以衣而涉曰厲[13]요 褰衣而涉曰揭라

比이다. 匏는 박이니, 박이 쓴 것은 먹을 수 없고 다만 허리에 차고 물을 건널 수 있을 뿐이다. 그러나 지금 〈박에〉 아직 잎이 달려 있다면 역시 아직은 사용할 수 없는 때이다. 濟는 건너는 곳이다. 걸어서 물을 건너는 것을 涉이라 하고, 옷을 입은 채로 건너는 것을 厲라 하고, 옷을 걷고 건너는 것을 揭라 한다.

○此는 刺淫亂之詩라 言匏未可用이어늘 而渡處方深하니 行者 當量其淺深而後可渡하여 以比男女之際에 亦當量度(탁)禮義而行也라

○이는 음란함을 풍자한 시이다. 박을 아직 사용할 수 없는데 건널 곳은 깊으니, 길을 가는 자가 물의 깊이를 살핀 뒤에 건너야 함을 말하여 남녀의 관계도 예의를 헤아린 뒤에 행해야 함을 비유한 것이다.

字義 匏 : 박 포 厲 : 옷 입고 건널 려 揭 : 옷 걷고 건널 게 瓠 : 박 호 佩 : 찰 패 褰 : 옷 걷을 건

有瀰濟盈이어늘 有鷕(요)雉鳴이로다 濟盈不濡軌하며 雉鳴求其牡로다 (邶風 匏有苦葉-02)

有瀰濟盈	나루엔 물 넘실거리는데
有鷕雉鳴	꿩꿩 까투리가 우는고야
濟盈不濡軌	깊은 나룻물 수레굴대도 못 적시고
雉鳴求其牡	까투리는 울어 숫짐승을 찾는고야

比也라 瀰는 水滿貌라 鷕는 雌雉聲이라 軌는 車轍也라 飛曰雌雄이요 走曰牝牡라

13 厲 : 《爾雅注疏》〈釋水〉의 注에 "'衣'는 '잠방이〔褌〕'이다."라고 하였고, 孫炎(三國 魏)은 "衣涉은 잠방이가 젖는 것이다.〔濡褌〕"라고 하였다. 《春秋左氏傳》 襄公 14년조의 疏에서는 "옷을 벗지 않고 물을 건너는 것을 '厲'라고 한다.〔不解衣而渡水曰厲〕"라고 하였다.

比이다. 瀰는 물이 가득한 모습이다. 鷕는 암꿩이 우는 소리이다. 軌는 수레굴대이다. 날짐승은 雌雄이라 하고, 길짐승은 牝牡라 한다.

○夫濟盈이면 必濡其轍이요 雉鳴當求其雄이 此常理也어늘 今濟盈而曰不濡軌하고 雉鳴而反求其牡하니 以比淫亂之人이 不度(탁)禮義하여 非其配耦어늘 而犯禮以相求也라

○건너는 곳에 물이 가득하면 반드시 수레굴대를 적실 것이고, 꿩이 울 때에는 당연히 장끼를 찾아야 하는 것이 정상적인 이치이다. 그런데 이제 건너는 곳에 물이 가득한데도 수레굴대도 못 적신다 하고, 꿩이 울면서 도리어 숫짐승을 찾는다 하였으니, 이로써 음란한 사람이 예의를 헤아리지 않고 바른 짝이 아닌데도 예를 어기고 서로 찾음을 비유한 것이다.

字義 瀰 : 물 가득할 미 鷕 : 암꿩 우는 소리 요 濡 : 젖을 유 軌 : 수레굴대 궤 牡 : 수컷 모
轍 : 수레굴대 철 牝 : 암컷 빈

雝雝鳴鴈은 旭日始旦니라 士如歸妻인댄 迨氷未泮이니라 (邶風 匏有苦葉-03)

雝雝鳴鴈 화답하며 우는 기러기
旭日始旦 동트는 아침에 우네
士如歸妻 남정네 장가 가려거던
迨氷未泮 얼음 녹기 전에 맞이해야 하느니라

賦也라 雝雝은 聲之和也라 鴈은 鳥名이니 似鵝하고 畏寒하여 秋南春北이라 旭은 日初出貌라 昏禮에 納采用鴈하며 親迎以昏하고 而納采請期以旦이라 歸妻는 以氷泮하고 而納采請期는 迨氷未泮之時[14]라

賦이다. 雝雝은 화답하는 소리이다. 鴈은 새 이름이니, 거위와 비슷하고 추위를 싫어하여 가을이면 남쪽으로 봄이면 북쪽으로 이동한다. 旭은 해가 처음 뜨는 모양이다. 昏禮에 納采할 때에 기러기를 사용하며, 親迎은 어두울 때 하고, 納采와 請期는 아침에 한다. 아내를 맞이하는 것은 얼음이 풀릴 때 하고, 納采와 請期는 얼음이 아직 풀리지 않았을 때에 한다.

○言古人之於婚姻에 其求之不暴而節之以禮如此하여 以深刺淫亂之人也라

---

14 昏禮……迨氷未泮之時 : 婚姻에는 六禮의 절차가 있는데, ① 納采 : 처음 男家에서 女家에 媒婆를 보내 혼인의사를 묻는 단계이다. 만일 女家에서도 동의하면 男家에서 採擇의 예물을 보낸다. ② 問名 : 남가에서 매파를 통해 閨秀의 이름과 生年月日時를 알아오게 한다. ③ 納吉 : 신랑과 신부의 생년월일시를 가지고 점을 치고 사당에 고하여 吉兆를 얻으면 여가에 통보하여 혼사를 진행할 것을 정한다. ④ 納徵 : 남가에서 幣帛을 보내 혼례를 준비하도록 한다. ⑤ 請期 : 남가에서 親迎禮 날짜를 가려서 여가에 통보하여 동의를 구하는 절차이다. ⑥ 親迎 : 신랑이 직접 여가로 가서 신부를 맞이해오는 절차이다. "납채와 청기는 얼음이 풀리지 않았을 때에 한다."는 것은 고대에 혼사를 농한기인 秋冬節에 했음을 말한다.

○옛사람은 혼인에 대하여 갑작스럽게 구하지 않고 이렇게 예로써 절제하였음을 말하여, 음란한 사람을 깊이 풍자한 것이다.

字義 雝 : 화할 옹　鴈 : 기러기 안　旭 : 아침 해 욱　迨 : 미칠 태　泮 : 얼음 풀릴 반　鵝 : 거위 아　采 : 폐백 채

招招舟子에 人涉卬否호라 人涉卬否는 卬須我友니라 (邶風 匏有苦葉-04)

招招舟子　　뱃사공 소리쳐 부르는데
人涉卬否　　남은 건너도 나는 아니 건너네
人涉卬否　　남은 건너도 나 아니 건넘은
卬須我友　　바른 내 짝 기다려서라네

比也라 招招는 號召之貌라 舟子는 舟人이니 主濟渡者라 卬은 我也라

比이다. 招招는 소리쳐 부르는 모습이다. 舟子는 뱃사공이니 나루를 건네주는 사람이다. 卬은 我이다.

○舟人이 招人以渡에 人皆從之어늘 而我獨否者는 待我友之招而後從之也라 以比男女必待其配耦而相從하여 而刺此人之不然也라

○뱃사공이 사람들을 불러 건네주는데, 남들은 모두 그의 말을 따르나 나만은 따르지 않은 것은 내 짝이 부르기를 기다려서 따르려는 것이다. 이로써 男女가 반드시 올바른 배우자를 기다려 서로 따라야 함을 비유하여, 이 사람은 그렇지 않음을 풍자한 것이다.

字義 卬 : 나 앙　須 : 기다릴 수

匏有苦葉 四章이니 章四句라

〈匏有苦葉〉 4章이니, 장마다 4句이다.

用 例

〔人涉卬否〕 - 자신의 주장이 있어, 무턱대고 부화뇌동하지 않음을 비유한다. 《後漢書》〈張衡傳〉 : "雖有犀舟勁檝, 猶**人涉卬否**, 有須者也."

〔深厲淺揭〕 - 때와 장소에 알맞게 처신함을 비유한다. 《後漢書》〈張衡傳〉 : "**深厲淺揭**, 隨時爲義."

〔鳴雁〕 - 시집가고 장가감을 의미한다. 庾信(北周), 〈彭城公夫人爾朱氏墓志銘〉 : "三星照夜, 佇稽**鳴雁**之期 ; 七日秉秋, 坐鷹飛皇之兆."

谷風(곡풍)

習習谷風이 **以陰以雨**나니 **黽勉同心**이언정 **不宜有怒**니라 **采葑采菲**는 **無以下體**니 **德音**[15]**莫違**인댄 **及爾同死**니라 (邶風 谷風-01)

葑(蕪菁)

習習谷風　부드러운 동풍에
以陰以雨　흐리고 비 내리니
黽勉同心　한 마음이기 힘쓸지언정
不宜有怒　화를 내면 안 되지요
采葑采菲　순무 캐고 무 뽑는 건
無以下體　밑동 때문만은 아닌 것
德音莫違　약속 저버리지 않는다면
及爾同死　그대와 해로하겠네

比也라 **習習**은 **和舒也**라 **東風**을 **謂之谷風**이라 **葑**은 **蔓菁也**요 **菲**는 **似葍**하니 **莖麤葉厚而長有毛**라 **下體**는 **根也**라 **葑菲**는 **根莖皆可食**이나 **而其根則有時而美惡**이라 **德音**은 **美譽也**라

比이다. 習習은 부드럽고 편안함이다. 東風을 谷風이라 한다. 葑은 무이다. 菲는 葍과 비슷한데 줄기가 거칠고 잎이 두꺼우며 길고 털이 있다. 下體는 뿌리이다. 葑과 菲는 뿌리와 줄기를 다 먹을 수 있지만, 뿌리는 때에 따라 좋고 나쁠 수 있다. 德音은 좋은 칭찬이다.

○婦人爲夫所棄라 **故**로 **作此詩**하여 **以敍其悲怨之情**이라 **言陰陽和而後雨澤降**하니 **如夫婦和而後家道成**이라 **故**로 **爲夫婦者 當黽勉以同心**이언정 **而不宜至於有怒**라하고 **又言采葑菲者**는 **不可以其根之惡而棄其莖之美**니 **如爲夫婦者 不可以其顔色之衰而棄其德音之善**이니 **但德音之不違**면 **則可以與爾同死矣**라하다

○婦人이 남편에게 버림을 당하였다. 그리하여 이 시를 지어서 슬프고 원망스러운 심정을 서술하였다. "음기와 양기가 서로 어울린 뒤에 비가 내리니, 마치 부부가 화합한 뒤에야 가정의 도가 이루어지는 것과 같다. 그러기에 夫婦는 한 마음이기를 힘써야지 화를 내어서는 안 된다." 라고 하고, 또 "무나 순무를 캐는 자는 그 뿌리가 나쁘다 하여 좋은 줄기까지 버려서는 안 되니, 마치 부부가 용모가 쇠했다 하여 도리에 맞는 좋은 말〔德音〕까지 버려서는 안 되는 것과 같다. 다만, 도리에 맞는 말을 저버리지 않으면 그대와 죽을 때까지 같이 할 수 있다."라고 한 것이다.

---

15 德音 : 注에서는 '美譽'라 하였으나, 다음의 及爾同死에 맞추어 '약속'으로 번역하였다. 德音은 〈豳風 狼跋〉의 '德音不瑕'와 〈小雅 南山有臺〉의 '樂只君子 德音不已'와 같이 令聞의 뜻이 있는가 하면 여기서처럼 '善言'의 의미도 있다. 鄭玄도 '夫婦之言 無相違者'라고 하였다. 여기서는 부부간에 주고받은 다정한 약속을 의미하는 것으로 보는 것이 다음 구절과 어울린다.

字義 陰 : 날흐릴 음 　黽 : 힘쓸 민 　葑 : 무 봉 　菲 : 순무 비 　蔓 : 무 만 　菁 : 무 정 　葍 : 잔무 복
麤 : 거칠 추

行道遲遲하여 中心有違어늘 不遠伊邇하여 薄送我畿하나다 誰謂荼苦오 其甘如薺로다 宴爾新昏하여 如兄如弟하나다 (邶風 谷風-02)

行道遲遲 　더디고 더딘 이 발걸음
中心有違 　마음 내키지 않아선데
不遠伊邇 　멀리 아니 나와 가까이서
薄送我畿 　잠깐 문 안에서 전송하네
誰謂荼苦 　뉘라서 씀바귀 쓰다던고
其甘如薺 　달기가 냉이 맛이라네
宴爾新昏 　그이 새 여인에 빠져
如兄如弟 　형이야 아우야 하는고야

荼(苦苣菜)

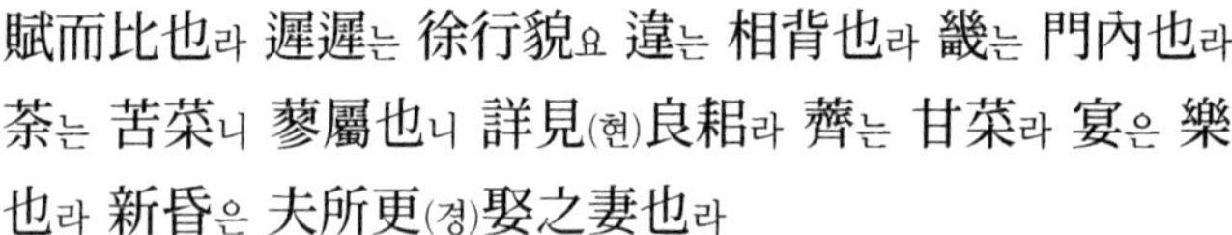

賦而比也라 遲遲는 徐行貌요 違는 相背也라 畿는 門內也라 荼는 苦菜니 蓼屬也니 詳見(현)良耜라 薺는 甘菜라 宴은 樂也라 新昏은 夫所更(경)娶之妻也라

賦이면서 比이다. 遲遲는 천천히 가는 모습이다. 違는 서로 어긋남이다. 畿는 門 안이다. 荼는 씀바귀이니, 蓼의 종류로 〈周頌 良耜〉에 자세히 보인다. 薺는 단맛 나는 나물이다. 宴은 즐김이다. 新昏은 남편이 다시 장가든 아내이다.

薺(薺菜)

○言我之被棄하여 行於道路에 遲遲不進하니 蓋其足欲前이나 而心有所不忍하여 如相背然이어늘 而故夫之送我에 乃不遠而甚邇하여 亦至其門內而止耳라 又言荼雖甚苦나 反甘如薺라하여 以比己之見棄 其苦有甚於荼어늘 而其夫方且宴樂其新昏하여 如兄如弟而不見恤이라 蓋婦人은 從一而終이니 今雖見棄나 猶有望夫之情하니 厚之至也라

○"내가 버림을 받아 길을 떠남에 더디어 나아가지 못하니, 이는 발은 앞으로 나가려 하지만 마음이 차마하지 못함이 있어 마치 서로 등진 듯한 것이다. 그리고 옛 남편이 나를 전송하면서 멀리 나오지 않고 매우 가까이서 하여 문 안에 이르러 그쳤을 뿐이다."라고 말하고, 또 "씀바귀가 매우 쓰지만 도리어 냉이처럼 달다."라고 하여, 자신의 버림받은 괴로움이 씀바귀보다도 더한데, 남편은 새로 맞이한 여인과 즐겨 형제처럼 친하고 자신은 돌보아주지 않음에 비유하였다. 이는 부인은 한 남편을 따라 일생을 마치는데 지금 비록 버림을 당하였지만 오히려 남편을 바라는 정이 있으니, 매우 후덕한 것이다.

字義 邇 : 가까울 이　畿 : 문안 기　荼 : 씀바귀 도　苦 : 쓸 고　薺 : 냉이 제　宴 : 즐길 연
昏 : 혼인할 혼　蓼 : 여뀌 료　耜 : 쟁기보습 사　恤 : 걱정할 휼

涇以渭濁이나 **湜湜其沚**니라 **宴爾新昏**하여 **不我屑以**하나다 **毋逝我梁**하여 **毋發我笱**언마는 **我躬不閱**이온 **遑恤我後**아 (邶風 谷風-03)

涇以渭濁　　맑은 위수 만나 경수 흐려 보이나
湜湜其沚　　물가엔 맑은 곳도 있다네
宴爾新昏　　그대 새 여인에 빠져
不我屑以　　날 달가워하지 않누나
毋逝我梁　　내 어량에 가지 말아
毋發我笱　　내 통발 들추지 말라 하고 싶지만
我躬不閱　　내 한 몸 용납 받지 못한 터에
遑恤我後　　나 떠난 뒤를 걱정하랴

比也라 **涇, 渭**는 **二水名**이라 **涇水**는 **出今原州百泉縣 筓頭山 東南**하여 **至永興軍高陵**하여 **入渭**하고 **渭水**는 **出渭州渭源縣 鳥鼠山**하여 **至同州馮翊縣**하여 **入河**라 **湜湜**은 **清貌**요 **沚**는 **水渚也**라 **屑**은 **潔**이요 **以**는 **與**요 **逝**는 **之也**라 **梁**은 **堰石障水**하고 **而空其中**하여 **以通魚之往來者也**라 **笱**는 **以竹爲器**니 **而承梁之空**하여 **以取魚者也**라 **閱**은 **容也**라

比이다. 涇과 渭는 두 물의 이름이다. 涇水는 지금의 原州 百泉縣 筓頭山에서 發源하여 東南으로 흘러 永興軍 高陵에 이르러 渭水로 들어가고, 渭水는 渭州 渭源縣 鳥鼠山에서 발원하여 同州 馮翊縣에 이르러 河水로 들어간다. 湜湜은 맑은 모양이고, 沚는 물가이다. 屑은 깨끗하게 여김이고, 以는 함께함이고, 逝는 가는 것이다. 梁은 돌을 쌓아 물을 막고 가운데를 비워 놓아 물고기가 오갈 수 있도록 통하게 한 것이다. 笱는 대나무로 만든 그릇이니 어량의 빈 곳에다 대어서 물고기를 잡는 것이다. 閱은 용납함이다.

○涇濁渭淸이나 **然涇未屬渭之時**에는 **雖濁而未甚見**(현)이러니 **由二水旣合**에 **而淸濁益分**이라 **然其別出之渚**에 **流或稍緩**이면 **則猶有淸處**하니 **婦人以自比其容貌之衰久矣**요 **又以新昏形之**에 **益見**(현)**憔悴**나 **然其心則固猶有可取者**라 **但以故夫之安於新昏**이라 **故**로 **不以我爲潔而與之耳**라 **又言毋逝我之梁, 毋發我之笱**하여 **以比欲戒新昏**하여 **毋居我之處**하여 **毋行我之事**하고 **而又自思 我身且不見容**이어든 **何暇恤我已去之後哉**아하니 **知不能禁而絶意之辭也**라

○涇水는 흐리고 渭水는 맑다. 그러나 경수가 위수로 흘러 들어가지 않았을 적에는 비록 흐리기는 하지만 〈물이 흐린 정도가〉 그다지 분명하게 드러나지 않았는데 두 물이 합쳐진 뒤에 맑고 흐린 것이 더욱 분명하다. 그러나 따로 흐르는 물가에는 혹 약간 느리게 흐르는 곳이면 그

래도 맑은 곳이 있다. 부인이 이것으로 용모가 늙은 지 오래이고, 또 새로 맞이한 여인의 모습과 비교해보면 더욱 초췌함이 드러난다. 그러나 그 마음만은 취할 만한 것이 있음을 비유한 것이다. 다만 옛 남편이 새 여인에 편안하여서 나를 좋게 여겨 함께하려 하지 않을 뿐이다. 또 "내 어량에 가지 말고 내 통발 꺼내지 말라 하고 싶다."는 것을 말하여, 새 여인에게 경계하여 내가 있던 곳에 살지 말고 내가 하던 일을 하지 말기를 바라는 것에 비유하고, 또 스스로 생각하기를 "내 몸도 용납 받지 못한 처지인데 어느 겨를에 내가 떠난 뒤를 걱정하겠는가."라고 하였으니, 금하지 못할 것을 알고서 단념하는 말이다.

字義 涇 : 물 이름 경　渭 : 물 이름 위　湜 : 맑을 식　沚 : 물가 지　屑 : 좋게 여길 설　梁 : 어량 량
笱 : 통발 구　閱 : 용납할 열　遑 : 겨를 황　笄 : 비녀 계　馮 : 성 풍　翊 : 도울 익
堰 : 방죽 언, 막을 언　渚 : 물가 저　憔 : 파리할 초　悴 : 파리할 췌

就其深矣란 **方之舟之**요 **就其淺矣**란 **泳之游之**호라 **何有何亡**(무)오하여 **黽勉求之**하며 **凡民有喪**에 **匍匐救之**호라 (邶風 谷風-04)

就其深矣	깊은 곳을 건널 때는
方之舟之	뗏목이며 배를 타고
就其淺矣	얕은 곳을 건널 때는
泳之游之	자맥질도 헤엄도 쳤네
何有何亡	있고 없는 살림 살펴서
黽勉求之	애써 살림 모았고
凡民有喪	이웃간 어려움엔
匍匐救之	힘을 다해 돌봐주었네

興也라 **方**은 **桴**요 **舟**는 **船也**라 **潛行曰泳**이요 **浮水曰游**라 **匍匐**은 **手足竝行**이니 **急遽之甚也**라

興이다. 方은 뗏목이고, 舟는 배이다. 물속에 잠겨서 가는 것을 泳이라 하고, 물 위에 떠서 가는 것을 游라 한다. 匍匐은 손과 발을 함께 사용하여 가는 것이니 매우 급한 것이다.

○婦人自陳其治家勤勞之事라 **言我隨事盡其心力而爲之**하여 **深則方舟**하고 **淺則泳游**하여 **不計其有與亡**하고 **而勉强以求之**요 **又周睦其隣里鄕黨**하여 **莫不盡其道也**라

○婦人이 힘들게 집안을 다스린 일을 스스로 진술한 것이다. "내가 일에 따라 마음과 힘을 다하여 다스려서 깊으면 뗏목과 배로, 얕으면 자맥질과 헤엄으로 〈건너듯이 하여〉 살림살이의 있고 없음을 따지지 않고 힘써 구하였으며, 또 마을과 고을 사람들을 보살피고 화목하게 지내어 도리를 다하지 않음이 없었다."라고 하였다.

字義 方 : 뗏목 방　游 : 헤엄칠 유　匍 : 기어다닐 포　匐 : 기어다닐 복　桴 : 뗏목 부　亡 : 없을 무

不我能慉(흌)이요 反以我爲讐하나다 旣阻我德하니 賈(고)用不售로다 昔育恐育鞠하여 及爾顚覆이러니 旣生旣育하얀 比予于毒가 (邶風 谷風-05)

不我能慉　　날 보살피지 않고서
反以我爲讐　　도리어 원수로 여기네
旣阻我德　　내 쌓은 덕 물리치니
賈用不售　　팔리지 않는 물건 신세
昔育恐育鞠　　그 옛날 두렵고 궁핍한 시절에
及爾顚覆　　함께 넘어질세라 걱정했더니
旣生旣育　　이제 살만 해지니
比予于毒　　날 독충처럼 여기는가

賦也라 慉은 養이요 阻는 却이요 鞠은 窮也라

賦이다. 慉은 길러줌이고, 阻는 물리침이고, 鞠은 곤궁함이다.

○承上章하여 言我於女家에 勤勞如此어늘 而女旣不我養하고 而反以我爲仇讐로다 惟其心에 旣拒却我之善이라 故로 雖勤勞如此나 而不見取하니 如賈之不見售也라 因念其昔時 相與爲生엔 惟恐其生理窮盡하여 而及爾皆至於顚覆이러니 今旣遂其生矣하여는 乃反比我於毒而棄之乎아 張子曰 育恐은 謂生於恐懼之中이요 育鞠은 謂生於困窮之際라하니 亦通이라

○윗 장을 이어, "내가 그대의 집에서 이렇게 힘들게 노력하였는데, 그대가 나를 길러주지 않고 도리어 나를 원수로 여기는구나. 그대의 마음에 나의 좋은 점을 물리쳤기 때문에 비록 이렇게 힘들게 노력하였지만 거두어주지 않으니, 마치 팔리지 않은 장사치의 물건 신세와 같다. 그리고 생각해보면 지난날 함께 살 때에는 오직 살림이 곤궁하여 그대와 같이 엎어질까만을 걱정하였었는데 이제 살만 해지고 나니 이내 나를 독충에 비하여서 버리는가."라고 하였다. 張子는 "育恐은 두려움 속에 사는 것이고, 育鞠은 곤궁한 때 사는 것이다." 하니 역시 의미가 통한다.

字義　慉 : 기를 휵　讐 : 원수 수　賈 : 장사 고　售 : 팔 수　鞠 : 곤궁할 국　顚 : 넘어질 전
覆 : 넘어질 복

我有旨蓄은 亦以御冬이니라 宴爾新昏이여 以我御窮이랏다 有洸有潰하여 旣詒我肄하니 不念昔者에 伊余來塈로다 (邶風 谷風-06)

我有旨蓄　　내 맛있는 음식 모아둠은
亦以御冬　　한겨울 나기 위해서였네
宴爾新昏　　이제 그댄 새로운 살림

以我御窮　　날 곤궁할 때만 이용했네
有洸有潰　　무섭고 성난 얼굴로
旣詒我肄　　날 힘들게 하니
不念昔者　　생각지 않네 지난날에
伊余來塈　　나와 즐겁던 그 시절을

興也라 旨는 美요 蓄은 聚요 御는 當也라 洸은 武貌요 潰는 怒色也요 肄는 勞요 塈는 息也라

興이다. 旨는 맛있는 것이고, 蓄은 모음이고, 御는 감당함이다. 洸은 위엄 있는 모습이고, 潰는 성난 기색이고, 肄는 수고로움이고, 塈는 쉬는 것이다.

○又言我之所以蓄聚美菜者는 蓋欲以禦冬月乏無之時니 至於春夏면 則不食之矣라 今君子安於新昏하여 而厭棄我하니 是但使我禦其窮苦之時요 至於安樂則棄之也라 又言於我極其武怒하여 而盡遺我以勤勞之事하니 曾不念昔者 我之來息時也라 追言其始見君子之時 接禮之厚하니 怨之深也라

○또 "내가 맛있는 음식을 모아둔 이유는 궁핍한 겨울을 나기 위해서이니, 봄과 여름이 되면 먹지 않는다. 이제 남편이 새 여인에 편안하여 나를 싫어하여 버리니, 이는 나를 곤궁하고 괴로울 때만 이용하고 편안하고 즐거울 때가 되자 버린 것이다."라고 하였다. 또 "나를 매우 무섭고 성난 얼굴로 대하여 나에게 힘든 일을 모두 맡기니, 지난날 내가 처음 와서 즐겁던 시절을 생각지 않는다."라고 하여, 처음 남편을 만났을 때 후한 예로 대한 것을 추억하여 말하였으니 깊이 원망한 것이다.

字義　洸 : 굳셀 광　潰 : 성낼 궤　詒 : 끼칠 이　肄 : 수고로울 이　塈 : 쉴 게

谷風 六章이니 章八句라

〈谷風〉 6章이니, 장마다 8句이다.

用 例

〔宴爾〕 - 新婚에 대한 代稱이다. 顔之推(北齊), 《顔氏家訓》〈勉學〉 : "江南閭里閒士大夫, 或不學問, 羞爲鄙朴, 道聽塗說, 强事飾辭 : '……問移則楚丘, 論婚則**宴爾**.'"

〔濁涇淸渭〕·〔淸渭濁涇〕 - 서로 비교하여 시비와 선악이 분명함을 비유한다. 杜甫(唐), 〈秋雨歎〉詩 : "去馬來牛不復辨, **濁涇淸渭**何當分."

〔甘心如薺〕 - 하는 일이 즐거워 힘들어도 달게 여김을 말한다. 《南史》〈范雲傳〉 : "雲曰 : '老母弱弟, 懸命沈氏. 若其違命, 禍必及親. 今日就戮, **甘心如薺**.'"

〔下體〕 - 婦人의 모습이 늙음을 비유한다. 李白(唐), 〈秦女卷衣〉詩 : "願君采葑菲, 無以**下體**妨."

〔采葑〕 - 남에게 인정받음을 겸손하게 표현하는 말이다. 秦觀(宋), 〈謝程公辟啓〉 : "不謂

修撰給事, 誤賜采葑, 曲加推轂."
〔葑菲〕- 鄙陋한 사람에게도 한 가지 취할 만한 장점이 있다는 謙辭이다. 陳亮(宋), 〈又與勾熙載提擧書〉: "豈郞中欲納一世之才, 高高下下, 不使絲髮遺棄, 亦欲忘其下體而采其葑菲乎! 此意高矣厚矣."

式微(식미)

式微式微어늘 胡不歸오 微君之故면 胡爲乎中露[16]리오 (邶風 式微-01)

式微式微 이토록 야위셨는데
胡不歸 어이 돌아가지 않나요
微君之故 군주의 일 아니면
胡爲乎中露 어이 이슬 맞으리오

賦也라 式은 發語辭요 微는 猶衰也니 再言之者는 言衰之甚也라 微는 猶非也라 中露는 露中也니 言有霑濡之辱이나 而無所芘覆也라

賦이다. 式은 發語辭이고 微는 衰와 같으니, 〈式微를〉 두 번 말한 것은 매우 쇠약함을 말한 것이다. 〈微君之故의〉 微는 非와 같다. 中露는 露中이니, 이슬에 젖는 욕을 당하는데도 가려주고 덮어줌이 없음을 말한 것이다.

○舊說에 以爲黎侯失國하여 而寓於衛하니 其臣勸之曰 衰微甚矣니 何不歸哉오 我若非以君之故면 則亦胡爲而辱於此哉오하니라

○舊說에 "黎侯가 나라를 잃고 衛나라에 더부살이하니, 그 신하가 돌아가기를 권하여 '쇠약함이 심한데 어이 돌아가지 않나요. 내 만일 군주의 일이 아니라면 어찌 여기서 욕을 당하리오.'라고 한 것이다."라고 하였다.

字義 式 : 발어사 식 微 : 쇠할 미, 아닐 미 胡 : 어찌 호 霑 : 젖을 점 芘 : 비호할 비 黎 : 검을 려

式微式微어늘 胡不歸오 微君之躬이면 胡爲乎泥中이리오 (邶風 式微-02)

式微式微 이토록 야위셨는데

16 中露 : 毛亨은 뒤의 '泥中'과 함께 衛나라의 邑名이라 하였는데, 鄭玄도 다른 해석이 없고, 孔穎達은 疏에서 뒤의 〈旄丘〉에서 "우리 군주를 와서 맞이하지 않았다."고 한 뜻을 미루어 위나라의 도성이 아니라 위나라의 邑이 분명하다 하였다.(《毛詩正義》) 그러나 당시 위나라에 와서 더부살이하던 어려움을 표현한 것으로 주석한 주자의 견해를 따랐다.

胡不歸　　　어이 돌아가지 않나요
微君之躬　　군주의 몸 아니시면
胡爲乎泥中　어이 진흙 속에 있으리오

賦也라 泥中은 言有陷溺之難이나 而不見拯救也라

賦이다. 泥中은 〈진창에〉 빠지는 어려움이 있는데도 구원을 받지 못한 것을 말한다.

字義 泥 : 진흙 니　拯 : 구원할 증

式微 二章이니 章四句라

〈式微〉 2章이니, 장마다 4句이다.

此無所考니 姑從序說이라

이는 상고할 바가 없으니, 우선 〈序〉의 설을 따른다.

用 例

〔式微〕 - 돌아갈 것을 생각하는 뜻을 表示한다. 《左傳》 襄公 29年 : "榮城伯賦〈**式微**〉乃歸." 王維(唐), 〈渭川田家〉詩 : "卽此羨閑逸, 悵然吟〈**式微**〉."

旄丘(모구)

旄丘之葛兮 何誕之節兮오 叔兮伯兮 何多日也오 (邶風 旄丘-01)

旄丘之葛兮　언덕 위의 칡넝쿨
何誕之節兮　마디가 저리도 자랐을까
叔兮伯兮　　숙이여 백이여
何多日也　　어이 이리도 오래 걸리뇨

興也라 前高後下曰旄丘라 誕은 闊也라 叔伯은 衛之諸臣也라

興이다. 앞이 높고 뒤가 낮은 지형을 旄丘라 한다. 誕은 넓음이다. 叔과 伯은 衛나라의 신하들이다.

◯舊說에 黎之臣子 自言 久寓於衛에 時物變矣라 故로 登旄丘之上하여 見其葛長大而節疎闊하고 因託以起興曰 旄丘之葛이 何其節之闊也오 衛之諸臣은 何其多日而不見救也오하니라 此詩는 本責衛君이로되 而但斥其臣하니 可見其優柔而不迫也라

◯舊說에 "黎나라의 신하가 '오래도록 衛나라에 더부살이하여 철따라 나오는 사물이 바뀌었

기 때문에 旄丘 위에 올라가 칡이 길게 자라 마디가 듬성듬성 넓은 것을 보고서 이를 인하여 시정을 일으켜, 「旄丘의 칡덩굴 어찌 저리도 마디가 길게 자랐는가. 衛나라의 신하들은 어찌 그리도 많은 날이 지났는데도 구원해주지 않는가.」라고 한 것이다.'"라고 하였다. 이 시는 본래 衛나라의 군주를 책망한 것인데 그의 신하만 지적하였으니 여유 있고 박절하지 않음을 볼 수 있다.

字義 旄 : 깃발 모 誕 : 넓을 탄

何其處也오 必有與也로다 何其久也오 必有以也로다 (邶風 旄丘-02)

何其處也 어이 그리 태평한가
必有與也 필시 동맹이 있으리라
何其久也 어이 그리 안 오는가
必有以也 필시 까닭이 있으리라

賦也라 處는 安處也요 與는 與國也요 以는 他故也라

賦이다. 處는 편안히 사는 것이다. 與는 동맹국이다. 以는 '다른 까닭'이다.

○因上章何多日也而言 何其安處而不來오 意必有與國相俟而俱來耳라하고 又言何其久而不來오 意其或有他故而不得來耳라하니 詩之曲盡人情이 如此라

○윗 장의 "어찌 이리 오래 걸리는고."를 인하여, "어찌 그리도 태평하여 오지 않는가. 생각하건대 필시 동맹국을 기다려 함께 오려고 해서일 것이다." 하고, 또 "어찌 그리 오래도록 오지 않는가. 아마도 어쩌면 다른 까닭이 있어서 오지 못한 것일 것이다."라고 하였으니, 시에 인정을 곡진히 표현함이 이와 같다.

狐裘蒙戎하니 匪車不東이라 叔兮伯兮 靡所與同이로다 (邶風 旄丘-03)

狐裘蒙戎 여우 갖옷 해졌는데
匪車不東 우리 수레 동으로 갔으나
叔兮伯兮 숙이여 백이여
靡所與同 마음이 달라서니라

賦也라 大夫는 狐蒼裘라 蒙戎은 亂貌니 言弊也라

賦이다. 大夫는 푸른색 여우 갖옷을 입는다. 蒙戎은 흐트러진 모습이니 해진 것을 말한다.

○又自言 客久而裘弊矣니 豈我之車 不東告於女乎리오마는 但叔兮伯兮 不與我同心하여 雖往告之나 而不肯來耳라하니 至是에 始微諷切之라 或曰 狐裘蒙戎은 指衛大夫而譏其憒亂之意요 匪車不東은 言非其車不肯東來救我也요 但其人不肯與俱來耳라하나 今按黎國在衛西하니 前說近是라

◯또 스스로 “객지에 오래 있어 갖옷이 해졌는데, 어찌 우리 수레가 동쪽으로 가서 그대들에게 고하지 않았겠는가마는 다만 叔과 伯이 우리 마음과 같지 않아서 가서 고하였지만 오려 하지 않았을 뿐이다.”라고 하였으니, 이에 이르러 비로소 은미하게 풍자한 것이다. 혹은 “狐裘蒙戎은 衛나라의 大夫를 지적하면서 정신이 없음을 기롱한 뜻이고, 匪車不東은 그들의 수레가 동쪽으로 와서 우리를 구원하려 하지 않은 것이 아니라, 다만 그들이 함께 오려 하지 않았을 뿐이다.”라고 한 것이라고도 하나, 지금 살펴보면 黎나라는 衛나라의 서쪽에 있으니 앞의 해설이 옳은 듯하다.

字義 裘 : 갖옷 구 蒙 : 어지러울 몽 戎 : 어지러울 융 靡 : 아닐 미 弊 : 해질 폐 憒 : 심란할 궤

瑣兮尾兮 流離之子로다 叔兮伯兮 褎如充耳로다 (邶風 旄丘-04)

瑣兮尾兮 초라하고 하찮은 신세
流離之子 떠도는 손이로세
叔兮伯兮 숙이여 백이여
褎如充耳 웃으며 못들은 체 하누나

賦也라 瑣는 細요 尾는 末也요 流離는 漂散也라 褎는 多笑貌요 充耳는 塞耳也니 耳聾之人은 恒多笑라

賦이다. 瑣는 細이고, 尾는 末이고, 流離는 흩어짐이다. 褎는 잘 웃는 모습이고, 充耳는 귀막이이니 귀먹은 사람은 항상 많이 웃는다.

◯言黎之君臣이 流離瑣尾하여 若此其可憐也어늘 而衛之諸臣이 褎然如塞耳而無聞은 何哉오 至是然後에 盡其辭焉이라 流離患難之餘로되 而其言之有序而不迫如此하니 其人亦可知矣라

◯“黎나라의 군주와 신하가 〈본국을 떠나〉 떠돌고 초라하여 이처럼 불쌍한데도 衛나라의 신하들은 웃으며 귀를 막고 못들은 체 하는 것은 어째서인가.”라고 하였으니, 이에 이른 뒤에야 할 말을 다한 것이다. 〈본국을 떠나〉 떠도는 환란을 당한 뒤에도 말에 순서가 있어 이처럼 절박하지 않으니, 그 사람을 알만도 하다.

字義 瑣 : 작을 쇄 褎 : 웃을 우 聾 : 귀머거리 롱

旄丘 四章이니 章四句라

〈旄丘〉 4章이니, 장마다 4句이다.

說同上篇이라

해설은 윗편과 같다.

用 例

〔瑣尾〕- '璅尾'로도 쓰며, 난리를 만나 뿔뿔이 흩어진 곤란한 환경을 비유한다. 康有爲(淸), 〈覆山東孔道會書〉: "曾於戊戌進呈各書…… 不幸堯台幽囚, 秦焚遂至. 餘生**瑣尾**, 絶域流亡."

〔狐裘蒙戎〕- 國政의 混亂을 비유한다. '狐裘尨茸'이나 '狐裘蒙茸'으로도 쓴다. 《左傳》 僖公 5年 : "**狐裘尨茸**, 一國三公, 吾誰適從?"

〔褎如充耳〕- 毛傳은 服飾은 훌륭한데 덕행은 그에 걸맞지 못함을 말한다고 하였고, 鄭箋은 귀먹은 사람처럼 귀를 막고 듣지 않는 것이라 하여, 다른 사람의 의견을 듣지 않는 것을 형용한다고 하였다. 鄭玄箋 : "充耳, 塞耳也. 言衛之諸臣顏色褎然, 如見塞耳, 無聞知也." 後人은 대부분 鄭玄의 箋을 따라 귀를 막고 듣지 않는다는 뜻으로 여긴다. 《明史》〈湯開遠傳〉: "武臣桀驁恣睢, 無日不上條陳, 爭體統. 一旦有警, 輒逡巡退縮, 即嚴旨屢頒, **褎如充耳**."

簡兮(간혜)

簡兮簡兮 方將萬舞호라 日之方中이어늘 在前上處호라 (邶風 簡兮-01)

簡兮簡兮	건성건성
方將萬舞	만무를 추려 하네
日之方中	해는 한낮인데
在前上處	앞자리 높은 곳에 섰네

賦也라 簡은 簡易(이)不恭之意라 萬者는 舞之總名이니 武用干戚하고 文用羽籥也라 日之方中 在前上處는 言當明顯之處라

賦이다. 簡은 건성건성 하여 공손하지 않다는 뜻이다. 萬은 춤 전체를 총괄하는 명칭이니, 武舞는 방패와 도끼를 사용하고, 文舞는 깃과 피리를 사용한다. 日之方中과 在前上處는 밝게 드러나는 곳에 있음을 말한다.

○賢者不得志而仕於伶官하여 有輕世肆志之心焉이라 故로 其言如此하니 若自譽而實自嘲也라

○賢者가 뜻을 얻지 못하고 伶官으로 벼슬하면서 세상을 가볍게 여기고 방자한 뜻을 가졌다. 그리하여 이렇게 말하였으니, 마치 스스로를 칭찬하는 듯하나 실제는 자신을 조롱한 것이다.

字義 籥 : 피리 약 伶 : 악공 령 肆 : 멋대로 할 사 嘲 : 비웃을 조

碩人俁俁하니 公庭萬舞로다 有力如虎며 執轡如組로다 (邶風 簡兮-02)

碩人俁俁　　덜썩 큰 사나이
公庭萬舞　　공정에서 만무를 추네
有力如虎　　힘은 범 같고
執轡如組　　말 모는 솜씨 비단결처럼 부드럽네

賦也라 碩은 大也요 俁俁는 大貌라 轡는 今之韁也요 組는 織絲爲之니 言其柔也라 御能使馬면 則轡柔如組矣라

賦이다. 碩은 큼이고, 俁俁는 큰 모습이다. 轡는 지금의 고삐이다. 組는 비단실로 짜서 만드니 부드러움을 말한 것이다. 말을 잘 몰면 고삐가 마치 비단실처럼 부드럽게 움직인다.

○又自譽其才之無所不備하니 亦上章之意也라

○또 스스로 갖추지 않은 재주가 없다고 칭찬하였으니, 역시 윗장의 뜻이다.

字義 俁 : 클 오　轡 : 고삐 비　組 : 끈 조　韁 : 고삐 강

左手執籥하고 右手秉翟호라 赫如渥赭어늘 公言錫爵하시다 (邶風 簡兮-03)

左手執籥　　왼손엔 피리 잡고
右手秉翟　　오른손엔 꿩 깃 잡았네
赫如渥赭　　얼굴은 붉은 물 들인 듯
公言錫爵　　공께서 술을 내리셨네

賦也라 執籥秉翟者는 文舞也라 籥은 如笛而六孔이니 或曰三孔이라 翟은 雉羽也라 赫은 赤貌요 渥은 厚漬也라 赭는 赤色也니 言其顔色之充盛也라 公言錫爵은 卽儀禮燕飮而獻工之禮也라 以碩人而得此면 則亦辱矣어늘 乃反以其賚予之親으로 洽爲榮而誇美之하니 亦玩世不恭之意也라

賦이다. 피리를 잡고 꿩 깃을 잡은 것은 文舞이다. 籥은 피리와 같은데 구멍이 여섯이다. 혹은 구멍이 셋이라 하기도 한다. 翟은 꿩 깃이다. 赫은 붉은 모습이고, 渥은 진하게 물들임이다. 赭는 赤色이니, 안색이 윤기가 남을 말한다. 公言錫爵은《儀禮》〈燕禮〉에 잔치하여 술을 마실 적에 악공에게 술잔을 주는 禮이다. 훌륭한 사람으로서 이러한 대접을 받았으면 역시 욕된 것인데도 도리어 직접 하사받은 것을 흡족한 영광이라 자랑하였으니, 이 역시 세상을 우습게 여기고 공손하지 않은 뜻이다.

字義 翟 : 꿩 적　赫 : 붉은 모양 혁　渥 : 담글 악　赭 : 붉을 자　錫 : 줄 석　爵 : 술잔 작
笛 : 피리 적　漬 : 담글 지　賚 : 줄 뢰　洽 : 젖을 흡　玩 : 놀릴 완

山有榛이며 隰有苓이로다 云誰之思오 西方美人이로다 彼美人兮여 西方之人兮로다

(邶風 簡兮-04)

山有榛　　산엔 개암나무
隰有苓　　진펄엔 감초로세
云誰之思　　누구를 그리는가
西方美人　　서방의 미인이라네
彼美人兮　　저 미인이여
西方之人兮　　서방의 미인이로세

興也라 榛은 似栗而小라 下隰曰隰이라 苓은 一名大苦니 葉似地黃하니 卽今甘草也라 西方美人은 託言以指西周之盛王하니 如離騷亦以美人目其君也라 又曰西方之人者는 歎其遠而不得見之辭也라

興이다. 榛은 밤과 비슷하나 작다. 낮고 습한 것을 隰이라 한다. 苓은 일명 大苦인데 잎이 地黃과 비슷하니, 지금의 감초이다. 西方美人은 西周시대의 훌륭한 王을 가리켜 가탁하여 말한 것이니, 마치 〈離騷〉에서 그 군주를 美人으로 지목한 것과도 같다. 또 西方之人이라 말한 것은 멀어서 만날 수 없음을 탄식한 말이다.

○賢者不得志於衰世之下國하여 而思盛際之顯王이라 故로 其言如此하니 而意遠矣라

○賢者가 쇠잔한 시대의 작은 나라에서 뜻을 얻지 못하여 태평한 시대의 훌륭한 군주를 그리워하였다. 그리하여 그 말이 이러하였으니, 뜻이 원대하다.

字義 榛 : 개암나무 진　隰 : 진펄 습　苓 : 감초 령　騷 : 소란할 소

簡兮 四章이니 三章은 章四句요 一章은 六句라

〈簡兮〉 4章이니, 3章은 장마다 4句이고, 1章은 6句이다.

舊三章에 章六句어늘 今改定이라

舊說에는 "3장이고 장마다 6구이다." 하였는데 이제 고쳐서 정하였다.

○張子曰 爲祿仕[17]而抱關擊柝이면 則猶恭其職也어니와 爲伶官이면 則雜於侏儒俳優之間하여 不恭甚矣어늘 其得謂之賢者는 雖其迹如此나 而其中固有以過人이요 又能卷而懷

17 祿仕 : 나라의 군주가 도가 없어 올바른 도를 행할 수 없을 적에 부득이 생계를 위해 하는 벼슬살이를 말한다. 〈王風 君子陽陽〉의 序에 "군자가 난세를 만나 서로 불러 녹사를 하여 몸을 보전하고 害를 멀리할 뿐이다.〔君子遭亂 相招爲祿仕 全身遠害而已〕"라고 하였고, 鄭玄은 箋에서 "祿仕는 녹만 얻을 뿐, 도를 행함을 추구하지 않는다.〔祿仕者 苟得祿而已 不求道行〕"라고 하였다.(《毛詩正義》)

之하니 是亦可以爲賢矣라 東方朔[18]이 似之하니라

○張子가 말하였다. "祿仕를 위하여 문지기가 되고 목탁을 치며 순행하는 일을 한다면 그래도 그 직책을 공손히 행하는 것이지만, 伶官이 되었다면 난장이나 광대 사이에 끼어서 공손치 못함이 심하다. 그러나 賢者라 말하는 것은 그 행적이 비록 이러하지마는 마음이 남보다 뛰어남이 있어서이고, 또 능히 거두어 감추었으니, 이 또한 현자가 될 만한 것이다. 東方朔이 이와 비슷하다."

字義 柝 : 목탁 탁 侏 : 난장이 주 儒 : 난장이 유

用 例

〔榛苓〕 - 賢者가 각기 제자리를 얻는 훌륭한 세상을 비유한다. 方文(淸), 〈題閻牛叟眷西堂〉詩 : "堂以'眷西'名, 寧惟念所生. **榛苓**長入夢, 禾黍最傷情."

〔簡兮〕 - 賢者가 뜻을 얻지 못하고 광대 노릇 함을 비유한다. 何良俊(明), 《四友齋叢說摘鈔》 卷4 : "〈康詩西〉後自放於聲樂, 亦〈**簡兮**〉詩人之意."

泉水(천수)

毖彼泉水도 亦流于淇로다 有懷于衛하여 靡日不思하니 孌彼諸姬[19]와 聊與之謀호라

(邶風 泉水-01)

毖彼泉水	솟아오르는 저 천수도
亦流于淇	기수로 흐르네
有懷于衛	고향 위나라 그리워
靡日不思	생각지 않는 날이 없고야

---

18 東方朔 : 漢 武帝 초기에 賢良文士를 찾는 詔令을 내리자 山東지역의 奇才 동방삭이 自薦하여 文武를 논한 두 수레의 竹簡과 치국의 계책을 올렸다. 무제는 높게 평가하면서도 重用하지 않았다. 동방삭은 큰 뜻을 펼 수 없음을 알고 일부러 풍류와 諧謔으로 조정을 대하였다. 아랫사람을 매우 엄하게 대하는 무제도 동방삭에게만은 너그럽게 대하여 언제나 곁에 두고 해학을 즐겼다. 그러나 해학을 통하여 諷諫하고 때로는 直諫하여《史記》〈滑稽傳〉에 "동방삭은 善言을 많이 했다."라고 평하였다.

19 諸姬 : 丁若鏞(鮮)은《詩經講義》에서 "모두 위나라에 있을 때의 本家 일가들이고, 이 여인을 따라 같이 시집온 사람들이 아니다. 여러 나라로 시집갔던 사람들이 문안 와서 모여 이 여인이 시집올 때 같이 전송해준 것을 말한 것이다.〔皆在衛時本親 非隨此女而嫁者也 散嫁諸邦 會以歸寧 共送此女也〕"라고 하여, 주자의 견해와 달리 해석하고 있다.

變彼諸姬　　어여쁜 아우 조카와
聊與之謀　　애오라지 의논하였었네

興也라 毖는 泉始出之貌라 泉水는 卽今衛州共城之百泉也라 淇水는 出相州林慮縣하여 東流하고 泉水自西北而東南來注之라 變은 好貌요 諸姬는 謂姪娣也라

興이다. 毖는 샘이 솟아오르는 모습이다. 泉水는 지금의 衛州 共城의 百泉이다. 淇水는 相州의 林慮縣에서 發源하여 동쪽으로 흐르고, 泉水가 서북쪽에서 동남쪽으로 흘러와서 기수로 들어간다. 變은 예쁜 모습이고, 諸姬는 〈시집올 때 媵妾으로 같이 따라온〉 조카와 동생을 말한다.

○衛女嫁於諸侯러니 父母終에 思歸寧而不得이라 故로 作此詩라 言毖然之泉水도 亦流於淇矣요 我之有懷於衛하니 則亦無日而不思矣라 是以로 卽諸姬而與之謀하여 爲歸衛之計라하니 如下兩章之云也라

○衛나라 여인이 제후에게 시집왔는데 부모가 돌아가자 돌아가 문안할 것을 생각하였지만 할 수 없었다. 그리하여 이 시를 지은 것이다. "솟아오르는 泉水도 淇水로 흐른다. 나는 위나라 그리워하니 하루도 생각지 않은 적이 없다. 이 때문에 諸姬와 상의하여 위나라로 돌아갈 계책을 세운다."라고 하였으니, 아래 두 장에서 말한 것과 같다.

字義　毖 : 샘물 흐를 비　淇 : 물 이름 기　變 : 예쁠 련　聊 : 애오라지 료

出宿于沵하고 飮餞于禰하니 女子有行이 遠父母兄弟라 問我諸姑코 遂及伯姊호라 (邶風 泉水-02)

出宿于沵　　자에 나가 잠을 자고
飮餞于禰　　예에서 이별주를 마셨었네
女子有行　　여인 시집감은
遠父母兄弟　부모 형제와 멀어지는 것
問我諸姑　　우리 고모들께 묻고
遂及伯姊　　큰 언니에게도 물었었네

賦也라 沵는 地名이라 飮餞者는 古之行者 必有祖道之祭[20]하니 祭畢에 處者送之하면 飮於其側而後行也라 禰亦地名이니 皆自衛來時所經之處也라 諸姑伯姊는 卽所謂諸姬也라

賦이다. 沵는 地名이다. 飮餞은 옛날에 길을 나서는 자는 반드시 祖道에 제사를 하였는데,

20　祖道之祭 : 옛날 먼 길을 떠날 때에 路神에 제사하고 아울러 모여 잔치를 열어 송별하는 의식을 일컫는 말이다.

제사를 마친 뒤에 남아 있는 자가 전송을 하면 곁에서 술을 마신 뒤에 떠났다. 禰도 地名이니, 모두 衛나라에서 올 때 지나온 곳이다. 諸姑와 伯姊는 바로 諸姬를 이른다.

◯言始嫁來時에 則固已遠其父母兄弟矣라 況今父母旣終하니 而復可歸哉아 是以로 問於諸姑伯姊하여 而謀其可否云耳라 鄭氏曰 國君夫人은 父母在則歸寧하고 沒則使大夫寧於兄弟라

◯"처음 시집올 때에 본디 부모 형제와 멀어진 것이었다. 더구나 지금은 부모께서 돌아가셨으니 다시 돌아갈 수가 있겠는가. 이 때문에 諸姑와 伯姊에게 물어 可否를 의논한 것이다."라고 한 것이다. 鄭氏(鄭玄)는 "國君의 夫人은 父母가 생존하면 돌아가 문안하고, 돌아가면 대부를 시켜 형제에게 문안하게 한다."라고 하였다.

字義 泲 : 땅 이름 자　餞 : 전송할 전　禰 : 땅 이름 녜　姑 : 고모 고　姊 : 언니 자　祖 : 길제사 조

出宿于干하고 飮餞于言하여 載脂載舝하여 還(선)車言邁하면 遄臻于衛언마는 不瑕有害아 (邶風 泉水-03)

出宿于干　　간에 나가 잠을 자고
飮餞于言　　언에서 이별주 마시고
載脂載舝　　기름치고 비녀장 꽂아
還車言邁　　수레 돌려 달려가면
遄臻于衛　　금세 위에 가련마는
不瑕有害　　의리에 해로움 있지나 않을까

賦也라 干, 言은 地名이니 適衛所經之地也라 脂는 以脂膏塗其舝하여 使滑澤也라 舝은 車軸也니 不駕則脫之라가 設之而後行也라 還은 回旋也니 旋其嫁來之車也라 遄은 疾이요 臻은 至也요 瑕는 何니 古音相近하여 通用이라

賦이다. 干과 言은 지명으로, 衛나라로 갈 때에 지나는 지역이다. 脂는 기름을 걸쇠에 발라서 매끄럽게 하는 것이다. 舝은 수레의 軸으로, 타지 않을 때는 벗겨놓았다가 〈탈 때에는〉 이것을 설치한 뒤에 운행한다. 還은 되돌리는 것이니, 시집올 때 타고 왔던 수레를 되돌리는 것이다. 遄은 빠름이고, 臻은 이름이다. 瑕는 何이니, 옛날 音이 서로 가까워 통용하였다.

◯言如是則其至衛疾矣라 然豈不害於義理乎아하니 疑之而不敢遂之辭也라

◯"이와 같이 하면 위나라에 빨리 이를 것이다. 그러나 어쩌면 의리에 해가 되지는 않겠는가."라고 하였으니, 의심하여 감히 뜻대로 하지 못하는 말이다.

字義 脂 : 기름 지　舝 : 걸쇠 할　還 : 돌릴 선　邁 : 갈 매　遄 : 빠를 천　臻 : 이를 진　瑕 : 어찌 하
膏 : 기름 고　塗 : 바를 도　軸 : 수레굴대 축

我思肥泉하여 玆之永歎호라 思須[21]與漕하니 我心悠悠로다 駕言出遊하여 以寫我憂아 (邶風 泉水-04)

我思肥泉	내 비천 생각에
玆之永歎	장탄식을 하노라
思須與漕	수며 조읍 생각하니
我心悠悠	내 시름 가이 없네
駕言出遊	수레 타고 밖에 나가
以寫我憂	이내 시름 삭여나 볼까

賦也라 肥泉은 水名이요 須, 漕는 衛邑也라 悠悠는 思之長也라 寫는 除也라

賦이다. 肥泉은 물 이름이다. 須와 漕는 위나라의 邑이다. 悠悠는 그리움이 긴 것이다. 寫는 除去함이다.

○既不敢歸라 然其思衛地하여 不能忘也하니 安得出遊於彼而寫其憂哉아하다

○감히 돌아갈 수 없었다. 그러나 위나라를 그리워하여 잊을 수 없으니, 어떻게 하면 저곳에 나가 놀아서 나의 근심을 삭일 수 있을까.

字義 漕 : 땅 이름 조　寫 : 쏟을 사　安 : 어찌 안

泉水 四章이니 章六句라

〈泉水〉 4章이니, 장마다 6句이다.

楊氏曰 衛女思歸는 發乎情也요 其卒也不歸는 止乎禮義也라 聖人著之於經하여 以示後世하여 使知適異國者 父母終이면 無歸寧之義하니 則能自克者 知所處矣리라

楊氏가 말하였다. "위나라로 시집온 여인이 친정에 돌아갈 것을 생각함은 인정에서 나온 것이고, 끝내 돌아가지 않음은 禮義에 따라 그친 것이다. 성인이 이것을 經에 드러내 후세에 보여 주어, 다른 나라로 시집간 자는 부모가 죽으면 돌아가 안부를 묻는 의리가 없음을 알게 하였으니, 그러고 보면 〈자신의 감정을〉 克服하는 자가 스스로 처신할 바를 알게 될 것이다."

用例

〔駕言〕 - 出遊나 出行을 지칭한다. 阮籍(三國 魏), 〈詠懷〉之三一 : "**駕言發魏都, 南向望吹臺.**"

---

21 須 : 王先謙(淸)은 《詩三家義集疏》에서 "須는 湏의 잘못이고, 湏는 《說文解字》에 '沬'의 古字로 되어 있다. 〈鄘風 桑中〉에 '沬之鄕矣'라 한 것이 그것이다. 후인들이 湏를 須로 잘못 쓴 것이다."라고 하였다.

北門(북문)

出自北門하여 憂心殷殷호라 終窶且貧이어늘 莫知我艱하나다 已焉哉라 天實爲之시니 謂之何哉리오 (邶風 北門-01)

出自北門　　북문으로 나아가니
憂心殷殷　　수심 가득하여라
終窶且貧　　언제나 구차한 살림
莫知我艱　　아무도 내 어려움 몰라주네
已焉哉　　아서라 그만두어라
天實爲之　　하늘의 뜻이어니
謂之何哉　　일러 무엇하리오

比也라 北門은 背陽向陰이라 殷殷은 憂也라 窶者는 貧而無以爲禮也라

比이다. 北門은 양지를 등지고 음지를 향한 곳이다. 殷殷은 근심이다. 窶는 가난하여 禮를 행할 수 없는 것이다.

○衛之賢者 處亂世事暗君하여 不得其志라 故로 因出北門而賦而自比하고 又歎其貧窶어늘 人莫知之하여 而歸之於天也라

○위나라의 賢者가 난세를 만나 어리석은 군주를 섬겨 그 뜻을 얻지 못하였다. 그리하여 北門을 나가는 것으로 인하여 시를 지어 스스로를 비유하고, 또 몹시 가난한데도 알아주는 이가 없음을 탄식하여 하늘에 죄를 돌린 것이다.

字義 窶 : 가난할 구　艱 : 어려울 간

王事適我어늘 政事一埤益我로다 我入自外하니 室人交徧讁我하나다 已焉哉라 天實爲之시니 謂之何哉리오 (邶風 北門-02)

王事適我　　왕의 일 모두 내 차진데
政事一埤益我　　정사도 모두 떠맡기네
我入自外　　바깥일 마치고 들어오니
室人交徧讁我　　집안사람 번갈아 꾸짖네
已焉哉　　아서라 그만두어라
天實爲之　　하늘의 뜻이어니
謂之何哉　　일러 무엇하리오

賦也라 王事는 王命使爲之事也라 適은 之也라 政事는 其國之政事也라 一은 猶皆也라 埤는 厚요 室은 家요 讁은 責也라

賦이다. 王事는 王命으로 시키는 일이다. 適은 가는 것이고, 政事는 그 나라의 정사이다. 一은 皆와 같다. 埤는 厚함이고, 室은 집이고, 讁은 꾸짖는 것이다.

◯王事旣適我矣요 政事又一切以埤益我하여 其勞如此어늘 而窶貧又甚하니 室人이 至無以自安하여 而交徧讁我하니 則其困於內外極矣라

◯나랏일이 나에게 모두 맡겨졌고 정사도 모두 내게 떠맡겨져 이처럼 수고로운데 가난함은 더욱 심하니, 집안 식구들이 안정될 수가 없었다. 그래서 번갈아가면서 나를 꾸짖기에 이르렀으니, 안팎으로 매우 곤궁한 것이다

字義 埤 : 두터울 비 讁 : 꾸짖을 적

王事敦(퇴)我어늘 政事一埤遺我로다 我入自外하니 室人交徧摧我하나다 已焉哉라 天實爲之시니 謂之何哉리오 (邶風 北門-03)

王事敦我 왕의 일 모두 내 차진데
政事一埤遺我 정사도 모두 내게 맡겨지네
我入自外 바깥일 마치고 들어오니
室人交徧摧我 집안사람 번갈아 막아서네
已焉哉 아서라 그만두어라
天實爲之 하늘의 뜻이어니
謂之何哉 일러 무엇하리오

賦也라 敦는 猶投擲也라 遺는 加요 摧는 沮也라

賦이다. 敦는 던짐(投擲)과 같다. 遺는 加함이고, 摧는 막는 것이다.

字義 敦 : 던질 퇴 摧 : 꺾을 최 擲 : 던질 척 沮 : 막을 저

北門 三章이니 章七句라

〈北門〉 3章이니, 장마다 7句이다.

楊氏曰 忠信重祿은 所以勸士也어늘 衛之忠臣이 至於窶貧而莫知其艱이면 則無勸士之道矣니 仕之所以不得志也라 先王은 視臣如手足하니 豈有以事投遺之而不知其艱哉리오 然不擇事而安之하여 無懟憾之辭하고 知其無可奈何而歸之於天하니 所以爲忠臣也라

楊氏가 말하였다. "진실함으로 대하고 많은 祿을 주는 것은 선비를 권장하는 것이다. 그런데도 위나라의 충신이 가난하였지만 그 어려움을 알아주는 이가 없는 지경에 이르렀다면 이는 선

비를 권장하는 도리가 없는 것이니, 벼슬하는 자가 이 때문에 뜻을 얻지 못한 것이다. 先王은 신하 보기를 手足처럼 여겼으니, 어찌 일을 떠맡기고 그 어려움을 몰라주는 일이 있겠는가. 그러나 일을 가리지 않고 편안히 여겨 원망하는 말이 없고, 어쩔 수 없음을 알아 하늘에 죄를 돌리니, 이 때문에 충신이 되는 것이다."

字義 懟 : 원망할 대

用例

〔北門〕- 士가 不遇함을 비유한다. 劉義慶(南朝 宋),《世說新語》〈言語〉: "李弘度常歎不被遇……曰 : '〈**北門**〉之歎, 久已上聞. 窮猿奔林, 豈暇擇木!'"

〔終窶〕- 어려운 상황에 처함을 뜻한다. 唐順之(明),《李宜人傳》: "故內有采蘋之節, 則外有素絲之風 ; 內有交徧之謫, 則外有**終窶**之怨, 言所自者微也."

北風(북풍)

北風其涼이며 雨雪其雱이로다 惠而好我로 携手同行하리라 其虛其邪(서)아 既亟只且(저)로다 (邶風 北風-01)

北風其涼	북풍은 싸늘하게 불고
雨雪其雱	진눈깨비 몰아치는고야
惠而好我	내 사랑하고 좋아하는 이와
攜手同行	손잡고 함께 떠나리라
其虛其邪	여유 부리고 머뭇대랴
既亟只且	다급하게 되었네

比也라 北風은 寒涼之風也라 涼은 寒氣也라 雱은 雪盛貌라 惠는 愛요 行은 去也라 虛는 寬貌요 邪는 一作徐니 緩也라 亟은 急也라 只且는 語助辭라

比이다. 北風은 찬바람이다. 涼은 찬 기운이다. 雱은 눈이 많이 내리는 모습이다. 惠는 사랑함이고, 行은 떠남이다. 虛는 여유 있는 모습이고, 邪는 다른 책에는 徐자로 되어 있으니, 느림이다. 亟은 급함이다. 只且는 어조사이다.

○言北風雨雪하여 以比國家危亂將至하여 而氣象愁慘也라 故로 欲與其相好之人으로 去而避之하고 且曰 是尚可以寬徐乎아 彼其禍亂之迫已甚하여 而去不可不速矣라하니라

○北風雨雪을 말하여 나라에 危亂이 닥쳐와 氣象이 참혹함을 비유하였다. 그리하여 좋아하

는 사람과 떠나가서 난리를 피하고자 하였고, 또 “여유 부리고 머뭇거릴 수 있겠는가. 저 禍亂이 너무나 급박하니, 속히 떠나지 않으면 안 된다.”라고 한 것이다.

字義 雱 : 눈 쏟아질 방 携 : 잡을 휴 邪 : 느릴 서 亟 : 급할 극 愁 : 시름겨울 수 慘 : 근심할 참

北風其喈며 雨雪其霏로다 惠而好我로 携手同歸하리라 其虛其邪아 既亟只且로다 (邶風 北風-02)

北風其喈 북풍은 세차게 불고
雨雪其霏 진눈깨비 흩뿌리네
惠而好我 내 사랑하고 좋아하는 이와
攜手同歸 손잡고 함께 돌아가리
其虛其邪 여유 부리고 머뭇대랴
既亟只且 다급하게 되었네

比也라 喈는 疾聲也요 霏는 雨雪分散之狀이요 歸者는 去而不反之辭也라

比이다. 喈는 빠른 소리이고, 霏는 눈보라가 흩날리는 모습이고, 歸는 떠나가 돌아오지 않는다는 말이다.

字義 喈 : 빠른 모양 개 霏 : 눈 날릴 비

莫赤匪狐며 莫黑匪烏아 惠而好我로 携手同車하리라 其虛其邪아 既亟只且로다 (邶風 北風-03)

莫赤匪狐 붉은 놈은 모두 여우
莫黑匪烏 검은 놈은 모두 까마귀
惠而好我 내 사랑하고 좋아하는 이와
攜手同車 수레 타고 함께 가리라
其虛其邪 여유 부리고 머뭇대랴
既亟只且 다급하게 되었네

比也라 狐는 獸名이니 似犬하고 黃赤色이라 烏는 鴉니 黑色이라 皆不祥之物이니 人所惡(오)見者也라 所見無非此物이면 則國將危亂可知라 同行과 同歸는 猶賤者也어니와 同車則貴者亦去矣라

比이다. 狐는 짐승 이름이니 개와 비슷하며 黃赤色이고, 烏는 까마귀니 黑色이다. 모두 불길한 짐승이니 사람들이 보기 싫어하는 동물이다. 보이는 것이 모두 이러한 물건이라면 나라가 위급하고 혼란해질 것임을 알 수 있다. 同行과 同歸는 그래도 천한 자들이지만, 수레를 함께 타

고 간다면 귀한 자도 떠나가는 것이다.

字義 狐 : 여우 호 鴉 : 까마귀 아

北風 三章이니 章六句라

〈北風〉 3章이니, 장마다 6句이다.

靜女(정녀)

靜女其姝하니 俟我於城隅러니 愛而不見하여 搔首踟躕호라 (邶風 靜女-01)

靜女其姝 얌전하고 고운 여인
俟我於城隅 성 모퉁이에서 만나잤더니
愛而不見 사랑하지만 만나지 못해
搔首踟躕 머리 긁적이며 서성거렸네

賦也라 靜者는 閑雅之意라 姝는 美色也라 城隅는 幽僻之處라 不見者는 期而不至也라 踟躕는 猶躑躅也라 此는 淫奔[22]期會之詩也라

賦이다. 靜은 얌전하다는 뜻이다. 姝는 얼굴이 아름다운 것이다. 성 모퉁이는 으슥하고 외진 곳이다. 만나지 못했다는 것은 약속하고 오지 않은 것이다. 踟躕는 머뭇거림〔躑躅〕과 같다. 이는 바람난 자가 만나기로 약속한 시이다.

字義 姝 : 예쁠 주 搔 : 긁을 소 踟 : 머뭇거릴 지 蹰 : 머뭇거릴 주 躑 : 머뭇거릴 척
躅 : 머뭇거릴 촉

靜女其孌하니 貽我彤管이로다 彤管有煒하니 說懌(역)女美호라 (邶風 靜女-02)

靜女其孌 얌전하고 예쁜 여인
貽我彤管 나에게 동관을 주었네
彤管有煒 동관 붉기도 하니
說懌女美 고운 그대 더욱 좋아라

賦也라 孌은 好貌라 於是則見之矣라 彤管[23]은 未詳何物이나 蓋相贈以結殷勤之意耳라 煒는 赤貌라 言旣得此物하고 而又悅懌此女之美也라

---

22 淫奔 : '淫奔'은 음란하여 서로 어울리는 것을 의미한다. 따라서 '바람피우다'의 의미로 번역하였다. 이하 모두 동일하게 표현하였다.

23 彤管 : 鄭玄은 '붓은 붉은 대롱이다.〔筆 亦管也〕'라고 하였다.

賦이다. 孌은 예쁜 모습이다. 이 장에서는 〈바람난 이들이 서로〉 만난 것이다. 彤管은 무엇인지 자세하지 않으나, 아마도 서로 선물하여 은근한 뜻을 맺은 것이다. 煒는 붉은 모양이다. 이 물건을 얻고 나서 이 아가씨의 아름다움을 더욱 좋아한다고 말한 것이다.

字義 孌 : 예쁠 련 貽 : 줄 이 彤 : 붉을 동 管 : 대통 관 煒 : 밝을 위 懌 : 기쁠 역
殷 : 은근할 은 勤 : 은근할 근

自牧歸荑하니 洵美且異로다 匪女之爲美라 美人之貽니라 (邶風 靜女-03)

自牧歸荑	교외에서 삘기를 주었지
洵美且異	진실로 아름답고 기이하여라
匪女之爲美	삘기 네가 아름다운 게 아니라
美人之貽	미인이 주어서란다

賦也라 牧은 外野也라 歸는 亦貽也라 荑는 茅之始生者라 洵은 信也라 女는 指荑而言也라

賦이다. 牧은 野外(郊外)이다. 歸도 주는 것이다. 荑는 띠풀이 처음 나온 것이다. 洵은 진실로이다. 女는 삘기를 가리켜 말한 것이다.

○言靜女又贈我以荑하니 而其荑亦美且異라 然非此荑之爲美요 特以美人之所贈이라 故로 其物亦美耳라

○얌전한 아가씨가 또 나에게 삘기를 주었는데, 그 삘기가 아름답고도 기이하다. 그러나 이 삘기가 아름다워서가 아니고, 다만 美人이 주었기 때문에 그것까지도 아름답다고 한 것이다

字義 荑 : 삘기 제 洵 : 진실로 순 匪 : 아닐 비

靜女 三章이니 章四句라

〈靜女〉 3章이니, 장마다 4句이다.

新臺(신대)

新臺有泚하니 河水瀰瀰로다 燕婉之求에 籧篨不鮮이로다 (邶風 新臺-01)

新臺有泚	새 누대 으리으리
河水瀰瀰	하수는 넘실넘실
燕婉之求	멋진 젊은이 바랐는데
籧篨不鮮	늙은 꼽추를 만났다네

賦也라 泚는 鮮明也요 瀰瀰는 盛也라 燕은 安이요 婉은 順也라 籧篨는 不能俯니 疾之醜者也라

蓋籧篨는 本竹席之名이니 人或編以爲囷하니 其狀이 如人之擁腫而不能俯者라 故로 又因以名此疾也라 鮮은 少也라

賦이다. 泚는 깨끗함이고, 瀰瀰는 많음이다. 燕은 편안함이고, 婉은 부드러움이다. 籧篨는 구부릴 수 없는 것이니, 추한 병이다. 籧篨는 본래 대자리의 이름인데, 사람들이 엮어서 곳집을 만들기도 하니, 그 모양이 마치 사람이 붓고 종기가 나서 구부리지 못하는 것과 같다. 그래서 사람들이 이 병의 이름으로 삼은 것이다. 鮮은 젊음이다.

◯舊說에 以爲衛宣公이 爲其子伋하여 娶於齊러니 而聞其美하고 欲自娶之하여 乃作新臺於河上而要之하니 國人惡(오)之하여 而作此詩以刺之라 言齊女本求與伋爲燕婉之好어늘 而反得宣公醜惡之人也라

○舊說에 "衛 宣公이 그 아들 伋을 위하여 齊나라에 장가들게 하였는데, 그 여인이 아름답다는 말을 듣고는 자기가 장가들고자 하여 마침내 새로운 누대를 河水 가에 짓고서 맞이하니, 나라 사람들이 미워하여 이 시를 지어 풍자했다."라고 하였는데, 齊나라 여인은 본래 젊고 멋진 伋을 바랐는데, 반대로 추악한 사람 宣公을 만났다고 말한 것이다.

字義 泚 : 선명할 자　瀰 : 물 넘어 흐를 미　婉 : 순할 완　籧 : 하늘바래기 거　篨 : 하늘바래기 제
鮮 : 어릴 선　囷 : 곳간 균　腫 : 종기 종　俯 : 구부릴 부　伋 : 생각할 급

新臺有洒(최)하니 河水浼浼로다 燕婉之求에 籧篨不殄[24]이로다 (邶風 新臺-02)

新臺有洒　　새 누대 드높은데
河水浼浼　　하수는 드넓으네
燕婉之求　　멋진 젊은이 바랐는데
籧篨不殄　　고약한 꼽추였네

賦也라 洒는 高峻也요 浼浼는 平也요 殄은 絶也니 言其病不已也라

賦이다. 洒는 높은 것이고, 浼浼는 평평함이다. 殄은 끊김이니, 그 병이 낫지 않음을 말한 것이다.

字義 洒 : 우뚝할 최　浼 : 물 편편히 흐를 매　殄 : 끊어질 진

魚網之設에 鴻則離之로다 燕婉之求에 得此戚施로다 (邶風 新臺-03)

魚網之設　　고기 그물 쳐놨는데
鴻則離之　　큰 기러기가 걸렸구나

24 殄 : 鄭玄의 箋에 "殄은 腆이 되어야 하니, 腆은 좋음이다.〔殄 當作腆 腆 善也〕"라 하였다. 따라서 좋지 못한 꼽추를 만났다는 뜻으로 번역하였다.

燕婉之求　　멋진 젊은이 바랐는데
得此戚施　　이 꼽추를 만났다네

鴻(鴻雁)

興也라 鴻은 鴈之大者라 離는 麗(리)也요 戚施는 不能仰이니 亦醜疾也라

興이다. 鴻은 기러기 중에 큰 것이다. 離는 걸림이다. 戚施는 고개를 들지 못하는 것이니, 역시 추한 병이다.

○言設魚網而反得鴻하여 以興求燕婉而反得醜疾之人하니 所得이 非所求也라

○고기 그물을 쳐놓았는데 반대로 큰 기러기를 얻었음을 말하여, 멋지고 젊은이를 바랐는데 반대로 추한 사람을 얻었음을 이끌어 왔으니, 얻음이 구하던 것이 아닌 것이다.

字義 鴻 : 큰기러기 홍　離 : 걸릴 리　麗 : 걸릴 리

新臺 三章이니 章四句라

〈新臺〉 3章이니, 장마다 4句이다.

凡宣姜事는 首末이 見春秋傳[25]이라 然於詩則皆未有考也하니 諸篇放此라

宣姜의 일은 그 전체 내용이 《春秋左氏傳》에 보인다. 그러나 시에서는 모두 상고할 것이 없으니, 모든 편이 이와 같다.

用 例

〔新臺〕 - 시아비와 며느리의 不正한 관계를 비유한다. 馬永卿(宋), 《嬾眞子》 卷2 : "明皇·太眞之事, 本有新臺之惡."

二子乘舟(이자승주)

二子乘舟하니 汎汎其景(영)이로다 願言思子라 中心養養호라 (邶風 二子乘舟-01)

二子乘舟　　두 사람 태운 배
汎汎其景　　둥둥 그림자 사라졌네
願言思子　　그대 그리운 생각에

25 宣姜事……見春秋傳 : 宣姜의 일은 《春秋左氏傳》 桓公 16년과 閔公 2년에 보인다.

中心養養　　깊은 근심 안절부절 못하네

賦也라 二子는 謂伋, 壽也라 乘舟는 渡河如齊也라 景은 古影字라 養養은 猶漾漾이니 憂不知所定之貌라

賦이다. 二子는 伋과 壽를 이른다. 乘舟는 黃河를 건너 제나라로 간 것이다. 景은 影의 古字이다. 養養은 漾漾과 같으니, 근심하여 진정할 줄을 모르는 모양이다.

◯舊說에 以爲宣公納伋之妻하니 是爲宣姜이라 生壽及朔이러니 朔與宣姜이 愬伋於公하니 公令伋之齊하고 使賊先待於隘而殺之러니 壽知之하고 以告伋한대 伋曰君命也라 不可以逃라하니 壽竊其節而先往이러니 賊殺之라 伋至曰 君命殺我어늘 壽有何罪오하니 賊又殺之라 國人傷之하여 而作是詩也라

◯舊說에 "宣公이 伋의 아내를 자기가 들이니, 그가 宣姜이었다. 壽와 朔을 낳았는데, 朔과 宣姜이 伋을 宣公에게 참소하니, 宣公이 伋을 제나라에 가게 하고는 자객을 보내 먼저 길목에서 기다리고 있다가 죽이도록 하였는데 壽가 이를 알고 伋에게 알리자, 伋은 '군주의 命이니 도망은 안 된다.'라고 하였다. 壽가 그의 符節을 훔쳐가지고 먼저 가니, 자객이 그를 죽였다. 伋이 뒤에 도착하여 '군주가 나를 죽이라고 명했는데, 壽가 무슨 죄가 있느냐.'라고 하니, 자객이 또 그를 죽였다. 나라 사람들이 이를 슬퍼하여 이 시를 지었다."라고 하였다.

字義　景(影) : 그림자 영　願 : 사모할 원　漾 : 물결 양　愬 : 하소연할 소　隘 : 좁을 애　節 : 깃발 절

二子乘舟하니 汎汎其逝로다 願言思子하니 不瑕有害아 (邶風 二子乘舟-02)

二子乘舟　　두 사람 태운 배
汎汎其逝　　두둥실 떠나갔네
願言思子　　그리운 그대
不瑕有害　　무슨 해 있지나 않을까

賦也라 逝는 往也라 不瑕는 疑辭니 義見(현)泉水하니 此則見其不歸而疑之也라

賦이다. 逝는 감이다. 不瑕는 의심하는 말이니, 뜻이 〈泉水〉에 보인다. 여기서는 돌아오지 않음을 보고 의심한 것이다.

二子乘舟 二章이니 章四句라

〈二子乘舟〉 2章이니, 장마다 4句이다.

太史公曰 余讀世家言이라가 至於宣公之子 以婦見誅하고 弟壽爭死以相讓하니 此與晉太子申生이 不敢明驪姬之過同하니 俱惡傷父之志라 然卒死亡하니 何其悲也오 或父子相

殺하고 兄弟相戮은 亦獨何哉[26]오

太史公이 말하였다. "내가 〈世家〉를 읽다가 宣公의 아들이 아내 때문에 죽음을 당하고, 아우 壽가 죽기를 다투어 서로 사양하는 대목에 이르렀는데, 이는 晉나라 태자 申生이 감히 驪姬의 과실을 밝히지 못한 것과 같으니, 모두 아버지의 뜻을 상하게 할까 두려워해서였다. 그러나 끝내 죽었으니, 어쩌면 그리도 슬픈가. 父子간에 서로 죽이기도 하고 兄弟간에 서로 죽이는 자들은 또 유독 무슨 마음인가."

字義 驪 : 검을 려　戮 : 죽일 륙

邶 十九篇이니 七十二章이요 三百六十三句라

邶國風 19篇이니, 72章이고 363句이다.

26 太史公曰……亦獨何哉 : 이 내용은 《史記》 〈衛康叔世家〉에 보인다.

詩經集傳 卷之三

鄘 一之四

說見(현)上篇이라

해설은 윗편에 보인다.

柏舟(백주)

汎彼柏舟여 在彼中河로다 髧(담)彼兩髦 實維我儀니 之死언정 矢靡他하리라 母也天只시니 不諒人只아 (鄘風 柏舟-01)

汎彼柏舟　　둥둥 뜬 저 잣나무 배
在彼中河　　저 황하 중류에 있네
髧彼兩髦　　두 갈래 머리 드리운 이
實維我儀　　실로 나의 짝이니
之死矢靡他　　죽을지언정 다시 시집 안 가리다
母也天只　　어머님 하늘이시니
不諒人只　　이토록 사람 마음 모르실까

興也라 中河는 中於河也라 髧은 髮垂貌라 兩髦者는 翦髮夾囟이니 子事父母之飾이라 親死然後去之하니 此蓋指共伯也라 我는 共姜自我也라 儀는 匹이요 之는 至요 矢는 誓요 靡는 無也라 只는 語助辭요 諒은 信也라

興이다. 中河는 하수의 한 가운데이다. 髧은 머리를 드리운 모양이다. 兩髦는 정수리의 머리털을 깎은 것으로, 아들이 부모를 섬길 때 사용하는 장식이다. 부모가 죽은 뒤에야 이를 하지 않으니, 이는 아마도 共伯을 가리킨 듯하다. 我는 共姜 자신이다. 儀는 짝이고, 之는 이름이고, 矢는 맹서이고, 靡는 없음이다. 只는 어조사이고, 諒은 믿음이다.

○舊說에 以爲衛世子共伯이 蚤死어늘 其妻共姜이 守義러니 父母欲奪而嫁之라 故로 共姜作此以自誓라하니라 言柏舟則在彼中河요 兩髦則實我之匹이니 雖至於死라도 誓無他心이라 母之於我에 覆育之恩이 如天罔極이어늘 而何其不諒我之心乎아하니라 不及父者는 疑時獨母在어나 或非父意耳라

○舊說에 "衛나라 세자 共伯이 일찍 죽자, 그의 아내 共姜이 절개를 지켰는데, 부모가 그의

뜻을 빼앗아 改嫁시키려 하였다. 그리하여 공강이 이 시를 지어 스스로 맹서했다."라고 하였다. "잣나무 배는 저 황하 가운데 떠 있고, 두 갈래 머리 드리운 이가 실로 나의 짝이니, 비록 죽음에 이르더라도 맹세코 딴 마음을 먹지 않으리라. 어머니는 나에게 길러주신 은혜가 가이없는 하늘과도 같으신데 어찌 그리도 나의 마음을 믿지 않으실까."라고 한 것이다. 아버지를 말하지 않은 것은 아마도 이때 어머니만 있었거나 아버지 뜻이 아니었기 때문인 듯하다.

字義 髧 : 머리 늘일 담　髦 : 다팔머리 모　儀 : 짝 의　矢 : 맹세할 시　靡 : 아닐 미　諒 : 믿을 량　翦 : 자를 전　夾 : 낄 협　囟 : 숨구멍 신　蚤 : 일찍 조

汎彼柏舟여 在彼河側이로다 髧彼兩髦 實維我特이니 之死언정 矢靡慝하리라 母也天只시니 不諒人只아 (鄘風 柏舟-02)

汎彼柏舟　　둥둥둥 저 잣나무 배
在彼河側　　황하 가에 떠 있네
髧彼兩髦　　두 갈래 머리 드리운 이
實維我特　　실로 나의 짝이니
之死矢靡慝　　맹세코 나쁜 마음 없으리라
母也天只　　어머님 하늘이시니
不諒人只　　이토록 사람 마음 모르실까

興也라 特亦匹也라 慝은 邪也니 以是爲慝이면 則其絶之甚矣라

興이다. 特도 짝이다. 慝은 사특함이니, 이를 사특하다고 한 걸 보면 심하게 거절한 것이다.

字義 特 : 짝 특　慝 : 사악할 특

柏舟 二章이니 章七句라

〈柏舟〉 2章이니, 장마다 7句이다.

用例

〔柏舟〕 - '栢舟'로도 쓰며, 남편을 잃고 改嫁하지 않기로 맹서함을 말한다. 潘嶽(晉), 〈寡婦賦〉 : "蹈恭姜兮明誓, 詠《栢舟》兮淸歌."

〔不他〕 - 다른 사람에게 改嫁하지 않음을 가리킨다. 蒲松齡(淸), 《聊齋志異》〈土偶〉 : "沂水馬姓者, 娶妻王氏, 琴瑟甚敦. 馬早逝. 王父母欲奪其志, 王矢不他."

牆有茨(장유자)

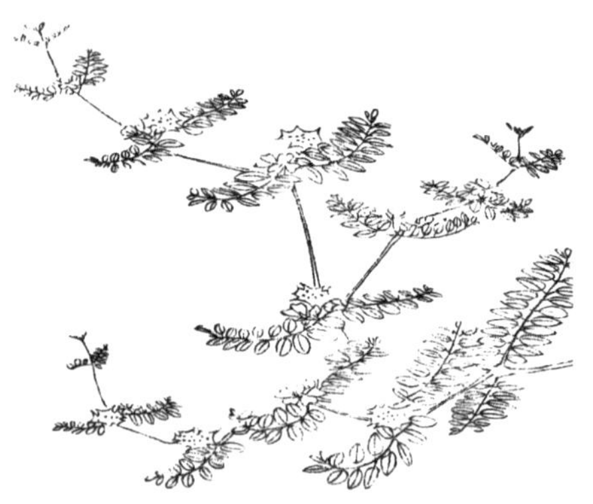
茨(蒺藜)

牆有茨하니 不可埽也로다 中冓[1]之言이여
不可道也로다 所可道也인댄 言之醜也로다
(鄘風 牆有茨-01)

牆有茨	담장의 납가새
不可埽也	쓸어버릴 수가 없네
中冓之言	궁중 안방의 이야기
不可道也	입에 올릴 수가 없네
所可道也	말하자면
言之醜也	말이 추해진다네

興也라 茨는 蒺藜也니 蔓生細葉이요 子有三角하여 刺人이라 中冓는 謂舍之交積材木也라 道는 言이요 醜는 惡也라

興이다. 茨는 납가새(蒺藜)이니, 덩굴로 자라며 잎이 가늘고 씨에 세 개의 가시가 있어 사람을 찌른다. 中冓는 집에 재목을 교차하여 쌓아놓은 곳을 이른다. 道는 말함이고, 醜는 추악함이다.

○舊說에 以爲宣公卒하고 惠公幼어늘 其庶兄頑이 烝於宣姜이라 故로 詩人作此詩以刺之하여 言其閨中之事 皆醜惡而不可言이라하니 理或然也라

○舊說에 "宣公이 죽고 惠公이 어렸는데, 庶兄 頑이 宣姜과 간통하였다. 그리하여 시인이 이를 지어 풍자하여, '閨中의 일이 모두 추악하여 말할 수 없다.'고 했다."라고 하였는데, 이치가 혹 그럴 듯하다.

字義 牆 : 담 장　茨 : 납가새 자　埽 : 쓸 소　冓 : 침방 구　道 : 말할 도　蒺 : 찔레 질
藜 : 명아주 려　蔓 : 덩굴 만　刺 : 찌를 자　頑 : 완악할 완　烝 : 위로 간통할 증

牆有茨하니 不可襄也로다 中冓之言이여 不可詳也로다 所可詳也인댄 言之長也로다
(鄘風 牆有茨-02)

牆有茨	담장의 납가새
不可襄也	뽑아버릴 수가 없네

1　中冓 : 毛亨(前漢)은 傳에서 '中冓는 內冓'라 하여 궁중 안의 內室이라 하고, 鄭玄(後漢)은 箋에서 '궁중 안에서 이루어진 頑과 姜氏夫人의 음란한 이야기'라고 하였다. 朱子도 나무를 교차하여 쌓아 막아놓은 중문 안을 말한 것으로 해석한 것이니, 결국 궁중 안의 내실을 의미한 것으로 보아 '궁중 안방'으로 해석하였다.

中冓之言	궁중 안방의 이야기
不可詳也	자세히 말할 수가 없네
所可詳也	자세히 말하자면
言之長也	말이 길어진다네

興也라 襄은 除也라 詳은 詳言之也라 言之長者는 不欲言而託以語長難竟也라

興이다. 襄은 제거함이다. 詳은 자세히 말하는 것이다. 말이 길어진다는 것은 말하고 싶지 않아 말이 길어 다하기 어렵다고 핑계댄 것이다.

字義 襄 : 제거할 양 託 : 핑계댈 탁

牆有茨하니 不可束也로다 中冓之言이여 不可讀也로다 所可讀也인댄 言之辱也로다

(鄘風 牆有茨-03)

牆有茨	담장의 납가새
不可束也	묶어낼 수가 없네
中冓之言	궁중 안방의 이야기
不可讀也	전할 수가 없네
所可讀也	전하자면
言之辱也	말이 추악하다네

興也라 束은 束而去之也라 讀은 誦言也요 辱은 猶醜也라

興이다. 束은 묶어서 버리는 것이다. 讀은 외워서 말하는 것이고, 辱은 추악함〔醜〕과 같다.

牆有茨 三章이니 章六句라

〈牆有茨〉 3章이니, 장마다 6句이다.

楊氏曰 公子頑이 通乎君母하여 閨中之言이 至不可讀하니 其汙甚矣어늘 聖人이 何取焉而著之於經也오 蓋自古淫亂之君이 自以爲密於閨門之中하여 世無得而知者라 故로 自肆而不反하니 聖人이 所以著之於經하여 使後世爲惡者로 知雖閨中之言이라도 亦無隱而不彰也니 其爲訓戒深矣라

楊氏가 말하였다. "公子 頑이 君母와 사통하여 閨中의 말이 전할 수 없을 지경에 이르렀으니 그 더러움이 심하다. 그런데 성인이 어찌하여 이를 선정하여 經書에 드러내었는가. 예로부터 음란한 군주는 스스로 '閨門 속에서 은밀히 한 것이라 세상에 알 자가 없을 것이다.'라고 여긴다. 그리하여 제멋대로 하여 〈바른 길로〉 돌아오지 않는다. 성인이 이 때문에 이를 경서에 드러내어 후세에 악행을 하는 자들로 하여금 비록 閨中의 말이라도 숨겨져 드러나지 않는 것이 없

음을 알게 하신 것이니, 깊이 훈계하신 것이다."

字義 閨 : 규방 규 彰 : 드러날 창

用 例

〔牆茨〕 - 궁중의 음란함을 가리킨다. 惜華(淸), 〈桃花源彈詞〉 : "惠帝庸愚權在下, 更兼賈后性妖嬈 ; 簏箱私載美男子, 醜行**牆茨**衆口嘲."

〔中冓〕 - 閨門의 음란함을 가리킨다. 蘇軾(宋), 《漁樵閑話錄》 卷下 : "夫至隱而密者, 莫若**中冓**之事, 豈欲人之知耶, 然而不能使人不知."

君子偕老(군자해로)

君子偕老라 副笄六珈니 委委佗佗며 如山如河라 象服是宜어늘 子之不淑은 云如之何오 (鄘風 君子偕老-01)

君子偕老 낭군과 해로할지라
副笄六珈 옥으로 꾸민 첩지
委委佗佗 여유롭고 자연스러워
如山如河 산 같고 하수 같아
象服是宜 상복 잘 어울린데
子之不淑 그대 착하지 못함
云如之何 어째서인가요

賦也라 君子는 夫也라 偕老는 言偕生而偕死也라 女子之生은 以身事人하니 則當與之同生하고 與之同死라 故로 夫死에 稱未亡人이라하니 言亦待死而已요 不當復有他適之志也라 副는 祭服之首飾이니 編髮爲之라 笄는 衡笄也니 垂于副之兩旁하여 當耳하고 其下에 以紞懸瑱이라 珈之言은 加也니 以玉加於笄而爲飾也라 委委佗佗는 雍容自得之貌라 如山은 安重也요 如河는 弘廣也라 象服은 法度之服也요 淑은 善也라

賦이다. 君子는 남편이다. 偕老는 함께 살고 함께 죽음을 말한다. 女子의 삶은 몸으로써 사람을 섬기는 것이니, 그렇다면 남편과 함께 살고 함께 죽어야 한다. 그러기에 남편이 죽으면 未亡人이라고 부르니, 이 역시 죽음을 기다릴 뿐이고, 다시 다른 데로 시집가려는 생각을 가져서는 안 되는 것을 말한다. 副는 祭服의 머리 장식이니, 머리카락을 엮어서 만든다. 笄는 가로로 꽂는 비녀이니, 副의 양 곁에 드리워 귀에 닿게 하고, 그 아래에는 면류관 끈으로 귀걸이 옥을 매단다. 珈의 뜻은 加한다는 것이니, 玉을 비녀에 붙여 장식을 한 것이다. 委委와 佗佗는 여유

롭고 자연스런 모습이다. 山과 같다는 것은 안정되고 장중한 것이고, 河水와 같다는 것은 크고 넓다는 것이다. 象服은 법도에 맞는 옷이고, 淑은 착함이다.

○言夫人은 當與君子偕老라 故로 其服飾之盛如此하고 而雍容自得하며 安重寬廣하고 又有以宜其象服이어늘 今宣姜之不善이 乃如此하니 雖有是服이나 亦將如之何哉오하니 言不稱也라

○"夫人은 君子와 해로를 해야 한다. 그러기에 그 服飾이 이처럼 훌륭하고, 〈몸가짐은〉 여유롭고 자연스러우며 〈마음 씀은〉 차분하며 너그럽고 거기다 象服도 잘 어울린다. 그런데 지금 宣姜의 착하지 못함이 바로 이러하니, 비록 이러한 服飾이 있어도 어찌하겠는가."라고 하였으니, 이는 걸맞지 않음을 말한 것이다.

字義 副 : 첩지 부　笄 : 비녀 계　珈 : 비녀 치장 가　委 : 늘어질 위　佗 : 늘어질 타　紞 : 면류관 끈 담　瑱 : 귀막이 옥 진　稱 : 걸맞을 칭

玼兮玼兮하니 其之翟也로다 鬒髮如雲하니 不屑髢也로다 玉之瑱也며 象之揥[2]也며 揚且(저)之晳也로소니 胡然而天也며 胡然而帝也오 (鄘風 君子偕老-02)

玼兮玼兮　　깨끗하고 아름다우니
其之翟也　　그이의 적의로다
鬒髮如雲　　검은 머리 구름 같아
不屑髢也　　다리 머리 필요 없네
玉之瑱也　　옥 귀막이며
象之揥也　　상아 빗치개
揚且之晳也　　새하얀 넓은 이마
胡然而天也　　어쩌면 그리도 하늘 같으며
胡然而帝也　　어쩌면 그리도 상제 같으오

賦也라 玼는 鮮盛貌라 翟衣는 祭服이니 刻繒爲翟雉之形하고 而彩畫之하여 以爲飾也라 鬒은 黑也라 如雲은 言多而美也라 屑은 潔也라 髢는 髲髢也니 人少髮則以髢益之요 髮自美則不潔於髢而用之也라 瑱은 塞耳也라 象은 象骨也라 揥는 所以摘髮也라 揚은 眉上廣也라 且는 語助辭라 晳은 白也라 胡然而天 胡然而帝는 言其服飾容貌之美를 見者驚猶鬼神也라

賦이다. 玼는 깨끗하고 아름다운 모양이다. 翟衣는 祭服이니, 비단을 오려 꿩의 모양을 만들

2　揥 : 毛亨은 머리에 꽂아 장식하는 것으로 해석하고, 孔穎達(唐)은 이를 가지고 머리를 긁기도 하고 장식도 하는 것이라고 해석하였다. 우리나라 字典에는 '빗치개'로 해석하고 있고, 〈魏風 葛屨〉에서는 '佩其象揥'라 하여 허리에 차는 것으로 표현되고 있어 '빗치개'로 해석하였다.

고 채색으로 그려서 꾸민 것이다 鬒은 검음이다. 구름과 같다는 것은 머리숱이 많고 아름다움을 말한다. 屑은 정결하게 여김이다. 髢는 다리 머리이니, 머리숱이 적으면 다리 머리를 하여 더 보태고, 머리가 본래 아름다우면 다리 머리 사용하는 것을 좋게 여기지 않는다. 瑱은 귀막이이다. 象은 코끼리뼈이고, 揥는 머리를 다듬는 것이다. 揚은 이마가 넓은 것이다. 且는 어조사이다. 晳은 하얀 것이다. 胡然而天, 胡然而帝는 복식과 용모가 아름다워 보는 자가 귀신과 같음에 놀라는 것을 말한다.

字義 玼 : 옥빛 차　翟 : 꿩 적　鬒 : 검은 머리 진　屑 : 좋게 여길 설　髢 : 땋은 머리 체
揥 : 빗치개 체　揚 : 이마 양　且 : 어조사 저　晳 : 흴 석　繪 : 그림 회　摘 : 딸 적

瑳兮瑳兮하니 其之展也로다 蒙彼縐絺하니 是紲袢也로다 子之淸揚이며 揚且之顔也로다 展如之人兮여 邦之媛也로다 (鄘風 君子偕老-03)

瑳兮瑳兮　선명하고 선명하니
其之展也　그이의 전의로다
蒙彼縐絺　갈포 옷에 덧입고
是紲袢也　맵시나게 묶었네
子之淸揚　시원한 그대 눈매
揚且之顔也　얼굴이 복스럽네
展如之人兮　진실로 이 사람
邦之媛也　나라의 미인이로다

賦也라 瑳亦鮮盛貌라 展은 衣也니 以禮見於君及見賓客之服也라 蒙은 覆也라 縐絺는 絺之蹙蹙者니 當暑之服也라 紲袢은 束縛意라 以展衣蒙絺綌而爲之紲袢은 所以自斂飭也라 或曰蒙은 謂加絺綌於褻衣之上이니 所謂表而出之也라 淸은 視淸明也요 揚은 眉上廣也요 顔은 額角豐滿也라 展은 誠也라 美女曰媛이라 見(현)其徒有美色而無人君之德也라

賦이다. 瑳도 깨끗하고 성대한 모습이다. 展은 옷이니, 禮로써 군주와 빈객을 만날 때 입는 禮服이다. 蒙은 덮음이다. 縐絺는 葛布 중에 촘촘한 것이니, 여름에 입는 옷이다. 紲袢은 동여맨다는 뜻이다. 展衣를 가는 갈포 옷 위에 덧입고 동여매는 것은 몸가짐을 단정히 하는 것이다. 혹은 "蒙은 속옷 위에다가 갈포 옷을 덧입는 것이니, 이른바 '옷 위에 입어 겉으로 나오게 한다.'는 것이다."라고 한다. 淸은 보는 것이 맑은 것이고, 揚은 눈썹 위가 넓은 것이고, 顔은 이마가 풍만한 것이다. 展은 진실로이다. 美女를 媛이라 한다. 이는 아름다운 모양만 있고 人君다운 德이 없음을 나타낸 것이다.

字義 展 : 옷 이름 전　蒙 : 뒤집어쓸 몽　縐 : 가는 갈포 추　絺 : 가는 갈포 치　紲 : 맬 설
袢 : 동여맬 반　展 : 진실로 전　媛 : 아름다울 원　蹙 : 쭈그러질 축　縛 : 묶을 박　斂 : 거둘 렴
飭 : 삼갈 칙, 단정히 할 칙　綌 : 굵은 갈포 격　褻 : 속옷 설

君子偕老 三章이니 一章은 七句요 一章은 九句요 一章은 八句라

〈君子偕老〉 3章이니, 1章은 7句이고, 1章은 9句이고, 1章은 8句이다.

東萊呂氏曰 首章之末云 子之不淑 云如之何는 責之也요 二章之末云 胡然而天也 胡然而帝也는 問之也요 三章之末云 展如之人兮 邦之媛也는 惜之也니 辭益婉而意益深矣라

東萊 呂氏가 말하였다. "첫 장의 끝에 '그대 착하지 못함은 어찌해서인고.' 한 것은 꾸짖은 것이고, 두 번째 장의 끝에 '어쩌면 그리도 하늘 같으며, 어쩌면 그리도 상제 같으오.' 한 것은 물은 것이고, 세 번째 장의 끝에 '진실로 이 사람, 나라의 미인이로다.' 한 것은 애석해한 것이니, 말은 더욱 완곡하지만 뜻은 더욱 깊다."

用 例

〔河山之德〕- 婦人의 아름다운 德容을 형용한 말이다. 曾鞏(宋), 《左仆射門下侍郞王珪追封三代幷妻制》〈妻鄭氏追封楚國夫人〉: "敕 : 詩人之義, 君之夫人有委蛇之行, **河山之德**, 然後在尊位, 備盛服, 從其夫榮, 可以爲稱."

〔胡天胡帝〕- 매우 崇高하고 尊貴함을 표현한다. 蔡東藩·許廑父《民國通俗演義》第37回 : "輿門開處, 但見一位華裝炫飾, **胡天胡帝**的嬌娃, 姍步下輿."

桑中(상중)

爰采唐矣를 沬之鄕矣로다 云誰之思오 美孟姜矣로다 期我乎桑中이며 要我乎上宮이요 送我乎淇之上矣로다 (鄘風 桑中-01)

爰采唐矣	새삼을 캐네
沬之鄕矣	매읍에서
云誰之思	그리는 이 누구인가
美孟姜矣	어여쁜 강씨네 큰 아씨라네
期我乎桑中	상중에서 만나자 기약하고
要我乎上宮	상궁에서 나를 맞이하고
送我乎淇之上矣	기수 가에서 나를 전송하네

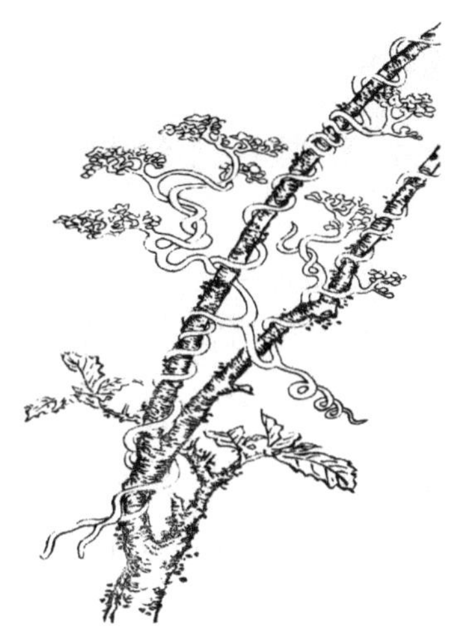
唐(兎絲子)

賦也라 唐은 蒙菜也니 一名兎絲라 沬는 衛邑也니 書所謂妹邦者也라 孟은 長也요 姜은 齊女니 言貴族也라 桑中, 上宮, 淇上은 又沬鄕之中小地名也라 要는 猶迎也라

賦이다. 唐은 蒙菜이니, 또 다른 이름은 兎絲이다. 沬는 위나라의 고을이니, 《書經》의 이른 바 妹邦이다. 孟은 맏이이고, 姜은 제나라의 여자이니, 귀족임을 말한 것이다. 桑中, 上宮, 淇上도 매읍 속의 작은 지명이다. 要는 맞이하다(迎)와 같다.

○衛俗淫亂하여 世族在位 相竊妻妾이라 故로 此人自言 將采唐於沬하여 而與其所思之人 相期會迎送을 如此也라

○위나라 풍속이 음란하여 世臣의 집안으로 지위에 있는 자들이 서로 妻妾을 훔쳤다. 그리하여 이 사람이 스스로 "매읍에서 새삼을 캐면서 그리워하는 사람과 서로 만나기로 약속하며 맞이하고 전송하기를 이와 같이 했다."라고 한 것이다.

字義 唐 : 새삼(菟絲草) 당 沬 : 고을 이름 매 要 : 맞이할 요 淇 : 물 이름 기

爰采麥矣를 沬之北矣로다 云誰之思오 美孟弋矣로다 期我乎桑中이며 要我乎上宮이요 送我乎淇之上矣로다 (鄘風 桑中-02)

爰采麥矣　　보리를 베네
沬之北矣　　매읍 북쪽에서
云誰之思　　그리는 이 누구인가
美孟弋矣　　어여쁜 익씨네 큰 아씨라네
期我乎桑中　　상중에서 만나자 기약하고
要我乎上宮　　상궁에서 나를 맞이하고
送我乎淇之上矣　　기수 가에서 나를 전송하네

賦也라 麥은 穀名이니 秋種夏熟者라 弋은 春秋에 或作姒하니 蓋杞女라 夏后氏之後니 亦貴族也라

賦이다. 麥은 곡식 이름이니, 가을에 심어 여름에 익는 것이다. 弋은 《春秋》에 姒로 되어 있기도 하니, 杞의 여인이다. 夏后氏의 후손이니 역시 귀족이다.

字義 姒 : 형수 사, 성 사 杞 : 나라 이름 기

爰采葑矣를 沬之東矣로다 云誰之思오 美孟庸矣로다 期我乎桑中이며 要我乎上宮이요 送我乎淇之上矣로다 (鄘風 桑中-03)

爰采葑矣　　순무를 캐네
沬之東矣　　매읍 동쪽에서
云誰之思　　그리는 이 누구인가
美孟庸矣　　어여쁜 용씨네 큰 아씨라네

期我乎桑中	상중에서 만나자 기약하고
要我乎上宮	상궁에서 나를 만나고
送我乎淇之上矣	기수 가에서 나를 전송하네

賦也라 葑은 蔓菁也라 庸은 未聞이나 疑亦貴族也라

賦이다. 葑은 순무〔蔓菁〕이다. 庸에 대해서는 들어보지 못하였으나 역시 귀족인 듯하다.

字義 葑 : 무 봉 蔓 : 순무 만 菁 : 무 정

桑中 三章이니 章七句라

〈桑中〉 3章이니, 장마다 7句이다.

樂記曰 鄭衛之音은 亂世之音也니 比於慢[3]矣요 桑間濮上之音은 亡國之音也니 其政散하고 其民流하여 誣上行私而不可止也라하니라 按桑間은 卽此篇이라 故로 小序에 亦用樂記之語라

《禮記》〈樂記〉에 "鄭나라와 衛나라의 음악은 亂世의 음악이니 慢에 가깝고, 桑間과 濮上의 음악은 亡國의 음악이니, 정사는 혼란하며 백성은 흩어져서 윗사람을 속이고 私가 행해져도 중지시킬 수가 없었다."라고 하였다. 살펴보면, 桑間은 바로 이 편이다. 그리하여 〈小序〉에도 〈樂記〉에 있는 말을 인용하였다.

字義 濮 : 물 이름 복

用 例

〔桑中〕 - 사사롭게 몰래 만나는 곳을 말한다. 章炳麟(民國), 〈東夷詩〉之八 : "匪寇求婚姻, 和親亦良願, 拜賜待三年, **桑中**會相見."

---

3 比於慢 : 慢은 《禮記》〈樂記〉에 다음과 같이 정의하였다. "音은 사람의 마음에서 나온다. 감정이 속에서 움직여 소리로 표현되고 그 소리에 무늬가 생기는 것을 音이라 한다. 이런 이유로 해서 잘 다스려지는 세상의 音은 안정되고 즐거우며 정치는 너그러워 부드럽고, 혼란한 세상의 音은 원망하고 분노하며 정치는 정의에 어긋나고, 망하는 나라의 音은 슬프고 그리워하며 백성은 곤궁하다. 소리〔聲〕와 音의 도리가 정치와 서로 통한다. 宮은 君主이고 商은 臣下이며 角은 百姓이고 徵는 事이며 羽는 物이다. 이 다섯 音이 〈서로 어울려〉 혼란하지 않으면 서로 방해가 되는 음이 없게 된다.……다섯 음이 모두 혼란해져서 서로를 침범하면 이를 '慢'이라 하니, 이렇게 되면 나라는 곧 망한다. 鄭나라와 衛나라의 音은 亂世의 音이니 慢에 가깝다.〔凡音者 生人心者也 情動於中 故形於聲 聲成文 謂之音 是故治世之音 安以樂 其政和 亂世之音 怨以怒 其政乖 亡國之音 哀以思 其民困 聲音之道與政通矣 宮爲君 商爲臣 角爲民 徵爲事 羽爲物 五者不亂則無怗懘之音矣……五者皆亂 迭相陵 謂之慢 如此則國之滅亡無日矣 鄭衛之音 亂世之音也 比於慢矣〕"

鶉之奔奔(순지분분)

鶉(鵪鶉)

鶉之奔奔이며 鵲之彊彊이어늘 人之無良을 我以爲兄가 (鄘風 鶉之奔奔-01)

鶉之奔奔　　메추라기는 메추라기와 놀고
鵲之彊彊　　까치는 까치와 짝하거늘
人之無良　　선량치 못한 인간을
我以爲兄　　내 형이라 할까

興也라 鶉은 鵪屬이라 奔奔, 彊彊은 居有常匹하고 飛則相隨之貌라 人은 謂公子頑이라 良은 善也라

興이다. 鶉은 메추라기 종류이다. 奔奔과 彊彊은 살 때에는 정해진 짝이 있고, 날아갈 때에는 서로 따르는 모습이다. 人은 公子 頑을 이른다. 良은 선량함이다.

◯衛人이 刺宣姜與頑이 非匹耦而相從也라 故로 爲惠公之言以刺之曰 人之無良이 鶉鵲之不若이어늘 而我反以爲兄 何哉오하니라

◯위나라 사람이, 宣姜이 頑과 제 짝이 아닌데도 서로 어울림을 풍자하였다. 그리하여 惠公의 말로 하여 풍자하기를 "선량치 못한 인간이 메추라기나 까치만도 못한데, 내 도리어 형이라 함은 어째서인가."라고 한 것이다.

字義　鶉 : 메추리 순　奔 : 어울릴 분　鵲 : 까치 작　彊 : 따를 강　鵪 : 메추리 암

鵲之彊彊이며 鶉之奔奔이어늘 人之無良을 我以爲君가 (鄘風 鶉之奔奔-02)

鵲之彊彊　　까치는 까치와 짝하고
鶉之奔奔　　메추라기는 메추라기와 어울리거늘
人之無良　　선량치 못한 인간을
我以爲君　　내 소군이라 할까

興也라 人은 謂宣姜이요 君은 小君也라

興이다. 人은 宣姜을 이르고, 君은 小君이다.

鶉之奔奔 二章이니 章四句라

〈鶉之奔奔〉 2章이니, 장마다 4句이다.

范氏曰 宣姜之惡을 不可勝道也라 國人疾而刺之하되 或遠言焉하고 或切言焉하니 遠言之者는 君子偕老 是也요 切言之者는 鶉之奔奔이 是也라 衛詩至此에 而人道盡이요 天理滅

矣라 中國이 無以異於夷狄하고 人類 無以異於禽獸하여 而國隨以亡矣라

范氏가 말하였다. "선강의 악함을 이루 다 말할 수 없었다. 그리하여 나라 사람들이 그를 미워하여 풍자하면서, 멀리 돌려서 말하기도 하고 긴절하게 말하기도 하였다. 멀리 돌려서 말한 것은 〈君子偕老〉가 그런 것이고, 긴절하게 말한 것은 〈鶉之奔奔〉이 그것이다. 위나라 시가 이에 이르러 인간의 도리가 다 없어지고 하늘의 이치가 없어졌다. 中國이 오랑캐와 다름이 없고 人類가 짐승과 다름이 없게 되어, 뒤이어 나라가 망하였다."

○胡氏曰 楊時有言하되 詩載此篇은 以見(현)衛爲狄所滅之因也라 故로 在定之方中之前이라하니 因以是說로 考於歷代하면 凡淫亂者 未有不至於殺身敗國而亡其家者하니 然後에 知古詩垂戒之大어늘 而近世有獻議하여 乞於經筵에 不以國風進講者하니 殊失聖經之旨矣라

○胡氏가 말하였다. "楊時가 말하기를 '《詩經》에 이 편을 실어놓은 것은 衛나라가 오랑캐에게 멸망한 원인을 나타내려고 한 것이다. 그러므로 〈定之方中〉의 앞에 있는 것이다.' 하였으니, 그 말을 인하여 歷代를 살펴보면 모든 음란한 자들이 자신을 죽이고 나라를 그르치며 집안을 망침에 이르지 않은 자가 없었으니, 그런 뒤에야 옛 시가 전해주는 경계가 크다는 것을 알았다. 그런데 近世에 經筵에서 國風을 進講하지 말 것을 獻議하여 요청하는 자가 있었으니, 너무나 聖經의 본래 뜻을 잃은 것이다."

用 例

〔鶉奔〕 - '鶉賁'으로도 쓴다. 후세에 바람난 여인을 표현하는 말로 사용되었다. 屠隆(明), 《曇花記》〈士女私奔〉: "兒之不才, 不能徵禮雁奠, 乃爾託志**鶉奔**, 非止動以麗情, 亦雅慕其才藻."

定之方中(정지방중)

定之方中이어늘 作于楚宮하니 揆之以日하여 作于楚室이요 樹之榛栗 椅桐梓漆하니 爰伐琴瑟이로다 (鄘風 定之方中-01)

榛

定之方中	초저녁 營室星 뜨는 계절에
作于楚宮	초궁을 지으니
揆之以日	해 그림자로 헤아려
作于楚室	초구에 궁궐 짓고

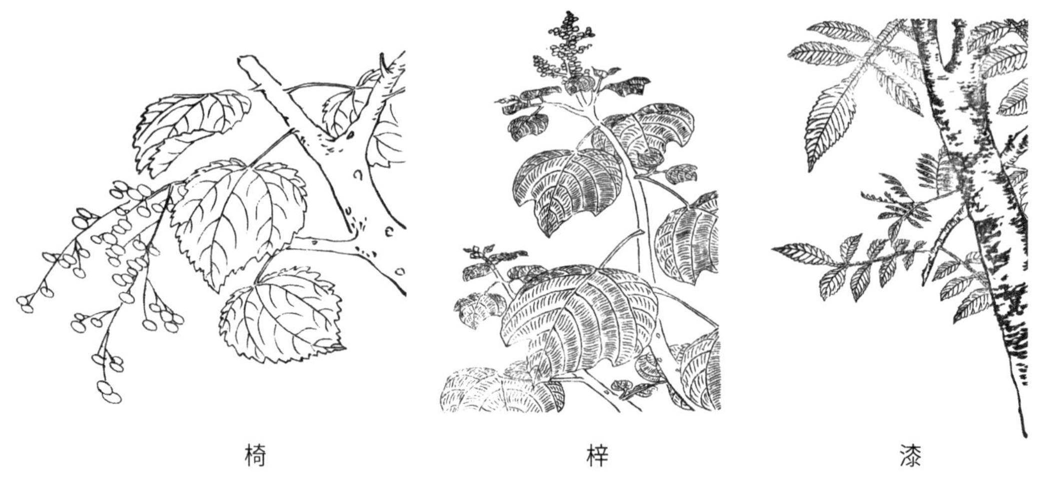
椅 梓 漆

樹之榛栗	심었네 개암나무 밤나무
椅桐梓漆	가나무 오동나무 재나무 옻나무
爰伐琴瑟	이를 베어 거문고 비파 만들리로다

賦也라 定은 北方之宿니 營室星也라 此星이 昏而正中이면 夏正十月也니 於是時에 可以營制宮室이라 故로 謂之營室이라 楚宮은 楚丘之宮也라 揆는 度(탁)也니 樹八尺之臬(얼)하여 而度(탁)其日之出入之景(영)하여 以定東西하고 又參日中之景하여 以正南北也라 楚室은 猶楚宮이니 互文以協韻耳라 榛, 栗은 二木이니 其實은 榛小栗大하니 皆可供籩實이라 椅는 梓實桐皮요 桐은 梧桐也요 梓는 楸之疎理白色而生子者라 漆은 木有液하니 黏黑可飾器物이라 四木은 皆琴瑟之材也라 爰은 於也라

賦이다. 定은 북쪽에 뜨는 별이니 營室星이다. 이 별이 어둘녘에 〈하늘〉 한 가운데 뜨면 夏나라 달력으로 10월에 해당되니, 이때에 宮室을 계획하여 지을 수 있기 때문에 營室星이라 한다. 楚宮은 楚丘에 지은 궁궐이다. 揆는 헤아림이니, 여덟 자 되는 나무를 세워놓고 해가 뜨고 질 때의 그림자를 헤아려 東과 西를 정하고, 또 한낮의 그림자를 참고하여 南과 北을 바르게 정한다. 楚室은 楚宮과 같으니, 글자를 바꾸어 韻을 맞춘 것일 뿐이다. 개암나무〔榛〕와 밤나무〔栗〕는 두 종류의 나무로, 그 열매는 개암이 작고 밤이 큰데, 모두 제기에 담아 올릴 수 있다. 가나무〔椅〕는 재나무〔梓〕 열매에 오동나무 껍질이고, 오동〔桐〕은 오동나무이다. 재나무〔梓〕는 결이 거칠고 색깔이 희고 열매가 열리는 추자나무〔楸〕이다. 칠나무〔漆〕는 나무에 액체가 나는데, 끈적이고 검어서 그릇을 장식할 수 있다. 이 네 종류의 나무는 모두 거문고나 비파의 재료이다. 爰은 於이다.

◯衛爲狄所滅이어늘 文公徙居楚丘하여 營立宮室한대 國人悅之하여 而作是詩以美之라 蘇氏曰 種木者는 求用於十年之後니 其不求近功이 凡此類也라

○衛나라가 오랑캐에게 멸망을 당하자 文公이 도읍을 楚丘로 옮겨 宮室을 계획하여 세우니, 나라 사람들이 기뻐하여 이 시를 지어 찬미한 것이다. 蘇氏가 말하였다. "나무를 심는 것은 10년 뒤에 사용하려고 하는 것이니, 가까운 시일에 효과를 추구하지 않음이 모두 이와 같다."

字義 揆 : 헤아릴 규　榛 : 개암나무 진　椅 : 가나무 의　桐 : 오동나무 동　梓 : 가래나무 재
臬 : 나무 얼　籩 : 대나무제기 변　梧 : 오동나무 오　楸 : 가래나무 추　黏 : 차질 점

升彼虛矣하여 以望楚矣로다 望楚與堂하며 景(영)山與京하며 降觀于桑하니 卜云其吉이러니 終焉允臧이로다 (鄘風 定之方中-02)

升彼虛矣　　저 옛 성터에 올라
以望楚矣　　초구를 바라보노라
望楚與堂　　초구와 당읍 바라보고
景山與京　　산과 언덕 해그림자로 헤아리고
降觀于桑　　내려와 뽕나무 살펴보니
卜云其吉　　점괘에 길하다더니
終焉允臧　　마침내 진실로 좋도다

賦也라 虛는 故城也라 楚는 楚丘也요 堂은 楚丘之旁邑也라 景(영)은 測景以正方面也니 與既景迺岡之景同[4]이라 或曰 景은 山名이니 見商頌이라하니라 京은 高丘也라 桑은 木名이니 葉可飼蠶者니 觀之는 以察其土宜也라 允은 信이요 臧은 善也라

賦이다. 虛는 옛 성이다. 楚는 楚丘이고 堂은 楚丘의 옆에 있는 고을이다. 景은 그림자를 헤아려서 방향을 바로잡는 것이니, '既景迺岡'의 景과 같다. 혹은 "景은 산 이름이니, 商頌에 보인다." 한다. 京은 높은 언덕이다. 뽕나무(桑)는 나무 이름이니, 잎은 누에를 먹일 수 있는데, 이를 살피는 것은 그곳의 토질에 적당한가를 살핀 것이다. 允은 진실로이고, 臧은 좋음이다.

○此章은 本其始之望, 景, 觀, 卜而言하여 以至於終而果獲其善也라

○이 장은 초기에 산을 바라보고 그림자로 헤아려보며 살펴보고 점친 것을 기본으로 하여 말해서 마침내 과연 좋은 곳을 얻었다고 한 것이다.

字義 景 : 그림자 영　京 : 언덕 경　飼 : 먹일 사　蠶 : 누에 잠

靈雨既零이어늘 命彼倌人하여 星言夙駕하여 說(세)于桑田하니 匪直也人의 秉心

4　與既景迺岡之景同 : 〈大雅 公劉〉에 "해 그림자로 헤아리고 마침내 높은 산등성이에 올라가 살펴본다."고 한 것처럼 '景'은 '影'자로 해석한다는 것을 말한 것이다. 毛亨은 "景山은 大山이다." 하였다. 주자의 주석에 따라 번역하였다.

塞淵이라 騋牝三千이로다 (鄘風 定之方中-03)

靈雨旣零	단비가 내리거늘
命彼倌人	마부에게 명하여
星言夙駕	새벽별 보며 수레 달려
說于桑田	뽕밭에 멈추게 하니
匪直也人	사람들만이
秉心塞淵	착하고 진실한 것이 아니라
騋牝三千	키 큰 암말이 삼천 필이로다

賦也라 靈은 善이요 零은 落也라 倌人은 主駕者也요 星은 見星也요 說는 舍止也라 秉은 操요 塞은 實이요 淵은 深也라 馬七尺以上이 爲騋라

賦이다. 靈은 좋음이고, 零은 떨어짐이다. 倌人은 수레를 주관하는 자이고, 星은 별을 보는 것이고, 說는 멈춤이다. 秉은 잡음이고, 塞은 진실함이고, 淵은 깊음이다. 말이 7척 이상인 것을 騋라고 한다.

◯言 方春에 時雨旣降하여 而農桑之務作이라 文公이 於是에 命主駕者하여 晨起駕車하여 亟往而勞勸之라 然非獨此人所以操其心者 誠實而淵深也라 蓋其所畜之馬 七尺而牝者 亦已至於三千之衆矣라하니라 蓋人操心誠實而淵深이면 則無所爲而不成이니 其致此富盛 宜矣라 記曰 問國君之富면 數馬以對라하니 今言 騋牝之衆如此면 則生息之蕃을 可見이요 而衛國之富도 亦可知矣라 此章은 又要其終而言也라

◯"때마침 봄이 되어 단비가 내려 농사일과 누에치는 일이 시작되었다. 文公이 이에 수레를 주관하는 자에게 명하여 새벽에 일어나 수레에 멍에를 씌우게 하여 서둘러 가서 위로하고 권장한 것이다. 그러나 다만 사람의 그 마음가짐이 성실하고 깊을 뿐만 아니라 기르는 말이 7척 이상인 암말도 3천 필로 많아졌다."라고 한 것이다. 이는 사람의 마음가짐이 성실하고 깊으면 하는 일마다 이루어지지 않음이 없으니 이 부유함을 이룸이 당연한 것이다. 《禮記》〈曲禮〉에 "나라 군주의 富를 물으면 말의 수를 들어 대답한다."라고 하였는데, 지금 키 큰 암말이 이처럼 많다면 生息이 번성하다는 것을 알 수 있고, 衛나라의 부유함도 알 수 있다. 이 장은 그 결과를 요약하여 말한 것이다.

字義 靈 : 좋을 령 零 : 떨어질 령 倌 : 수레 부리는 사람 관 說 : 멍에 할 세, 멈출 세 直 : 다만 직
騋 : 키 큰 말 래 駕 : 멍에 할 가

定之方中 三章이니 章七句라

〈定之方中〉 3章이니, 장마다 7句이다.

按春秋傳하면 衛懿公九年冬에 狄入衛어늘 懿公이 及狄人戰于熒澤而敗死焉[5]하니 宋桓公이 迎衛之遺民하여 渡河而南하여 立宣姜子申하여 以廬於漕하니 是爲戴公이라 是年卒커늘 立其弟燬하니 是爲文公이라 於是에 齊桓公이 合諸侯하여 以城楚丘而遷衛焉이라 文公은 大布之衣와 大帛之冠으로 務材訓農하고 通商惠工하며 敬教勸學하고 授方任能하여 元年에 革車三十乘이러니 季年에 乃三百乘이라

《春秋左氏傳》을 상고해보면 "衛 懿公 9년 겨울에 오랑캐가 위나라를 침입하였는데, 의공이 오랑캐와 熒澤에서 싸우다가 패전하여 죽었다. 宋 桓公이 위나라의 遺民들을 맞이하여 黃河를 건너 남쪽으로 가서 宣姜의 아들 申을 세워 漕邑에 임시로 초막을 짓고 살게 하니, 이가 戴公이다. 이해에 대공이 죽자 그 아우 燬를 세우니, 이가 文公이다. 이에 齊 桓公이 제후들을 규합하여 楚丘에 성을 쌓고 위나라의 수도를 옮기게 하였다. 문공은 거친 삼베옷과 거친 명주비단관으로, 인재교육에 힘쓰고 농사를 가르치며, 상업을 유통하고 工人들에게 혜택을 주며, 교육을 공경히 하고 학문을 권장하며, 정치의 방법을 제시해주고 능력이 있는 자에 직책을 맡겨서, 元年에는 革車가 30대였는데 말년에는 마침내 300대에 이르렀다."라고 하였다.

字義 懿 : 아름다울 의 熒 : 밝을 형 桓 : 굳셀 환 廬 : 초막 려 漕 : 고을 이름 조 燬 : 불탈 훼

用 例

〔騋牝〕 - 말을 지칭한 말로 널리 사용된다. 杜甫(唐), 〈沙苑行〉 : "苑中**騋牝**三千匹, 豐草青青寒不死."

蝃蝀(체동)

蝃蝀在東하니 莫之敢指로다 女子有行은 遠父母兄弟니라 (鄘風 蝃蝀-01)

蝃蝀在東 동쪽에 뜬 무지개
莫之敢指 감히 손가락질 못 하네
女子有行 여자의 시집감은
遠父母兄弟 부모 형제 멀리함이니라

比也라 蝃蝀은 虹也라 日與雨交에 倏然成質하여 似有血氣之類하니 乃陰陽之氣 不當交而交者니 蓋天地之淫氣也라 在東者는 莫(모)虹也니 虹隨日所映이라 故로 朝西而莫東也라

---

5 按春秋傳……及狄人戰于熒澤而敗死焉 : 《春秋左氏傳》 閔公 2년에 보인다.

比이다. 蝃蝀은 무지개이다. 해와 비가 만날 때에 순식간에 모양을 이루어 마치 살아 있는 종류인 듯하니, 바로 陰과 陽의 기운이 만나서는 안 될 때에 만나는 것이니, 天地의 나쁜 기운이다. 동쪽에 있는 것은 저녁 무지개이다. 무지개는 햇빛이 비추는 바를 따르기 때문에 아침에는 서쪽에 뜨고, 저녁에는 동쪽에 뜬다.

○此는 刺淫奔之詩라 言蝃蝀在東에 而人不敢指하여 以比淫奔之惡을 人不可道라 況女子有行은 又當遠其父母兄弟니 豈可不顧此而冒行乎아

○이는 바람난 자를 풍자한 시이다. 동쪽에 떠있는 무지개를 사람들이 감히 가리킬 수 없다는 것을 말하여, 바람난 자의 나쁜 행동을 사람들이 말할 수 없음을 비유한 것이다. 더구나 여자가 시집가면 또 부모 형제와 멀어지는 것인데, 어찌 이를 살피지 않고 〈무례함을〉 무릅쓰고 행동해서야 되겠는가.

字義 蝃 : 무지개 체　蝀 : 무지개 동　虹 : 무지개 홍　倏 : 빠를 숙　莫 : 저물 모　映 : 비출 영
冒 : 무릅쓸 모

朝隮于西하니 崇朝其雨로다 女子有行은 遠兄弟父母니라 (鄘風 蝃蝀-02)

朝隮于西	아침 무지개 서쪽에 뜨니
崇朝其雨	아침에 비 그치네
女子有行	여자의 시집감은
遠兄弟父母	부모 형제 멀리함이니라

比也라 隮는 升也라 周禮十煇[6]에 九曰隮니 註以爲虹이라하니 蓋忽然而見하여 如自下而升也라 崇은 終也니 從旦至食時爲終朝라 言方雨而虹見이면 則其雨 終朝而止矣니 蓋淫慝之氣 有害於陰陽之和也라 今俗謂虹能截雨라하니 信然이라

比이다. 隮는 오름이다. 《周禮》의 十煇에 아홉째가 隮인데, 註에 '무지개'라 하였으니, 갑자기 나타나서 마치 아래에서 위로 올라가는 것과 같기 때문이다. 崇은 끝마침이니, 날이 샐 때부터 아침밥을 먹을 때까지를 終朝라고 한다. 비가 오다가 무지개가 나타나면 비가 아침까지만 오고 그침을 말하였으니, 이는 나쁜 기운이 陰陽의 조화를 해침이 있는 것이다. 지금 세속에서

6　周禮十煇 : 《周禮》 〈春官 眡祲〉의 注는 다음과 같다. "眡祲(저침)이 十煇의 법으로 나쁘고 좋은 조짐을 살펴서 길흉을 구분하였는데, 煇은 해 곁의 기운을 말한다. 첫 번째는 祲이니 陰과 陽의 기운이 서로 침범한 것으로 붉은 구름을 陽, 검은 구름을 陰이라 하고, 두 번째는 象이니 붉은 가마귀 같고, 세 번째는 鑴(휴)이니 해 곁에 구름이 해를 찌르는 모습이고, 네 번째는 監이니 해 곁에 붉은 구름이 冠과 끈처럼 걸려 있는 것이고, 다섯 번째는 闇(도)이니 일식 월식이고, 여섯 번째는 瞢(몽)이니 해와 달이 빛이 없는 것이고, 일곱 번째는 彌(미)이니 구름이 해를 꿰뚫어 지나가는 것이고, 여덟 번째는 敍이니 구름이 해 위에 산처럼 가지런하게 떠있는 것이고, 아홉 번째는 隮니 무지개이고, 열 번째는 想이니 어떤 모양을 상상하게 하는 雜氣이다."

"무지개가 비를 그치게 한다." 하니, 사실이다.

字義 隮 : 오를 제, 무지개 제 崇 : 마칠 숭 煇 : 해무리 훈 截 : 끊을 절 眂 : 볼 저
祲 : 요사한 기운 침 鑴 : 송곳 휴 瞢 : 어두울 몽 彌 : 꿰맬 미

乃如之人也여 懷昏姻也로다 大無信也하니 不知命也로다 (鄘風 蝃蝀-03)

乃如之人也 이러한 사람
懷昏姻也 욕정을 품네
大無信也 전혀 신의 없으니
不知命也 바른 도리 모르네

賦也라 乃如之人은 指淫奔者而言이라 婚姻은 謂男女之欲이라 程子曰 女子는 以不自失爲信이라 命은 正理也라

賦이다. 乃如之人은 바람난 자를 가리켜 말한 것이다. 婚姻은 남녀간의 욕정을 이른다. 程子가 말하였다. "여자는 스스로 정조를 잃지 않음을 신의로 삼는다." 命은 바른 도리이다.

○言 此淫奔之人은 但知思念男女之欲하니 是不能自守其貞信之節하여 而不知天理之正也라 程子曰 人雖不能無欲이나 然當有以制之니 無以制之하여 而惟欲之從이면 則人道廢而入於禽獸矣요 以道制欲이면 則能順命이라

○이 바람난 사람은 남녀간의 욕정만 생각할 줄 아니, 이는 스스로 그 올곧은 절개를 지키지 못하여 올바른 하늘의 도리를 알지 못함을 말한 것이다.

程子가 말하였다. "사람이 비록 욕정이 없을 수는 없지만 이를 억제함이 있어야 한다. 이를 억제하지 못하여 욕정만을 따른다면 사람의 도리가 없어져 禽獸의 영역에 들어갈 것이고, 도리로써 욕정을 억제하면 하늘의 올바른 도리를 따를 수 있을 것이다."

蝃蝀 三章이니 章四句라

〈蝃蝀〉 3章이니, 장마다 4句이다.

用例

〔女子有行〕 - 여자가 남자에게 시집가는 도리가 있음을 말한다. 이로 인하여 후세에 改嫁를 가리켜 '更(경)行'이라 하였다. 《南史》〈徐孝嗣傳〉: "父被害, 孝嗣在孕, 母年少, 欲更行, 不願有子."

相鼠(상서)

相鼠有皮하니 人而無儀아 人而無儀는 不死何爲오 (鄘風 相鼠-01)

相鼠有皮	쥐에게도 가죽 있으니
人而無儀	사람이 바른 행동 없으랴
人而無儀	사람이 바른 행동 없으면
不死何爲	죽지 않고 무엇하랴

興也라 相은 視也라 鼠는 蟲之可賤惡者라

興이다. 相은 보는 것이다. 鼠는 짐승 중에 천하고 싫어하는 것이다.

○言 視彼鼠면 而猶必有皮하니 可以人而無儀乎아 人而無儀면 則其不死요 亦何爲哉오

○"저 쥐를 보면 오히려 반드시 가죽이 있는데, 사람으로서 바른 행동이 없단 말인가. 사람으로서 바른 행동이 없다면 죽지 않고 또 무엇하겠는가."라고 한 것이다.

字義 相 : 볼 상

相鼠有齒하니 人而無止아 人而無止는 不死何俟오 (鄘風 相鼠-02)

相鼠有齒	쥐에게도 이빨 있으니
人而無止	사람이 바른 몸가짐 없으랴
人而無止	사람이 바른 몸가짐 없으면
不死何俟	죽지 않고 무얼 기다리랴

興也라 止는 容止也라 俟는 待也라

興이다. 止는 몸가짐이다. 俟는 기다림이다.

相鼠有體하니 人而無禮아 人而無禮는 胡不遄死오 (鄘風 相鼠-03)

相鼠有體	쥐에게도 사지가 있으니
人而無禮	사람이 예의가 없으랴
人而無禮	사람이 예의가 없으면
胡不遄死	어이 빨리 죽지 않느뇨

興也라 體는 支體也라 遄은 速也라

興이다. 體는 支體이다. 遄은 빠름이다.

字義 遄 : 빠를 천

相鼠 三章이니 **章四句**라

〈相鼠〉 3章이니, 장마다 4句이다.

用 例

〔相鼠〕 - 古人이 언제나 無禮를 풍자할 때 사용한다. 《左傳》 襄公 27年 : "叔孫與慶封食, 不敬. 爲賦〈**相鼠**〉, 亦不知也."

干旄(간모)

孑孑干旄여 **在浚之郊**로다 **素絲紕之**코 **良馬四之**로소니 **彼姝者子**는 **何以畀之**오

(鄘風 干旄-01)

孑孑干旄　　우뚝 세운 쇠꼬리 기
在浚之郊　　준읍 교외에 있네
素絲紕之　　흰 실로 짠 끈으로 묶었고
良馬四之　　네 필 좋은 말이 끄네
彼姝者子　　아름다운 저기 저이
何以畀之　　무엇으로 보답하련가

賦也라 **孑孑**은 **特出之貌**라 **干旄**는 **以旄牛尾注於旗干之首**하여 **而建之車後也**라 **浚**은 **衛邑名**이라 **邑外**를 **謂之郊**라 **紕**는 **織組也**니 **蓋以素絲織組而維之也**라 **四之**는 **兩服, 兩驂**이니 **凡四馬以載之也**라 **姝**는 **美也**라 **子**는 **指所見之人也**라 **畀**는 **與也**라

賦이다. 孑孑은 우뚝 솟은 모양이다. 干旄는 물소 꼬리를 깃대 머리에 매달아서 수레 뒤에 꽂는 것이다. 浚은 위나라 邑 이름이다. 읍 밖을 郊라 한다. 紕는 짠 것이니, 흰 실로 짠 것으로 묶은 것이다. 四之는 두 필 속말〔服馬〕과 두 필 곁말〔驂馬〕이니, 모두 네 필 말이 끄는 수레를 탄 것이다. 姝는 아름다움이다. 子는 만나는 사람을 가리킨다. 畀는 주는 것이다.

○**言 衛大夫乘此車馬**하고 **建此旌旄**하여 **以見賢者**하니 **彼其所見之賢者 將何以畀之**하여 **而答其禮意之勤乎**아

○"위나라 대부가 이러한 수레를 타고 이러한 깃대를 세우고서 賢者를 만나니, 저 만나는 현자는 무엇을 주어 禮를 갖춘 뜻에 보답하려는가."라고 한 것이다.

字義　孑 : 펄럭일 혈　干 : 장대 간　旄 : 깃발 모　浚 : 고을 이름 준　紕 : 꾸밀 비　姝 : 예쁠 주
畀 : 줄 비　注 : 달 주　維 : 동여맬 유　驂 : 곁말 참　旌 : 깃발 정

子孑干旟여 在浚之都로다 素絲組之코 良馬五之로소니 彼姝者子는 何以予之오 (鄘風 干旄-02)

孑孑干旟	우뚝 세운 새매 기
在浚之都	준읍 안에 있네
素絲組之	흰 실로 짠 끈으로 묶었고
良馬五之	다섯 필 좋은 말이 끄니
彼姝者子	아름다운 저기 저이
何以予之	무엇으로 답하려나

賦也라 旟는 州里所建鳥隼之旗也니 上設旌旄하고 其下繫斿하고 斿下屬縿하니 皆畫鳥隼也라 下邑曰都라 五之는 五馬니 言其盛也라

賦이다. 旟는 州里에 세우는 새매를 그린 깃발이니, 위에는 旌旄를 설치하고 그 아래에는 깃발을 달고 깃발 아래에 술을 달았는데, 모두 새매를 그렸다. 下邑을 都라 한다. 五之는 다섯 필의 말이니, 그 성대함을 말한 것이다.

字義 旟 : 송골매기 여　隼 : 새매 준　斿 : 깃발 유　縿 : 깃폭 삼

孑孑干旌이여 在浚之城이로다 素絲祝之코 良馬六之로소니 彼姝者子는 何以告之오 (鄘風 干旄-03)

孑孑干旌	우뚝 세운 새깃 깃발
在浚之城	준읍 성에 있네
素絲祝之	흰 실로 짠 끈으로 묶었고
良馬六之	여섯 필 좋은 말이 끄니
彼姝者子	아름다운 저기 저이
何以告之	무엇으로 고하려나

賦也라 析羽爲旌이니 干旌은 蓋析翟羽하여 設於旗干之首也라 城은 都城也라 祝은 屬(촉)也라 六之는 六馬니 極其盛而言也라

賦이다. 깃털을 쪼개 旌을 만드니, 干旌은 꿩의 깃털을 쪼개 깃대의 머리에 설치한 것이다. 城은 都城이다. 祝은 묶는 것이다. 六之는 여섯 필의 말이니, 지극히 성대함을 말한 것이다.

字義 祝 : 짤 축

干旄 三章이니 章六句라

〈干旄〉 3章이니, 장마다 6句이다.

此上三詩는 小序에 皆以爲文公時詩라하니 蓋見其列於定中, 載馳之間故爾요 他無所考也라 然衛本以淫亂無禮하고 不樂善道하여 而亡其國이러니 今破滅之餘에 人心危懼하니 正其有以懲創往事하고 而興起善端之時也라 故로 其爲詩如此하니 蓋所謂生於憂患 死於安樂[7]者라 小序之言이 疑亦有所本云이라

이상 세 편의 시는 〈小序〉에 "모두 文公 때의 시이다."라고 하였으니, 이는 〈定之方中〉과 〈載馳〉 사이에 배열되어 있는 것을 보았기 때문일 뿐이고, 다른 근거가 없다. 그러나 위나라는 본래 음란하고 無禮하며 善道를 좋아하지 않아 나라가 망하였는데, 이제 멸망한 뒤에 人心이 두려워하니, 바로 지난 일을 경계하고 善의 단서를 일으킬 수 있는 시기이다. 그러므로 이러한 시를 지은 것이니, 이는 이른바 "憂患에서는 살고 安樂에서는 죽는다."라는 것이다. 〈小序〉의 말이 근거한 바가 있는 듯도 하다.

字義 創 : 징계할 창

用 例

〔素絲良馬〕 - 賢士를 예우하는 말로 쓰인다.

〔干旌〕 - 善을 좋아하거나 선을 좋아하는 顯貴한 자를 가리킨다. 唐甄(清), 《潛書》〈取善〉: "非有**干旌**之賢大夫也, 而時稱大官之相知, 則人議其汙."

〔浚都〕 - 대체로 衛나라 땅을 지칭하는 말로 쓰인다. 劉禹錫(唐), 〈彭陽侯令狐氏先廟碑〉: "擁節綜戎, 率身和衆, 留惠於盟津, 變風於**浚都**."

載馳(재치)

載馳載驅하여 歸唁衛侯하리라 驅馬悠悠하여 言至於漕러니 大夫跋涉이라 我心則憂호라 (鄘風 載馳-01)

載馳載驅　　말 몰아 달려서
歸唁衛侯　　돌아가 위후 위로하리라
驅馬悠悠　　멀리멀리 말 몰아
言至于漕　　조읍에 이르려 하였더니
大夫跋涉　　대부들 산 넘고 물 건너 좇아와
我心則憂　　내 마음 시름에 젖네

7　生於憂患 死於安樂 : 《孟子》〈告子 下〉에 보인다.

賦也라 載는 則(칙)也라 弔失國曰唁이라 悠悠는 遠而未至之貌라 草行曰跋이요 水行曰涉이라

賦이다. 載는 則이다. 국가를 잃은 것을 위문함을 唁이라 한다. 悠悠는 멀어서 이르지 못하는 모양이다. 풀섶길을 가는 것을 跋이라 하고, 물길을 가는 것을 涉이라 한다.

◯宣姜之女 爲許穆公夫人이라 閔衛之亡하여 馳驅而歸하여 將以唁衛侯於漕邑이러니 未至에 而許之大夫 有奔走跋涉而來者하니 夫人知其必將以不可歸之義來告라 故로 心以爲憂也라 旣而終不果歸하고 乃作此詩하여 以自言其意爾라

◯宣姜의 딸이 許 穆公의 夫人이 되었는데, 위나라가 망한 것을 걱정하여 말을 달리고 달려 돌아가 漕邑으로 가서 衛侯를 위문하려 하였는데, 도착하기 전에 허나라의 大夫들이 허겁지겁 산길 물길을 달려 뒤쫓아 오니, 부인은 필시 그들이 와서 돌아가서는 안 되는 義로써 말하려는 것임을 알았다. 그러기에 마음속으로 근심하였다. 이윽고 끝내 돌아가지 못하고는 마침내 이 시를 지어 스스로 그 뜻을 말한 것이다.

字義 載 : 어조사 재 唁 : 위문할 언 跋 : 옷 걷고 건널 발

旣不我嘉일새 不能旋反호라 視爾不臧이나 我思不遠호라 旣不我嘉일새 不能旋濟호라 視爾不臧이나 我思不閟호라 (鄘風 載馳-02)

既不我嘉　날 옳다 하지 않으니
不能旋反　곧바로 돌아가지 못했네
視爾不臧　옳지 않다 하나
我思不遠　내 그리움 잊을 수 없네
旣不我嘉　날 옳지 않다 하니
不能旋濟　곧바로 건너지 못했네
視爾不臧　날 옳지 않다 하나
我思不閟　내 그리움 그만둘 수 없네

賦也라 嘉, 臧은 皆善也라 遠은 猶忘也라 濟는 渡也니 自許歸衛면 必有所渡之水也라 閟는 閉也요 止也니 言思之不止也라

賦이다. 嘉와 臧은 모두 좋음이다. 遠은 忘과 같다. 濟는 건넘이니, 허나라에서 위나라로 돌아가려면 반드시 건너야 하는 물이다. 閟는 닫음이며 그침이니, 생각을 그만두지 못함을 말한 것이다.

◯言 大夫旣至하여 而果不以我歸爲善하니 則我亦不能旋反而濟하여 以至於衛矣라 雖視爾不以我爲善이나 然我之所思는 終不能自已也라

◯"대부가 와서는 과연 내가 친정 나라로 돌아가는 것을 옳게 여기지 않으니, 나도 곧바로 돌

아가 물을 건너서 위나라에 이를 수가 없다. 비록 그대가 나를 옳다 여기지 않지만, 나의 그리움은 끝내 스스로 그만둘 수가 없다."라고 한 것이다.

字義 旋 : 곧바로 선 臧 : 착할 장 閟 : 닫을 비

陟彼阿丘하여 言采其蝱호라 女子善懷 亦各有行이어늘 許人尤之하니 衆穉且狂이로다 (鄘風 載馳-03)

陟彼阿丘	저 언덕에 올라
言采其蝱	패모를 캤네
女子善懷	여자 생각이 많음은
亦各有行	각자의 도리 있거늘
許人尤之	허나라 사람들 허물하니
衆穉且狂	유치하고도 미치광이들이로다

蝱(卷葉貝母)

賦也라 偏高曰阿丘라 蝱은 貝母니 主療鬱結之疾이라 善懷는 多憂思也니 猶漢書云 岸善崩也라 行은 道요 尤는 過也라

賦이다. 한쪽이 비탈진 언덕을 阿丘라 한다. 蝱은 貝母이니, 주로 가슴이 답답한 병을 치료한다. 善懷는 걱정과 생각이 많은 것이니, 《漢書》〈溝洫志〉에 "강 언덕이 잘 무너진다.〔岸善崩〕"는 것과 같다. 行은 도리이고, 尤는 허물함이다.

○又言 以其旣不適衛나 而思終不止也라 故로 其在塗에 或升高以舒憂想之情하고 或采蝱以療鬱結之疾이라 蓋女子所以善懷者는 亦各有道어늘 而許國之衆人이 以爲過하니 則亦少不更(경)事而狂妄之人爾이라 許人守禮하니 非穉且狂也요 但以其不知己情之切至하여 而言若是爾라 然而卒不敢違焉하니 則亦豈眞以爲穉且狂哉아

○또 말하기를 "위나라에는 갈 수 없지만 그리움이 끝내 그치지 않는다. 그러기에 가는 도중에 높은 언덕에 올라가 근심과 그리움의 情을 펴기도 하고, 貝母를 캐어 가슴 답답한 병을 치료하기도 하였다. 여자가 걱정을 잘하는 것도 각자의 道理가 있는데, 허나라의 사람들은 이를 잘못이라 하니, 이것도 나이가 어려서 일을 경험해보지 않아서 미친 사람이기 때문일 뿐이다."라고 한 것이다. 허나라 사람들은 禮를 지킨 것이니, 이는 유치하고도 미친 것이 아니다. 다만 자기 심정의 간절하고 지극함을 몰라주기 때문에 이렇게 말한 것일 뿐이다. 그러나 끝내 감히 그를 어기지 못했고 보면 역시 어찌 참으로 유치하고도 미쳤다고 한 것이겠는가.

字義 蝱 : 패모 맹 尤 : 허물할 우 穉 : 어릴 치 療 : 병 고칠 료 鬱 : 답답할 울 善 : 잘할 선 更 : 지날 경

我行其野하니 芃芃其麥이로다 控于大邦이나 誰因誰極고 大夫君子아 無我有尤어다 百爾所思나 不如我所之니라 (鄘風 載馳-04)

我行其野　　내 그 들판을 가니
芃芃其麥　　보리가 무성하네
控于大邦　　큰 나라에 하소연 하고프나
誰因誰極　　누굴 통하며 어디로 갈까
大夫君子　　대부와 군자들은
無我有尤　　날 허물하지 말지어다
百爾所思　　백 번 생각해도
不如我所之　　내가 감만 못하니라

賦也라 芃芃은 麥盛長貌요 控은 持而告之也라 因은 如因魏莊子之因이요 極은 至也라 大夫는 卽跋涉之大夫요 君子는 謂許國之衆人也라

賦이다. 芃芃은 보리가 무성하게 자라는 모양이고, 控은 붙들고 말하는 것이다. 因은 '魏莊子를 통한다.〔因魏莊子〕'의 因과 같고, 極은 이름이다. 大夫는 바로 산길 물길을 달려온 대부이고, 君子는 허나라의 사람들을 이른다.

◯又言 歸途在野하여 而涉芃芃之麥하고 又自傷許國之小而力不能救라 故로 思欲爲之控告于大邦이나 而又未知其將何所因而何所至乎아 大夫君子는 無以我爲有過어다 雖爾所以處此百方이나 然不如使我得自盡其心之爲愈也라

○또 말하기를 "돌아오는 길에 들판에서 무성한 보리밭을 지나오면서, 또 허나라가 작아서 힘으로 구원할 수 없음을 스스로 슬퍼하였다. 그리하여 위나라를 위해 큰 나라에 하소연하고자 하나, 또 누구를 통하고 어디로 가야 할지 알 수가 없다. 대부와 군자들은 나더러 잘못이라 말하지 말라. 비록 그대들이 百方으로 대처하려 하나, 나로 하여금 스스로 마음을 다하게 하는 것보다 나은 것이 없다."라고 한 것이다.

字義　芃 : 풀무성할 봉　控 : 하소연할 공　因 : 통할 인　愈 : 나을 유

載馳 四章이니 二章은 章六句이고 二章은 章八句라

〈載馳〉 4章이니, 2章은 장마다 6句이고, 2章은 장마다 8句이다.

事見(현)春秋傳[8]이라 舊說에 此詩五章이니 一章은 六句요 二章, 三章은 四句요 四章은 六句요 五章은 八句라하고 蘇氏는 合二章, 三章하여 以爲一章이라 按春秋傳컨대 叔孫豹 賦載

8　事見(현)春秋傳 : 이 내용은 《春秋左氏傳》 閔公 2년에 보인다.

馳之四章[9]에 而取其控于大邦 誰因誰極之意하니 與蘇說合일새 今從之라 范氏曰 先王制禮에 父母沒則不得歸寧者는 義也니 雖國滅君死나 不得往赴焉은 義重於亡故也라

이 사실은《春秋左氏傳》에 보인다. 舊說에 "이 시는 5장이니, 제1장은 6구이고, 제2장과 제3장은 4구이고, 제4장은 6구이고, 제5장은 8구이다."라고 하였고, 蘇氏는 2장과 3장을 합하여 한 章이라 하였다.《春秋左氏傳》을 살펴보면, 叔孫豹가 〈載馳〉의 제4장을 읊었는데, '控于大邦 誰因誰極'이라는 뜻을 취했으니, 蘇氏의 말과 부합하기 때문에 이제 이를 따른다.

范氏가 말하였다. "先王이 禮를 만들 적에 부모가 별세하면 친정 나라에 돌아가 문안하지 못하게 함은 義이니, 비록 국가가 멸망하고 군주가 죽더라도 달려가지 못함은 의가 망함보다 중요하기 때문이다."

字義 豹 : 표범 표

用 例

〔草跋〕 - 산길을 가는 것을 말한다.《陳書》〈宣帝紀〉: "扶老攜幼 蓬流**草跋**"

〔跋涉〕 - 괴로운 객지 생활을 말한다. 曾敏行(宋),《獨醒雜志》卷8 : "朕久望卿來, 何其遲也. 塗中**跋涉**不易?"

鄘國 十篇이니 二十九章이요 百七十六句라

鄘國風 10篇이니, 29章이고 176句이다.

9 按春秋傳……賦載馳之四章 : 이 내용은《春秋左氏傳》襄公 19년에 보인다.

詩經集傳 卷之三

衛 一之五

淇奧(기욱)

瞻彼淇奧(욱)한대 綠竹猗猗로다 有匪君子여 如切如嗟하며 如琢如磨로다 瑟兮僩兮며 赫兮咺(훤)兮니 有匪君子여 終不可諼兮로다 (衛風 淇奧-01)

瞻彼淇奧	저 기수가 벼랑에
綠竹猗猗	어린 대 우거졌네
有匪君子	문채나는 군자여
如切如磋	뼈와 뿔을 자르고 다듬듯
如琢如磨	옥과 돌을 쪼고 곱게 갈듯
瑟兮僩兮	씩씩하고 위엄 있고
赫兮咺兮	환하고 분명하니
有匪君子	문채나는 군자여
終不可諼兮	끝내 잊을 수가 없네

興也라 淇는 水名이요 奧은 隈也요 綠은 色也라 淇上多竹하여 漢世猶然하니 所謂淇園之竹[10]이 是也라 猗猗는 始生柔弱而美盛也라 匪는 斐通하니 文章著見(현)之貌也라 君子는 指武公也라 治骨角者는 旣切以刀斧하고 而復磋以鑢鐋하며 治玉石者는 旣琢以椎鑿하고 而復磨以沙石하니 言其德之修飭이 有進而無已也라 瑟은 矜莊貌요 僩은 威嚴貌요 咺은 宣著貌요 諼은 忘也라

興이다. 淇는 물 이름이고, 奧은 벼랑이고, 綠은 色이다. 淇水 가에는 대나무가 많아 漢나라 시대에도 그러했으니 이른바 '淇園의 대나무'라는 것이 이것이다. 猗猗는 처음 자라 부드럽고 아름다운 것이다. 匪는 斐와 통하니, 문채가 드러나는 모양이다. 君子는 武公을 가리킨다. 뼈와 뿔을 다루는 자는 칼과 도끼로 자른 뒤에 다시 줄과 대패로 다듬으며, 옥과 돌을 다루는 자는 망치와 끌로 쪼은 뒤에 다시 모래와 돌로 갈아내니, 德의 다듬어짐이 끊임없이 발전하는 것을 말한다. 瑟은 씩씩한 모습이고, 僩은 위엄 있는 모습이고, 咺은 드러나는 모양이고, 諼은 잊

10 淇園之竹 : 《漢書》 〈溝洫志〉에 보인다.

음이다.

◯衛人이 美武公之德하여 而以綠竹始生之美盛으로 興其學問自修之進益也라 大學傳曰 如切如磋者는 道學也요 如琢如磨者는 自修也요 瑟兮僩兮者는 恂(준)慄也요 赫兮咺兮者는 威儀也요 有斐君子 終不可諼兮者는 道盛德至善을 民之不能忘也라하니라

○위나라 사람들이 武公의 德을 찬미하여, 처음 자라 아름답고 무성한 푸른 대나무로써 學問과 自修의 더욱 발전된 모습을 이끌어온 것이다.《大學》의 傳文에 "如切如磋는 학문을 말한 것이고, 如琢如磨는 自修를 말한 것이고, 瑟兮僩兮는 마음으로 두려워함이고, 赫兮咺兮는 威儀이고, 有斐君子 終不可諼兮는 훌륭한 德과 지극한 善을 백성들이 잊지 못함을 말한 것이다." 하였다.

字義 奧 : 벼랑 욱　猗 : 야들야들할 의　匪 : 문채날 비　磋 : 다듬을 차　琢 : 쪼을 탁　瑟 : 치밀할 슬
僩 : 굳셀 한　赫 : 밝을 혁　咺 : 점잖을 훤　諼 : 잊을 훤　隈 : 벼랑 외　斐 : 문채날 비
鑢 : 줄 려　鐋 : 줄 탕　槌 : 망치 퇴(추)　鑿 : 끌 착　矜 : 씩씩할 긍　恂 : 두려울 준
慄 : 두려울 률

瞻彼淇奧한대 綠竹青青이로다 有匪君子여 充耳琇瑩이며 會弁如星이로다 瑟兮僩兮며 赫兮咺兮니 有匪君子여 終不可諼兮로다 (衛風 淇奧-02)

瞻彼淇奧	저 기수가 벼랑에
綠竹青青	푸른 대 우거졌네
有匪君子	문채나는 군자여
充耳琇瑩	옥돌 귀막이며
會弁如星	구슬장식 가죽모자로세
瑟兮僩兮	씩씩하고 위엄 있고
赫兮咺兮	환하고 분명하니
有匪君子	문채나는 군자여
終不可諼兮	끝내 잊을 수가 없네

興也라 青青은 堅剛茂盛之貌라 充耳는 瑱(전)也요 琇瑩은 美石也라 天子는 玉瑱이요 諸侯는 以石이라 會는 縫也요 弁은 皮弁也니 以玉飾皮弁之縫中하여 如星之明也라

興이다. 青青은 단단하고 무성한 모양이다. 充耳는 귀막이이고, 琇瑩은 아름다운 돌이다. 天子는 옥으로 귀막이를 하고, 諸侯는 돌을 사용한다. 會는 솔기이고, 弁은 皮弁이니, 옥으로 皮弁의 솔기 가운데를 장식하여 별처럼 반짝이는 것이다.

◯以竹之堅剛茂盛으로 興其服飾之尊嚴하여 而見(현)其德之稱也라

○단단하고 무성한 대나무로써 尊嚴한 服飾을 이끌어 와서 그 덕이 〈의복에〉 걸맞음을 나타

낸 것이다.

字義 琇 : 옥돌 수 瑩 : 귀막이 옥 영 弁 : 고깔 변 瑱 : 귀막이 옥 전 縫 : 꿰맬 봉

瞻彼淇奧한대 綠竹如簀이로다 有匪君子여 如金如錫이며 如圭如璧이로다 寬兮綽兮하니 猗重較(각)兮로다 善戲謔兮하니 不爲虐兮로다 (衛風 淇奧-03)

瞻彼淇奧　저 기수가 벼랑에
綠竹如簀　푸른 대 빽빽하네
有匪君子　문채나는 군자여
如金如錫　금인 듯 주석인 듯
如圭如璧　옥인 듯 규벽인 듯
寬兮綽兮　너그럽고 여유 있으니
猗重較兮　아, 경사의 수레로세
善戲謔兮　해학도 잘하시니
不爲虐兮　지나치진 않으시네

興也라 簀은 棧也니 竹之密比似之면 則盛之至也라 金, 錫은 言其鍛鍊之精純이요 圭, 璧은 言其生質之溫潤이라 寬은 宏裕也요 綽은 開大也라 猗는 歎辭也라 重較은 卿士之車也라 較은 兩輢上出軾者니 謂車兩傍也라 善戲謔不爲虐者는 言其樂易而有節也라

興이다. 簀은 대나무를 엮은 살평상이니, 대나무가 이처럼 촘촘하다면 매우 무성한 것이다. 金·錫은 정밀하고 깨끗하게 鍛鍊한 것을 말한 것이고, 圭·璧은 온화하고 윤택한 자질을 타고난 것을 말한 것이다. 寬은 너그러운 것이고, 綽은 활짝 열림이다. 猗는 감탄사이다. 重較은 卿士의 수레이다. 較은 軾 위로 두 輢(무기를 꽂는 틀)가 솟은 것이니, 수레의 양 곁을 이른다. "해학을 잘해도 지나치진 않는다."는 것은 화락하면서도 절도가 있음을 말한 것이다.

○以竹之至盛으로 興其德之成就하고 而又言其寬廣而自如하며 和易而中節也라 蓋寬綽은 無斂束之意요 戲謔은 非莊厲之時니 皆常情所忽하여 而易致過差之地也라 然猶可觀而必有節焉이면 則其動容周旋之間에 無適而非禮를 亦可見矣라 禮曰 張而不弛는 文武不能也요 弛而不張은 文武不爲也요 一張一弛 文武之道也라하니 此之謂也라

○대나무가 매우 무성한 것으로써 德의 완성을 비유하고, 또 너그러우면서도 자연스러우며 화락하면서도 절도가 있음을 말한 것이다. 이는 너그럽고 여유 있음은 구속하는 뜻이 없고, 해학은 엄숙히 하는 때가 아니니, 이는 모두 보통 사람의 감정으로는 소홀하여 잘못하기가 쉬운 점이다. 그런데 오히려 볼 만하여 반드시 절도가 있었으니, 그렇다면 두루 행동하는 사이에 언제나 예에 맞지 않음이 없음을 또한 알 수 있다. 《禮記》〈雜記〉에 "당기기만 하고 놓지 않는 것은 문왕·무왕도 할 수 없고, 놓기만 하고 당기지 않는 것은 문왕·무왕이 하지 않는다. 한 번 당

기고 한 번 놓는 것이 문왕·무왕의 도이다."라고 하였으니, 이를 말한 것이다.

字義 簀 : 살평상 책 錫 : 주석 석 綽 : 넉넉할 작 猗 : 감탄할 의 較 : 수레귀 각 棧 : 엮을 잔 鍛 : 단련할 단 輢 : 수레에 병장기 꽂는 틀 의 軾 : 수레 앞 가로댄 나무 식 厲 : 엄숙할 려

淇奧 三章이니 章九句라

〈淇奧〉 3章이니, 장마다 9句이다.

按國語하면 武公이 年九十有五로되 猶箴儆于國曰 自卿以下로 至于師長士히 苟在朝者는 無謂我老耄而舍我하고 必恪恭於朝하여 以交戒我하라하고 遂作懿戒之詩以自警하며 而賓之初筵도 亦武公悔過之作이라하니 則其有文章而能聽規諫하여 以禮自防也를 可知矣라 衛之他君은 蓋無足以及此者라 故로 序에 以此詩로 爲美武公이라하니 而今從之也라

《國語》〈楚語〉를 살펴보면 "武公은 나이가 95세였는데도 오히려 나라에 경계하기를 '卿 이하 師長과 士에 이르기까지 조정에 있는 자들이면 내가 늙었다고 하여 나를 버리지 말고, 반드시 조정에서 삼가고 공손히 하여 서로 나를 경계하라.' 하였고, 마침내 〈大雅 懿(抑)戒〉의 시를 지어 스스로 경계하였으며, 〈小雅 賓之初筵〉도 무공이 과오를 뉘우치고 지은 것이다."라고 하였으니, 그렇다면 그 아름다운 자질이 있고 〈신하들의〉 경계하는 간언을 받아들여 禮로써 스스로를 단속했음을 알 수 있다. 衛나라의 다른 군주들은 여기에 미칠 자가 없었다. 그리하여 〈小序〉에 이 시를 무공을 찬미한 것이라고 하였는데, 지금 그 말을 그대로 따른다.

字義 箴 : 경계할 잠(침) 儆 : 경계할 경 耄 : 늙을 모 恪 : 조심할 각 規 : 타이를 규

用例

〔淇奧〕 - '淇澳'으로도 쓰며, 國政을 보좌하는 사람을 칭송하는 말로 쓰인다. 《左傳》 昭公 2年 : "自齊聘於衛, 衛侯享之. 北宮文子賦〈淇奧〉." 杜預注 : "言宣子有武公之德." 劉克莊(宋), 《沁園春》〈平章生日丁卯〉詞 : "壽過磻溪, 德如〈淇澳〉, 進了丹書作〈抑〉詩."

考槃(고반)

考槃在澗하니 碩人之寬이로다 獨寐寤言이나 永矢弗諼이로다 (衛風 考槃-01)

考槃在澗　은거할 집 시냇가에 완성하니
碩人之寬　석인의 마음 여유롭네
獨寐寤言　홀로 자고 깨어 말하지만
永矢弗諼　이 즐거움 길이 잊지 말리라

賦也라 考는 成也요 槃은 盤桓之意니 言成其隱處之室也라 陳氏曰 考는 扣也요 槃은 器

名이니 蓋扣之以節歌니 如鼓盆拊缶之爲樂也라하니 二說未知孰是라 山夾水曰澗이라 碩은 大요 寬은 廣이요 永은 長이요 矢는 誓요 諼은 忘也라

賦이다. 考는 완성함이고, 槃은 배회한다는 뜻이니, 은거할 집이 완성됨을 말한 것이다. 陳氏는 "考는 두드림이고, 槃은 그릇 이름이니, 두들겨 장단을 맞춰가며 노래하는 것이니, 동이를 두드리고 질장구를 쳐서 즐기는 것과 같다."라고 하였으니, 두 해설이 어느 것이 옳은지 모르겠다. 산골짜기를 흐르는 물을 澗이라 한다. 碩은 큼이고, 寬은 넓음이고, 永은 깊이고, 矢는 맹세이고, 諼은 잊음이다.

○詩人이 美賢者隱處澗谷之間하여 而碩大寬廣하여 無戚戚之意하여 雖獨寐而寤言이나 猶自誓其不忘此樂也라

○시인이 賢者가 계곡에 은거하면서 바르고 여유로와 근심하는 뜻이 없어, 비록 홀로 자고 깨어 말을 하나, 오히려 스스로 이 즐거움을 잊지 않겠다고 맹세함을 찬미한 것이다.

字義 槃 : 돌 반 矢 : 맹세할 시 諼 : 잊을 훤 盤 : 소용돌이 반 桓 : 머뭇거릴 환 盆 : 동이 분
扣 : 두드릴 고 拊 : 칠 부 缶 : 질장구 부 戚 : 근심할 척

考槃在阿하니 碩人之薖로다 獨寐寤歌나 永矢弗過로다 (衛風 考槃-02)

考槃在阿　　은거할 집 언덕 위에 완성하니
碩人之薖　　석인의 마음 넉넉하네
獨寐寤歌　　홀로 자고 깨어 노래하나
永矢弗過　　이 즐거움 길이 지키리라

賦也라 曲陵曰阿라 薖는 義未詳이니 或云 亦寬大之意也라 永矢弗過는 自誓所願不踰於此니 若將終身之意也[11]라

賦이다. 굽은 언덕을 阿라 한다. 薖는 뜻이 자세하지 않으니, 혹은 이것도 寬大하다는 뜻이라고 한다. 永矢弗過는 스스로 이 즐거움에서 넘치지 않기를 바람을 맹세한 것이니, 이대로 終身할 듯이 한다는 뜻이다.

字義 阿 : 언덕 아, 기슭 아 薖 : 넉넉할 과 踰 : 넘을 유

考槃在陸하니 碩人之軸이로다 獨寐寤宿이나 永矢弗告이로다 (衛風 考槃-03)

考槃在陸　　은거할 집 평원에 완성하니
碩人之軸　　석인 서성이네

11 若將終身之意也 : 《孟子》〈盡心 下〉에 "순임금이 마른 밥과 나물을 먹고 살 때에는 그대로 생을 마칠 듯이 하였다.〔舜之飯糗茹草也 若將終身焉〕"라고 한 것에서 인용한 말이다.

獨寐寤宿　　홀로 자고 깨어 누워 있으나
永矢弗告　　이 즐거움 나만이 누리리라

賦也라 高平曰陸이요 軸은 盤桓不行之意요 寤宿은 已覺而猶臥也라 弗告者는 不以此樂告人也라

賦이다. 높고 평평한 곳을 陸이라 한다. 軸은 서성거리며 떠나지 못한다는 뜻이다. 寤宿은 잠이 깨었으나 그대로 누워 있는 것이다. 弗告는 이 즐거움을 남에게 말하지 않겠다는 것이다.

字義 軸 : 머뭇거릴 축

考槃 三章이니 章四句라

〈考槃〉 3章이니, 장마다 4句이다.

用 例

〔考槃〕 - '考盤', '考磐'으로도 쓰며, 《毛傳》에는 '덕을 이루고 도를 즐긴다〔成德樂道〕'는 뜻으로 보았는데, 후세에는 '隱居'하는 것을 비유하였다. 《漢書》〈敍傳 下〉 : "竇后違意, 考盤於代."

〔槃澗〕·〔盤阿〕 - 속세를 피해 산림에 은거하는 곳을 가리킨다. 周權(元), 〈次韻徐景端席上〉 : "且安粗糲槃澗濵, 未厭紫豉羹吴蓴." 袁桷(元), 〈平章政事董某封贈三代制〉之二 : "具官董某曾祖母李氏盤阿共隱, 饁畝如賓."

碩人(석인)

碩人其頎하니 衣錦褧衣로다 齊侯之子요 衛侯之妻요 東宮之妹요 邢侯之姨요 譚公維私로다 (衛風 碩人-01)

碩人其頎　　훤칠하고 귀하신 이
衣錦褧衣　　비단옷에 홑옷을 걸쳤네
齊侯之子　　제후의 따님이요
衛侯之妻　　위후의 아내요
東宮之妹　　동궁의 누이요
邢侯之姨　　형후의 처제요
譚公維私　　담공이 형부로다

賦也라 碩人은 指莊姜也라 頎는 長貌요 錦은 文衣也요 褧은 禪也니 錦衣而加褧焉은 爲其

文之太著也라 東宮은 太子所居之宮이니 齊太子得臣也라 繫太子言之者는 明與同母니 言所生之貴也라 女子後生曰妹요 妻之姉妹曰姨요 姉妹之夫曰私라 邢侯, 譚侯는 皆莊姜姉妹之夫니 互言之也라 諸侯之女 嫁於諸侯則尊同이라 故로 歷言之라

賦이다. 碩人은 莊姜을 가리킨다. 頎는 큰 모습이고, 錦은 빛나는 옷이고, 褧은 홑옷이니, 비단옷 위에 홑옷을 덧입는 것은 그 화려함이 너무 드러나기 때문이다. 東宮은 太子가 사는 宮이니, 齊나라 태자 得臣이다. 태자와 연결하여 말한 것은 태자와 어머니가 같음을 밝혀 귀한 가문의 태생임을 말한 것이다. 여자의 아우를 妹라 하고, 아내의 자매를 姨라 하고, 자매의 남편을 私라 한다. 邢侯와 譚侯는 모두 장강 자매의 남편이니, 여기서는 서로 바꾸어서 말한 것이다. 諸侯의 딸이 제후에게 시집가면 존귀함이 똑같기 때문에 낱낱이 들어 말한 것이다.

○莊姜事는 見邶風綠衣等篇이라 春秋傳曰 莊姜이 美而無子어늘 衛人이 爲之賦碩人[12]이라하니 卽謂此詩니 而其首章은 極稱其族類之貴하여 以見(현)其爲正嫡小君이니 所宜親厚하여 而重歎莊公之昏惑也라

○장강의 일은 〈邶風 綠衣〉 등에 보인다. 《春秋左氏傳》에 "장강이 아름다웠으나 아들이 없자, 위나라 사람들이 그를 위하여 〈碩人〉을 지었다."라고 하였으니, 바로 이 시를 말한다. 첫 번째 장에서 존귀한 族類임을 극진히 말하여, 正嫡의 小君이 되었으니 마땅히 親愛하고 厚待해야 함을 나타내어, 장공이 사리에 어둡고 미혹함을 거듭 탄식한 것이다.

字義 頎 : 헌걸찰 기 褧 : 홑옷 경 邢 : 나라 이름 형 姨 : 이모 이 譚 : 말씀 담
私 : 자매의 남편 사 禪 : 홑옷 단 姉 : 손윗누이 자

手如柔荑요 膚如凝脂요 領如蝤蠐요 齒如瓠犀요 螓首蛾眉로소니 巧笑倩兮며 美目盼(변)兮로다
(衛風 碩人-02)

手如柔荑	손은 보드랍기 삘기 같고
膚如凝脂	살결은 하얗기 엉긴 기름이요
領如蝤蠐	목은 나무 굼벵이 같고
齒如瓠犀	치아는 박씨 같고
螓首蛾眉	매미 이마에 누에나방 눈썹이니
巧笑倩兮	예쁜 웃음 보조개 생기고
美目盼兮	예쁜 눈동자 분명하네

螓(螗蛄)

12 春秋傳曰……爲之賦碩人 : 《春秋左氏傳》 隱公 3년에 보인다.

賦也라 茅之始生曰荑니 言柔而白也라 凝脂는 脂寒而凝者니 亦言白也라 領은 頸也라 蝤蠐는 木蟲之白而長者라 瓠犀는 瓠中之子니 方正潔白而比次整齊也라 螓은 如蟬而小하니 其額廣而方正이라 蛾는 蠶蛾也니 其眉細而長曲이라 倩은 口輔之美也요 盼은 黑白分明也라

賦이다. 띠풀이 처음 나와 어린 싹을 荑라 하니, 부드럽고 하얀 것을 말한 것이다. 凝脂는 기름이 차가워 엉긴 것이니, 역시 〈살결이〉 하얀 것을 말한다. 領은 목이다. 蝤蠐는 나무 벌레 중에 희고 긴 것이다. 瓠犀는 박의 씨이니, 반듯하고 깨끗하며 나란히 있어 가지런하다. 螓은 매미와 같은데 작으니, 그 이마가 넓고 반듯하다. 蛾는 누에나방이니, 눈썹이 가늘고 길게 굽었다. 倩은 보조개가 아름다운 것이고, 盼은 〈눈의〉 흑백이 분명한 것이다.

◯此章은 言其容貌之美니 猶前章之意也라

◯이 장은 그 용모의 아름다움을 말한 것이니, 앞 장의 뜻과 같다.

字義 荑 : 삘기 제 膚 : 살결 부 凝 : 엉길 응 領 : 목 령 蝤 : 좀벌레 추 蠐 : 굼벵이 제
瓠 : 박 호 犀 : 박씨 서 螓 : 매미 진 蛾 : 누에나비 아 倩 : 예쁠 천 盼 : 눈매 예쁠 변
頸 : 목 경 蟬 : 매미 선

碩人敖敖하니 說(세)于農郊하여 四牡有驕하며 朱幩鑣鑣어늘 翟茀以朝하니 大夫夙退하여 無使君勞러니라 (衛風 碩人-03)

碩人敖敖　훤칠하신 귀인
說于農郊　교외에 머물렀네
四牡有驕　건장한 네 필 수말
朱幩鑣鑣　붉은 재갈장식에 힘 왕성한데
翟茀以朝　꿩 깃 장식 수레 타고 조정에 드니
大夫夙退　대부들 일찍 물러가
無使君勞　우리 임금 고단케 말라 하였네

賦也라 敖敖는 長貌요 說는 舍也라 農郊는 近郊也요 四牡는 車之四馬요 驕는 壯貌요 幩은 鑣飾也라 鑣者는 馬銜外鐵이니 人君은 以朱纏之也라 鑣鑣는 盛也라 翟은 翟車也니 夫人은 以翟羽飾車라 茀은 蔽也니 婦人之車는 前後設蔽라 夙은 早也라 玉藻曰 君은 日出而視朝하고 退適路寢聽政하며 使人視大夫하여 大夫退然後에 適小寢釋服이라

賦이다. 敖敖는 큰 모습이고, 說는 멈추는 것이다. 農郊는 가까운 교외이고, 四牡는 수레의 네 마리 말이고, 驕는 건장한 모습이고, 幩은 말 재갈의 장식이다. 鑣는 말 재갈 밖의 쇠이니, 군주는 이를 붉은 끈으로 감는다. 鑣鑣는 왕성함이다. 翟은 翟車이니, 夫人은 꿩의 깃털로 수레를 장식한다. 茀은 수레의 가리개이니, 婦人의 수레는 앞뒤에 가리개를 설치한다. 夙은 일찍이다. 《禮記》 〈玉藻〉에 "군주는 해가 뜨면 조회를 보고, 路寢으로 물러나와 政事를 들으며, 사람을 시켜

大夫들을 살펴보게 하여 대부가 물러간 뒤에야 小寢으로 가서 옷을 벗는다."라고 하였다.

◯此는 言莊姜自齊來嫁할새 舍止近郊하여 乘是車馬之盛하여 以入君之朝하니 國人이 樂得以爲莊公之配라 故로 謂諸大夫朝於君者는 宜早退하여 無使君勞於政事하여 不得與夫人相親이라더니 而歎今之不然也라

◯이는 莊姜이 제나라에서 시집올 때에 가까운 교외에 머물면서 이렇게 성대한 수레를 타고 군주의 조정에 들어오니, 나라 사람들이 장강을 얻어 장공의 배필로 삼음을 즐거워하였다. 그리하여 "군주에게 조회하는 대부들은 일찍 물러가 군주로 하여금 정사에 너무 힘들어 夫人과 친애하지 못하게 하지 말라."라고 했었는데, 지금은 그렇지 못함을 탄식한 것이다.

字義 敖 : 클 오　說 : 멈출 세　幩 : 말 재갈 끈 분　鑣 : 말 재갈 표　翟 : 꿩 적　茀 : 수레가림 불　銜 : 말 재갈 함　纏 : 묶을 전

河水洋洋하여 北流活活이어늘 施罛濊濊하니 鱣鮪發發하며 葭菼揭揭(걸걸)이어늘 庶姜孼孼하며 庶士有朅이러니라 (衛風 碩人-04)

河水洋洋	하수는 넘실넘실
北流活活	북으로 콸콸 흐르는데
施罛濊濊	찰찰찰 그물을 치니
鱣鮪發發	전어 상어 팔딱팔딱
葭菼揭揭	갈대는 길쭉길쭉한데
庶姜孼孼	강씨들 치장 성대하고
庶士有朅	남자들 헌걸찼었다네

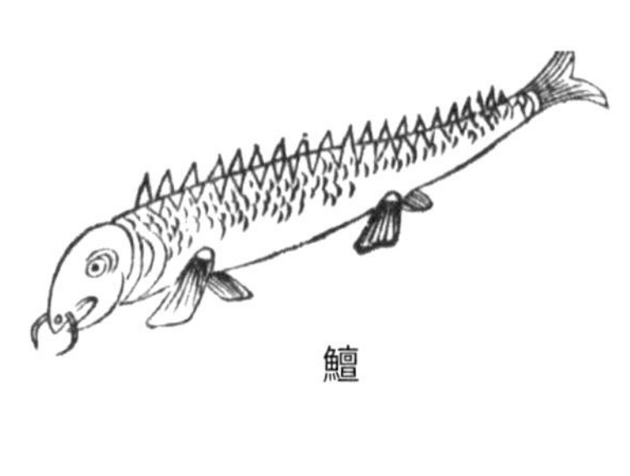
鱣

鮪

賦也라 河는 在齊西衛東하니 北流入海라 洋洋은 盛大貌요 活活은 流貌라 施는 設也라 罛는 魚罟也라 濊濊은 罟入水聲也라 鱣魚는 似龍하고 黃色銳頭요 口在頷下며 背上腹下에 皆有甲하니 大者는 千餘斤이라 鮪는 似鱣而小하고 色靑黑이라 發發은 盛貌요 菼은 薍也니 亦謂之荻이라 揭揭은 長也요 庶姜은 謂姪娣라 孼孼은 盛飾也요 庶士는 謂媵臣이요 朅은 盛貌라

賦이다. 河는 齊나라의 서쪽, 衛나라의 동쪽에 있으니, 북쪽으로 흘러 바다로 들어간다. 洋洋은 성대한 모양이고, 活活은 흐르는 모양이다. 施는 설치함이다. 罛는 고기 잡는 그물이다. 濊濊은 그물이 물에 들어가는

菼(芒)

소리이다. 鱣魚는 龍과 비슷하고 황색에 머리가 뾰쪽하며, 입이 턱 아래에 있고 등 위와 배 아래에 모두 단단한 껍질이 있으니, 큰 것은 천여 근이나 된다. 鮪는 전어와 비슷하지만 작으며 青黑色이다. 發發은 왕성한 모습이고, 菼은 갈대이니, 荻이라고도 한다. 揭揭은 긴 것이고, 庶姜은 조카와 동생을 이른다. 孼孼은 성대하게 치장한 것이고, 庶士는 媵臣을 이르고, 朅은 굳센 모습이다.

○言 齊地廣饒하여 而夫人之來에 士女佼好하고 禮儀盛備如此니 亦首章之意也라

○제나라는 땅이 넓고 비옥하여 부인이 시집올 때에 이처럼 아름다운 士女들이 성대하게 禮儀를 갖추었음을 말한 것이니, 이 장도 첫 번째 장의 뜻이다.

字義 活 : 물 흐를 괄 罛 : 그물 고 濊 : 그물 소리 활 鱣 : 전어 전 鮪 : 상어 유 葭 : 갈대 가
菼 : 갈대 담 揭 : 길 걸 孼 : 치장할 얼 朅 : 헌칠할 걸 頷 : 턱 함 薍 : 갈대 완
荻 : 갈대 적 媵 : 잉첩 잉 佼 : 예쁠 교

碩人 四章이니 章七句라

〈碩人〉 4章이니, 장마다 7句이다.

用 例

〔螓領〕·〔蝤螓領〕 - 美女의 희고 긴 목을 비유한다. 閻選(五代), 〈虞美人〉詞 : "楚腰**螓領**團香玉, 鬢疊深深綠月蛾."

〔庶姜〕 - 같은 종족의 딸들을 일컫는다. 《晉書》〈后妃傳 上 左貴嬪〉 : "含靈握文, 異於**庶姜**."

〔荑手〕 - 뽀얗고 부드러운 여인의 손을 가리킨다. 秦醇(宋), 《譚意歌傳》 : "〈意歌〉肌清骨秀, 發紺眸長, **荑手**纖纖, 宮腰搦搦, 獨步於一時."

〔嬌荑〕 - 부드럽고 가는 손가락을 비유한다. 周邦彦(宋), 〈醉落魄〉詞 : "花染**嬌荑**, 羞映翠雲幄."

〔盼倩〕 - '盻倩'으로도 쓰며, 여인의 화장한 아름다운 자태를 형용한 말이다. 蔡邕(漢), 〈青衣賦〉 : "**盼倩**淑麗, 皓齒蛾眉."

〔瓠犀〕 - 美女의 치아를 비유한다. 權德輿(唐), 《雜詩》之三 : "一顧授橫波, 千金呈**瓠犀**."

〔邢姨〕 - 高貴한 신분의 夫人을 말한다. 庾信(北周), 〈周趙國夫人紇豆陵氏墓志銘〉 : "紹慶**邢姨**, 基昌宋子."

氓(맹)

氓之蚩蚩 抱布貿絲러니 匪來貿絲라 來卽我謀러라 送子涉淇하여 至于頓丘호라 匪我愆期라 子無良媒니라 將子無怒어다 秋以爲期라호라 (衛風 氓-01)

氓之蚩蚩　　어수룩한 어떤 남자
抱布貿絲　　베를 안고 실 사러 오더니
匪來貿絲　　실 사러 온 게 아니라
來卽我謀　　와서는 날 꾀이더라
送子涉淇　　기수를 건너 그를 전송하여
至于頓丘　　돈구까지 갔었네
匪我愆期　　내가 약속 어긴 게 아니라
子無良媒　　그대 좋은 중매 없어서니라
將子無怒　　그대 성내지 말아요
秋以爲期　　가을을 기약해요 하였네

賦也라 氓은 民也니 蓋男子而不知其誰何之稱也라 蚩蚩는 無知之貌니 蓋怨而鄙之也라 布는 幣요 貿는 買也라 貿絲니 蓋初夏之時也라 頓丘는 地名이요 愆은 過也요 將은 願也며 請也라

賦이다. 氓은 백성이니, 남자로서 누군지를 모르는 사람의 칭호이다. 蚩蚩는 無知한 모양이니, 원망하여 비루하게 여긴 것이다. 布는 폐백이다. 貿는 사는 것이다. 실을 샀으니 아마도 초여름인 듯하다. 頓丘는 지명이고, 愆은 지나침이고, 將은 원함이며 요청함이다.

◯此는 淫婦爲人所棄하고 而自敍其事하여 以道其悔恨之意라 夫旣與之謀而不遂往하고 又責所無以難其事하고 再爲之約하여 以堅其志하니 此其計亦狡矣라 以御蚩蚩之氓에 宜其有餘로되 而不免於見棄라 蓋一失其身이면 人所賤惡(오)니 始雖以欲而迷나 後必以時而悟라 是以로 無往而不困耳라 士君子立身一敗면 而萬事瓦裂者 何以異此리오 可不戒哉아

◯이것은 淫婦가 버림을 당하고는 스스로 그 일을 서술하여 悔恨의 뜻을 말한 것이다. 함께 도모하고는 마침내 가지 않고, 또 〈중매가〉 없어 그 일을 어렵게 하였다고 책망하고, 또다시 약속을 하여 그 뜻을 견고히 하였으니, 이는 그 계책이 역시 교활하다. 미련한 백성을 다스리기에는 충분할 터인데도 버림받음을 면치 못하였다. 이는 여자가 한번 그 몸가짐을 잃으면 남들이 천히 여기고 싫어하는 것이니, 처음에는 비록 욕심 때문에 혼미하나 뒤에는 반드시 깨달을 때가 있는 것이다. 이 때문에 가는 곳마다 힘들지 않음이 없는 것이다. 士君子가 몸을 지킴에 한번 잘못하면 모든 일이 기왓장 깨지듯 하는 것이 무엇이 이와 다르겠는가. 경계하지 않아서야 되겠는가.

字義　氓 : 백성 맹　蚩 : 어리석을 치　貿 : 살 무　愆 : 허물 건, 어길 건　將 : 원할 장　狡 : 교활할 교

乘彼垝垣하여 以望復(복)關호라 不見復關하여 泣涕漣漣이러니 旣見復關하여 載笑載言호라 爾卜爾筮에 體無咎言이어든 以爾車來하여 以我賄遷이라호라 (衛風 氓-02)

乘彼垝垣　　저 무너진 담 위에 올라
以望復關　　복관을 바라보았네
不見復關　　복관이 보이지 않아
泣涕漣漣　　눈물 줄줄 흘렸더니
旣見復關　　복관을 보고나서는
載笑載言　　웃으며 말하였네
爾卜爾筮　　거북점 시초점에
體無咎言　　흉한 말만 없거든
以爾車來　　그대 수레 가지고 오라
以我賄遷　　내 재산 옮겨가리라 하였네

賦也라 垝는 毁요 垣은 牆也라 復關은 男子之所居也니 不敢顯言其人이라 故로 託言之耳라 龜曰卜이요 蓍曰筮라 體는 兆卦之體也라 賄는 財요 遷은 徙也라

賦이다. 垝는 무너짐이고, 垣은 담이다. 復關은 남자가 사는 곳이니, 감히 그 사람을 드러내 말할 수 없으므로 칭탁하여 말한 것이다. 거북점을 卜이라 하고, 蓍草점을 筮라 한다. 體는 점의 징조와 괘효의 體이다. 賄는 재물이고, 遷은 옮김이다.

○與之期矣라 故로 及期而乘垝垣以望之하고 旣見之矣라 於是에 問其卜筮所得卦兆之體하고 若無凶咎之言이어든 則以爾之車來迎하라 當以我之賄로 往遷也라하니라

○그와 만나기로 약속하였다. 그리하여 약속한 날에 무너진 담장에 올라가서 그가 있는 곳을 바라보고, 만나고 나서는 점쳐서 얻은 괘효와 징조의 體를 묻고 "만일 나쁘다는 말이 없었거든 그대의 수레를 가지고 와서 나를 맞이해 가라. 나의 재물을 가지고 옮겨 가겠다."라고 한 것이다.

字義 垝 : 무너진 담 궤　垣 : 담 원　涕 : 눈물 체　漣 : 눈물 흐를 련　筮 : 점칠 서　賄 : 재물 회
蓍 : 시초 시　兆 : 조짐 조　徙 : 옮길 사　咎 : 허물 구

桑之未落에 其葉沃若이러니라 于嗟鳩兮여 無食桑葚이어다 于嗟女兮여 無與士耽이어다 士之耽兮는 猶可說也어니와 女之耽兮는 不可說也니라 (衛風 氓-03)

桑之未落　　뽕잎 지기 전엔
其葉沃若　　그 잎 윤기 나더니라
于嗟鳩兮　　아, 비둘기여
無食桑葚　　오디 먹지 말지어다
于嗟女兮　　아, 여인네여

無與士耽　　사내와 놀아나지 말지어다
士之耽兮　　사내가 놀아남은
猶可說也　　그래도 할 말이 있지만
女之耽兮　　여인네 놀아남은
不可說也　　말할 수가 없느니라

比而興也라 沃若은 潤澤貌라 鳩는 鶻鳩也니 似山雀而小하고 短尾하며 青黑色이요 多聲이라 葚은 桑實也니 鳩食葚多면 則致醉라 耽은 相樂也라 說은 解也라

比이면서 興이다. 沃若은 윤택한 모습이다. 鳩는 鶻鳩이니, 山雀과 비슷한데 작고 꼬리가 짧으며 青黑色이고, 자주 지저귄다. 葚은 뽕나무의 열매이니, 비둘기가 뽕나무 열매를 많이 먹으면 취한다. 耽은 서로 좋아함이다. 說은 해명함이다.

◯言桑之潤澤하여 以比己之容色光麗라 然又念其不可恃此而從欲忘反이라 故로 遂戒鳩無食桑葚하여 以興下句戒女無與士耽也라 士猶可說이어니와 而女不可說者는 婦人被棄之後에 深自愧悔之辭라 主言婦人無外事하여 唯以貞信爲節이니 一失其正이면 則餘無足觀爾요 不可便謂士之耽惑이 實無所妨也라

◯뽕나무의 윤택함을 말하여 자신의 모습이 빛나고 화려함을 비유하였다. 그러나 또 이것만을 믿고 욕심을 따라 바른 길로 돌아올 것을 잊어서는 안 된다는 것을 생각하였다. 그리하여 마침내 비둘기는 오디를 먹지 말라고 경계하여, 아래 句에 여자는 남자와 놀아나지 말라고 경계하는 말을 이끌어 온 것이다. 남자가 놀아남은 그래도 말할 수 있지만 여자가 놀아남은 말할 수 없다는 것은 부인이 버림받은 뒤에 깊이 스스로 부끄러워하고 뉘우친 말이다. 부인은 바깥 일이 없어 오직 貞信으로써 일을 삼으니, 한번 올바름을 잃으면 나머지는 볼 것이 없음을 위주로 말했을 뿐이지, 남자의 耽惑함은 실로 해로운 것이 없음을 말한 것이라고 해서는 안 된다.

字義　沃 : 윤택할 옥　鳩 : 비둘기 구　葚 : 오디 심　耽 : 놀아날 탐　鶻 : 송골매 골　妨 : 해로울 방

桑之落矣니 其黃而隕이로다 自我徂爾함으로 三歲食貧호라 淇水湯湯(상상)하니 漸車帷裳이로다 女也不爽이라 士貳其行이니라 士也罔極하니 二三其德이로다 (衛風 氓-04)

桑之落矣　　지는 뽕나무 잎
其黃而隕　　누렇게 바래서 지네
自我徂爾　　내 그대에게 시집와서
三歲食貧　　삼년을 고생하였었지
淇水湯湯　　기수는 넘실넘실

漸車帷裳　　수레 휘장 적시네
女也不爽　　여인네 잘못 아니라
士貳其行　　사내 딴 짓을 하였네
士也罔極　　사내 욕심 끝없으니
二三其德　　변덕 한두 번이 아니로다

比也라 隕은 落이요 徂는 往也라 湯湯은 水盛貌요 漸은 漬也라 帷裳은 車飾으로 亦名童容이니 婦人之車則有之라 爽은 差요 極은 至也라

比이다. 隕은 떨어짐이고, 徂는 가는 것이다. 湯湯은 물이 많은 모습이고, 漸은 적심이다. 帷裳은 수레의 장식으로 童容이라고도 하니, 婦人의 수레에 있다. 爽은 어긋남이고, 極은 지극함이다.

○言桑之黃落하여 以比己之容色凋謝하고 遂言自我往之爾家로 而値爾之貧이러니 於是見棄하여 復乘車而度水以歸라하고 復自言其過 不在此而在彼也라

○뽕잎이 누렇게 바래 떨어짐을 말하여 자신의 늙은 모습과 비유하고, 마침내 "내가 그대의 집에 시집가서 그대의 가난함을 만났는데, 이제 버림을 받아 다시 수레를 타고 물을 건너 돌아간다."라고 하고, 다시 "잘못이 여기(자신)에 있는 게 아니라 저기(남자)에 있다."라고 스스로 말한 것이다.

字義　隕 : 떨어질 운　徂 : 갈 조　湯 : 물 넘실거릴 상　漸 : 젖을 점　帷 : 휘장 유　爽 : 어긋날 상　凋 : 시들 조　謝 : 시들 사

三歲爲婦하여 靡室勞矣며 夙興夜寐하여 靡有朝矣호라 言旣遂矣어늘 至于暴矣하니 兄弟不知하여 咥(희)其笑矣하나다 靜言思之요 躬自悼矣호라 (衛風 氓-05)

三歲爲婦　　삼년간 아내 되어
靡室勞矣　　집안 살림 힘들다 아니하고
夙興夜寐　　일찍 일어나고 밤늦게 자
靡有朝矣　　잠시도 쉴 틈이 없었네
言旣遂矣　　언약이 이루어지자
至于暴矣　　사나워졌으니
兄弟不知　　형제들 그 속내 몰라
咥其笑矣　　킬킬대고 비웃네
靜言思之　　곰곰이 생각하고
躬自悼矣　　내 스스로 애통해하노라

賦也라 靡는 不이요 夙은 早요 興은 起也라 咥는 笑貌라

賦이다. 靡는 아님이고, 夙은 일찍이고, 興은 일어남이다. 咥는 비웃는 모양이다.

○言 我三歲爲婦하여 盡心竭力하여 不以室家之務爲勞하고 早起夜臥하여 無有朝旦之暇하여 與爾始相謀約之言이 旣遂어늘 而爾遽以暴戾加我라 兄弟見我之歸하고 不知其然하고 但咥然其笑而已라 蓋淫奔從人하여 不爲兄弟所齒라 故로 其見棄而歸에 亦不爲兄弟所恤이니 理固有必然者니 亦何所歸咎哉아 但自痛悼而已라

○"내가 3년 동안 婦人이 되어 마음을 다하고 힘을 다하여 집안일을 힘들다 아니하고, 일찍 일어나고 밤늦게 자서 하루아침의 한가로운 여가도 없었다. 그대와 처음에 서로 도모하고 약속한 말이 이루어지자, 그대는 갑자기 포악함과 예에 어긋난 행동으로 나를 대하였다. 형제들은 내가 버림받아 돌아온 것을 보고는 그러한 까닭을 알지 못하고 킬킬대고 비웃기만 하였다."라고 말한 것이다. 이는 바람이 나서 남자를 따라가 형제 축에 끼이지 못하였다. 그러므로 버림을 받고 돌아와도 형제들이 걱정해주지 않는 것이니, 본디 필연적인 이치이다. 역시 누구에게 허물을 돌리겠는가. 스스로 애통해할 뿐이다.

字義 咥 : 허허 웃을 희　齒 : 낄 치

及爾偕老러니 老使我怨이로다 淇則有岸이며 隰則有泮이어늘 總角之宴에 言笑晏晏하며 信誓旦旦일새 不思其反호라 反是不思어니 亦已焉哉엇다 (衛風 氓-06)

及爾偕老　　그대와 해로하자 하였더니
老使我怨　　늙어서는 날 원망케 하누나
淇則有岸　　기수는 넓어도 언덕 있고
隰則有泮　　진펄은 깊어도 물가 있거늘
總角之宴　　머리 땋아 철모르고 즐겁던 시절
言笑晏晏　　온화한 웃음과 말소리
信誓旦旦　　맹서 분명도 하더니
不思其反　　배반할 줄이야 생각했으랴
反是不思　　배반은 생각지도 못했더니
亦已焉哉　　이제와 어찌할 수도 없네

賦而興也라 及은 與也라 泮은 涯也니 高下之判也라 總角은 女子未許嫁則未笄하고 但結髮爲飾也라 晏晏은 和柔也요 旦旦은 明也라

賦이면서 興이다. 及은 함께함이다. 泮은 물가이니, 높고 낮은 것이 구별되는 곳이다. 總角은 여자가 시집가기를 허락하지 않았으면 비녀를 꽂지 않고 머리를 묶어 장식만 하는 것이다. 晏

晏은 온화하고 부드러움이고, 旦旦은 분명함이다.

○言 我與汝 本期偕老러니 不知老而見棄如此하여 徒使我怨也라 淇則有岸矣요 隰則有泮矣어늘 而我總角之時에 與爾宴樂言笑하며 成此信誓일새 曾不思其反覆以至於此也라하니 此則興也라 旣不思其反覆而至此矣니 則亦如之何哉아 亦已而已矣라 傳曰 思其終也하며 思其復也[13]라하니 思其反之謂也라

○"내 그대와 본래 해로할 것을 기약했었는데, 늙어서 이처럼 버림을 받아 나로 하여금 원망하게 할 줄은 알지 못하였다. 淇水에는 언덕이 있고 습지에는 물가가 있는데, 내 總角이었을 때에 그대와 즐겁게 웃으며 이야기하던 약속과 맹서를 이루었기에 약속을 뒤집어 이런 지경에 이를 줄은 생각하지 못하였다."라고 하였으니, 이는 興이다. 약속을 뒤집어 이런 지경에 이를 줄을 생각지 못하였으니, 또한 어쩔 수 있겠는가. 또한 어쩔 수 없을 뿐이다. 傳에 "그 끝을 생각하며 다시 행할 것을 생각한다."라고 하였으니, 그 반대를 생각함을 말한 것이다.

字義 泮 : 물가 반 晏 : 온화할 안 涯 : 물가 애

氓 六章이니 章十句라

〈氓〉 6章이니, 장마다 10句이다.

用例

〔抱布〕 - 스스로 배우자를 구함을 가리킨다. 焦贛(漢),《易林》蒙之困 : "氓伯以婚, **抱布**自媒, 棄禮急情, 卒罹禍尤." 賣買婚을 꾸짖는 것으로도 사용한다.

竹竿(죽간)

籊籊竹竿으로 以釣于淇를 豈不爾思리오마는 遠莫致之로다 (衛風 竹竿-01)

籊籊竹竿	길고 가는 낚싯대로
以釣于淇	기수에서 낚시질
豈不爾思	어찌 생각나지 않으랴마는
遠莫致之	멀어서 가지 못할레라

13 傳曰……思其復也 :《春秋左氏傳》襄公 25년의 내용으로, 大叔文子가 "군자의 행동은 그 끝을 생각한다.〔君子之行 思其終也〕"고 한 말의 注에 "끝이 잘 이루어지게 할 것을 생각하고, 그 일을 다시 행할 것을 생각한다.〔思使終可成 思其復也〕"라 하였고, 또 그 注에 "다시 행할 것을 생각한다.〔思其可復行〕"라고 하였다.

賦也라 籊籊은 長而殺(쇄)也라 竹은 衛物이요 淇는 衛地也라

賦이다. 籊籊은 길면서 점점 가늘어지는 것이다. 竹은 위나라의 물건이고, 淇는 위나라의 땅이다.

○衛女嫁於諸侯하여 思歸寧而不可得이라 故로 作此詩라 言 思以竹竿으로 釣于淇水나 而遠不可至也라

○위나라의 여인이 諸侯에게 시집가서 친정에 문안할 것을 생각하였으나 할 수가 없었다. 그리하여 이 시를 지은 것이다. "대로 만든 낚싯대로 기수에서 낚시질하고 싶지만 멀어서 이를 수 없다."라고 한 것이다.

字義 籊 : 대 쭉쭉 올라갈 적 竿 : 대줄기 간 殺 : 줄어들 쇄

泉源在左요 淇水在右하니라 女子有行이여 遠兄弟父母로다 (衛風 竹竿-02)

泉源在左 천원이 왼편에 있고
淇水在右 기수는 오른편에 있느니라
女子有行 여자 시집감은
遠兄弟父母 형제와 부모를 멀리함이라네

賦也라 泉源은 卽百泉也니 在衛之西北하여 而東南流入淇라 故로 曰在左요 淇는 在衛之西南하여 而東流與泉源合이라 故로 曰在右라

賦이다. 泉源은 바로 百泉으로, 위나라의 서북쪽에 있어 동남쪽으로 흘러 淇水로 들어가기 때문에 왼쪽에 있다고 한 것이고, 淇는 위나라의 서남쪽에 있어 동쪽으로 흘러 泉源과 합류하기 때문에 오른쪽에 있다고 한 것이다.

○思二水之在衛하고 而自歎其不如也라

○위나라에 있는 두 물을 생각하고 그만도 못함을 스스로 탄식한 것이다.

淇水在右요 泉源在左하니라 巧笑之瑳며 佩玉之儺아 (衛風 竹竿-03)

淇水在右 기수는 오른편에 있고
泉源在左 천원은 왼편에 있느니라
巧笑之瑳 하얀 이 드러내 예쁘게 웃으며
佩玉之儺 패옥 쟁쟁울리며 절도 있게 걸어나 볼까나

賦也라 瑳는 鮮白色이니 笑而見(현)齒에 其色瑳然이니 猶所謂粲然皆笑也라 儺는 行有度也라

賦이다. 瑳는 곱고 흰 색깔이니, 웃어서 이가 보임에 그 색깔이 흰 것이니, 《春秋穀梁傳》에 이른바 "환하게〔粲然〕 모두 웃는다."는 말과 같은 것이다. 儺는 걸음걸이에 법도가 있는 것이다.

○承上章하여 言二水在衛어늘 而自恨其不得笑語遊戲於其間也라

○윗 장을 이어 "두 물은 위나라에 있는데, 스스로 그 사이에서 웃고 말하며 노닐 수 없음이 한스럽다."라고 한 것이다.

字義 瑳 : 옥빛 차　儺 : 아장아장 걸을 나　粲 : 웃는 모양 찬

淇水滺滺하니 檜楫松舟로다 駕言出遊하여 以寫我憂아 (衛風 竹竿-04)

淇水滺滺　　기수 유유히 흐르니
檜楫松舟　　전나무 노에 소나무 배로다
駕言出遊　　그 배 타고 밖에나 나가
以寫我憂　　이내 시름 잊어나 볼까나

賦也라 滺滺는 流貌라 檜는 木名이니 似柏이라 楫은 所以行舟也라

賦이다. 滺滺는 흐르는 모양이다. 檜는 나무 이름이니, 잣나무와 비슷하다. 楫은 배를 가게 하는 것이다.

○與泉水之卒章同意라

○〈泉水〉의 마지막 장과 같은 뜻이다.

字義 滺 : 물 철철 흐를 유　檜 : 회나무 회　楫 : 돛대 집, 노 집　寫 : 쏟을 사

竹竿 四章이니 章四句라

〈竹竿〉 4章이니, 장마다 4句이다.

用例

〔玉儺〕 - 高尙한 行爲를 비유한다. 無名氏(明), 《飛丸記》〈憐儒脫難〉: "感深潤河, 望長江茫茫浩波 ; 景行**玉儺**, 望泰山巍巍翠峨."

〔舟楫〕 - '舟檝'이라고도 쓰며, 널리 배를 지칭한다. 柯丹丘(元), 《荊釵記》〈春科〉: "際風雲, 鹽梅**舟楫**, 一德務臣君."

芄蘭(환란)

芄蘭之支여 童子佩觿로다 雖則佩觿나 能不我知로다 容兮遂兮하니 垂帶悸兮로다 (衛風 芄蘭-01)

芄蘭之支　　박주가리 넝쿨이여

童子佩觿	머슴애 뿔송곳을 찼네
雖則佩觿	뿔송곳 찼다마는
能不我知	나보다 지혜롭지 못하면서
容兮遂兮	잘난 체 뽐내는 양
垂帶悸兮	허리띠는 치렁치렁

興也라 芄蘭은 草이니 一名蘿摩니 蔓生이요 斷之有白汁하니 可啖이라 支는 枝同이라 觿는 錐也니 以象骨爲之라 所以解結이니 成人之佩요 非童子之飾也라 知는 猶智也니 言其才能이 不足以知於我也라 容, 遂는 舒緩放肆之貌요 悸는 帶下垂之貌라

芄蘭

興이다. 芄蘭은 풀이니, 또 다른 이름은 蘿摩이다. 넝쿨로 자라고 자르면 흰 즙이 나오는데 먹을 수 있다. 支는 枝와 같다. 觿는 송곳이니, 코끼리뼈로 만든다. 맺힌 것을 푸는 것으로, 어른이 차는 것이지 어린이의 장식이 아니다. 知는 智와 같으니, 그 才能이 나보다 슬기롭지 못함을 말한 것이다. 容과 遂는 풀어지고 제멋대로인 모양이고, 悸는 띠가 아래로 늘어진 모양이다.

字義 芄 : 왕골 환 觿 : 뿔송곳 휴 悸 : 띠 늘어질 계 蘿 : 댕댕이넌출 라 摩 : 만질 마 啖 : 먹을 담 錐 : 송곳 추

芄蘭之葉이여 童子佩韘이로다 雖則佩韘이나 能不我甲이로다 容兮遂兮하니 垂帶悸兮로다 (衛風 芄蘭-02)

芃蘭之葉	박주가리 잎새여
童子佩韘	머슴애 활깍지 찼네
雖則佩韘	활깍지 찼다마는
能不我甲	나만도 못하면서
容兮遂兮	잘난 체 뽐내는 양
垂帶悸兮	허리띠는 치렁치렁

興也라 韘은 決也니 以象骨爲之라 著(착)右手大指하니 所以鉤弦闓體라 鄭氏曰 沓也라하니 卽大射所謂朱極三이 是也라 以朱韋爲之하니 用以彄沓右手食指將指無名指也라 甲은 長也니 言其才能이 不足以長於我也라

興이다. 韘은 깍지이니, 코끼리뼈로 만든다. 오른손의 엄지손가락에 끼우니, 활시위를 당겨 활의 몸통을 여는 것이다. 鄭氏(鄭玄)는 "〈韘은〉 沓(깍지)이다."라고 하였으니, 바로 《儀禮》 〈大射禮〉의 '朱極三'이 이것이다. 붉은 가죽으로 만드는데, 이것을 사용하여 오른손의 食指와 將指·無名指에 끼운다. 甲은 뛰어남이니, 그 재능이 나보다 뛰어나지 못함을 말한 것이다.

字義 韘 : 깍지 섭 決 : 깍지 결 闓 : 열 개 沓 : 깍지 답 彄 : 당길 구 長 : 나을 장

芄蘭 二章이니 章六句라

〈芄蘭〉 2章이니, 장마다 6句이다.

此詩는 不知所謂니 不敢强解라

이 시는 무엇을 말한 것인지 알 수 없으니 감히 억지로 해석하지 않는다.

用 例

〔觿年〕 - '觽年'이라 쓰기도 하며, 어린 나이를 의미한다. 駱賓王(唐), 〈上兗州崔長史啓〉 : "偉龍章之秀質, 騰孔雀於**觿年**."

河廣(하광)

誰謂河廣고 一葦杭之로다 誰謂宋遠고 跂予望之로다 (衛風 河廣-01)

誰謂河廣　　뉘라서 하수가 넓다던고
一葦杭之　　갈대 한 닢이면 건너리라
誰謂宋遠　　뉘라서 송나라 멀다던고
跂予望之　　발 돋우면 보인다네

賦也라 葦는 蒹葭之屬이라 杭은 度(渡)也라 衛在河北이요 宋在河南이라

賦이다. 葦는 갈대의 종류이다. 杭은 건넘이다. 衛나라는 河水의 북쪽에 있고, 宋나라는 하수의 남쪽에 있다.

○宣姜之女 爲宋桓公夫人하여 生襄公하고 而出歸于衛러니 襄公卽位에 夫人思之而義不可往이라 蓋嗣君은 承父之重하여 與祖爲體[14]하니 母出이면 與廟絶하여 不可以私反이라 故로

---

14 承父之重 與祖爲體 : 傳重은 손자가 조부의 계통을 잇는 것을 말한다. 즉 아버지를 건너뛰어 손자가 왕통을 이은 경우, 조부의 입장에서는 '傳重'이라 하고 손자의 입장에서는 '承重'이라 한다.(《儀禮》 〈喪服〉)

作此詩라 言 誰謂河廣乎라 但以一葦加之면 則可以渡矣요 誰謂宋國遠乎아 但一跂足而望이면 則可以見矣라하니 明非宋遠而不可至也요 乃義不可而不得往耳라

○宣姜의 딸이 宋 桓公의 부인이 되어 襄公을 낳고는 쫓겨나 위나라로 돌아왔다. 그 후 양공이 즉위하자, 부인이 아들을 그리워하였으나 의리상 갈 수가 없었다. 이는 대를 이은 군주는 아버지의 傳重을 이어서 할아버지와 體가 되니, 어머니가 쫓겨나면 사당과 관계가 끊겨 사사로운 인정으로 돌아오게 할 수가 없다. 그래서 이 시를 지은 것이다. “누가 하수가 넓다던가. 갈대 한 닢만 놓으면 건널 수 있다. 누가 송나라가 멀다 하는가. 발돋움 한 번 하면 바라볼 수 있다.”라고 하였으니, 송나라가 멀어서 가지 못하는 것이 아니고, 바로 의리상 不可하여 갈 수 없음을 밝힌 것이다.

字義 葦 : 갈대 위　杭 : 건널 항　跂 : 발돋움할 기　蒹 : 갈대 겸　葭 : 갈대 가　襄 : 오를 양

誰謂河廣고 曾不容刀로다 誰謂宋遠고 曾不崇朝로다 (衛風 河廣-02)

誰謂河廣　　뉘라서 하수가 넓다던고
曾不容刀　　마상이도 띄우지 못하네
誰謂宋遠　　뉘라서 송나라 멀다던고
曾不崇朝　　하루아침 거리도 못 된다네

賦也라 小船曰刀니 不容刀는 言小也라 崇은 終也니 行不終朝而至는 言近也라

賦이다. 작은 배를 마상이〔刀〕라 하니, 마상이를 용납하지 못한다는 것은 작음을 말한다. 崇은 마침이니, 길을 나서 아침이 가기 전에 도착한다는 것은 가까움을 말한 것이다.

字義 刀 : 마상이 도　崇 : 마칠 숭

河廣 二章이니 章四句라

〈河廣〉 2章이니, 장마다 4句이다.

范氏曰 夫人之不往은 義也라 天下豈有無母之人歟아 有千乘之國而不得養其母면 則人之不幸也라 爲襄公者 將若之何오 生則致其孝하고 沒則盡其禮而已라 衛有婦人之詩하니 自共姜至於襄公之母히 六人[15]焉이니 皆止於禮義而不敢過也라 夫以衛之政敎淫僻하고 風俗傷敗로되 然而女子 乃有知禮而畏義如此者는 則以先王之化 猶有存焉故也라

范氏가 말하였다. “夫人이 가지 않은 것은 義이다. 천하에 어찌 어머니가 없는 사람이 있겠는가. 千乘의 나라를 소유하고도 그 어머니를 봉양할 수 없다면 이는 사람의 불행인 것이다. 襄公의 입장에서는 어찌해야 하는가. 살아계시면 효성을 지극히 하고, 돌아가시면 禮를 다할 뿐

---

15 六人 : 共姜, 莊姜, 許穆夫人, 宋桓夫人 및 〈泉水〉를 지은 여인, 〈竹竿〉을 지은 여인이다.

이다. 衛나라에 婦人의 시가 있는데, 共姜으로부터 襄公의 어머니에 이르기까지 여섯 사람이니, 이들은 모두 禮義에 그치고 감히 넘지 못하였다. 위나라의 政教가 음탕하고 간사하며 風俗이 무너졌는데도 여자들이 마침내 예를 알고 의를 두려워함이 이와 같았던 것은 선왕의 교화가 아직 남아 있었기 때문이다."

字義 沒 : 죽을 몰 僻 : 간사할 벽

用 例

〔一葦〕 - 작은 배〔小船〕의 代稱으로 사용하였다. 孔穎達은 疏에서 "一葦는 一束을 말하니 물에 띄워서 뗏목처럼 건널 수 있는 것이니 갈대 한 그루를 말한 게 아니다."라고 하였다. 《三國志》〈吳志 賀邵傳〉 "臣聞否泰無常, 吉凶由人, 長江之限, 不可久恃苟我不守, **一葦**可航也."

〔跂望〕 - 발뒤꿈치를 들고 바라봄을 말한다. 《三國志》〈魏志 董昭傳〉 "遠近**跂望**, 冀一朝獲安." 劉基(明) 《郁離子》〈九難〉 "千人離立, **跂望**顔色."

〔容刀〕 - 작은 배〔小船〕가 통행할 수 있음을 말하며, 좁은 것을 비유하기도 한다. 和邦額(淸) 《夜譚隨錄》〈董如彪〉 "第宅復閎壯, 園亭之勝, 甲一邑, 園中有池可**容刀**."

伯兮(백혜)

伯[16]兮朅兮하니 邦之桀兮로다 伯也執殳하여 爲王前驅로다 (衛風 伯兮-01)

伯兮朅兮　　내 낭군은 씩씩도 하니
邦之桀兮　　나라의 호걸이로세
伯也執殳　　내 낭군이 창을 잡고서
爲王前驅　　왕의 선봉이 되었네

賦也라 伯은 婦人 目其夫之字也라 朅은 武貌라 桀은 才過人也라 殳는 長丈二而無刃이라

賦이다. 伯은 부인이 자기 남편의 字를 지목한 것이다. 朅은 씩씩한 모습이다. 桀은 재주가 남보다 뛰어난 것이다. 殳는 길이가 두 발인데 날이 없다.

○婦人 以夫久從征役而作是詩라 言 其君子之才之美如是하여 今方執殳而爲王前驅也라

○부인이 남편이 오랫동안 부역에 나갔기 때문에 이 시를 지은 것이다. "이토록 아름다운 재주를 지닌 남편이 이제 창을 잡고 왕의 선봉이 되었다."고 한 것이다.

16 伯 : 남편의 字라 하였기에 여기서는 '낭군'이라 의역하였다.

字義 朅 : 훤칠할 걸 桀 : 호걸 걸 殳 : 창 수 武 : 용맹스러울 무

自伯之東하여 首如飛蓬호라 豈無膏沐이리오마는 誰適爲容이리오 (衛風 伯兮-02)

自伯之東 내 낭군 동으로 간 뒤
首如飛蓬 내 머린 쑥대 같아라
豈無膏沐 머리 감고 바를 기름 없으랴만
誰適爲容 누굴 위해서 모양낼까

賦也라 蓬은 草名이니 其華如柳絮하여 聚而飛면 如亂髮也라 膏는 所以澤髮者요 沐은 滌首去垢也라 適은 主也라

賦이다. 蓬은 풀 이름이니, 그 꽃이 버들개지와 같아 뭉쳐서 날리면 흐트러진 머리털 같다. 기름은 머리를 윤기 나게 하는 것이고, 沐은 머리를 감아서 때를 제거하는 것이다. 適은 위주로 함이다.

○言我髮亂如此하니 非無膏沐可以爲容이언마는 所以不爲者는 君子行役하여 無所主而爲之故也라 傳曰 女爲悅己容[17]이라

○"이처럼 내 머리카락 흐트러졌으니, 머리 감고 모양을 낼 기름이 없는 것은 아니지만, 그리하지 않는 까닭은 남편이 부역을 가서 위하여 모양을 낼 남편이 없기 때문이다."라고 한 것이다. 傳에 "여자는 자기를 좋아하는 이를 위하여 모양을 낸다."라고 하였다.

字義 蓬 : 쑥 봉 適 : 주장할 적 膏 : 머릿기름 고 絮 : 버들개지 서 滌 : 씻을 척

其雨其雨에 杲杲出日이로다 願言思伯이라 甘心首疾이로다 (衛風 伯兮-03)

其雨其雨 비 오려나 비 오려나
杲杲出日 다시 쨍쨍 해가 뜨네
願言思伯 내 낭군 그리운 고통
甘心首疾 차라리 머리가 아팠으면

比也라 其者는 冀其將然之詞라

比이다. 其는 그러하기를 바라는 말이다.

○冀其將雨而杲然日出로 以比望其君子之歸而不歸也라 是以로 不堪憂思之苦하여 而寧

---

17 傳曰 女爲悅己容 : 《戰國策》 〈趙策〉에 晉나라의 豫讓이 "士는 자신을 알아주는 사람을 위해서 죽고, 여인은 자신을 좋아하는 사람을 위해 모양을 낸다.〔士爲知己者而死 女爲悅己者而容〕"라고 하였다.

甘心於首疾也라

○비가 오기를 바랐는데 쨍쨍 해가 뜨는 것으로써 남편이 돌아오기를 바랐는데 돌아오지 않음을 비유한 것이다. 이 때문에 근심과 그리움의 고통을 견디지 못하여 차라리 머리 아픈 것이 편하겠다고 한 것이다.

字義 杲 : 밝을 고

焉得諼草하여 言樹之背오 願言思伯이라 使我心痗로다 (衛風 伯兮-04)

焉得諼草　　어찌하면 원추리 얻어
言樹之背　　뒤뜰에다 심어나 볼까
願言思伯　　내 낭군 그리움에
使我心痗　　내 마음 병들게 하네

諼草(萱草)

賦也라 諼은 忘也라 諼草는 合歡이니 食之면 令人忘憂者라 背는 北堂[18]也라 痗는 病也라

賦이다. 諼은 잊음이다. 諼草는 合歡이니, 먹으면 근심을 잊게 하는 것이다. 背는 北堂이다. 痗는 병듦이다.

○言 焉得忘憂之草하여 樹之北堂하여 以忘吾憂乎아 然終不忍忘也라 是以로 寧不求此草하고 而但願言思伯하여 雖至於心痗나 而不辭爾라 心痗則其病益深이니 非特首疾而已也라

○"어떻게 하면 근심을 잊게 하는 풀을 얻어 뒤뜰에다 심어서 내 근심을 잊을 수 있겠는가. 그러나 끝내 차마 잊을 수가 없다. 이 때문에 차라리 그 풀을 구하지 않고, 다만 낭군(伯)을 그리워하여 비록 마음에 병이 들지라도 사양하지 않겠다."라고 한 것이다. 마음에 병이 들고 보면 그 병이 더욱 깊은 것이니, 머리가 아플 뿐만이 아닌 것이다.

字義 諼 : 잊을 훤　痗 : 병들 매

伯兮 四章이니 章四句라

〈伯兮〉 4章이니, 장마다 4句이다.

范氏曰 居而相離則思하고 期而不至則憂는 此人之情也라 文王之遣戍役과 周公之勞歸士에 皆敍其室家之情, 男女之思以閔之라 故로 其民悅而忘死라 聖人은 能通天下之志라 是以로 能成天下之務라 兵者는 毒民於死者也라 孤人之子하고 寡人之妻하여 傷天地之

---

18 北堂 : 사대부 가정에서 주부가 거처하는 방을 말한다. 후대에는 모친을 상징하는 말로 사용하기도 한다.(《儀禮》〈士昏禮〉)

和하고 召水旱之災라 故로 聖王重之하니 如不得已而行이면 則告以歸期하고 念其勤勞하여 哀傷慘怛을 不啻在己라 是以로 治世之詩는 則言其君上閔恤之情하고 亂世之詩는 則錄其室家怨思之苦하니 以爲人情不出乎此也일새라

范氏가 말하였다. "같이 살다가 서로 떨어지면 그리워하고, 약속했다가 오지 않으면 근심하는 것은 사람의 情이다. 文王이 수자리를 보낼 때와 周公이 돌아오는 병사들을 위로할 때에 모두 그 가족의 정과 남녀의 그리움을 서술하여 안타깝게 여겼다. 그러므로 백성들이 기뻐하고 죽음의 두려움을 잊었던 것이다. 聖人은 능히 천하 사람들의 생각과 소통한다. 이 때문에 능히 천하의 일을 이루는 것이다. 전쟁은 백성을 죽음의 해독으로 몰아넣는 것이어서, 남의 자식을 고아로 만들고 남의 아내를 과부로 만들어, 천지의 조화로운 기운을 손상하고 물난리나 가뭄의 재앙을 불러온다. 그러기에 聖王은 이를 신중히 하였으니, 만일 부득이하여 행하게 되면 돌아올 기한을 미리 말해주고 그들의 노고를 생각하여 애처롭고 불쌍하게 여기기를 자기 자신이 당한 것처럼 할 뿐만이 아니었다. 이 때문에 治世의 詩는 군주가 백성을 걱정하는 감정을 말하였고, 亂世의 시는 가족들이 원망하고 그리워하는 고통을 기록하였으니, 이는 人情이 이에서 벗어나지 않기 때문이다."

字義 戍 : 수자리 수 慘 : 슬플 참 怛 : 슬플 달 啻 : 뿐 시

用 例

〔萱堂〕·〔北堂〕 – 母親의 居室 또는 母親을 代稱한다. 李白(唐), 〈贈曆陽褚司馬〉詩 : "**北堂**千萬壽, 侍奉有光輝." 宋葉夢得〈再任後遺模歸按視石林〉詩之二 : "白髮**萱堂**上, 孩兒更共懷." ○祖母를 비유하여 이르기도 한다. 《紅樓夢》 第94回 : "海棠何事忽摧隤? 今日繁花爲底開? 應是**北堂**增壽考, 一陽旋復古先梅."

〔樹萱〕 – 근심을 잊음을 의미한다. 鮑照(南朝 宋), 〈代貧賤苦愁行〉 : "空庭慙**樹萱**, 藥餌愧過客."

〔無萱〕 – 근심을 잊을 수 없음을 의미한다. 謝惠連(南朝 宋), 〈西陵遇風獻康樂〉詩之五 : "積憤成疢痗, **無萱**將如何?"

有狐(유호)

有狐綏綏하니 在彼淇梁이로다 心之憂矣는 之子無裳이니라 (衛風 有狐-01)

有狐綏綏 혼자서 어슬렁 짝 찾는 여우
在彼淇梁 저 기수 돌다리에 있네
心之憂矣 마음속 수심은

之子無裳　　　저이 바지가 없기 때문

比也라 狐者는 妖媚之獸라 綏綏는 獨行求匹之貌라 石絶水曰梁이니 在梁이면 則可以裳矣라

比이다. 狐는 요망하고 홀리는 짐승이다. 綏綏는 혼자 다니며 짝을 찾는 모습이다. 돌을 놓아 물을 건너게 하는 것을 梁이라 하니, 梁에 있으면 바지를 입을 수 있는 것이다.

◯國亂民散하여 喪其妃耦하니 有寡婦見鰥夫而欲嫁之라 故로 託言有狐獨行而憂其無裳也라

◯나라가 혼란하여 백성이 흩어져 배우자를 잃으니, 어떤 寡婦가 홀아비를 보고는 그에게 시집가고자 하였다. 그리하여 "혼자 다니는 여우가 바지가 없음을 근심한다."라고 핑계대어 말한 것이다.

字義 綏 : 더딜 수　梁 : 돌다리 량　媚 : 홀릴 미　鰥 : 홀아비 환

有狐綏綏하니 在彼淇厲로다 心之憂矣는 之子無帶니라 (衛風 有狐-02)

有狐綏綏　　　혼자서 어슬렁 짝 찾는 여우
在彼淇厲　　　저 기수 여울에 있네
心之憂矣　　　마음속 근심은
之子無帶　　　저이 허리띠가 없기 때문

比也라 厲는 深水可涉處也라 帶는 所以申束衣也니 在厲면 則可以帶矣라

比이다. 厲는 물 깊이가 〈옷을 입고〉 건널 만한 곳이다. 띠는 옷을 단단히 묶는 것이니, 厲에 있다면 띠를 맬 수 있는 것이다.

字義 厲 : 물 건널 려

有狐綏綏하니 在彼淇側이로다 心之憂矣는 之子無服이니라 (衛風 有狐-03)

有狐綏綏　　　혼자서 어슬렁 짝 찾는 여우
在彼淇側　　　저 기수 곁에 있네
心之憂矣　　　마음속 수심은
之子無服　　　저이 옷이 없기 때문

比也라 濟乎水면 則可以服矣라

比이다. 물을 건넜으면 옷을 입을 수 있는 것이다.

有狐 三章이니 章四句라

〈有狐〉 3장이니, 장마다 4句이다.

用 例

〔狐綏〕 - 婦女가 淫亂함을 비유한다. 謝肇淛(明), 《五雜俎》〈人部 四〉: "辰嬴以國君之女, 朝事其弟, 夕事其兄 ; 鶉奔, 狐綏之行, 見於大邦之主, 而恬不爲恥也."

木瓜(모과)

投我以木瓜에 報之以瓊琚요 匪報也는 永以爲好也니라 (衛風 木瓜-01)

投我以木瓜　내게 모과 던져주기에
報之以瓊琚　아름다운 패옥으로 보답하였소
匪報也　보답했다 아니함은
永以爲好也　길이 잘 지내자 해서랍니다

比也라 木瓜는 楙木也니 實如小瓜하고 酢可食이라 瓊은 玉之美者요 琚는 佩玉名이라

比이다. 木瓜는 楙木이니, 열매는 작은 오이와 같으며, 맛이 시고 먹을 만하다. 瓊은 옥 중에 아름다운 것이고, 琚는 佩玉의 이름이다.

○言 人有贈我以微物에 我當報之以重寶요 而猶未足以爲報也는 但欲其長以爲好而不忘耳라하니 疑亦男女相贈答之辭니 如靜女之類라

○"사람이 나에게 하찮은 물건을 선물하였는데, 내 귀중한 보물로써 보답을 하고서도 오히려 보답했다고 여기지 않음은 다만 길이 사이좋게 지내어 잊지 않고자 해서이다."라고 한 것이다. 이 시도 남녀가 서로 선물하고 답례한 말인 듯하니, 〈靜女〉의 類와 같은 것이다.

字義　瓊 : 붉은 옥 경　琚 : 패옥 거　楙 : 모과나무 무　酢 : 신맛 초

投我以木桃에 報之以瓊瑤요 匪報也는 永以爲好也니라 (衛風 木瓜-02)

投我以木桃　내게 복숭아 던져주기에
報之以瓊瑤　아름다운 옥으로 보답하였소
匪報也　보답했다 아니함은
永以爲好也　길이 좋게 지내잔 뜻이랍니다

比也라 瑤는 美玉也라

比이다. 瑤는 아름다운 옥이다.

字義　瑤 : 아름다운 옥 요

投我以木李에 報之以瓊玖요 匪報也는 永以爲好也니라 (衛風 木瓜-03)

投我以木李	내게 오얏을 던져주기에
報之以瓊玖	아름다운 검은 옥으로 보답하였소
匪報也	보답했다 아니함은
永以爲好也	길이 잘 지내잔 뜻이랍니다

比也라 玖亦玉名也라

比이다. 玖도 옥의 이름이다.

字義 玖 : 검은 옥돌 구

木瓜 三章이니 章四句라

〈木瓜〉 3章이니, 장마다 4句이다.

用 例

〔投木報瓊〕 - 자기에게 깊은 은정과 후의를 베푼 사람에게 보답함을 지칭한다. 舊題 尤袤(宋), 《全唐詩話》〈張說〉 : "移公於荊府, 積漸至相, 由蘇得也. 今蘇屈居益部, 公坐廟堂, **投木報瓊**, 義將安在?"

〔投瓜〕 - 대체로 하찮은 물건을 선물함을 가리킨다. 陸龜蒙(唐), 〈江南秋懷寄華陽山人〉詩 : "種豆悲楊惲, **投瓜**憶衛旂." 후대에는 청춘남녀가 주는 사랑의 신표를 일컫는다. 楊珽(明), 《龍膏記》〈訴因〉 : "道是桑間約暗**投瓜**, 偸折吳王宮苑花."

〔投瓊〕 - 남에게 은혜를 베푼 것을 비유한다. 庾信(北周), 〈將命至鄴酬祖正員〉詩 : "**投瓊**實有慰, 報李更無蹊."

〔瓊玖〕 - 아름다운 옥을 지칭한다. 예물의 美稱이기도 하다. 錢起(唐), 〈酬長孫繹藍溪寄杏〉詩 : "芳馨來滿袖, **瓊玖**願酬篇."

〔木瓜〕 - 서로 선물함을 지칭한다. 賈島(唐), 〈投張太祝〉詩 : "欲買雙瓊瑤, 慙無一**木瓜**."

〔木李〕 - 서로 주고받은 물건을 지칭한다. 耶律楚材(元), 〈和南質張學士敏之見贈〉之一 : "和我新詩使予起, 却得瓊瑰酬**木李**."

〔木桃〕 - 선물로 주는 물품을 비유한다. 司馬光(宋), 〈席上賦得榛子〉詩 : "雖無**木桃**贈, 投此寄情親."

衛國 十篇이니 三十四章이요 二百三句라

衛國風 10篇이니, 34章이고 203句이다.

張子曰 衛國地濱大河하여 其地土薄이라 故로 其人氣輕浮하며 其地平下라 故로 其人質柔弱하며 其地肥饒하여 不費耕耨라 故로 其人心怠惰하니 其人情性如此면 則其聲音亦淫靡라

故로 **聞其樂**이면 **使人懈慢而有邪僻之心也**니 **鄭詩放此**라

張子가 말하였다. "衛나라는 땅이 大河와 닿아 있어 그 지역이 낮기 때문에 사람들의 기질이 경박하고, 땅이 평지이기 때문에 사람들의 자질이 유약하며, 토질이 비옥하여 밭 갈고 김매는 노력을 들이지 않기 때문에 사람들의 마음이 게으르다. 그들의 情性이 이와 같으면 그 聲音도 음탕하다. 그러기에 그 음악을 들으면 사람으로 하여금 게을러 바르지 못한 마음을 갖게 하니, 鄭나라의 시도 이와 같다."

字義 濱 : 물가 빈 饒 : 풍요할 요 耨 : 김맬 누 靡 : 사치할 미 懈 : 게으를 해

詩經集傳 卷之四

王 一之六

周王室 東遷後 世系

平王 - 桓王 - 莊王 - 釐王 - 惠王 - 襄王 - 頃王 - 匡王 - 定王 - 簡王 - 靈王 - 景王 - 悼王 - 敬王 - 元王 - 貞定王 - 哀王 - 思王 - 考王 - 威烈王 - 安王 - 烈王 - 顯王 - 愼靚王 - 赧王

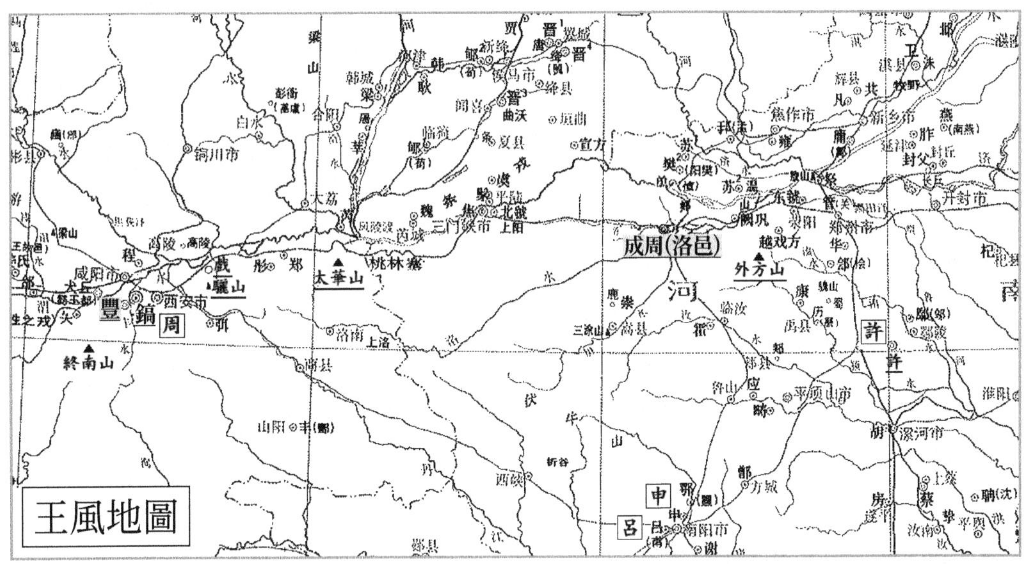

王은 謂周東都洛邑이니 王城畿內 方六百里之地라 在禹貢豫州大華外方之間하니 北得河陽하고 漸冀州之南也라 周室之初에 文王居豐하고 武王居鎬러니 至成王하여 周公이 始營洛邑하여 爲時會諸侯之所하니 以其土中하여 四方來者 道里均故也라 自是로 謂豐鎬爲西都하고 而洛邑爲東都라 至幽王 嬖褒姒하여 生伯服이어늘 廢申后及太子宜臼하니 宜臼奔申한대 申侯怒하여 與犬戎攻宗周하여 弑幽王于戲라 晉文侯, 鄭武公이 迎宜臼于申而立之하니 是爲平王이라 徙居東都王城하니 於是에 王室遂卑하여 與諸侯無異라 故로 其詩不爲雅而爲風이라 然其王號未替也라 故로 不曰周而曰王이라 其地則今河南府及懷孟等州是也라

王은 周나라의 東都인 洛邑을 이르니, 王城의 畿內 方 600리의 땅이다.《書經》〈禹貢〉의 豫州, 太華山과 外方山 사이에 있었으니, 북으로는 河水 북쪽을 차지하고 冀州의 남쪽까지 걸쳐 있었다. 周나라 초기에 문왕은 豐에 살고 무왕은 鎬에 살았는데, 成王 때에 이르러 周公이 처음 洛邑을 경영하여 때로 제후들을 만나는 장소로 삼았으니, 이는 지역의 한 중앙이어서 사방에서 오는 거리가 균등하기 때문이었다. 이로부터 豐과 鎬를 西都라 하고, 洛邑을 東都라 하였다. 幽王에 이르러 褒姒를 총애하여 伯服을 낳자, 申后와 太子 宜臼를 폐출하니, 의구가 申나라로 도망을 갔다. 申侯가 노하여 犬戎과 함께 宗周를 쳐서 幽王을 戲에서 시해하였다. 晉 文侯와 鄭 武公이 의구를 신나라에서 맞이하여 세우니, 이가 平王이다. 평왕이 東都의 王城으로 옮겨 사니, 이에 王室이 마침내 낮아져 諸侯와 다름이 없게 되었다. 그리하여 그 시가 雅가 되지 못하고 風이 되었다. 그러나 王의 호칭은 아직 바뀌지 않았기 때문에 周라고 말하지 않고 王이라고 말한 것이다. 그 지역은 지금의 河南府와 懷州·孟州 등이 이곳이다.

字義 鎬 : 호경 호　嬖 : 사랑할 폐　褒 : 기릴 포　替 : 바꿀 체, 폐할 체

黍離(서리)

彼黍離離어늘 **彼稷之苗**로다 **行邁靡靡**하여 **中心搖搖**호라 **知我者**는 **謂我心憂**어늘 **不知我者**는 **謂我何求**오하나니 **悠悠蒼天**아 **此何人哉**오 (王風 黍離-01)

彼黍離離	저기 찰기장 이삭 늘어졌는데
彼稷之苗	저기에는 메기장 싹이 났네
行邁靡靡	발걸음 더디고 더디어
中心搖搖	마음 가누지 못하노라
知我者	날 아는 이는
謂我心憂	내 맘에 근심 있다 하거늘
不知我者	날 모르는 이는
謂我何求	내게 무얼 찾느냐 하니
悠悠蒼天	저 멀리 푸른 하늘이시여
此何人哉	이리 만든 이 누구인가요

賦而興也라 **黍**는 **穀名**이니 **苗似蘆**하고 **高丈餘**요 **穗黑色, 實圓重**이라 **離離**는 **垂貌**라 **稷亦穀也**니 **一名穄**(제)라 **似黍而小**라 **或曰粟也**라 **邁**는 **行也**요 **靡靡**는 **猶遲遲也**라 **搖搖**는 **無所定也**라 **悠悠**는 **遠貌**라 **蒼天者**는 **據遠而視之**에 **蒼蒼然也**라

賦이면서 興이다. 黍는 곡식 이름이니, 苗는 갈대와 같고 높이는 한 길이 넘으며, 이삭은 흑색이고, 열매는 둥글고 무겁다. 離離는 드리운 모양이다. 稷도 곡식이니, 또 다른 이름은 穄이

다. 黍와 비슷하나 작은데 粟이라고도 한다. 邁는 길을 가는 것이고, 靡靡는 더디다〔遲遲〕와 같다. 搖搖는 안정됨이 없는 것이다. 悠悠는 먼 모양이다. 蒼天은 멀리 바라보면 푸른 것이다.

◯周既東遷에 大夫行役이라가 至于宗周하여 過故宗廟宮室하니 盡爲禾黍어늘 閔周室之顚覆하여 彷徨不忍去라 故로 賦其所見黍之離離與稷之苗하여 以興行之靡靡, 心之搖搖라 既歎時人莫識己意하고 又傷所以致此者 果何人哉오하니 追怨之深也라

○주나라가 東遷하고 나서 대부들이 부역을 갔다가 宗周에 이르러 옛 宗廟와 宮室 터를 지나니, 모두 기장 밭이 되어 있었다. 이에 周나라의 왕실이 망해버림을 안타깝게 여겨 방황하며 차마 떠날 수가 없었다. 그리하여 자신이 본 늘어진 찰기장 이삭과 메기장 싹을 읊어 더디고 더딘 발걸음과 가누지 못하는 마음을 이끌어〔興〕 내었다. 당시 사람들이 자기의 생각을 알아주는 이가 없음을 탄식하고 나서 또 이렇게 만든 이는 과연 누구냐고 상심하였으니, 깊이 추억하여 원망한 것이다.

字義 黍 : 메기장 서　稷 : 찰기장 직　邁 : 갈 매　彷 : 헤맬 방　徨 : 헤맬 황

彼黍離離어늘 彼稷之穗로다 行邁靡靡하여 中心如醉호라 知我者는 謂我心憂어늘 不知我者는 謂我何求오하나니 悠悠蒼天아 此何人哉오 (王風 黍離-02)

彼黍離離　저기 찰기장 이삭 늘어졌는데
彼稷之穗　저기에는 메기장 이삭 패었네
行邁靡靡　발걸음 더디고 더디어
中心如醉　속마음 취한 듯하노라
知我者　날 아는 이는
謂我心憂　내 맘에 근심 있다 하거늘
不知我者　날 모르는 이는
謂我何求　내게 무엇을 찾느냐 하니
悠悠蒼天　저 멀리 푸른 하늘이시여
此何人哉　이리 만든 이 누구인가요

賦而興也라 穗는 秀也라 稷穗下垂 如心之醉라 故로 以起興이라

賦이면서 興이다. 穗는 이삭이 팬 것이다. 찰기장의 이삭이 아래로 늘어진 것이 마음이 취한 것과 같으므로 이로써 詩情을 이끌어온 것이다.

字義 穗 : 이삭 수　穄 : 메기장 제　秀 : 이삭 팰 수

彼黍離離어늘 彼稷之實이로다 行邁靡靡하여 中心如噎호라 知我者는 謂我心憂어늘

不知我者는 謂我何求오하나니 悠悠蒼天아 此何人哉오 (王風 黍離-03)

彼黍離離	저기 찰기장 이삭 늘어졌는데
彼稷之實	저기에는 메기장 여물었네
行邁靡靡	발걸음 더디고 더디어
中心如噎	가슴이 메이노라
知我者	날 아는 이는
謂我心憂	내 맘에 근심 있다 하거늘
不知我者	날 모르는 이는
謂我何求	내게 무얼 찾느냐 하니
悠悠蒼天	아득한 푸른 하늘이시여
此何人哉	이리 만든 이 누구인가요

賦而興也라 噎은 憂深不能喘息하여 如噎之然이라 稷之實이 如心之噎이라 故로 以起興이라

賦이면서 興이다. 噎은 근심이 깊어 숨을 쉴 수 없어서 목이 메인 듯한 것이다. 찰기장이 영글어 꽉 찬 것이 마음이 근심스러워 목이 멘 것과 같으므로 이로써 詩情을 이끌어온 것이다.

字義 噎 : 목멜 얼(열) 喘 : 숨찰 천

黍離 三章이니 章十句라

〈黍離〉 3章이니, 장마다 10句이다.

元城劉氏曰 常人之情은 於憂樂之事에 初遇之면 則其心變焉하고 次遇之면 則其變少衰하고 三遇之면 則其心如常矣라 至於君子忠厚之情하여는 則不然하여 其行役往來에 固非一見也라 初見稷之苗矣요 又見稷之穗矣요 又見稷之實矣로되 而所感之心이 終始如一하여 不少變而愈深하니 此則詩人之意也라

元城 劉氏(劉安世)가 말하였다. "보통 사람의 감정은 근심스럽거나 즐거운 일에 대하여 처음 만나면 그 마음이 바뀌고, 두 번째 만나면 그 바뀌는 감정이 조금 덜하고, 세 번째 만나면 그 마음이 평상시와 같아진다. 진실한 군자의 감정은 그렇지 아니하여 오고가는 부역 길에서 한 번만 본 것이 아니었다. 처음에는 메기장의 싹을 보고, 또 메기장의 이삭을 보고, 또 메기장의 영그는 것을 보았는데도 마음의 느낌이 끝까지 한결같아 조금도 변치 않고 더욱더 깊어졌으니, 이는 시인의 진실한 뜻이다."

用 例

〔故宮禾黍〕- 故國을 그리워하는 감정을 비유한다.

〔黍離〕·〔黍離麥秀〕·〔黍秀宮庭〕 - 亡國을 슬퍼하고 그리워함을 나타낸다. 曹植(三國 魏), 〈情詩〉: "遊子歎〈**黍離**〉, 處者歌〈式微〉." 嶽飛(宋), 〈題驟馬岡〉詩: "機春水沚猶傳晉, **黍秀宮庭**孰憫周."

〔黍稷情〕 - 亡國의 感慨를 나타낸다. 方文(淸), 〈喜龔孝升都憲至〉詩之二: "每涉江淮路, 偏多**黍稷情**."

〔禾黍〕 - 고국이 패망하거나 폐허가 됨을 슬퍼함을 비유한다. 許渾(唐), 〈金陵懷古〉詩: "楸梧遠近千官塚, **禾黍**高低六代宮."

〔離黍〕 - 亡國을 개탄함을 비유한다. 張元幹(宋), 《賀新郎》〈送胡邦衡待制赴新州〉詞: "夢繞神州路, 悵秋風, 連營畫角, 故宮**離黍**."

〔黍稷〕 - 古今興亡을 탄식하는 전거이다. 韓琦(宋), 〈寄題廣信君四望亭〉詩: "古道入秋漫**黍稷**, 遠坡乘晩下牛羊."

君子于役(군자우역)

君子于役이여 不知其期로소니 曷至哉오 鷄棲于塒며 日之夕矣라 羊牛下來로소니 君子于役이여 如之何勿思리오 (王風 君子于役-01)

君子于役　부역 가신 내 낭군
不知其期　돌아올 날 모르오니
曷至哉　어디메쯤 계시올까
雞棲于塒　닭들 홰에 오르고
日之夕矣　날은 저물어
羊牛下來　양이며 소들도 내려오는데
君子于役　부역 가신 내 낭군
如之何勿思　어이 아니 그리우리

賦也라 君子는 婦人目其夫之辭라 鑿墻而棲曰塒라 日夕則羊先歸而牛次之라

賦이다. 君子는 婦人이 그 남편을 지목한 말이다. 담장을 뚫어 깃들게 하는 것을 塒라 한다. 날이 저물면 양이 먼저 돌아오고 소가 그 다음에 돌아온다.

○大夫久役于外하니 其室家思而賦之曰 君子行役이여 不知其反還之期요 且今亦何所至哉오 雞則棲于塒矣요 日則夕矣라 牛羊則下來矣니 是則畜産出入도 尙有旦暮之節이어늘 而行役之君子는 乃無休息之時하니 使我如何而不思也哉리오

○대부가 오랫동안 밖에 부역을 가 있으니, 그 아내가 그리워하여 "내 남편 부역 나가 돌아올

기일을 모르고, 지금은 또 어느 곳에 계실까. 닭은 홰에 깃들고, 날은 저물어 소와 양이 내려오니, 이는 가축의 나가고 들어옴도 오히려 아침저녁의 절도가 있는데, 부역나간 남편은 휴식할 때마저 없으니, 내 어찌 그리워하지 않을 수 있겠는가."라고 한 것이다.

字義 棲 : 깃들일 서 塒 : 횃대 시 鑿 : 뚫을 착

君子于役이여 不日不月이로소니 曷其有佸고 鷄棲于桀이며 日之夕矣라 牛羊下括이로소니 君子于役이여 苟無飢渴이어다 (王風 君子于役-02)

君子于役 부역 가신 내 낭군
不日不月 하루 한 달이 아니오니
曷其有佸 어느 제나 만나올까
雞棲于桀 닭들 홰에 오르고
日之夕矣 날은 저물어
羊牛下括 양이며 소들 내려오니
君子于役 부역 가신 내 낭군
苟無飢渴 부디 기갈이나 없으시기를

賦也라 佸은 會요 桀은 杙이요 括은 至요 苟는 且也라

賦이다. 佸은 만남이고, 桀은 말뚝이고, 括은 이름이고, 苟는 바람이다.

○君子行役之久하여 不可計以日月이요 而又不知其何時可以來會也니 亦庶幾其免於飢渴而已矣라 此는 憂之深而思之切也라

○남편이 부역을 나간 지 오래되어 날짜와 달수로 계산할 수 없고, 또 언제나 돌아와 만날 수 있을지도 모르니, 역시 飢渴이나 면하기를 바랄 뿐이다. 이는 깊이 근심하고 간절히 그리워한 것이다.

字義 佸 : 모을 활 桀 : 말뚝 걸 括 : 이를 괄 杙 : 말뚝 익

君子于役 二章이니 章八句라

〈君子于役〉 2章이니, 장마다 8句이다.

用 例

〔于役〕 - '於役'으로도 쓰며, 외지에서 兵役이나 勞役 또는 公務로 바쁜 모습을 말한다. 謝朓(南朝 齊), 〈和伏武昌登孫權故城〉詩 : "**於役**儻有期, 鄂渚同遊衍."

〔括揭〕 - 우리로 돌아오는 가축을 가리키며, 닭을 가리키는 말로도 사용한다. 《文選》 謝靈運(南朝 宋), 〈似魏太子鄴中集詩 劉楨〉 : "朝遊牛羊下, 暮坐**括揭**鳴."

君子陽陽(군자양양)

君子陽陽하여 左執簧하고 右招我由房하나니 其樂只且(저)로다 (王風 君子陽陽-01)

君子陽陽　우리 님 의기양양
左執簧　왼손에 생황 잡고
右招我由房　오른손으로 방에서 날 부르니
其樂只且　즐거워라

賦也라 陽陽은 得志之貌라 簧은 笙竽管中金葉也라 蓋笙竽는 皆以竹管 植(치)於匏中하고 而竅其管底之側하여 以薄金葉障之하여 吹則鼓之而出聲하니 所謂簧也라 故로 笙竽를 皆謂之簧이라 笙은 十三簧, 或十九簧이요 竽는 十六簧也라 由는 從也요 房은 東房也라 只且는 語助辭라

賦이다. 陽陽은 만족해하는 모습이다. 簧은 笙과 竽의 대통 속에 있는 쇠붙이로 만든 얇은 떨판이다. 笙과 竽는 모두 대로 만든 관을 박 속에 꽂고 그 관 밑의 옆에 구멍을 뚫어 얇은 쇠붙이 떨판으로 막아서 불면 이것이 떨려 소리를 내니, 이른바 簧이다. 그래서 笙과 竽를 모두 簧이라고 한다. 笙은 簧이 13개이거나 19개이며, 竽는 16개이다. 由는 '부터'이고, 房은 동쪽 방이다. 只且는 語助辭이다.

○此詩는 疑亦前篇婦人所作이라 蓋其夫旣歸에 不以行役爲勞하고 而安於貧賤以自樂하니 其家人이 又識其意而深歎美之하니 皆可謂賢矣라 豈非先王之澤哉아 或曰 序說亦通이라하니 宜更詳之라

○이 시는 前篇의 부인이 지은 것인 듯하다. 그 남편이 돌아온 뒤에 부역 나갔다 온 것을 수고롭게 여기지 않고 가난함을 편안히 여겨 스스로 즐거워하니, 그 가족도 그런 뜻을 알고 깊이 찬미한 것이니, 모두 어질다고 할 만하다. 어찌 先王의 遺澤이 아니겠는가. 혹은 "〈序〉의 說도 의미가 통한다."라고 하니, 다시 살펴보아야 할 것이다.

字義 簧 : 생황 황　且 : 어조사 저　笙 : 생황 생　竽 : 피리 우　植 : 꽂을 치　匏 : 박 포
竅 : 구멍 규

君子陶陶하여 左執翿하고 右招我由敖하나니 其樂只且로다 (王風 君子陽陽-02)

君子陶陶　우리 님 즐거워
左執翿　왼손에 깃일산 잡고
右招我由敖　오른손으로 날 춤추자 부르니
其樂只且　즐거워라

賦也라 陶陶는 和樂之貌라 翿는 舞者所持니 羽旄[1]之屬이라 敖는 舞位也라

賦이다. 陶陶는 和樂한 모양이다. 翿는 춤추는 자가 잡는 것이니, 羽와 旄 등이다. 敖는 춤추는 자리이다.

字義 陶 : 기뻐할 도 翿 : 깃일산 도 敖 : 춤추는 자리 오 旄 : 깃발 모

君子陽陽 二章이니 章四句라

〈君子陽陽〉 2章이니, 장마다 4句이다.

揚之水(양지수)

揚之水여 不流束薪이로다 彼其之子여 不與我戍申이로다 懷哉懷哉로니 曷月에 予還(선)歸哉오 (王風 揚之水-01)

揚之水 느릿느릿 흐르는 물
不流束薪 나뭇단도 띄우지 못하네
彼其之子 저기 저 그이
不與我戍申 나와 신에 와 수자리 살지 않네
懷哉懷哉 그립고 그리우니
曷月予還歸哉 어느 달에나 나 돌아갈까

興也라 揚은 悠揚也니 水緩流之貌라 彼其之子는 戍人이 指其室家而言也라 戍는 屯兵以守也라 申은 姜姓之國으로 平王之母家也니 在今鄧州信陽軍之境이라 懷는 思요 曷은 何也라

興이다. 揚은 느림이니, 물이 느리게 흐르는 모양이다. 彼其之子는 수자리 간 사람이 가족을 가리켜 말한 것이다. 戍는 군대를 주둔하여 지키는 것이다. 申은 姜姓의 나라로 平王의 어머니 나라이니, 지금의 鄧州 信陽軍의 경내에 있었다. 懷는 그리워함이고, 曷은 언제이다.

○平王以申國近楚하여 數(삭)被侵伐이라 故로 遣畿內之民戍之하니 而戍者怨思하여 作此詩也라 興은 取之不二字하니 如小星之例[2]라

---

1 羽旄 : 羽는 꿩 깃으로 만들고 旄는 쇠꼬리로 만든 것으로 文舞를 출 때 사용하는 것이다.(《禮記》〈樂記〉)

2 如小星之例 : 興體로 분류하였지만, 이 구절은 특별한 의미가 없고, 揚之水의 '之'와 彼其之子의 '之', 不流束楚의 '不'과 不與我戍甫의 '不'자를 맞춘 것만 취하였음을 말한 것으로, 〈小星〉에서 三五在東의 '在'와 夙夜在公의 '在', 維參與昴의 '與'와 抱衾與裯의 '與'자를 맞춘 것과 같은 경우라고 말한 것이다.

○平王은 申나라가 楚나라에 가까워 자주 침탈을 당하기 때문에 畿內의 백성을 보내어 수자리를 시키니, 수자리 간 자들이 〈평왕을〉 원망하고 〈고향을〉 그리워하여 이 시를 지은 것이다. 興은 之와 不 두 字가 相應하는 것을 취한 것이니, 〈小星〉의 예와 같다.

字義 揚 : 날릴 양 戍 : 수자리 수 還 : 돌 선 鄧 : 땅 이름 등

揚之水여 不流束楚로다 彼其之子여 不與我戍甫로다 懷哉懷哉로니 曷月에 予還歸哉오 (王風 揚之水-02)

揚之水	느릿느릿 흐르는 물
不流束楚	나뭇단도 띄우지 못하네
彼其之子	저기 저 그이
不與我戍甫	나와 보에 와 수자리 살지 않네
懷哉懷哉	그립고 그리우니
曷月予還歸哉	어느 달에나 나 돌아갈까

興也라 楚는 木也라 甫는 卽呂也니 亦姜姓이라 書呂刑을 禮記에 作甫刑하니 而孔氏以爲呂侯後爲甫侯是也라 當時에 蓋以申故而幷戍之라 今未知其國之所在나 計亦不遠於申許也라

興이다. 楚는 나무이다. 甫는 呂이니, 역시 姜姓이다. 《書經》의 '呂刑'을 《禮記》 〈緇依〉에는 '甫刑'으로 기록하였는데, 孔氏(孔安國)가 "呂侯가 뒤에 甫侯가 되었다." 하였으니, 그것이다. 당시에 아마도 申나라 문제 때문에 함께 수자리를 시킨 듯하다. 지금 그 나라의 소재를 알 수가 없으나, 따져보면 역시 申나라와 許나라에서 멀지 않을 것이다.

字義 楚 : 가시나무 초 甫 : 겨우 보

揚之水여 不流束蒲로다 彼其之子여 不與我戍許로다 懷哉懷哉로니 曷月에 予還歸哉오 (王風 揚之水-03)

揚之水	느릿느릿 흐르는 물
不流束蒲	부들 나뭇단도 띄우지 못하네
彼其之子	저기 저 그이
不與我戍許	나와 허에 와 수자리 살지 않네
懷哉懷哉	그립고 그리우니
曷月予還歸哉	어느 달에나 나 돌아갈까

興也라 蒲는 蒲柳니 春秋傳云 董澤之蒲[3]라하니 杜氏云 蒲는 楊柳니 可以爲箭者是也라 許는 國名으로 亦姜姓이니 今穎昌府許昌縣이 是也라

興이다. 蒲는 蒲柳이니, 《春秋左氏傳》에 "董澤의 蒲"라 하였는데, 杜氏(杜預)는 "蒲는 楊柳이니, 화살을 만들 수 있다."라고 한 것이 그것이다. 許는 나라 이름으로 역시 姜姓이니, 지금의 穎昌府 許昌縣이 그곳이다.

字義 蒲 : 부들 포 董 : 바로잡을 동 箭 : 화살 전 穎 : 물 이름 영

揚之水 三章이니 章六句라

〈揚之水〉 3章이니, 장마다 6句이다.

申侯與犬戎으로 攻宗周而弑幽王하니 則申侯者는 王法必誅不赦之賊이니 而平王與其臣庶 不共戴天之讐也라 今平王이 知有母而不知有父하여 知其立己爲有德이요 而不知其弑父爲可怨하여 至使復讐討賊之師로 反爲報施酬恩之擧하니 則其忘親逆理하여 而得罪於天이 已甚矣라 又況先王之制에 諸侯有故어든 則方伯連帥以諸侯之師討之하고 王室有故어든 則方伯連帥以諸侯之師救之하여 天子鄕遂之民은 供貢賦衛王室而已라 今平王은 不能行其威令於天下하여 無以保其母家하여 乃勞天子之民하여 遠爲諸侯戍守라 故로 周人之戍申者 又以非其職而怨思焉하니 則其衰懦微弱而得罪於民을 又可見矣라 嗚呼라 詩亡而後春秋作[4]이 其不以此也哉아

申侯가 犬戎과 함께 宗周를 공격하여 幽王을 시해하였다. 그러고 보면, 申侯는 王法에 반드시 誅罰하고 용서할 수 없는 賊이니, 平王과 그 신하들이 같은 하늘 아래서 살 수 없는 원수이다. 그런데 이제 平王은 어머니가 있음만 알고 아버지가 있음을 알지 못하여, 자기를 왕으로 세워준 은덕만 알고 아버지를 시해한 것이 원수가 됨을 알지 못하였다. 심지어는 復讐하고 討賊해야 할 군대로 하여금 도리어 베풀어준 은혜에 보답하고 은덕을 갚는 행동을 하게까지 하였으니, 어버이를 잊고 이치를 거슬러 하늘에 죄를 얻음이 너무 심하다. 또 더구나 先王의 제도에 諸侯國에 문제가 생기면 方伯과 連帥가 諸侯의 군대를 거느리고 가서 토벌하며, 王室에 문제가 생기면 方伯과 連帥가 諸侯의 군대를 거느리고 가서 구원하여, 天子國의 鄕, 遂의 백성들은 貢賦를 바치고 王室을 호위할 뿐이었다. 그런데 지금 平王은 위엄과 명령을 天下에 시행하지 못하여 어머니 나라를 보호할 수가 없어서 마침내 天子의 백성을 수고롭게 하여 멀리 諸侯를 위하여 수자리 살며 지키게 하였다. 그리하여 周나라 사람으로서 신나라에 수자리간 자들이 또

---

3 春秋傳云 董澤之蒲 : 《春秋左氏傳》 桓公 12년에 보인다.

4 詩亡而後春秋作 : 《孟子》 〈離婁 下〉에 "왕자의 자취가 사라지자 詩가 없어졌고 시가 없어진 뒤에 《춘추》가 지어졌다.〔王者之迹熄而詩亡 詩亡而後春秋作〕"라는 말을 인용한 것이다. 朱子는 주나라가 東遷한 이후 천자의 위엄과 권한이 없어져서 주나라의 詩 王風이 列國의 風으로 격이 낮아지고 雅가 없어지는 시기를 기점으로 공자가 《춘추》를 지은 것이라고 주석하였다.

자기의 직무가 아니라 하여 원망하고 그리워한 것이니, 쇠잔하고 미약하여 백성에게 죄를 얻었음을 또 알 수 있다. 아, 詩가 없어진 뒤에《春秋》가 지어졌다는 것이 이 때문이 아니겠는가.

字義 赦 : 놓아줄 사 戴 : 일 대 酬 : 갚을 수 以 : 거느릴 이 遂 : 행정구획 이름 수 懦 : 나약할 나

中谷有蓷(중곡유퇴)

中谷有蓷하니 暵其乾(간)矣로다 有女仳離라 嘅其嘆矣호라 嘅其嘆矣하니 遇人之艱難矣로다

(王風 中谷有蓷-01)

中谷有蓷	골짜기에 익모초
暵其乾矣	바짝 말라 비틀어졌네
有女仳離	생이별한 여인네
嘅其嘆矣	한숨짓고 탄식하네
嘅其嘆矣	한숨짓고 탄식하니
遇人之艱難矣	인간세상 곤궁함 만났네

蓷(益母草)

興也라 蓷는 鵻也니 葉似萑하고 方莖白華요 華生節間하니 卽今益母草也라 暵은 燥요 仳는 別也라 嘅는 歎聲이요 艱難은 窮戹也라

興이다. 蓷는 鵻이니, 잎이 萑과 같으며 줄기가 네모지고 꽃이 희며 꽃이 마디 사이에서 나오니, 바로 지금의 益母草이다. 暵은 마른 것이고, 仳는 헤어짐이다. 嘅는 탄식하는 소리이고, 艱難은 곤궁함이다.

○凶年饑饉에 室家相棄하니 婦人覽物起興하여 而自述其悲歎之詞也라

○凶年에 饑饉이 들어 부부가 서로 버리니, 부인이 물건을 보고 詩情을 일으켜 비탄하는 노래를 스스로 서술한 것이다.

字義 蓷 : 익모초 퇴 暵 : 마를 한 乾 : 마를 간 仳 : 이별할 비 嘅 : 탄식할 개 鵻 : 익모초 추
萑 : 익모초 추 華 : 꽃 화 戹 : 재앙 액 饑 : 흉년들 기 饉 : 흉년들 근

中谷有蓷하니 暵其脩矣로다 有女仳離라 條其歗矣호라 條其歗矣하니 遇人之不淑矣로다 (王風 中谷有蓷-02)

中谷有蓷	골짜기에 익모초
暵其脩矣	포처럼 바짝 말랐네
有女仳離	생이별한 여인네

條其歗矣　긴 휘파람 한숨짓네
條其歗矣　긴 휘파람 한숨지니
遇人之不淑矣　인간세상 불행을 만났네

興也라 脩는 長也라 或曰 乾(간)也니 如脯之謂脩也라 條는 條然歗貌라 歗는 蹙口出聲也니 悲恨之深하여 不止於嘆矣라 淑은 善也라 古者에 謂死喪饑饉을 皆曰不淑이라하니 蓋以吉慶爲善事요 凶禍爲不善事니 雖今人語라도 猶然也라

興이다. 脩는 길이다. 혹은 "'말림'이니, 脯를 脩라고 하는 것과 같다."라고 한다. 條는 길게 휘파람 부는 모습이다. 歗는 입을 오므려 소리를 내는 것이니, 슬픔과 원한이 깊어 탄식에 그치지 않는 것이다. 淑은 좋음이다. 옛날에는 죽음과 기근을 모두 不淑이라 하였는데, 이는 좋고 경사스런 것을 좋은 일이라 하고 흉하고 불행한 것을 좋지 못한 일이라 하였으니, 지금 사람들의 말도 그렇다.

○曾氏曰 凶年而遽相棄背하니 蓋衰薄之甚者어늘 而詩人乃曰 遇斯人之艱難이라하고 遇斯人之不淑이라하여 而無怨懟過甚之詞焉하니 厚之至也라

○曾氏가 말하였다. "흉년에 쉽게 서로 버리고 배반하였으니, 이는 너무나 야박한 것인데도 시인은 '인간세상 어려움을 만났다.'라고 하고, '인간세상 불행을 만났네.'라고 하여 지나치게 원망하는 말이 없으니, 매우 후덕하다."

字義　脩 : 길 수　條 : 휘파람 불 조　歗 : 휘파람 소　淑 : 착할 숙　脯 : 포 포　脩 : 포 수
蹙 : 오므릴 축　懟 : 원망할 대

中谷有蓷하니 暵其濕矣로다 有女仳離라 啜其泣矣호라 啜其泣矣하니 何嗟及矣리오
(王風 中谷有蓷-03)

中谷有蓷　골짜기에 익모초
暵其濕矣　습지까지도 말랐네
有女仳離　생이별한 여인네
啜其泣矣　훌쩍이며 우노라
啜其泣矣　훌쩍이며 우니
何嗟及矣　슬퍼한들 어이하리

興也라 暵濕者는 旱甚則草之生於濕者도 亦不免也라 啜은 泣貌라 何嗟及矣는 言事已至此하여 末如之何니 窮之甚也라

興이다. 습지의 것도 말랐다는 것은 가뭄이 심하면 습지에서 자라는 풀도 〈말라죽음을〉 면치 못한다. 啜은 훌쩍거리며 우는 모습이다. 何嗟及矣는 일이 이 지경에 이르러 어찌할 수 없음을

말한 것이니, 매우 곤궁한 것이다.

字義 啜 : 훌쩍거릴 철

中谷有蓷 三章이니 章六句라

〈中谷有蓷〉 3章이니, 장마다 6句이다.

范氏曰 世治則室家相保者는 上之所養也요 世亂則室家相棄者는 上之所殘也일새라 其使之也勤하고 其取之也厚면 則夫婦日以衰薄하여 而凶年不免於離散矣리라 伊尹曰 匹夫匹婦 不獲自盡이면 民主 罔與成厥功이라하니 故로 讀詩者 於一物失所에 而知王政之惡하고 一女見棄에 而知人民之困하나니 周之政荒民散하여 而將無以爲國을 於此亦可見矣라

范氏가 말하였다. "세상이 다스려지면 가족이 서로 보호하는 것은 위에서 잘 보살펴주기 때문이고, 세상이 혼란하면 가족이 서로 버리는 것은 위에서 해치기 때문이다. 힘들게 부리고 많이 거두어들이면 부부의 정이 날로 야박해져서 흉년이 들면 헤어짐을 면치 못할 것이다. 伊尹이 '한 사내, 한 여인이라도 자신의 능력을 다 할 기회를 얻지 못한다면 백성의 주인은 함께 그 功을 이룰 수가 없다.' 하였다. 그러므로 이 시를 읽는 자는 한 물건이 제자리를 잃음에서 王政의 나쁨을 알고, 한 여인이 버림을 받음에서 백성의 곤궁함을 알게 되니, 周나라의 정치가 황폐하고 백성이 흩어져 좋은 나라가 될 수 없으리라는 것을 여기에서도 볼 수 있다."

兎爰(토원)

有兎爰爰이어늘 雉離于羅(리)로다 我生之初에 尙無爲러니 我生之後에 逢此百罹하니 尙寐無吪(와)엇다 (王風 兎爰-01)

有兎爰爰　　토끼는 여유 있거늘
雉離于羅　　꿩은 그물에 걸렸네
我生之初　　내가 태어났을 적엔
尙無爲　　그래도 별일 없었는데
我生之後　　내가 자란 뒤에는
逢此百罹　　온갖 걱정 닥쳐왔네
尙寐無吪　　잠들어 꼼짝하지 말았으면

比也라 兎性陰狡라 爰爰은 緩意라 雉性耿介라 離는 麗요 羅는 網이라 尙은 猶요 罹는 憂也라 尙은 庶幾也요 吪는 動也라

比이다. 토끼는 성질이 음흉하고 교활하다. 爰爰은 느리다는 뜻이다. 꿩의 성질은 꼿꼿하다. 離는 걸림이고, 羅는 그물이다. 尙은 그래도(오히려)이고, 罹는 근심이다. 尙은 바람이고, 吪는

움직임이다.

◯周室衰微에 諸侯背叛하니 君子不樂其生하여 而作此詩라 言張羅는 本以取兎어늘 今兎狡得脫하고 而雉以耿介로 反離于羅하여 以比小人致亂 而以巧計幸免하고 君子無辜而以忠直受禍也라 爲此詩者 蓋猶及見西周之盛이라 故로 曰方我生之初엔 天下尙無事러니 及我生之後에 而逢時之多難이 如此라 然旣無如之何면 則但庶幾寐而不動以死耳라 或曰興也니 以兎爰 興無爲하고 以雉離 興百罹也라하니 下章放此라

◯周나라 왕실이 쇠미해지자 諸侯들이 배반하니, 君子가 삶을 즐겁게 여기지 아니하여 이 시를 지은 것이다. “그물을 친 것은 본래 토끼를 잡으려는 것이었는데 이제 토끼는 교활하여 빠져나가고 꿩은 꼿꼿하여 도리어 그물에 걸렸다.”라고 하여 小人은 혼란을 초래하고도 교묘한 꾀로 요행히 화를 면하고, 君子는 허물이 없으면서도 忠直함으로써 화를 당함을 비유한 것이다. 이 시를 지은 이는 그래도 西周의 훌륭한 통치를 보았었다. 그리하여 “내가 태어난 초기에는 천하가 그래도 별일이 없었는데, 내가 자란 뒤에는 이처럼 어려움이 많은 세상을 만났다.”라고 한 것이다. 그러나 어쩔 수가 없게 되었고 보면 잠들어 움직이지 아니하고 죽기만을 바랄 뿐이다. 혹은 “興이니, ‘兎爰’으로 ‘無爲’를 興하고, ‘雉離’로 ‘百罹’를 興하였다.” 하니, 아래 장도 이와 같다.

字義 爰 : 느즈러질 원 雉 : 꿩 치 離 : 걸릴 리 罹 : 근심 리 吪 : 움직일 와 耿 : 곧을 경
介 : 곧을 개 麗 : 걸릴 리 網 : 그물 망 辜 : 허물 고

有兎爰爰이어늘 雉離于罦로다 我生之初에 尙無造러니 我生之後에 逢此百憂하니 尙寐無覺(교)엇다 (王風 兎爰-02)

有兎爰爰　　토끼는 여유 있거늘
雉離于罦　　꿩은 새그물에 걸렸네
我生之初　　내가 태어났을 적에는
尙無造　　그래도 별일 없었는데
我生之後　　내가 자란 뒤에는
逢此百憂　　이 온갖 근심 만났으니
尙寐無覺　　잠들어 깨어나지 말았으면

比也라 罦는 覆(부)車也니 可以掩兎라 造亦爲也라 覺는 寤也라

比이다. 罦는 수레 위를 덮는 것이니, 토끼를 덮쳐잡을 수 있다. 造도 ‘할 일’이다. 覺는 잠이 깨는 것이다.

字義 罦 : 그물 부 覺 : 잠깰 교 掩 : 덮칠 엄

有兎爰爰이어늘 **雉離于罿**(동)이로다 **我生之初**에 **尙無庸**이러니 **我生之後**에 **逢此百凶**하니 **尙寐無聰**이엇다 (王風 兎爰-03)

有兎爰爰	토끼는 여유 있거늘
雉離于罿	꿩은 새그물에 걸렸네
我生之初	내가 태어났을 적에는
尙無庸	그래도 할 일이 없었는데
我生之後	내가 자란 뒤에는
逢此百凶	이 온갖 흉한 일 만났으니
尙寐無聰	잠들어 아무소리 듣지 말았으면

比也라 **罿**은 **罬也**니 **卽罦也**라 **或曰 施羅於車上也**라 **庸**은 **用**이라 **聰**은 **聞也**니 **無所聞**이면 **則亦死耳**라

比이다. 罿은 새그물이니, 바로 罦이다. 혹은 "수레 위에 그물을 설치한 것이다."라고 한다. 庸은 사용함이다. 聰은 들음이니, 들음이 없다면 역시 죽은 것이다.

字義 罿 : 새그물 동 庸 : 쓸 용 罬 : 새그물 철

兎爰 三章이니 章七句라

〈兎爰〉 3章이니, 장마다 7句이다.

葛藟(갈류)

緜緜葛藟여 **在河之滸**로다 **終遠兄弟**라 **謂他人父**호라 **謂他人父**나 **亦莫我顧**로다 (王風 葛藟-01)

緜緜葛藟	길게 뻗은 칡덩굴
在河之滸	황하 가에 자랐네
終遠兄弟	끝내 형제와 헤어져
謂他人父	남을 아비라 불렀네
謂他人父	남을 아비라 부르나
亦莫我顧	날 돌봐주지도 않네

興也라 **緜緜**은 **長而不絶之貌**라 **岸上曰滸**라

興이다. 緜緜은 길게 자라서 끊이지 않는 모양이다. 江岸의 가를 滸라 한다.

◯世衰民散하여 有去其鄉里家族而流離失所者 作此詩以自歎이라 言綿綿葛藟는 則在河之滸矣어늘 今乃終遠兄弟하여 而謂他人爲己父라 己雖謂彼爲父나 而彼亦不我顧하니 則其窮也甚矣라

◯세상이 쇠잔하고 백성들이 흩어져서 그 향리와 가족을 떠나 떠돌아다니며 갈 곳을 잃은 자가 이 시를 지어서 스스로를 한탄한 것이다. “길게 자란 칡덩굴은 하수의 물가에 있는데, 나는 지금 끝내 형제와 멀리 떨어져 남을 나의 아비라고 이른다. 내 비록 저를 아비라 하나, 저는 역시 나를 돌봐주지 않는다.”라고 하였으니, 매우 곤궁한 것이다.

字義 葛 : 칡 갈 藟 : 넝쿨 류 滸 : 물가 호

緜緜葛藟여 在河之涘로다 終遠兄弟라 謂他人母호라 謂他人母나 亦莫我有로다 (王風 葛藟-02)

緜緜葛藟 길게 뻗은 칡덩굴
在河之涘 하수 가에 자랐네
終遠兄弟 끝내 형제와 헤어져
謂他人母 남을 어미라 불렀네
謂他人母 남을 어미라 부르나
亦莫我有 날 기억해주지도 않네

興也라 水涯曰涘라 謂他人父者는 其妻則母也라 有는 識(지)有也니 春秋傳曰 不有寡君[5]이라하니라

興이다. 물가를 涘라 한다. 남을 아비라 했다면 그 아내는 어미가 된다. 有는 기억해주는 것이니, 《春秋左氏傳》에 “寡君을 기억해주지 않는다.”라고 하였다.

字義 有 : 기억할 유

緜緜葛藟여 在河之漘이로다 終遠兄弟라 謂他人昆호라 謂他人昆이나 亦莫我聞이로다 (王風 葛藟-03)

緜緜葛藟 길게 뻗은 칡덩굴
在河之漘 하수 가 비탈에 자랐네
終遠兄弟 끝내 형제와 헤어져
謂他人昆 남을 형이라 불렀네

5 春秋傳曰 不有寡君 : 《春秋左氏傳》 昭公 3년에 보인다.

謂他人昆　　남을 형이라 부르나
亦莫我聞　　내겐 소식조차도 없네

興也라 夷上洒(선)下曰漘이니 漘之爲言은 脣也라 昆은 兄也라 聞은 相聞也라

興이다. 위는 평평하고 아래는 물에 깎여진 것을 漘이라 하니, 漘이란 입술이라는 뜻이다. 昆은 兄이다. 聞은 서로 알리는 것이다.

字義 漘 : 물가 순　昆 : 맏 곤　聞 : 알릴 문　夷 : 평할 이　洒 : 깎일 선

葛藟 三章이니 章六句라

〈葛藟〉 3章이니, 장마다 6句이다.

用例

〔葛藟〕 - 타향을 떠도는 자의 원망하는 시를 지칭한다. 歸有光(明), 〈叔祖存默翁六十壽序〉 : "顧今垂老不遇於世, 無以庇其九族, 有〈葛藟〉之悲."

采葛(채갈)

彼采葛兮여 一日不見이 如三月兮로다 (王風 采葛-01)

彼采葛兮　　저기 저 칡덩굴 베는 이
一日不見　　하루 보지 못하면
如三月兮　　석 달만큼이나 하여라

賦也라 采葛은 所以爲絺綌이니 蓋淫奔者 託以行也라 故로 因以指其人하고 而言思念之深하여 未久而似久也라

賦이다. 칡덩굴을 베는 것은 갈포를 만들려는 것이니, 바람난 자가 이를 핑계로 간 것이다. 그러기에 그 사람을 지목하고 그리움이 깊어서 오래되지 않았는데 오래된 것 같다고 한 것이다.

字義 絺 : 가는 갈포 치　綌 : 굵은 갈포 격

彼采蕭兮여 一日不見이 如三秋兮로다 (王風 采葛-02)

彼采蕭兮　　저기 저 산쑥 캐는 이
一日不見　　하루 보지 못하면
如三秋兮　　삼추만큼이나 하여라

蕭(野艾蒿)

賦也라 蕭는 萩也니 白葉莖麤요 科生有香氣하니 祭則焫以報氣라 故로 采之라 曰三秋면 則不止三月矣[6]라

賦이다. 蕭는 산쑥(萩)이니, 잎이 희고 줄기가 거칠며 무더기로 자라고 향기가 있으니, 제사에 태워서 神에 알린다. 그래서 캐는 것이다. 三秋라고 하면 석 달에 그치지 않는다.

字義 蕭 : 쑥 소 萩 : 쑥 적 麤 : 거칠 추 焫 : 불사를 설

彼采艾兮여 一日不見이 如三歲兮로다 (王風 采葛-03)

彼采艾兮	저기 저 약쑥 뜯는 이
一日不見	하루 보지 못하면
如三歲兮	삼 년만큼이나 하여라

賦也라 艾는 蒿屬이니 乾之可灸라 故로 采之라 曰三歲면 則不止三秋矣라

賦이다. 艾는 쑥(蒿)의 종류이니, 말려서 뜸질에 쓸 수 있다. 그래서 뜯는 것이다. 三歲라고 하면 三秋에 그치지 않은 것이다.

字義 蒿 : 쑥 호 灸 : 뜸질할 구

采葛 三章이니 章三句라

〈采葛〉 3章이니, 장마다 3句이다.

艾

用 例

〔一日三月〕·〔一日三秋〕·〔一日三歲〕 - 그리움이 간절함을 형용한 말이다. 《雲麓漫鈔》 卷九 引宋章援致蘇軾書 : "伏念某遠離牆門, 於今九年, **一日三月**, 何可數計." 何遜(南朝梁), 〈爲衡山侯與婦書〉 : "路邇人遐, 音塵寂絶, **一日三秋** 不足爲喩." 《北史》 〈王肅傳〉 : "尋徵入朝, 帝詔曰 : '不見君子, 中心如醉, **一日三歲**, 我勞如何.'"

〔采葛〕 - 참소를 두려워하거나 회피함을 말한다. 庾信(北周), 《擬詠懷》之二一 : "避讒猶**采葛**, 忘情遂食薇." 사람을 그리워하는 전고로도 사용한다. 何景明(明), 〈將雪有懷〉詩 : "已動尋梅興, 空成**采葛**詩."

---

6 三秋 則不止三月矣 : 孔穎達(唐)의 疏에 의하면 1년 4계절에 계절마다 3개월씩인데, 秋는 3개월이고 三秋는 9개월을 말한 것이라고 하였다.(《毛詩正義》)

大車(대거)

大車檻檻하니 毳衣如菼이로다 豈不爾思리오마는 畏子不敢이니라 (王風 大車-01)

大車檻檻　　대부 수레 덜컹덜컹
毳衣如菼　　관복은 갈대 햇잎 색이로세
豈不爾思　　어이 그대 그립지 않을까만
畏子不敢　　저분 두려워 감히 가지 못한다네

賦也라 大車는 大夫車라 檻檻은 車行聲也라 毳衣는 天子大夫之服이라 菼은 蘆之始生也라 毳衣之屬은 衣繪而裳繡하여 五色皆備하니 其青者如菼이라 爾는 淫奔者 相命之詞也라 子는 大夫也라 不敢은 不敢奔也라

賦이다. 大車는 대부의 수레이다. 檻檻은 수레가 가는 소리다. 毳衣는 天子國 大夫의 옷이다. 菼은 갈대의 새싹이다. 毳衣의 종류는 上衣에는 그림을 그리고 치마에는 수를 놓아 五色이 다 구비되는데, 그중 푸른색은 갓 자란 갈대 색과 같다. 爾는 바람난 자가 서로 부르는 말이다. 子는 大夫이다. 不敢은 감히 달려가지 못하는 것이다.

○周衰로되 大夫猶有能以刑政으로 治其私邑者라 故로 淫奔者 畏而歌之如此라 然其去二南之化則遠矣니 此可以觀世變也라

○周나라가 쇠했는데도 대부로서 아직도 刑政으로 자신의 邑을 잘 다스리는 이가 있었다. 그리하여 바람난 자가 그를 두려워하여 이처럼 노래한 것이다. 그러나 〈周南과 召南〉 二南의 교화와는 거리가 머니, 여기에서도 세상의 변함을 볼 수 있다.

字義　檻 : 수레소리 함　毳 : 터럭 췌　菼 : 갈대 담　蘆 : 갈대 로　繪 : 그림 회　繡 : 수놓을 수

大車哼哼하니 毳衣如璊이로다 豈不爾思리오마는 畏子不奔이니라 (王風 大車-02)

大車哼哼　　대부 수레 덜컹덜컹 가니
毳衣如璊　　대부 관복 홍옥 색이로세
豈不爾思　　어이 그대 그립지 않을까만
畏子不奔　　저분 두려워 달려가지 못한다네

賦也라 哼哼은 重遲之貌라 璊은 玉赤色이니 五色備則有赤이라

賦이다. 哼哼은 무겁고 느리게 가는 모양이다. 璊은 옥의 赤色이니, 五色이 갖추어지면 적색도 있는 것이다.

字義　哼 : 느럭느럭할 톤　璊 : 붉은 옥 문

穀則異室이나 **死則同穴**하리라 **謂予不信**인댄 **有如皦日**이니라 (王風 大車-03)

穀則異室	살아서는 딴 집에 살지만
死則同穴	죽어서는 한 구덩이 묻히리라
謂予不信	이내 말 못 믿겠거던
有如皦日	저 밝은 해를 두고 맹세하리

賦也라 **穀**은 **生**이요 **穴**은 **壙**이요 **皦**는 **白也**라

賦이다. 穀은 삶이고, 穴은 구덩이고, 皦는 밝은 것이다.

○民之欲相奔者 畏其大夫하여 **自以終身不得如其志也**라 **故**로 **曰 生不得相奔以同室**하니 **庶幾死得合葬以同穴而已**라 **謂予不信 有如皦日**은 **約誓之辭也**라

○백성 중에 서로 바람피우고자 하는 자가 대부를 두려워하여 죽을 때까지 자기 뜻대로 할 수 없을 것이라고 스스로 생각하였다. 그리하여 "살아서는 서로 달려가 한 집에서 지낼 수가 없으니, 죽어서 같은 묘 구덩이에 合葬되기를 바랄 뿐이다."라고 한 것이다. "내가 한 말을 믿지 못한다면 저 밝은 해를 두고 맹세하겠다."라고 한 것은 약속하고 맹세하는 말이다.

字義 穀 : 살 곡 穴 : 구멍 혈 皦 : 밝을 교 壙 : 뫼구덩이 광

大車 三章이니 **章四句**라

〈大車〉 3章이니, 장마다 4句이다.

丘中有麻(구중유마)

丘中有麻하니 **彼留子嗟**로다 **彼留子嗟**니 **將其來施施**아 (王風 丘中有麻-01)

丘中有麻	언덕 위 삼밭에서
彼留子嗟	그녀 자차 붙들었네
彼留子嗟	그녀 자차 붙들었으니
將其來施施	바란들 기쁘게 오랴

賦也라 **麻**는 **穀名**이니 **子可食**이요 **皮可績爲布者**라 **子嗟**는 **男子之字也**라 **將**은 **願也**요 **施施**는 **喜悅之意**라

賦이다. 麻는 곡식 이름이니, 씨는 먹을 수 있고, 껍질은 길쌈하여 베를 짤 수 있다. 子嗟는 남자의 字이다. 將은 원함이고, 施施는 喜悅의 뜻이다.

麻(大麻)

◯婦人이 望其所與私者而不來라 故로 疑丘中有麻之處에 復有與之私而留之者하니 今安得其施施然而來乎아

◯婦人이 같이 좋아하는 자를 기다렸으나 오지 않았다. 그리하여 "언덕 위 삼밭 있는 곳에 그와 좋아하여 붙드는 자가 또 있으니, 이제 어떻게 기쁘게 올 수 있겠는가."라고 의심하였다.

字義 將 : 원할 장 施 : 기뻐할 시 績 : 길쌈 적

丘中有麥하니 彼留子國이로다 彼留子國이니 將其來食가 (王風 丘中有麻-02)

丘中有麥 언덕 위 보리밭에서
彼留子國 그녀 자국 붙들었네
彼留子國 그녀 자국 붙들었으니
將其來食 원한들 식사하러 오랴

賦也라 子國亦男子字也라 來食은 就我而食也라

賦이다. 子國도 남자의 字이다. 來食은 나에게 와서 먹는 것이다.

丘中有李하니 彼留之子로다 彼留之子니 貽我佩玖아 (王風 丘中有麻-03)

丘中有李 언덕 위 오얏 숲에서
彼留之子 그녀 그이 붙들었네
彼留之子 그녀 그이 붙들었으니
貽我佩玖 내게 패옥 선물하랴

賦也라 之子는 幷指前二人也라 貽我佩玖는 冀其有以贈己也라

賦이다. 之子는 앞의 두 사람을 함께 가리킨 것이다. 나에게 佩玉을 준다는 것은 자기에게 선물 주기를 바란 것이다.

字義 貽 : 줄 이 玖 : 패옥 구 冀 : 바랄 기

丘中有麻 三章이니 章四句라

〈丘中有麻〉 3章이니, 장마다 4句이다.

王國 十篇이니 二十八章이요 百六十二句라

王國風 10篇이니, 28章이고 162句이다.

詩經集傳 卷之四

鄭 一之七

鄭世系 伯爵

桓公 - 武公 - 莊公 - 厲公 - 昭公(厲公兄) - 子亹(昭公弟) - 子嬰(子亹弟) - 文公(厲公子) - 穆公 - 靈公 - 襄公(靈公弟) - 悼公 - 成公(悼公弟) - 釐公 - 簡公 - 定公 - 獻公 - 聲公 - 哀公 - 共公(聲公弟) - 幽公 - 繻公(幽公弟) - 君乙

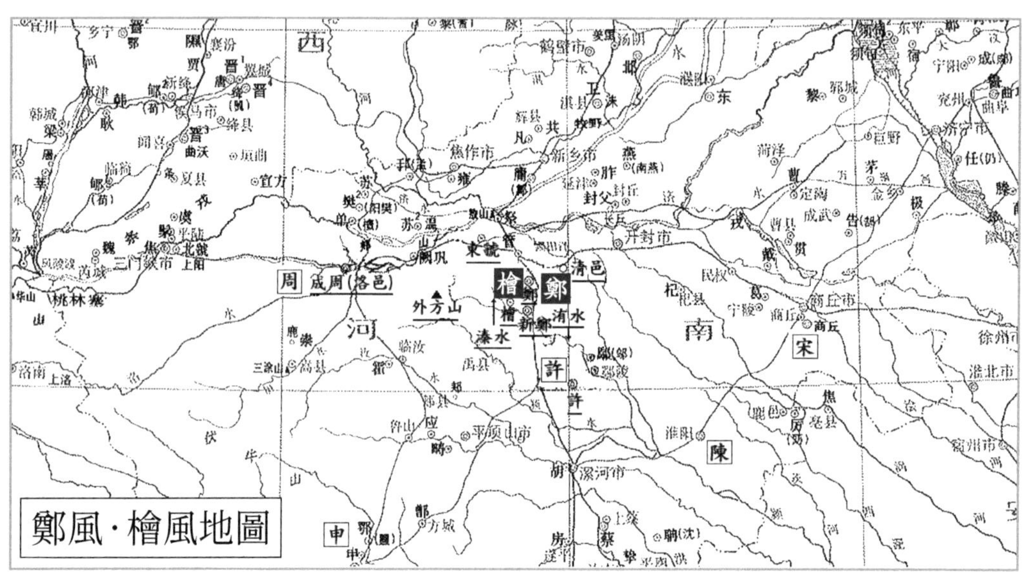

鄭風·檜風地圖

鄭은 邑名이니 本在西都畿內咸林之地라 宣王이 以封其弟友하여 爲采地러니 後爲幽王司徒하여 而死於犬戎之難하니 是爲桓公이라 其子武公掘突이 定平王於東都하고 亦爲司徒하여 又得虢檜之地하여 乃徙其封而施舊號於新邑하니 是爲新鄭이라 咸林은 在今華州鄭縣이요 新鄭은 即今之鄭州是也라 其封域山川은 詳見(현)檜風이라

鄭은 邑 이름이니, 본래 西都의 畿內 咸林 지역에 있었다. 宣王이 이곳을 아우 友에게 봉하여 采邑으로 삼게 하였는데, 뒤에 幽王의 司徒가 되어 犬戎의 難에 죽으니, 이가 桓公이다. 그의 아들 武公 掘突이 平王을 東都에 안정시키고 또 司徒가 되어 虢과 檜의 지역을 얻고는 마침내 그 封邑을 옮기고 옛 호칭을 새 읍에 붙이니, 이것이 新鄭이다. 咸林은 지금의 華州 鄭縣에 있

었고, 新鄭은 바로 지금의 鄭州가 그곳이다. 봉읍 지역 안의 山川은 檜風에 자세히 보인다.

字義 掘 : 팔 굴 突 : 부딪칠 돌 虢 : 괵나라 괵 檜 : 회나라 회

緇衣(치의)

緇衣之宜兮여 敝予又改爲兮하리라 適子之館兮라 還(선)予授子之粲兮하리라 (鄭風 緇衣-01)

緇衣之宜兮	치의 잘도 어울리셔라
敝予又改爲兮	해지면 내 또 지어드리리
適子之館兮	그대 공관에 가시니
還予授子之粲兮	돌아오면 음식 드리오리다

賦也라 緇는 黑色이니 緇衣는 卿大夫居私朝之服也라 宜는 稱이요 改는 更이요 適은 之요 館은 舍라 粲은 餐也니 或曰 粲은 粟之精鑿者라

賦이다. 緇는 黑色이니, 緇衣는 卿大夫가 私朝에서 입는 의복이다. 宜는 잘 어울림이고, 改는 다시이고, 適은 감이고, 館은 館舍이다. 粲은 음식이니, 혹은 "粲은 곡식을 찧은 것이다."라고 한다.

○舊說에 鄭桓公武公이 相繼爲周司徒하여 善於其職하니 周人愛之라 故로 作是詩라 言子之服緇衣也甚宜하니 敝則我將爲子更爲之하리라 且將適子之館하니 既還而又授子以粲이라하니 言好之無已也라

○舊說에 "鄭나라 桓公과 武公이 이어서 周나라의 司徒가 되어 그 직책을 잘 수행하니, 周나라 사람들이 그를 사랑하였다. 그리하여 이 시를 지었다."라고 하였다. "그대가 입은 緇衣가 매우 잘 어울리니, 해지면 그대를 위하여 다시 만들어주리라. 그리고 그대가 館舍에 가니, 돌아오면 또 그대에게 음식을 주리라."라고 하니, 좋아하여 마지않음을 말한 것이다.

字義 緇 : 검을 치 還 : 돌 선 粲 : 밥 찬 稱 : 걸맞을 칭 餐 : 밥 찬 鑿 : 대낄 착

緇衣之好兮여 敝予又改造兮하리라 適子之館兮라 還予授子之粲兮하리라 (鄭風 緇衣-02)

緇衣之好兮	치의 멋있기도 하시니
敝予又改造兮	해지면 내 다시 지어드리리
適子之館兮	그대 공관에 가시니
還予授子之粲兮	돌아오면 음식 드리오리다

賦也라 好는 猶宜也라

賦이다. 好는 마땅함〔宜〕과 같다.

緇衣之蓆兮여 敝予又改作兮하리라 適子之館兮라 還予授子之粲兮하리라 (鄭風 緇衣-03)

緇衣之蓆兮　치의 편안도 하시니
敝予又改作兮　해지면 내 다시 지어드리리
適子之館兮　그대 공관에 가시니
還予授子之粲兮　돌아오면 음식 드리오리다

賦也라 蓆은 大也라 程子曰 蓆은 有安舒之義니 服稱其德則安舒也라

賦이다. 蓆은 큼이다. 程子가 말하였다. "蓆은 편안하고 여유롭다는 뜻이 있으니, 의복이 그 德에 걸맞으면 편안하고 여유로운 것이다."

字義 蓆 : 클 석

緇衣 三章이니 章四句라

〈緇衣〉 3章이니, 장마다 4句이다.

記曰 好賢如緇衣라하고 又曰 於緇衣에 見好賢之至라

《禮記》〈緇衣〉에 "賢者를 좋아함을 〈緇衣〉처럼 한다." 하였고, 또 "〈緇衣〉에서 지극히 賢者를 좋아함을 볼 수 있다."라고 하였다.

將仲子(장중자)

將仲子兮는 無踰我里하여 無折我樹杞어다 豈敢愛之리오 畏我父母니라 仲可懷也나 父母之言이 亦可畏也니라 (鄭風 將仲子-01)

將仲子兮　중자님은
無踰我里　우리 마을 넘어와
無折我樹杞　내가 심은 키버들 꺾지 말아요
豈敢愛之　어찌 감히 그것이 아깝겠어요
畏我父母　우리 부모님이 두려워요
仲可懷也　중자님 그립지만
父母之言　부모님 말씀도

亦可畏也　　　두려워요

賦也라 將은 請也라 仲子는 男子之字也요 我는 女子自我也라 里는 二十五家所居也라 杞는 柳屬也니 生水傍이라 樹如柳하여 葉麤而白色하고 理微赤하니 蓋里之地域溝樹也라

賦이다. 將은 요청하는 것이다. 仲子는 남자의 字이고, 我는 여자 자신이다. 里는 25家가 사는 마을이다. 杞는 버들 종류이니 물가에 자란다. 줄기는 버들과 같으며 잎은 성글고 백색이며, 나뭇결이 약간 붉다. 대체로 마을의 경계와 도랑에 심는 나무이다.

○莆田鄭氏曰 此는 淫奔者之辭[7]라

○莆田 鄭氏(鄭樵)가 말하였다. "이는 바람난 자의 말이다."

字義 踰 : 넘을 유　杞 : 나무 이름 기　麤 : 거칠 추　理 : 결 리　溝 : 도랑 구　莆 : 삽보풀 포

將仲子兮는 無踰我墻하여 無折我樹桑이어다 豈敢愛之리오 畏我諸兄이니라 仲可懷也나 諸兄之言이 亦可畏也니라 (鄭風 將仲子-02)

將仲子兮　　　중자님은
無踰我牆　　　우리 담장 넘어와
無折我樹桑　　내가 심은 뽕나무 꺾지 말아요
豈敢愛之　　　어찌 감히 그것이 아깝겠어요
畏我諸兄　　　우리 오빠들이 무서워요
仲可懷也　　　중자님 그립지만
諸兄之言　　　오빠들 말씀도
亦可畏也　　　두려워요

賦也라 墻은 垣也니 古者에 樹墻下以桑이라

賦이다. 墻은 담이다. 옛날에는 담 밑에 뽕나무를 심었다.

字義 垣 : 담 원

將仲子兮는 無踰我園하여 無折我樹檀이어다 豈敢愛之리오 畏人之多言이니라 仲

---

7 此 淫奔者之辭 : 〈序〉에 鄭 莊公을 풍자한 것이라 하였으나 朱子는 이에 동의나 부정을 하지 않고, 莆田 鄭氏의 의견만을 소개하고 있다. 정 장공과 共叔段의 이야기는 《春秋左氏傳》 隱公 元年에 나오는 역사사실이다. 毛氏는, 仲子는 공숙단의 불충함을 미리 제지할 것을 간하는 蔡仲이라 하고, '無踰我牆'은 '집안일을 간섭하지 말라는 것'이고 '無折我樹桑'은 '형제를 손상하지 말라는 것'이라 해석하고 있다. 丁若鏞(鮮)의 《詩經講義》에는 바람난 여인이 지은 것이 아니라 시인이 바람난 자를 풍자한 것이라고 하였다.

可懷也나 人之多言이 亦可畏也니라 (鄭風 將仲子-03)

將仲子兮　　중자님은
無踰我園　　우리 남새밭 넘어와
無折我樹檀　　내가 심은 박달나무 꺾지 말아요
豈敢愛之　　어찌 감히 그것이 아깝겠어요
畏人之多言　　남의 말들이 무서워요
仲可懷也　　중자님 그립지만
人之多言　　남들의 많은 말도
亦可畏也　　두려워요

檀(黃檀)

賦也라 園者는 圃之藩이니 其內可種木也라 檀은 皮青滑澤이요 材彊韌하여 可爲車라

賦이다. 園은 남새밭의 울타리이니, 그 안에 나무를 심을 수 있다. 檀은 껍질이 푸르고 매끄러우며, 재목이 강하고 질겨서 수레를 만들 수 있다.

字義　檀 : 박달나무 단　藩 : 울타리 번　滑 : 미끄러울 활　韌 : 질길 인

將仲子 三章이니 章八句라

〈將仲子〉 3章이니, 장마다 8句이다.

叔于田(숙우전)

叔于田하니 巷無居人이로다 豈無居人이리오마는 不如叔也의 洵美且仁이니라 (鄭風 叔于田-01)

叔于田　　숙이 사냥 가니
巷無居人　　거리엔 사람이 없네
豈無居人　　어이 사람이 없을까마는
不如叔也　　숙처럼
洵美且仁　　진실로 멋지고 인자한 이 없어서라네

賦也라 叔은 莊公弟共叔段也니 事見(현)春秋라 田은 取禽也요 巷은 里塗也라 洵은 信이요 美는 好也라 仁은 愛人也라

賦이다. 叔은 莊公의 아우 共叔段이니, 내용이 《春秋》 隱公 元年에 보인다. 田은 짐승을 잡는 것이고, 巷은 마을의 길이다. 洵은 진실로이고, 美는 아름다움이다. 仁은 사람을 사랑하는 것이다.

○段이 不義而得衆하여 國人愛之라 故로 作此詩라 言叔出而田이면 則所居之巷에 若無居人矣니 非實無居人也요 雖有而不如叔之美且仁이라 是以로 若無人耳라 或疑此亦民間男女相悅之詞也라

○共叔段이 의롭지 못한 방법으로 인심을 얻어 나라 사람들이 그를 사랑하였다. 그리하여 이 시를 지은 것이다. "叔이 나가 사냥하면 사람들이 사는 거리에 사는 사람이 없는 듯하니, 실제 사는 사람이 없는 것이 아니고, 있지만 叔처럼 아름답고도 인자하지 못해서이다. 이 때문에 사람이 없는 것과 같을 뿐이다."라고 한 것이다. 혹은 "이 또한 민간의 남녀가 서로 좋아하는 노래인 듯하다."라고 한다.

字義 田 : 사냥할 전　巷 : 골목 항　洵 : 진실로 순

叔于狩하니 巷無飮酒로다 豈無飮酒리오마는 不如叔也의 洵美且好니라 (鄭風 叔于田-02)

叔于狩　　숙이 사냥 가니
巷無飮酒　　거리엔 술 마시는 이 없네
豈無飮酒　　어찌 술 마시는 이 없을까마는
不如叔也　　숙처럼
洵美且好　　진실로 아름답고 멋있는 이 없어서라네

賦也라 冬獵曰狩라

賦이다. 겨울 사냥을 狩라고 한다.

字義 狩 : 사냥할 수　獵 : 사냥할 렵

叔適野하니 巷無服馬로다 豈無服馬리오마는 不如叔也의 洵美且武니라 (鄭風 叔于田-03)

叔適野　　숙이 들판에 나가니
巷無服馬　　거리엔 말 타는 이 없네
豈無服馬　　어찌 말 타는 이 없을까마는
不如叔也　　숙처럼
洵美且武　　아름답고 씩씩한 이 없어서라네

賦也라 適은 之也라 郊外曰野라 服은 乘也라

賦이다. 適은 가는 것이다. 郊外를 野라고 한다. 服은 타는 것이다.

字義 服 : 탈 복

叔于田 三章이니 章五句라

〈叔于田〉 3章이니, 장마다 5句이다.

大叔于田(대숙우전)

叔于田하니 乘乘馬로다 執轡如組하니 兩驂如舞로다 叔在藪하니 火烈具擧로다 襢裼暴虎하여 獻于公所로다 將叔無狃(뉴)어다 戒其傷女하노라 (鄭風 大叔于田-01)

叔于田	숙이 사냥가니
乘乘馬	네 필 말이 수레 끄네
執轡如組	비단 짜듯 부드럽게 고삐 잡으니
兩驂如舞	두 필 참마 춤추는 듯하누나
叔在藪	숙이 늪가에 있으니
火烈具擧	횃불 일제히 타오르네
襢裼暴虎	웃통 벗고 맨손으로 범 잡아
獻于公所	공에게 바치네
將叔無狃	숙이여 이를 익히지 말지어다
戒其傷女	그대 다칠까 경계하노라

賦也라 叔은 亦段也라 車衡外兩馬曰驂이라 如舞는 謂諧和中節이니 皆言御之善也라 藪는 澤也라 火는 焚而射也라 烈은 熾盛貌라 具는 俱也라 襢裼은 肉袒也라 暴는 空手搏獸也라 公은 莊公也라 狃는 習也라 國人戒之曰 請叔無習此事어다 恐其或傷汝也라하니 蓋叔多材好勇하여 而鄭人愛之如此라

賦이다. 叔은 역시 共叔段이다. 수레의 멍에 바깥쪽에 있는 두 마리 말을 驂이라 한다. 如舞는 잘 어울리고 절도에 맞음을 이르니, 이는 모두 말을 잘 모는 것을 이른다. 藪는 늪지(澤)이다. 火는 불을 지르고 쏘는 것이다. 烈은 불이 활활 타오르는 모습이다. 具는 모두이다. 襢裼은 웃통을 벗어 살을 드러내는 것이다. 暴는 맨손으로 짐승을 때려잡는 것이다. 公은 莊公이다. 狃는 익힘이다. 나라 사람들이 경계하여 "叔은 이 일을 익히지 말지어다. 혹시라도 그대 다칠까 두렵다."고 하였으니, 叔이 재주가 많고 용맹을 좋아하므로 鄭나라 사람들이 이처럼 사랑한 것이다.

字義 乘 : 넷 승 轡 : 고삐 비 組 : 끈 조 驂 : 곁말 참 藪 : 수풀 수 襢 : 옷 벗어 맬 단 裼 : 웃통 벗을 석 暴 : 맨손으로 칠 포 狃 : 익힐 뉴 諧 : 화할 해 熾 : 성할 치 袒 : 웃통 벗을 단 搏 : 칠 박

叔于田하니 **乘乘黃**이로다 **兩服上襄**이요 **兩驂鴈行**(항)이로다 **叔在藪**하니 **火烈具揚**이로다 **叔善射忌**며 **又良御忌**로소니 **抑磬控忌**며 **抑縱送忌**로다 (鄭風 大叔于田-02)

叔于田	숙이 사냥가니
乘乘黃	네 필 황마가 수레 끄네
兩服上襄	두 필 복마 멍에 지고
兩驂鴈行	두 필 참마 기러기처럼 따르네
叔在藪	숙이 늪가에 있으니
火烈具揚	횃불 일제히 일어나네
叔善射忌	숙은 활도 명사수며
又良御忌	말도 잘 몰기에
抑磬控忌	잘 달리고 잘 멈추며
抑縱送忌	활 쏘고 활 풀어 활고자를 덮네

賦也라 **乘黃**은 **四馬皆黃也**라 **衡下夾轅兩馬曰服**이라 **襄**은 **駕也**니 **馬之上者 爲上駕**니 **猶言上駟也**라 **鴈行者**는 **驂 少次服後**하여 **如鴈行也**라 **揚**은 **起也**라 **忌, 抑**은 **皆語助辭**라 **騁馬曰磬**이요 **止馬曰控**이라 **舍拔曰縱**이요 **覆彇曰送**이라

賦이다. 乘黃은 네 마리 말이 모두 黃色인 것이다. 멍에의 아래 끌채의 좌우에 있는 두 마리 말을 服이라 한다. 襄은 멍에이다. 말 중에 좋은 말을 上駕라 하니, 上駟라는 말과 같다. 鴈行은 驂馬가 服馬의 조금 뒤에 있어서 기러기 행렬과 같은 것이다. 揚은 일어남이다. 忌와 抑은 모두 어조사이다. 말을 달리는 것을 磬이라 하고, 말을 멈추는 것을 控이라 한다. 오늬를 놓는 것을 縱이라 하고, 활고자를 덮는 것을 送이라 한다.

字義 襄 : 멍에 양　鴈 : 기러기 안　磬 : 말 달릴 경　控 : 당길 공　縱 : 풀어놓을 종
送 : 활고자 덮을 송　轅 : 끌채 원, 멍에 원　駟 : 사마 사　騁 : 달릴 빙　覆 : 덮을 부
彇 : 활고자머리 소

叔于田하니 **乘乘鴇**로다 **兩服齊首**요 **兩驂如手**로다 **叔在藪**하니 **火烈具阜**로다 **叔馬慢忌**며 **叔發罕忌**로소니 **抑釋掤**(붕)**忌**며 **抑鬯弓忌**로다 (鄭風 大叔于田-03)

叔于田	숙이 사냥 가니
乘乘鴇	네 필 오추마 수레를 끄네
兩服齊首	두 필 복마 나란히 달리고
兩驂如手	두 필 참마 손처럼 따르네
叔在藪	숙이 늪가에 있으니

火烈具阜　　횃불 일제히 타오르네
叔馬慢忌　　숙의 말 걸음 느려지고
叔發罕忌　　숙의 활쏘기 뜸해지더니
抑釋掤忌　　전통 풀어 덮개 덮고
抑鬯弓忌　　활집에 활을 넣네

賦也라 驪白雜毛曰鴇니 今所謂烏驄也라 齊首, 如手는 兩服이 竝首在前하고 而兩驂이 在旁하여 稍次其後 如人之兩手也라 阜는 盛이요 慢은 遲也라 發은 發矢也요 罕은 希라 釋은 解也라 掤은 矢箭蓋니 春秋傳作冰이라 鬯은 弓囊也니 與韔同이라 言其田事將畢에 而從容整暇如此하니 亦喜其無傷之詞也라

賦이다. 검은 털과 흰 털이 섞여 있는 것을 鴇라고 하니, 지금 말하는 烏驄(오추마)이다. 齊首와 如手는, 두 마리 服馬는 머리를 나란히 하여 앞에 있고, 두 마리 驂馬는 곁에 있어 약간 그 뒤에 처져 있는 것이 사람의 두 손과 같은 것이다. 阜는 왕성함이고, 慢은 느림이다. 發은 화살을 쏘는 것이고 罕은 드문 것이다. 釋은 풀어놓는 것이다. 掤은 화살통 뚜껑이니, 《春秋左氏傳》 昭公 25년조에는 冰으로 되어 있다. 鬯은 활집이니, 韔과 같다. 이는 사냥하는 일이 끝나려 함에 여유 있게 정돈함이 이러함을 말한 것이니, 역시 다침이 없음을 기뻐한 말이다.

字義 鴇 : 오총이 보　阜 : 성할 부　掤 : 箭筒 뚜껑 붕　鬯 : 활집 창　驪 : 가라말 려　驄 : 총이말 총　箭 : 전통 용, 대통 통　囊 : 자루 낭　韔 : 활집 창

大叔于田 三章이니 章十句라

〈大叔于田〉 3章이니, 장마다 10句이다.

陸氏曰 首章이 作大叔于田者誤라 蘇氏曰 二詩皆曰叔于田이라 故로 加大以別之어늘 不知者 乃以段有大叔之號라하여 而讀曰泰하고 又加大于首章하니 失之矣라

陸氏는 "首章의 〈叔于田이〉 '大叔于田'으로 되어 있는 것은 잘못이다."라고 하였는데, 蘇氏는 "두 시가 모두 제목을 〈叔于田〉이라고 하였기 때문에 大자를 덧붙여 구별한 것인데, 이를 모르는 자들이 마침내 共叔段이 太叔이라는 칭호가 있었다고 여겨 大를 泰로 읽고, 또 大를 首章에 덧붙이니, 이는 잘못이다."라고 하였다.

淸人(청인)

淸人在彭(방)하니 駟介旁旁이로다 二矛重英으로 河上乎翱翔이로다 (鄭風 淸人-01)

淸人在彭　　청읍 사람 방 땅에 와
駟介旁旁　　갑옷 입힌 네 필 말 하염없이 달리네

二矛重英　　붉은 깃 장식 창 두 자루 세우고서
河上乎翺翔　　황하 가를 달리며 무료히 노니네

賦也라 淸은 邑名이니 淸人은 淸邑之人也라 彭은 河上地名이라 駟介는 四馬而被甲也라 旁旁은 馳驅不息之貌라 二矛는 酋矛, 夷矛也요 英은 以朱羽爲矛飾也라 酋矛는 長二丈이요 夷矛는 長二丈四尺이니 竝建於車上이면 則其英重疊而見이라 翺翔은 遊戲之貌라

賦이다. 淸은 읍 이름이니, 淸人은 淸邑의 사람이다. 彭은 河水 가에 있는 지명이다. 駟介는 갑옷을 입힌 네 필 말이다. 旁旁은 쉼 없이 말을 달리는 모양이다. 창 두 자루는 酋矛와 夷矛이다. 英은 붉은 깃털로 창을 장식한 것이다. 酋矛는 길이가 2丈이고, 夷矛는 길이가 2丈 4尺이니, 이를 나란히 수레 위에 세우면 그 깃 장식이 겹쳐 보인다. 翺翔은 노니는 모양이다.

◯鄭文公이 惡(오)高克하여 使將淸邑之兵하여 禦狄于河上하고 久而不召어늘 師散而歸하니 鄭人이 爲之賦此詩라 言其師出之久에 無事而不得歸하고 但相與遊戲如此하니 其勢必至於潰散而後已爾라

○鄭 文公이 高克을 미워하여 淸邑의 군대를 거느리고 河水 가에서 狄을 막게 하고는 오래되어도 부르지 않자 군사들이 흩어져 돌아가니, 鄭나라 사람들이 이 때문에 이 시를 지은 것이다. 그 군대가 나간 지 오래도록 일이 없는데도 돌아가지 못하고 이처럼 서로 어울려 노닐기만 하니, 그 형세가 필시 〈기강이〉 무너져 흩어지고야 말 것이라 말한 것이다.

字義 彭 : 땅 이름 방　介 : 갑옷 개　旁 : 달릴 방　矛 : 창 모　翺 : 날 고　翔 : 날 상　酋 : 짧을 추　將 : 거느릴 장　潰 : 무너질 궤

淸人在消하니 駟介麃麃로다 二矛重喬로 河上乎逍遙로다 (鄭風 淸人-02)

淸人在消　　소 땅에 온 청읍 사람
駟介麃麃　　갑옷 입힌 네 필 말 씩씩도 하네
二矛重喬　　갈고리만 남은 창 두 자루 세우고서
河上乎逍遙　　황하 가에서 하릴없이 노니네

賦也라 消도 亦河上地名이라 麃麃는 武貌라 矛之上句曰喬니 所以懸英也라 英弊而盡하여 所存者喬而已라

賦이다. 消도 河水 가에 있는 지명이다. 麃麃는 씩씩한 모습이다. 창 위의 갈고리를 喬라 하니, 깃 장식을 매다는 곳이다. 깃 장식은 다 해지고 갈고리만 남았을 뿐이다.

字義 麃 : 씩씩한 모양 표　喬 : 창 갈고리 교　逍 : 거닐 소　遙 : 거닐 요　懸 : 매달 현

淸人在軸(축)하니 駟介陶陶로다 左旋右抽어늘 中軍作好로다 (鄭風 淸人-03)

清人在軸　　축 땅에 온 청읍 사람
駟介陶陶　　갑옷 입힌 네 필 말 여유 부리네
左旋右抽　　왼편 마부 수레 돌리고 오른편 무사 칼 뽑는데
中軍作好　　가운데 장수 의젓한 모습일세

賦也라 軸亦河上地名이라 陶陶는 樂而自適之貌라 左는 謂御在將軍之左니 執轡而御馬者也라 旋은 還(선)車也라 右는 謂勇力之士 在將軍之右니 執兵以擊刺者也라 抽는 拔刃也라 中軍은 謂將在鼓下하여 居車之中이니 卽高克也라 好는 謂容好也라

賦이다. 軸도 河水 가에 있는 지명이다. 陶陶는 즐거워 유유자적한 모습이다. 左는 將軍의 왼쪽에 있는 마부를 이르니 고삐를 잡고 말을 모는 자이다. 旋은 수레를 돌리는 것이다. 右는 장군의 오른쪽에 있는 勇力이 있는 壯士를 이르니, 무기를 잡고서 적을 치고 찌르는 자이다. 抽는 칼을 뽑는 것이다. 中軍은 장군이 북 아래에 있으면서 수레의 한 가운데에 자리하고 있음을 이르니, 바로 高克이다. 好는 모습이 보기 좋음을 이른다.

○東萊呂氏曰 言師久而不歸하여 無所聊賴하여 姑遊戲以自樂하니 必潰之勢也라 不言已潰而言將潰하니 其詞深이요 其情危矣라

○東萊 呂氏(呂祖謙)가 말하였다. "군대가 나간 지 오래되었는데도 돌아가지 못하여 無聊하자 우선 희롱하고 노닐며 스스로 즐기니, 필시 〈기강이〉 무너져 흩어질 형세임을 말한 것이다. 무너졌다고 하지 않고 무너질 것이라고 하였으니, 말의 뜻이 깊고 실정이 위태롭다."

字義　軸 : 땅 이름 추　陶 : 기뻐할 도　抽 : 뽑을 추　聊 : 즐길 료　潰 : 무너질 궤

清人 三章이니 章四句라

〈清人〉 3章이니, 장마다 4句이다.

事見(현)春秋라

이 일은《春秋》閔公 2년조에 보인다.

○胡氏曰 人君은 擅一國之名寵하여 生殺予奪을 惟我所制耳라 使高克 不臣之罪已著면 按而誅之可也요 情狀未明이면 黜而退之可也요 愛惜其才면 以禮馭之亦可也어늘 烏可假以兵權하여 委諸竟上하여 坐視其離散 而莫之卹乎아 春秋에 書曰 鄭棄其師라하니 其責之深矣라

○胡氏가 말하였다. "人君은 한 나라의 명예와 은총을 마음대로 하여 生殺과 予奪을 자신의 마음대로 시행한다. 가령 高克이 신하답지 못한 죄가 드러났으면 죄를 따져서 죽여도 될 것이고, 情狀이 분명치 않으면 내쫓아 물리쳐도 될 것이고, 그 재주가 아까우면 禮로 통솔해도 될 터인데, 어찌 兵權을 빌려주어 국경에다 버려두어서 군사들이 흩어지는 것을 앉아서 보면서 보살피지 않아서야 되겠는가.《春秋》에 '鄭나라가 그 군대를 버렸다.'라고 썼으니 깊이 꾸짖은 것

이다.”

字義 擅 : 멋대로 할 천 黜 : 내칠 출 馭 : 부릴 어, 어거할 어 烏 : 어찌 오 委 : 버릴 위
卹 : 근심할 휼

羔裘(고구)

羔裘如濡하니 洵直且侯로다 彼其之子여 舍命不渝(유)로다 (鄭風 羔裘-01)

羔裘如濡	검정 양피 갖옷 윤이 나니
洵直且侯	진실로 부드럽고 아름답네
彼其之子	저기 저분이시여
舍命不渝	목숨 바쳐 변치 않으리로다

賦也라 羔裘는 大夫服也라 如濡는 潤澤也라 洵은 信이요 直은 順이요 侯는 美也라 其는 語助辭라 舍는 處요 渝는 變也라

賦이다. 羔裘는 大夫의 의복이다. 如濡는 윤택함이다. 洵은 진실로이고, 直은 順함이고, 侯는 아름다움이다. 其는 어조사이다. 舍는 대처함이고, 渝는 변함이다.

○言此羔裘潤澤하니 毛順而美하며 彼服此者 當生死之際면 又能以身居其所受之理而不可奪하리니 蓋美其大夫之詞라 然이나 不知其所指矣라

○이 검정 양피 갖옷이 윤이 나니 털이 부드럽고 아름다우며, 이 옷을 입은 저분은 죽어야 할 때를 만나면 또 능히 합당한 이치에 따라 처신하여 그 뜻을 빼앗을 수 없을 것임을 말한 것이다. 이는 대부를 찬미한 말이나 누구를 가리킨 것인지는 모르겠다.

字義 濡 : 젖을 유 侯 : 아름다울 후 渝 : 변할 유(투)

羔裘豹飾이로소니 孔武有力이로다 彼其之子여 邦之司直이로다 (鄭風 羔裘-02)

羔裘豹飾	검정 양피 갖옷 끝동은 표피인데
孔武有力	매우 씩씩하고 힘이 있네
彼其之子	저기 저분이시여
邦之司直	나라의 정직 지킴이로다

賦也라 飾은 緣袖也라 禮에 君用純物이니 臣은 下之라 故로 羔裘而以豹皮爲飾也라 孔은 甚也라 豹는 甚武而有力이라 故로 服其所飾之裘者如之라 司는 主也라

賦이다. 飾은 소매에 선을 두르는 것이다. 禮에 군주는 순색을 사용하니, 신하는 낮추기 때문에 검정 양피 갖옷에 표범 가죽으로 꾸미는 것이다. 孔은 매우이다. 표범은 매우 씩씩하고 힘이

있으므로 이것으로 장식한 갖옷을 입은 이도 그와 같은 것이다. 司는 주관함이다.

字義 司 : 맡을 사 緣 : 선 두를 연 袖 : 소매 수 豹 : 표범 표

羔裘晏兮요 三英粲兮로다 彼其之子여 邦之彦兮로다 (鄭風 羔裘-03)

羔裘晏兮 검정 양피 갖옷 아름답고
三英粲兮 장식이 찬란하네
彼其之子 저기 저분이시여
邦之彦兮 나라의 큰 선비로다

賦也라 晏은 鮮盛也라 三英은 裘飾也니 未詳其制라 粲은 光明也라 彦者는 士之美稱이라

賦이다. 晏은 곱고 훌륭함이다. 三英은 갖옷의 장식이니, 그 제도는 상세하지 않다. 粲은 빛나는 것이다. 彦은 선비의 아름다운 호칭이다.

字義 晏 : 고울 안 粲 : 또렷할 찬, 아름다울 찬 彦 : 선비 언

羔裘 三章이니 章四句라

〈羔裘〉 3章이니, 장마다 4句이다.

遵大路(준대로)

遵大路兮하여 摻執子之袪兮호라 無我惡(오)兮어다 不寁(삼)故也니라 (鄭風 遵大路-01)

遵大路兮 큰 길을 따라가며
摻執子之袪兮 그대 소매를 잡았네
無我惡兮 날 미워하지 말아요
不寁故也 옛정 쉬이 버리면 안 돼요

賦也라 遵은 循이요 摻은 擥이요 袪는 袂요 寁은 速이요 故는 舊也라

賦이다. 遵은 따름이고, 摻은 잡음이고, 袪는 소매이고, 寁은 빠름이고, 故는 오래됨이다.

◯淫婦爲人所棄라 故로 於其去也에 擥其袪而留之曰 子無惡我而不留어다 故舊를 不可以遽絶也라 宋玉賦[8]에 有遵大路兮 攬子袪之句하니 亦男女相說(열)之詞也라

8 宋玉賦 : 宋玉은 전국시대 楚나라 사람으로 屈原의 제자이다. 賦는 그가 지은 〈登徒子好色賦〉를 말한다. 이 〈遵大路〉 시에서는 여인이 남자를 붙잡는 내용이지만, 〈등도자호색부〉에서는 남자가 여자를 붙잡는 것으로 해석된다. 하지만 남녀가 서로 좋아하는 의미로 이 시의 구절을 인용

○음란한 婦人이 버림을 받았다. 그리하여 그가 떠나갈 때에 그의 소매를 붙잡고 만류하기를 "그대는 나를 싫어하여 떠나는 일이 없도록 하라. 오래된 관계를 대번에 끊어서는 안 된다."고 한 것이다. 宋玉의 賦에 "큰 길을 따라가 그대의 옷소매를 잡는다."는 句가 있으니, 이것도 男女가 서로 좋아하는 노래이다.

字義 摻 : 잡을 삼　袪 : 소매 거　寁 : 빠를 삼　擥 : 잡을 람　袂 : 소매 몌　攬 : 잡을 람

遵大路兮하여 摻執子之手兮호라 無我魗兮어다 不寁好也니라 (鄭風 遵大路-02)

遵大路兮　큰 길을 따라가며
摻執子之手兮　그대 손을 잡았네
無我魗兮　날 추하다 말아요
不寁好也　정든 이 쉬이 끊으면 안 돼요

賦也라 魗는 與醜同하니 欲其不以己爲醜而棄之也라 好는 情好也라

賦이다. 魗는 醜와 같으니, 자기를 추하다고 여겨 버리지 않기를 바란 것이다. 好는 정이 좋은 것이다.

字義 魗 : 추할 추

遵大路 二章이니 章四句라

〈遵大路〉 2章이니, 장마다 4句이다.

女曰鷄鳴(여왈계명)

女曰鷄鳴이어늘 士曰昧旦이니라 子興視夜하라 明星有爛이어니 將翺將翔하여 弋鳧與鴈이어다 (鄭風 女曰鷄鳴-01)

女曰鷄鳴　아내 말하네 '닭이 울었네요'
士曰昧旦　남편 말하네 '아직 어둡네요'
子興視夜　당신 일어나 나가보아요
明星有爛　계명성 반짝일 테니
將翺將翔　나는 듯 나가서
弋鳧與鴈　주살로 오리며 기러기 잡아 오셔요

하고 있으므로, 이 시도 '男女相悅之詞'로 보는 것이 맞다는 것이다.

賦也라 昧는 晦요 旦은 明也니 昧旦은 天欲旦에 昧晦未辨之際也라 明星은 啓明之星이니 先日而出者也라 弋은 繳射니 謂以生絲繫矢而射也라 鳧는 水鳥니 如鴨, 青色이요 背上有文이라

賦이다. 昧는 어두움이고, 旦은 밝음이니, 昧旦은 날이 새려 할 적에 어두워서 아직 사물을 분간할 수 없을 때이다. 明星은 啓明星이니, 해보다 먼저 나오는 것이다. 弋은 주살로 쏘는 것이니, 生絲를 화살에 묶어 쏘는 것을 이른다. 鳧는 水鳥이니, 집오리와 비슷한데 청색이고 등에 무늬가 있다.

◯此는 詩人述賢夫婦相警戒之詞라 言女曰鷄鳴이라하여 以警其夫어든 而士曰昧旦이라하니 則不止於鷄鳴矣라 婦人又語其夫曰 若是則子可以起而視夜之如何하라 意者컨대 明星已出而爛然하리니 則當翺翔而往하여 弋取鳧鴈而歸矣라하니라 其相與警戒之言이 如此하니 則不留於宴昵之私를 可知矣라

○이는 시인이 어진 부부가 서로 경계하는 말을 서술한 것이다. 아내가 "닭이 울었다."라고 하여 그 남편을 깨우자, 남편은 "날이 밝으려 한다."라고 하니, 이는 닭이 우는 데만 그치지 않은 것이다. 아내가 또 남편에게 "그러면 그대는 일어나서 밤이 어떠한지를 살펴보아라. 생각하건대 啓明星이 떠서 빛날 것이니, 그렇다면 나는 듯이 달려가서 오리며 기러기를 주살로 잡아 돌아오라."라고 한 것이다. 서로 경계한 말이 이러하니, 사사로이 안일에 머물지 않음을 알 수 있다.

字義 爛 : 빛날 란　弋 : 주살질할 익　鳧 : 오리 부　繳 : 주살 작　鴨 : 오리 압　宴 : 즐길 연
昵 : 친할 닐

弋言加之어든 與子宜之하여 宜言飮酒하여 與子偕老하리라 琴瑟在御 莫不靜好로다 (鄭風 女曰鷄鳴-02)

弋言加之　　주살로 잡아오면
與子宜之　　그대 위해 맛있게 요리하여
宜言飮酒　　즐겁게 술도 마시며
與子偕老　　그대와 함께 늙어 가리라
琴瑟在御　　거문고 비파 타니
莫不靜好　　그지없이 평안코 행복하여라

賦也라 加는 中也니 史記所謂以弱弓微繳 加諸鳧鴈之上이 是也라 宜는 和其所宜也니 內則所謂鴈宜麥之屬이 是也라

賦이다. 加는 맞힘이니, 《史記》 〈楚世家〉에 "약한 활과 작은 주살로 오리와 기러기를 맞힌다." 한 것이 이것이다. 〈與子宜之의〉 宜는 맛이 잘 어울리는 것을 섞는 것이니, 《禮記》 〈內則〉에 "기러기고기에는 보리가 맞다."는 따위가 이것이다.

○射者는 男子之事요 而中饋는 婦人之職이라 故로 婦謂其夫호되 旣得鳧鴈以歸어든 則我當爲子하여 和其滋味之所宜하여 以之飮酒相樂하여 期於偕老요 而琴瑟之在御者 亦莫不安靜而和好라하니 其和樂而不淫을 可見矣라

○활 쏘는 것은 남자의 일이고, 안에서 음식을 장만함은 부인의 직분이다. 그리하여 부인이 남편에게 "오리와 기러기를 잡아 돌아오면 내 그대를 위하여 맛이 잘 어울리는 것을 섞어서 요리하여 이것으로 술 마시고 함께 즐기며 백년해로를 기약할 것이고, 거문고 비파 타는 것도 평안하고 행복하지 않음이 없다." 하니, 和樂하면서도 지나치지 않음을 볼 수 있다.

字義 中 : 맞을 중 饋 : 음식 궤

知子之來之란 雜佩以贈之며 知子之順之란 雜佩以問之며 知子之好之란 雜佩以報之하리라 (鄭風 女曰鷄鳴-03)

雜佩

知子之來之 당신이 초대한 분이라면
雜佩以贈之 잡패로 선물하며
知子之順之 당신이 친애하는 이라면
雜佩以問之 잡패를 줄 것이며
知子之好之 당신이 좋아하는 이라면
雜佩以報之 잡패로 보답하리라

賦也라 來之는 致其來者니 如所謂修文德以來之[9]라 雜佩者는 左右佩玉也라 上橫曰珩이요 下繫三組하여 貫以蠙珠하며 中組之半에 貫一大珠하니 曰瑀요 末懸一玉하니 兩端皆銳하니 曰衝牙요 兩旁組半에 各懸一玉하니 長博而方하니 曰琚요 其末에 各懸一玉하니 如半璧而內向하니 曰璜이요 又以兩組貫珠하여 上繫珩하고 兩端은 下交貫於瑀而下繫於兩璜하니 行則衝牙觸璜而有聲也라 呂氏曰 非獨玉也요 觿燧箴管 凡可佩者 皆是也라 贈은 送이요 順은 愛요 問은 遺也라

賦이다. 來之는 오도록 하는 것이니, 이른바 "文德을 닦아서 오게 한다."는 것과 같다. 雜佩는 左右의 佩玉이다. 위에 가로댄 것을 珩이라 하고, 그 아래에서 세 가닥의 끈을 매달아 거기에 진주를 꿰며, 가운데 가닥의 중간에 하나의 큰 구슬을 꿰니, 이것을 瑀라 하고, 끝에 옥을 하나 매다는데 양쪽 끝이 모두 뾰족하니, 이것을 衝牙라 하고, 양 바깥쪽의 끈 중간에 각기 옥을 하나씩 매다는데 길쭉하고 넓적하며 네모지니, 이것을 琚라 하고, 그 끝에 각각 옥을 하나씩 매다는데 半璧과 같으며 안으로 향하니, 이것을 璜이라 하고, 또 두 개의 끈으로 구슬을 꿰어 위

9 修文德以來之 : 《論語》 〈季氏〉에 "……먼 데 사람이 복종하지 않으면 문덕을 닦아서 오게 하고 온 뒤에는 편안하게 해주어야 한다.〔遠人不服 則修文德以來之 旣來之 則安之〕"라고 하였다.

로 珩에 매달고 양 끝은 아래로 瑀에 교차시켜 꿰고 아래로 두 璜에 매다니, 걸어가면 衝牙가 璜에 부딪쳐 소리가 난다. 呂氏는 "옥만이 아니라 뿔송곳과 火鏡, 바늘과 대통 등 대체로 찰 만한 것은 모두 그렇다." 하였다. 贈은 보내는 것이고, 順은 사랑함이고, 問은 주는 것이다.

◯婦又語其夫曰 我苟知子之所致而來와 及所親愛者면 則當解此雜佩하여 以送遺報答之라하니 蓋不惟治其門內之職이요 又欲其君子親賢友善하여 結其驩心하여 而無所愛於服飾之玩也라

◯부인이 또 그 남편에게 "나는 그대가 초청하여 온 분과 친애하는 분인 줄을 알면 이 雜佩를 풀어서 그에게 보내주고 보답하겠다." 하니, 이는 閨門 안의 직분을 잘 다스릴 뿐만 아니라, 또 그 남편이 賢者를 친애하고 善人을 사귀어 그들과 기쁜 마음으로 관계를 맺게 하고자 하여 服飾의 노리개도 아끼는 마음이 없는 것이다.

字義 佩 : 찰 패 贈 : 줄 증 珩 : 패옥 형 蠙 : 진주조개 빈 瑀 : 옥돌 우 銳 : 뾰족할 예
琚 : 패옥 거 璜 : 반쪽 둥근 패옥 황 觸 : 부딪칠 촉 觿 : 뿔송곳 휴 燧 : 화경 수
箴 : 바늘 침 驩 : 기쁠 환 玩 : 노리개 완

女曰鷄鳴 三章이니 章六句라

〈女曰鷄鳴〉 3章이니, 장마다 6句이다.

有女同車(유녀동거)

有女同車하니 顏如舜華로다 將翺將翔하나니 佩玉瓊琚로다 彼美孟姜이여 洵美且都로다 (鄭風 有女同車-01)

有女同車 수레에 함께 탄 여인
顏如舜華 얼굴이 무궁화 같네
將翺將翔 나는 듯 걸어가니
佩玉瓊琚 패옥은 아름다운 옥
彼美孟姜 아리따운 저이 맹강
洵美且都 참으로 아름답고 얌전하네

賦也라 舜은 木槿也니 樹如李요 其華朝生暮落이라 孟은 字요 姜은 姓이라 洵은 信이요 都는 閑雅也라

賦이다. 舜은 무궁화나무이니, 줄기는 오얏나무 비슷하며 꽃은 아침에 피었다가 저녁에 진다. 孟은 字이고, 姜은 姓이다. 洵은 진실로이고, 都는 얌전한 것이다.

◯此疑亦淫奔之詩라 言所與同車之女 其美如此하고 而又歎之曰 彼美色之孟姜이여 信

美矣而又都也라

○이것도 바람난 자의 시인 듯하다. 함께 수레를 타고 가는 여인이 이렇게 아름답다 말하고, 또 감탄하기를 "저 아름다운 孟姜이 참으로 아름답고도 얌전하다."라고 한 것이다.

字義 舜 : 무궁화 순 瓊 : 붉은 옥 경 琚 : 패옥 거 都 : 아름다울 도 槿 : 무궁화 근 閑 : 조용할 한

有女同行하니 顔如舜英이로다 將翺將翔하나니 佩玉將將이로다 彼美孟姜이여 德音不忘이로다 (鄭風 有女同車-02)

有女同行 함께 걷는 저 여인
顔如舜英 얼굴이 무궁화 같네
將翺將翔 사뿐히 걸어가니
佩玉將將 패옥 소리 쟁쟁하네
彼美孟姜 아리따운 저이 맹강
德音不忘 덕스런 말 잊지 못하리

賦也라 英은 猶華也라 將將은 聲也요 德音不忘은 言其賢也라

賦이다. 英은 꽃(華)과 같다. 將將은 소리이고, 德音不忘은 '어짊'을 말한 것이다.

字義 英 : 꽃부리 영

有女同車 二章이니 章六句라

〈有女同車〉 2章이니, 장마다 6句이다.

用 例

〔同車〕 - 결혼하여 부부가 되어 애정이 깊음을 형용한 말이다. 曹植(三國 魏), 〈妾薄命詩〉 : "攜玉手, 喜同車."

山有扶蘇(산유부소)

山有扶蘇며 隰有荷華어늘 不見子都요 乃見狂且(저)아 (鄭風 山有扶蘇-01)

山有扶蘇 산엔 부소나무
隰有荷華 습지엔 연꽃 피었는데
不見子都 멋진 자도 못 만나고
乃見狂且 미치광이 만나다니

興也라 扶蘇는 扶胥니 小木也라 荷華는 芙蕖也라 子都는 男子之美者也라 狂은 狂人也요 且는 語辭也라

興이다. 扶蘇는 扶胥이니 작은 나무이다. 荷華는 연꽃이다. 子都는 아름다운 남자이다. 狂은 狂人이고, 且는 어조사이다.

◯淫女戲其所私者曰 山則有扶蘇矣요 隰則有荷華矣어늘 今乃不見子都하고 而見此狂人[10]은 何哉오

◯음란한 여인이 자기와 사통하는 자를 놀려서 "산에는 扶蘇가 있고, 습지에는 연꽃이 있는데, 이제 나는 멋진 子都를 만나지 못하고 이 미치광이를 만남은 어째서인가."라고 한 것이다.

字義 荷 : 연꽃 하 且 : 어조사 저 胥 : 도울 서 芙 : 연꽃 부 蕖 : 연꽃 거

山有橋松이며 隰有游龍이어늘 不見子充이요 乃見狡童가 (鄭風 山有扶蘇-02)

山有喬松 산엔 가지 없는 큰 소나무
隰有游龍 습지엔 잎줄기 얽힌 말여뀌 있는데
不見子充 멋진 자충 못 만나고
乃見狡童 바람둥이 만나다니

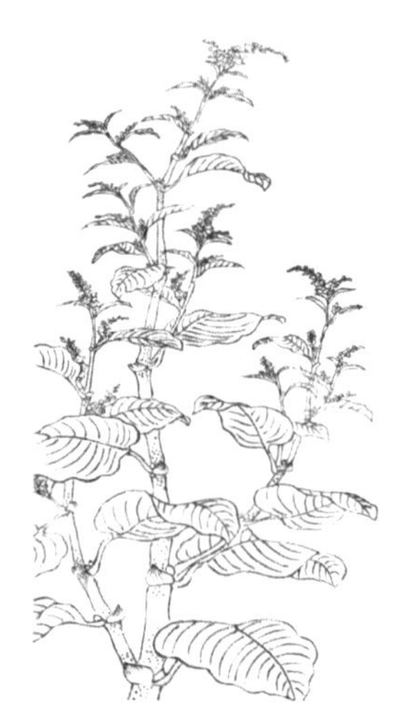

游龍(紅蓼)

興也라 上竦無枝曰橋니 亦作喬라 游는 枝葉放縱也라 龍은 紅草也니 一名馬蓼니 葉大而色白하고 生水澤中하니 高丈餘라 子充은 猶子都也라 狡童은 狡獪之小兒也라

興이다. 나무가 가지 없이 위로 솟은 것을 橋라 하니, 喬로 쓰기도 한다. 游는 가지와 잎이 제멋대로인 것이다. 龍은 紅草이니, 일명은 말여뀌〔馬蓼〕라고도 하니, 잎이 크고 색이 희며 못 가운데서 자라니 높이가 한 길 남짓하다. 子充은 子都와 같다. 狡童은 교활하고 간교한 어린 애송이이다.

字義 橋 : 높을 교 狡 : 교활할 교 竦 : 우뚝 솟을 송 蓼 : 여뀌 료 獪 : 교활할 회

---

10 山則有扶蘇矣……而見此狂人 : 鄭玄(後漢)의 箋에는 "산에는 작은 나무가 있다는 것은 鄭나라 公子 忽(昭公)이 바르지 못한 사람을 윗자리에 등용한 것을 비유한 것이고, 습지에 부용이 있다는 것은 덕이 있는 자를 낮은 자리에 둔 것을 비유한 것이다."라고 하였는데, 이는 〈序〉를 중심으로 해석한 것이다.(《毛詩正義》) 주자의 견해는 "산에는 나무가 자라고 습지에는 부용이 자라서 제각기 있을 곳에 있는데 나는 반대로 멋진 남자 대신 미치광이를 만났다."는 것이다. 段玉裁(靑), 《說文解字注》에 "扶蘇는 가지가 사방으로 퍼진 큰 나무이다.〔大木枝柯四布〕"라고 하였는데, 단옥재의 견해로 해석할 경우 扶蘇를 小木보다는 大木으로 해석하는 것이 더 맞을 듯하다.

山有扶蘇 二章이니 章四句라

〈山有扶蘇〉 2章이니, 장마다 4句이다.

蘀兮(탁혜)

蘀兮蘀兮여 風其吹女리라 叔兮伯兮여 倡予和女하리라 (鄭風 蘀兮-01)

蘀兮蘀兮	마른 잎 마른 잎아
風其吹女	네게 바람 불리라
叔兮伯兮	숙이여 백이여
倡予和女	날 부르면 달려가리라

興也라 蘀은 木槁而將落者也라 女는 指蘀而言也라 叔, 伯은 男子之字也라 予는 女子自予也요 女는 叔伯也라

興이다. 蘀兮는 나무가 말라 잎이 떨어지려 하는 것이다. 너(女)는 마른 잎을 가리켜 말한 것이다. 叔과 伯은 남자의 字이다. 予는 여자 자신이고, 女는 叔과 伯이다.

○此는 淫女之詞라 言蘀兮蘀兮여 則風將吹女矣요 叔兮伯兮여 則盍倡予요 而予將和女矣리라

○이는 음란한 여인의 말이다. "떨어지려는 마른 잎아. 바람이 네게 불리라. 叔이여 伯이여. 어찌 나를 부르지 않는가. 내 너에게 화답할 것이다."라고 한 것이다.

字義 蘀 : 낙엽 탁 倡 : 부를 창 槁 : 마를 고

蘀兮蘀兮여 風其漂女리라 叔兮伯兮여 倡予要女하리라 (鄭風 蘀兮-02)

蘀兮蘀兮	마른 잎 마른 잎아
風其漂女	바람 불면 네가 지리라
叔兮伯兮	숙이여 백이여
倡予要女	날 부르면 네 뜻에 따르리라

興也라 漂는 飄同이요 要는 成也라

興이다. 漂는 바람에 날려 떨어지다(飄)와 같고, 要는 이룸이다.

字義 漂 : 불 표 飄 : 바람 불 표

蘀兮 二章이니 章四句라

〈蘀兮〉 2章이니, 장마다 4句이다.

用 例

〔一倡一和〕 - 두 사람이 서로 호흡이 잘 맞는 것을 비유한다. 《警世通言》〈王嬌鸞百年長恨〉 : "自此**一倡一和**, 漸漸情熟, 往來不絶."

狡童(교동)

彼狡童兮[11] 不與我言兮하나다 維予之故 使我不能餐兮아 (鄭風 狡童-01)

彼狡童兮　저 바람둥이
不與我言兮　나와는 말도 하지 않네
維子之故　그대 그런다고
使我不能餐兮　내 밥 먹지 못할까

賦也라 此亦淫女見絶而戲其人之詞라 言悅己者衆하니 子雖見絶이나 未至於使我不能餐也라

賦이다. 이 또한 음란한 여인이 거절을 당하고서 그 사람을 희롱한 말이다. "나를 좋아하는 자가 많으니, 그대에게 거절당하여도 내가 밥을 먹지 못함에는 이르지 않는다."라고 말한 것이다.

字義　餐 : 먹을 찬

彼狡童兮 不與我食兮하나다 維子之故 使我不能息兮아 (鄭風 狡童-02)

彼狡童兮　저 바람둥이
不與我食兮　나와는 밥도 아니 먹네
維子之故　그대 그런다고
使我不能息兮　내 편히 쉬지 못할까

賦也라 息은 安也라

賦이다. 息은 편안함이다.

狡童 二章이니 章四句라

〈狡童〉 2章이니, 장마다 4句이다.

11　彼狡童兮 : 狡童의 狡는 姣와 통용되는 글자로 '음란할 교'이다. 바람난 여인(淫女)의 상대로 해석하여 '바람둥이'로 해석하였다. 毛亨(前漢)은 狡童을 "소공이 어른다운 뜻이 있었다.〔昭公有壯狡之志〕"라고 해석하였다.(《毛詩正義》)

用 例

〔狡童〕- '狡僮'으로도 쓰며, 교활한 군주를 지칭한다. 《史記》〈宋微子世家〉: "〈箕子〉乃作〈麥秀之詩〉以歌詠之. 其詩曰: '麥秀漸漸兮, 禾黍油油. 彼**狡僮**兮, 不與我好兮.' 所謂**狡童**者, 紂也."

褰裳(건상)

子惠思我인댄 褰裳涉溱이어니와 子不我思인댄 豈無他人이리오 狂童之狂也且(저)로다 (鄭風 褰裳-01)

子惠思我　그대 날 사랑하고 그리워한다면
褰裳涉溱　내 치마 걷고 진수 건너겠지만
子不我思　그대 날 그리지 않는다면
豈無他人　어찌 다른 사람 없으리오
狂童之狂也且　미치광이 미치광이라니

賦也라 惠는 愛也라 溱은 鄭水名이요 狂童은 猶狂且, 狡童也라 且는 語辭也라

賦이다. 惠는 사랑함이다. 溱은 鄭나라의 물 이름이다. 狂童은 (〈山有扶蘇〉의) 狂且, 狡童이라는 말과 같다. 且는 어조사이다.

○淫女 語其所私者曰 子惠然而思我면 則將褰裳而涉溱以從子어니와 子不我思면 則豈無他人之可從하여 而必於子哉리오 狂童之狂也且는 亦謔之之辭라

○음란한 여인이 사통하는 자에게 "그대가 나를 사랑하고 그리워한다면 내 치마를 걷고 진수를 건너가 그대를 따르겠지만, 그대가 나를 그리워하지 않는다면 어찌 따를 만한 다른 사람이 없어서 꼭 그대만 바라겠는가."라고 한 것이다. '狂童之狂也且'는 역시 놀리는 말이다.

字義 褰 : 걷을 건　溱 : 물 이름 진

子惠思我인댄 褰裳涉洧어니와 子不我思인댄 豈無他士리오 狂童之狂也且로다 (鄭風 褰裳-02)

子惠思我　그대 날 사랑하고 그리워한다면
褰裳涉洧　치마 걷고 유수 건너겠지만
子不我思　그대 날 그리지 않는다면
豈無他士　어이 다른 사내 없으리오

狂童之狂也且　미치광이 같으니라고

賦也라 洧亦鄭水名이라 士는 未娶者之稱이라

賦이다. 洧도 鄭나라의 물 이름이다. 士는 장가들지 않은 자의 호칭이다.

字義 洧 : 물 이름 유

褰裳 二章이니 章五句라

〈褰裳〉 2章이니, 장마다 5句이다.

丰(봉)

子之丰兮 俟我乎巷兮러니 悔予不送兮하노라 (鄭風 丰-01)

子之丰兮　풍채 좋은 그대
俟我乎巷兮　날 골목에서 기다렸는데
悔予不送兮　내 전송하지 않음 후회하네

賦也라 丰은 豐滿也라 巷은 門外也라

賦이다. 丰은 풍만함이다. 巷은 문 밖이다.

○婦人所期之男子 已俟乎巷이러니 而婦人以有異志하여 不從이라가 旣則悔之하여 而作是詩也라

○婦人이 만나기로 약속한 남자가 골목에서 기다리고 있었는데, 부인이 딴 마음이 있어 따르지 않았다가 이윽고 후회하고 이 시를 지은 것이다.

字義 丰 : 성할 봉

子之昌兮 俟我乎堂兮러니 悔予不將兮하노라 (鄭風 丰-02)

子之昌兮　건장하신 그대
俟我乎堂兮　날 당에서 기다렸는데
悔予不將兮　내 전송하지 않음 후회하네

賦也라 昌은 盛壯貌라 將亦送也라

賦이다. 昌은 멋지고 건장한 모습이다. 將도 전송함이다.

字義 將 : 보낼 장

衣錦褧衣코 裳錦褧裳하니 叔兮伯兮 駕予與行이리라 (鄭風 丰-03)

衣錦褧衣　　비단옷에 홑옷 덧입고
裳錦褧裳　　비단 치마에 홑치마 덧입었으니
叔兮伯兮　　숙이여 백이여
駕予與行　　수레로 날 데려가면 함께 가리라

賦也라 褧은 襌(단)也라 叔, 伯은 或人之字也라

賦이다. 褧은 홑옷이다. 叔과 伯은 어떤 사람의 字이다.

◯婦人이 既悔其始之不送而失此人也하여 則曰 我之服飾이 既盛備矣니 豈無駕車以迎我而偕行者乎아

◯婦人이 처음 전송하지 아니하여 그 사람을 놓친 것을 후회하여 "나의 服飾이 훌륭하게 갖추어졌으니, 어찌 수레에 멍에 하여 나를 맞이해 함께 갈 자가 없겠는가."라고 한 것이다.

字義 褧 : 홑옷 경　襌 : 홑옷 단

裳錦褧裳코 衣錦褧衣하니 叔兮伯兮 駕予與歸리라 (鄭風 丰-04)

裳錦褧裳　　비단 치마에 홑치마 덧입고
衣錦褧衣　　비단 옷에 홑옷 덧입었으니
叔兮伯兮　　숙이여 백이여
駕予與歸　　수레 타고 오면 함께 가리라

賦也라 婦人謂嫁曰歸라

賦이다. 부인이 시집가는 것을 歸라 한다.

丰 四章이니 二章은 章三句요 二章은 章四句라

〈丰〉 4章이니, 2章은 장마다 3句이고, 2章은 장마다 4句이다.

東門之墠(동문지선)

東門之墠에 茹藘在阪이로다 其室則邇나 其人甚遠이로다 (鄭風 東門之墠-01)

東門之墠　　동문 밖엔 판판한 빈 터
茹藘在阪　　비탈엔 꼭두서니 피었네
其室則邇　　그이 집 가까우나

茹藘(茜草)

其人甚遠　　그이 너무 멀다네

賦也라 東門은 城東門也라 墠은 除地町町者라 茹藘는 茅蒐也니 一名茜이니 可以染絳이라 陂者曰阪이라 門之旁有墠하고 墠之外有阪하고 阪之上有草하니 識(지)其所與淫者之居也라 室邇人遠者는 思之而未得見之詞也라

賦이다. 東門은 城의 東門이다. 墠은 땅을 다듬어 판판하게 만든 것이다. 茹藘는 茅蒐이니, 또 다른 이름은 꼭두서니라고도 하는데 붉은색을 물들일 수 있다. 비탈을 阪이라 한다. 門의 곁에 판판히 닦은 터가 있고 닦은 터 밖에 비탈이 있고 비탈 위에 풀이 있으니, 같이 음란한 짓을 하는 자가 사는 곳을 표시한 것이다. 집은 가깝고 사람은 멀다는 것은 그립지만 만나지 못함을 말한 것이다.

字義 墠 : 터 닦을 선　茹 : 꼭두서니 여　藘 : 꼭두서니 려　阪 : 산비탈 판　邇 : 가까울 이
町 : 밭두둑 정　茅 : 띠 모　蒐 : 꼭두서니 수　茜 : 꼭두서니 천　絳 : 붉을 강　陂 : 언덕 파
識 : 표할 지

東門之栗에 有踐家室이로다 豈不爾思리오마는 子不我卽이니라 (鄭風 東門之墠-02)

東門之栗　　동문 밖엔 밤나무
有踐家室　　집들 나란히 있네
豈不爾思　　어찌 그대 그립지 않으랴만
子不我卽　　그대 날 찾지 않아서라네

賦也라 踐은 行列貌라 門之旁에 有栗하고 栗之下에 有成行列之家室이니 亦識(지)其處也라 卽은 就也라

賦이다. 踐은 줄지은 모양이다. 문 곁에 밤나무가 있고, 밤나무 아래에 줄지은 집들이 있는 것이니, 역시 그가 사는 곳을 표시한 것이다. 卽은 나아감이다.

字義 踐 : 차례 있을 천　卽 : 나아갈 즉

東門之墠 二章이니 章四句라

〈東門之墠〉 2章이니, 장마다 4句이다.

用 例

〔室邇人遠〕 - '室邇人遐', '室邇人遙'로도 쓰며, 친구를 그리워하거나 죽은 이를 애도하는 말로 쓰인다. 《花月痕》 第41回 : "〈韓荷生〉又唸道 : '翻是閉關長謝客, 不堪**室邇**是**人遐**.'"

〔近易〕 - 빠르고 쉬움을 말한다. 葛洪(晉), 《抱朴子》 〈循本〉 : "自非遁世而無悶, 齊物於通塞者, 安能棄**近易**而尋迂闊哉!"

風雨(풍우)

風雨凄凄어늘 鷄鳴喈喈로다 旣見君子하니 云胡不夷리오 (鄭風 風雨-01)

風雨凄凄	비바람 싸늘한데
鷄鳴喈喈	닭들 꼬끼오 우네
旣見君子	임 만나고 나니
云胡不夷	어찌 아니 맘 편하리

賦也[12]라 凄凄는 寒涼之氣요 喈喈는 鷄鳴之聲이라 風雨晦冥은 蓋淫奔之時라 君子는 指所期之男子也라 夷은 平也라

賦이다. 凄凄는 차가운 기운이고, 喈喈는 닭 우는 소리이다. 비바람이 불고 어두움은 바람피울 때일 것이다. 군자는 만나기로 기약한 남자를 가리킨다. 夷는 평안함이다.

○淫奔之女 言當此之時하여 見其所期之人而心悅也[13]라

○바람난 여인이 이러한 때에 만나기로 기약한 사람을 만나 마음으로 기뻐함을 말한 것이다.

字義 凄 : 찰 처, 처량할 처 喈 : 새소리 개 夷 : 평할 이 晦 : 어둘 회 冥 : 어둘 명 奔 : 야합할 분

風雨瀟瀟어늘 鷄鳴膠膠로다 旣見君子하니 云胡不瘳리오 (鄭風 風雨-02)

風雨瀟瀟	바람 비 스산한데
鷄鳴膠膠	꼬끼오 닭이 우네
旣見君子	임 만나고 나니
云胡不瘳	어이 아니 병 나으리

賦也라 瀟瀟는 風雨之聲이라 膠膠는 猶喈喈也라 瘳는 病愈也니 言積思之病이 至此而愈也라

---

12 賦也 : 毛亨은 傳에서 '風雨凄凄'는 혼란함을, '鷄鳴喈喈'는 군자의 법도를 의미하는 것으로 파악하여 興으로 분류하였다. 그럴 경우 "비바람 쌀쌀하여도 닭은 제때에 꼬끼오 우네."라고 해석된다.(《毛詩正義》)

13 淫奔之女……見其所期之人而心悅也 : 丁若鏞(鮮)은 《詩經講義》에서 "鄭나라의 六卿이 晉나라의 中軍將 韓起를 전송할 때 子游가 〈風雨〉를 읊고, 子旗는 〈有女同車〉를 읊고 子柳는 〈籜兮〉를 읊으니, 한기가 기뻐하면서 鄭나라는 강성할 수 있겠다고 하였는데, 만일 이 세 편의 시가 바람난 자들의 노래라고 한다면 鄭나라는 위태로울 것이니 강성할 수 있을 것이라고 하는 것이 맞지 않다."라고 하였다. 鄭나라에서 한기를 전송하는 내용은 《春秋左氏傳》 昭公 16년조에 보이는데, "宣子가 기뻐하며, '鄭나라는 강성할 수 있겠다. 그대들이 군주의 명으로 나를 대접해주고 읊은 시도 모두 鄭나라 노래이니……'"라고 하였다.

賦이다. 瀟瀟는 비바람이 부는 소리이다. 膠膠는 喈喈와 같다. 瘳는 병이 나음이니, 그리움이 쌓여 생긴 병이 이에 이르러 나았다고 한 것이다

字義 瀟 : 비바람이 세찬 모양 소 膠 : 닭 울 교 瘳 : 병 나을 추 愈 : 나을 유

風雨如晦어늘 鷄鳴不已로다 旣見君子하니 云胡不喜리오 (鄭風 風雨-03)

風雨如晦 비바람 컴컴한데
鷄鳴不已 닭 울음 이어지네
旣見君子 임 만나고 나니
云胡不喜 어이 아니 기쁘리오

賦也라 晦는 昏이요 已는 止也라

賦이다. 晦는 어두움이고, 已는 그침이다.

風雨 三章이니 章四句라

〈風雨〉 3章이니, 장마다 4句이다.

用 例

〔風雨不改〕·〔風雨如晦〕 - 열악한 환경에서도 절개가 변치 않음을 비유한다. 元稹(唐), 〈授韓皐尙書左仆射制〉 : "豈所謂徐公之行己有常, 而詩人之**風雨不改**耶?" 李德裕(唐), 〈唐故左神策軍護軍中尉劉公神道碑銘〉 : "遇物而涇渭自分, 立誠而**風雨如晦**."

〔雨晦〕 - 亂世나 어려운 환경을 만남을 의미한다. 岑德潤(隋), 〈鷄鳴篇〉 : "**雨晦**思君子, 關開脫孟嘗."

子衿(자금)

靑靑子衿이여 悠悠我心이로다 縱我不往이나 子寧不嗣音고 (鄭風 子衿-01)

靑靑子衿 푸르고 푸른 그대 옷깃
悠悠我心 그리운 마음 가 없어라
縱我不往 내 비록 못가지마는
子寧不嗣音 그대 어이 소식도 없나

賦也라 靑靑은 純(준)緣之色이니 具父母면 衣純以靑이라 子는 男子也라 衿은 領也라 悠悠는

思之長也라 我는 女子自我也라 嗣音은 繼續其聲問也라 此亦淫奔之詩[14]라

賦이다. 靑靑은 옷에 두른 선의 색깔이니, 부모가 모두 살아 계시면 靑色으로 옷에 선을 두른다. 子는 男子이다. 衿은 옷깃이다. 悠悠는 그리움이 긴 것이다. 我는 여자 자신이다. 嗣音은 소식을 끊임없이 전하는 것이다. 이 또한 바람난 자의 시이다.

字義 衿 : 옷깃 금 縱 : 비록 종 嗣 : 이을 사 純 : 선 두를 준 緣 : 선 두를 연

靑靑子佩여 悠悠我思로다 縱我不往이나 子寧不來오 (鄭風 子衿-02)

靑靑子佩　　푸른 끈 그대 패옥
悠悠我思　　그리운 맘 길기만 해라
縱我不往　　내 비록 못가지마는
子寧不來　　그대 어이 오지도 않나

賦也라 靑靑은 組綬之色이요 佩는 佩玉也라

賦이다. 靑靑은 패옥 끈의 색깔이고, 佩는 佩玉이다.

字義 綬 : 끈 수

挑兮達兮하니 在城闕兮로다 一日不見이 如三月兮로다 (鄭風 子衿-03)

挑兮達兮　　이리 왔다 저리 갔다
在城闕兮　　성루에서 서성이네
一日不見　　하루라도 그이 못보면
如三月兮　　석 달이나 된 듯하네

賦也라 挑는 輕儇跳躍之貌요 達은 放恣也라

賦이다. 挑는 몸이 가볍고 빠르며 뛰는 모양이고, 達은 방자함이다.

字義 挑 : 까불거릴 조(도) 儇 : 빠를 현 跳 : 뛸 도 躍 : 뛸 약

子衿 三章이니 章四句라

〈子衿〉 3章이니, 장마다 4句이다.

---

14 淫奔之詩 : 丁若鏞은 《詩經講義》에서 "'비록 꼭 학교 정사가 폐지된 것을 읊은 시라는 점을 발견할 수는 없지만, 꼭 바람난 자의 시라는 점도 알 수 없는데 어떻게 생각하느냐?'는 질문에, '주자의 〈白鹿洞賦〉에서……靑衿을 學者의 의복으로 표현하였고,……杜甫의 시에서도 學生을 지칭하는 말로 사용하고 있으니……예부터 바람난 자들의 시로 보지 않았음을 알 수 있다.'"라고 하였다. 그러나 朱子는 푸른 옷을 입는 사람을 말한 것만으로 학교의 정사가 폐지된 것을 읊은 시로 보는 것은 논리 비약의 견강부회한 면이 있음을 파악하여 淫奔詩로 해석하였다.

用 例

〔衿佩〕- 靑年學生을 가리킨다. 李東陽(明), 〈擬進《憲宗純皇帝實錄》表〉: "**衿佩**三千, 聽橋門之警蹕 ; 豆籩十二, 增闕里之褒崇."

〔子衿〕- 學生이나 生員을 말한다. 沈德符(明), 《野獲編》〈科場二 北場口語之多〉: "然向來被議者, 主試皆南人, 擧子皆冑監, 豈畿輔**子衿**, 皆曾史耶?"

〔佩衿〕- 士子를 말한다. 兪文豹(宋), 《吹劍四錄》: "置我**佩衿**於城闕, 雖區處之未遑 ; 藉卿彈壓於京師, 實觀瞻之攸係."

揚之水(양지수)

揚之水여 不流束楚로다 終鮮兄弟라 維予與女로니 無信人之言이어다 人實迋女니라 (鄭風 揚之水-01)

揚之水　느리게 흐르는 저 물은
不流束楚　가시 나뭇단도 못 띄우네
終鮮兄弟　형도 아우도 없어
維予與女　나와 그대뿐이니
無信人之言　남의 말 믿지 말지어다
人實迋女　남들 그대를 속이느니라

興也라 兄弟는 婚姻之稱이니 禮所謂不得嗣爲兄弟[15] 是也라 予, 女는 男女自相謂也라 人은 他人也라 迋은 與誑同이라

興이다. 兄弟는 婚姻한 사람 사이의 호칭이니, 《禮記》에 "계속하여 兄弟가 될 수 없었다."라

15 不得嗣爲兄弟 : 《禮記》〈曾子問〉에 나오는 말로, 남녀가 서로 혼인하기로 약속하고 나서 남자가 부모상을 당하여 혼인식을 하지 못하게 되면 장례를 마친 후 여자 집에 보내는 서신에 "아무개의 자식이 부모상을 당하여 계속해서 형제의 예를 치룰 수가 없었습니다. 아무개를 시켜 명을 전합니다.〔某之子 有父母之喪 不得嗣爲兄弟 使某致命〕"라고 한다는 글에서 '兄弟'라는 용어가 부부관계를 말하는 것으로 쓰이고 있음을 말한 것이다. 〈邶風 谷風〉에서도 "宴爾新昏하여 如兄如弟하나다"라고 하여 부부관계를 표현하고 있다. 그러나 정약용의 《詩經講義》에서는 "禮에, 昆弟라 한 것은 伯과 仲의 같은 항렬이고, 兄弟라 말한 것은 祖孫이나 伯叔 父子에 구애받지 않고 宗族간에 通稱하는 것이다. 아울러 부부간을 형제라 하는 경우는 없다. 〈曾子問〉의 내용도 陳櫟(元)이 오해하여 小註를 잘못 인용한 것이다. 본문을 살펴보면……이는 사위의 집안에서 여자 집안으로 명을 전하는 것이기 때문에 '우리와 그대 집안이 형제간의 예를 계속 할 수가 없다.'고 한 것이다. 이는 《爾雅》의 '婚兄弟', '姻兄弟'와 같다. 夫婦를 형제라 부르는 경우는 없다. 終鮮兄弟는 宗族이 없음을 말한 것이다."라고 하였다.

는 것이 이것이다. 予와 女는 남녀가 서로 부르는 말이다. 人은 남이다. 迂은 誑과 같다.

◯淫者相謂言 揚之水는 則不流束楚矣요 終鮮兄弟면 則維予與女矣니 豈可以他人離間之言而疑之哉아 彼人之言은 特誑女耳라

◯음란한 자가 서로 말하기를 "느릿느릿 흐르는 물은 묶어놓은 나뭇단도 띄우지 못한다. 끝내 다른 兄弟가 없다면 나와 너뿐이니, 어찌 타인의 이간하는 말 때문에 나를 의심한단 말인가. 저 사람의 말은 너를 속인 것일 뿐이다."라고 한 것이다.

字義 迂 : 속일 광 誑 : 속일 광

揚之水여 不流束薪이로다 終鮮兄弟라 維予二人이로니 無信人之言이어다 人實不信이니라 (鄭風 揚之水-02)

揚之水	느릿느릿 흐르는 저 물은
不流束薪	땔 나뭇단도 못 띄우네
終鮮兄弟	형도 아우도 없어
維予二人	우리 두 사람뿐이니
無信人之言	남의 말 믿지 말지어다
人實不信	남들은 실로 믿을 수가 없느니라

興也라

興이다.

揚之水 二章이니 章六句라

〈揚之水〉 2章이니, 장마다 6句이다.

出其東門(출기동문)

出其東門하니 有女如雲이로다 雖則如雲이나 匪我思存이로다 縞衣綦巾이여 聊樂我員(운)이로다 (鄭風 出其東門-01)

出其東門	동문 밖 나서니
有女如雲	여인네들 구름 같아
雖則如雲	구름같이 많아도
匪我思存	내 그리운 이는 없네
縞衣綦巾	하얀 옷 쑥색 수건 쓴 여인

聊樂我員　　애오라지 나와 즐거우리라

賦也라 如雲은 美且衆也라 縞는 白色이요 綦는 蒼艾色이라 縞衣綦巾은 女服之貧陋者니 此人이 自目其室家也라 員은 與云同이니 語辭也라

賦이다. 구름과 같다는 것은 아름답고도 많은 것이다. 縞는 백색이고, 綦는 푸른 쑥색이다. 縞衣綦巾은 가난하고 미천한 여자의 의복이니, 이 사람이 스스로 자기의 아내를 지목한 것이다. 員은 云과 같으니, 어조사이다.

○人見淫奔之女而作此詩하여 以爲此女 雖美且衆이나 而非我思之所存也니 〔不〕[16]如己之室家 雖貧且陋나 而聊可以自樂也라 是時에 淫風大行이로되 而其間에 乃有如此之人하니 亦可謂能自好而不爲習俗所移矣라 羞惡之心 人皆有之를 豈不信哉아

○사람이 바람난 여인을 보고 이 시를 지어서 "이 여인들이 아름답고 또 많지만 내가 그리워하는 이는 아니니, 자기의 아내가 비록 가난하고 미천하나 애오라지 스스로 즐거운 것만은 못하다."라고 한 것이다. 이때에 음란한 풍속이 크게 유행하였는데도 그중에도 이러한 사람이 있었으니, 역시 자신의 지조를 아껴서 習俗에 물들지 않았다고 이를 만하다. 부끄러워하고 싫어하는 마음을 사람들이 모두 가지고 있다는 것을 어찌 믿지 못하겠는가.

字義 縞 : 휠 호　綦 : 쑥빛 비단 기　員 : 이를 운

出其闉闍하니 有女如荼로다 雖則如荼나 匪我思且(저)로다 縞衣茹藘여 聊可與娛로다 (鄭風 出其東門-02)

出其闉闍　　성문을 나서니
有女如荼　　여인네 띠 꽃 같아라
雖則如荼　　띠 꽃 같이 예뻐도
匪我思且　　내 그리운 이는 아니로다
縞衣茹藘　　하얀 옷 붉은 수건 쓴 이
聊可與娛　　애오라지 함께 즐거우리라

賦也라 闉은 曲城[17]也요 闍는 城臺也라 荼는 茅華니 輕白可愛者也라 且는 語助辭라 茹藘는 可以染絳이라 故로 以名衣服之色이라 娛는 樂也라

---

16 〔不〕: 저본에는 '不'자가 없으나, 《朱子全書》에 의거하여 '不'을 보충하였다.

17 曲城 : 성문을 에워싸고 있는 작은 성을 말한다. 馬瑞辰(淸)의 《毛詩傳箋通釋》에서는 "성 위에 臺가 있으면 아래에 반드시 문이 있다. 重門이 있으면 반드시 曲城이 있다.〔上有臺則下必有門 有重門則必有曲城〕"라고 하였다.

賦이다. 闉은 曲城이고, 闍는 城의 臺이다. 荼는 띠풀의 꽃이니, 가볍고 희어서 사랑스럽다. 且는 어조사이다. 茹藘는 붉은색을 물들일 수 있다. 그리하여 이것으로 의복의 색깔을 부른 것이다. 娛는 즐거워함이다.

字義 闉 : 성문 밖의 옹성 인 闍 : 성문 망루 도 荼 : 띠꽃 도 茹 : 꼭두서니 여 藘 : 꼭두서니 려

出其東門 二章이니 章六句라

〈出其東門〉 2章이니, 장마다 6句이다.

用例

〔綦縞〕 - 평민 부녀의 복장이나 평민 부녀를 일컫는다. 吳甡(明), 〈潭西王恭人墓〉詩 : "若令綦縞能偕隱, 未必功名累此身."

〔闉闍〕 - 城門이나 城樓를 널리 일컫는다. 王讜(宋), 《唐語林》〈補遺 一〉 : "玄宗親御闉闍, 臨視誅討." ○도시의 거리를 가리킨다. 張九齡(唐), 〈南陽道中作〉詩 : "驅馬歷闉闍, 荊榛翳阡陌."

野有蔓草(야유만초)

野有蔓草하니 零露漙兮로다 有美一人이여 清揚婉兮로다 邂逅相遇하니 適我願兮로다 (鄭風 野有蔓草-01)

野有蔓草	들에 뻗은 풀 덩굴에
零露漙兮	이슬 흠뻑 맺혔네
有美一人	아름다운 저이
清揚婉兮	눈매 곱고 맑아라
邂逅相遇	우연히 서로 만났는데
適我願兮	내 원하던 그 사람일세

賦而興也라 蔓은 延也요 漙은 露多貌라 清揚은 眉目之間이 婉然美也라 邂逅는 不期而會也라

賦이면서 興이다. 蔓은 뻗음이고, 漙은 이슬이 많은 모양이다. 清揚은 눈썹과 눈 사이가 곱고 아름다운 것이다. 邂逅는 기약하지 않고 우연히 만나는 것이다.

○男女相遇於野田草露之間이라 故로 賦其所在以起興하여 言野有蔓草하니 則零露漙矣요 有美一人은 則清揚婉矣요 邂逅相遇하니 則得以適我願矣라

○남녀가 풀에 이슬이 내린 들판에서 만났다. 그리하여 그곳에 있는 것을 읊어 시정을 일으켜서 "들판의 풀 덩굴에 내린 이슬 흠뻑 맺혔고, 아름다운 이 사람 눈매 곱고 예쁘기도 하네. 우연히 서로 만났는데 내 원하던 꼭 그 사람이네."라고 한 것이다.

字義 蔓 : 덩굴 뻗을 만 零 : 떨어질 령 漙 : 이슬 맺힐 단 婉 : 예쁠 완 邂 : 우연히 만날 해 逅 : 우연히 만날 후 適 : 맞을 적

野有蔓草하니 零露瀼瀼이로다 有美一人이여 婉如淸揚이로다 邂逅相遇하니 與子偕臧이로다 (鄭風 野有蔓草-02)

野有蔓草	들에 뻗은 풀 덩굴에
零露瀼瀼	이슬 흠뻑 맺혔네
有美一人	아름다운 저이
婉如淸揚	눈매 곱고 맑아라
邂逅相遇	우연히 서로 만났는데
與子皆臧	우린 어울리는 짝이로세

賦而興也라 瀼瀼도 亦露多貌라 臧은 美也라 與子偕臧은 言各得其所欲也라

賦이면서 興이다. 瀼瀼도 이슬이 많은 모양이다. 臧은 아름다움이다. 그대와 함께 좋다는 것은 각기 원하는 바를 얻었음을 말한 것이다.

字義 瀼 : 이슬 맺힐 양 臧 : 착할 장

野有蔓草 二章이니 章六句라

〈野有蔓草〉 2章이니, 장마다 6句이다.

用 例

〔零瀼〕 - 서리나 이슬이 많이 내려 길 가는 사람이 괴로워하는 모습을 표현한 말이다. 范居中(元), 《金殿喜重重》〈秋思〉套曲 : "恨程途渺茫, 更風波**零瀼**."

溱洧(진유)

溱與洧 方渙渙兮어늘 士與女 方秉蕑兮로다 女曰觀乎인저 士曰旣且(저)로다 且往觀乎인저 洧之外는 洵訏且樂이라하여 維士與女 伊其相謔하여 贈之以勺藥이로다 (鄭風 溱洧-01)

溱與洧	진수와 유수는
方渙渙兮	봄물 불어 넘실넘실
士與女	남정네 여인네
方秉蕳兮	난초를 들었네
女曰觀乎	여인네 "구경 가요"
士曰旣且	남정네 "갔다 왔지"
且往觀乎	"다시 한 번 가봐요
洧之外	유수 가는
洵訏且樂	참으로 넓고 즐겁대요"
維士與女	남정네 여인네
伊其相謔	서로 농 건네며
贈之以勺藥	정표로 작약 선물하네

蕳(佩蘭)

賦而興也라 渙渙은 春水盛貌니 蓋氷解而水散之時也라 蕳은 蘭也니 其莖葉이 似澤蘭이요 廣而長節하며 節中赤이요 高四五尺이라 且는 語辭라 洵은 信이요 訏는 大也라 勺藥도 亦香草也라 三月開花하니 芳色可愛라

賦이면서 興이다. 渙渙은 봄물이 많은 모양이니, 얼음이 녹아 물이 풀리는 때이다. 蕳은 난초이니, 줄기와 잎이 澤蘭과 같고, 넓적하고 마디가 길며 마디 가운데는 붉고 높이가 4, 5尺이다. 且는 어조사이다. 洵은 참으로이고, 訏는 큼이다. 勺藥도 香草이니, 3월에 꽃이 피는데 향기와 색깔이 사랑스럽다.

○鄭國之俗은 三月上巳[18]之辰(신)에 采蘭水上하여 以祓除不祥이라 故로 其女問於士曰 盍往觀乎아 士曰吾旣往矣라 女復要之曰 且往觀乎인저 蓋洧水之外는 其地信寬大而可樂也라하니 於是에 士女相與戲謔하고 且以勺藥爲贈而結恩情之厚也라 此詩는 淫奔者 自敍之詞라

○鄭나라의 풍속은 3월 上巳의 때에 물가에서 澤蘭을 캐어 불길한 기운을 제거하였다. 그리하여 여자가 남자에게 "어찌 구경 가지 않는가."라고 하자, 남자가 "다녀왔다." 하였다. 여자가 다시 청하여 "다시 구경 가자. 유수 가는 참으로 넓고 즐겁대요."라고 하였다. 이에 남자와 여자가 서로 농을 건네고, 또 勺藥을 선물하여 정을 두터이 맺은 것이다. 이 시는 바람난 자가 스스로 서술한 말이다.

---

18 上巳 : 日辰의 地支 중에 그달 上旬의 巳日을 말한다. 세속에서는 통상 3월 3일을 가리키는 말로 사용한다.

字義 渙 : 물이 맑고 세찬 모양 환　蕑 : 난초 간　訏 : 클 우　芳 : 향기 방　辰 : 때 신　祓 : 제액할 불

溱與洧 瀏(유)**其淸矣**어늘 **士與女 殷其盈矣**로다 **女曰觀乎**인저 **士曰旣且**(저)로다 **且往觀乎**인저 **洧之外**는 **洵訏且樂**이라하여 **維士與女 伊其將謔**하여 **贈之以勺藥**이로다 (鄭風 溱洧-02)

溱與洧　진수와 유수는
瀏其淸矣　깊고도 맑은데
士與女　남정네 여인네
殷其盈矣　가득 모였네
女曰觀乎　여인네 "구경 가요"
士曰旣且　남정네 "갔다 왔지"
且往觀乎　"다시 가봐요
洧之外　유수 가는
洵訏且樂　참으로 넓고 즐겁대요"
維士與女　남정네 여인네
伊其將謔　서로 농 건네며
贈之以勺藥　작약을 정표로 선물하네

勺藥

賦而興也라 **瀏**는 **深貌**요 **殷**은 **衆也**라 **將**은 **當作相**이니 **聲之誤也**라

賦이면서 興이다. 瀏는 깊은 모양이고, 殷은 많음이다. 將은 相이 되어야 하니, 음이 〈비슷하여〉 잘못된 것이다.

字義 瀏 : 물이 깊고 맑은 모양 류　殷 : 많을 은

溱洧 二章이니 **章十二句**라

〈溱洧〉 2章이니, 장마다 12句이다.

用 例

〔溱洧〕 - 淫亂함을 말한다. 陸遊(宋), 《避暑漫抄》〈群居解頤〉 : "元和初, 達官與中外之親爲婚者, 先已涉**溱洧**之譏."

〔贈芍〕 - 男女 別離의 情을 표시한다. 富察敦崇(淸), 《燕京歲時記》〈封台〉 : "蓋大鼓多采蘭**贈芍**之事, 閨閣演唱, 已爲不宜."

〔采蘭贈芍〕 - 남녀가 사랑의 증표로 선물함을 비유한다. 富察敦崇(淸), 《燕京歲時記》〈封台〉 : "大鼓多**采蘭贈芍**之事."

鄭國 二十一篇이니 五十三章이요 二百八十三句라

鄭國風 21篇이니, 53章이고 283句이다.

鄭衛之樂이 皆爲淫聲이라 然以詩考之면 衛詩는 三十有九에 而淫奔之詩 才四之一이어늘 鄭詩는 二十有一에 而淫奔之詩는 已不翅七之五며 衛猶爲男悅女之詞어늘 而鄭皆爲女惑男之語며 衛人은 猶多刺譏懲創之意어늘 而鄭人은 幾於蕩然無復羞愧悔悟之萌하니 是則鄭聲之淫이 有甚於衛矣라 故로 夫子論爲邦에 獨以鄭聲爲戒而不及衛하니 蓋擧重而言이니 固自有次第也라 詩可以觀[19]이 豈不信哉아

鄭나라와 衛나라의 음악은 모두 음란한 음악이다. 그러나 시를 가지고 상고해보면 衛나라 시는 39편 중에 음란한 시가 겨우 4분의 1인데, 정나라 시는 21편 중에 음란한 시가 7분의 5가 넘을 뿐만이 아니며, 위나라는 그래도 남자가 여자를 좋아하는 노래인데, 정나라는 모두 여자가 남자를 유혹하는 말이며, 위나라 사람들은 오히려 풍자하고 징계하는 뜻이 많은데, 정나라 사람들은 전혀 다시 부끄러워하고 뉘우치는 싹이 거의 없으니, 이는 정나라 음악의 음란함이 위나라보다 더한 것이다. 그리하여 夫子가 나라를 다스리는 것을 논하면서 정나라의 음악만을 경계하고 위나라에 대해서는 언급하지 않았다. 이는 重함을 들어 말한 것이니, 본디 절로 순서가 있는 것이다. 시에서 〈정치의 잘잘못을〉 살펴본다는 것을 어찌 믿지 못하겠는가.

字義 才 : 겨우 재　翅 : 뿐 시　譏 : 기롱할 기　懲 : 징계할 징　創 : 징계할 창　蕩 : 방자할 탕
羞 : 부끄러울 수　愧 : 부끄러워할 괴

19 詩可以觀 : 《論語》 〈陽貨〉에 "詩可以興 可以觀 可以群 可以怨"이라 한 것에서 인용한 것이다.

詩經集傳 卷之五

齊 一之八

齊世系(侯爵)

太公 - 丁公 - 乙公 - 癸公 - 哀公 - 胡公(哀公弟) - 獻公 - 武公 - 厲公 - 文公(胡公子) - 成公 - 莊公 - 釐公 - 襄公 - 桓公(襄公弟) - 孝公 - 昭公(孝公弟) - 懿公(孝公弟) - 惠公(孝公弟) - 頃公 - 靈莊 - 景公(莊公弟) - 晏孺子 - 悼(景公子) - 簡公 - 平公(簡公弟) - 宣公 - 康公(爲田和所簒)

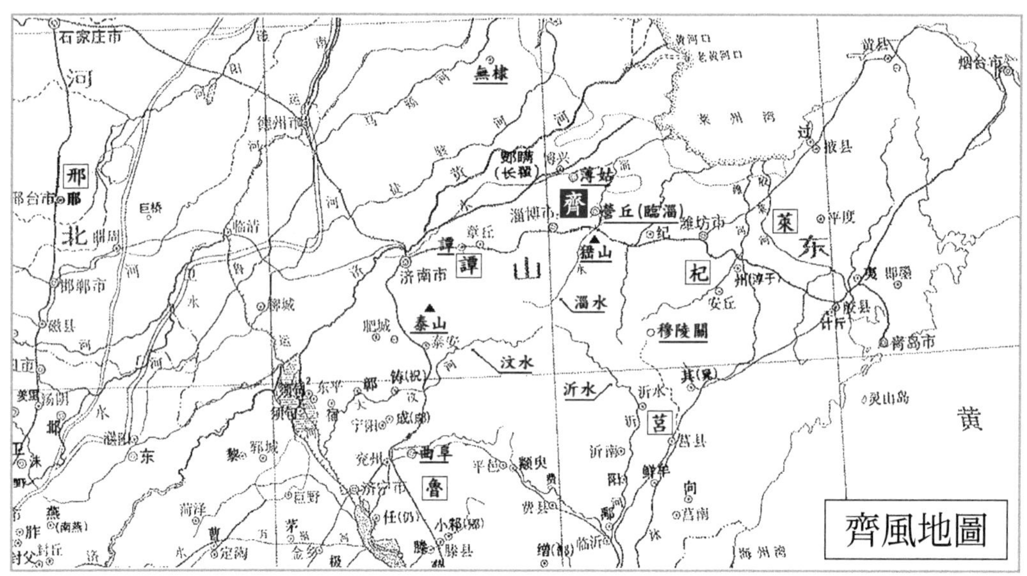

齊風地圖

齊는 國名이라 本少昊時爽鳩氏所居之地니 在禹貢爲青州之域이라 周武王이 以封太公望이라 東至于海하고 西至于河하고 南至于穆陵하고 北至于無棣라 太公은 姜姓이니 本四岳之後라 既封於齊에 通工商之業하고 便魚鹽之利하여 民多歸之라 故로 爲大國하니 今青齊淄濰德棣等州 是其地也라

齊는 國名이다. 본래 少昊 때에 爽鳩氏가 살던 지역이니, 《書經》 〈禹貢〉의 青州 지역이다. 周 武王이 太公 望을 봉해주었다. 東으로는 바다에 이르고, 西로는 黃河에 이르고, 南으로는 穆陵에 이르고, 北으로는 無棣에 이르렀다. 太公은 姜姓이니, 본래 四岳의 후손이다. 齊나라

에 봉해지자, 工業과 商業을 유통하고 魚鹽의 이익을 편리하게 하여 백성들이 많이 모여들었다. 그리하여 大國이 되었다. 지금의 靑州·齊州·淄州·濰州·德州·棣州 등이 바로 그 지역이다.

字義 昊 : 사람 이름 호 爽 : 시원할 상 棣 : 산앵도나무 체 淄 : 물 이름 치 濰 : 물 이름 유

鷄鳴(계명)

鷄旣鳴矣라 朝旣盈矣라하니 匪鷄則鳴이라 蒼蠅之聲이로다 (齊風 鷄鳴-01)

鷄旣鳴矣	닭이 울었습니다.
朝旣盈矣	조정에 다들 모였을 것입니다 하니
匪鷄則鳴	닭이 운 게 아니라
蒼蠅之聲	쉬파리 떼 나는 소리였네

賦也라 言古之賢妃 御於君所하여 至於將旦之時면 必告君曰 鷄旣鳴矣라 會朝之臣이 旣已盈矣라하니 欲令君早起而視朝也라 然其實非鷄之鳴也요 乃蒼蠅之聲也라 蓋賢妃 當夙興之時하여 心常恐晩이라 故로 聞其似者而以爲眞하니 非其心存警畏而不留於逸欲이면 何以能此리요 故로 詩人이 敍其事而美之也라

賦이다. 옛날 어진 后妃가 군주의 처소에서 모시고 있으면서 날이 새려고 할 때에 이르면 반드시 군주에게 "닭이 울었으니, 조정에 신하들이 가득 모였을 것입니다."라고 하였으니, 군주로 하여금 일찍 일어나 조회를 보게 하고자 해서이다. 그러나 실제는 닭이 운 것이 아니고, 바로 쉬파리 떼의 소리였다. 이는 현숙한 후비가 일찍 일어나야 할 때에 마음에 항상 늦을까 염려하였다. 그리하여 그와 비슷한 것을 듣고는 참으로 닭의 울음소리라고 여긴 것이니, 경계하고 두려워하는 마음으로 안일에 머물지 않는 이가 아니면 어찌 이렇게 할 수가 있겠는가. 그리하여 시인이 그 일을 서술하고 찬미한 것이다.

字義 蠅 : 파리 승

東方明矣라 朝旣昌矣라하니 匪東方則明이라 月出之光이로다 (齊風 鷄鳴-02)

東方明矣	동쪽이 밝아옵니다.
朝旣昌矣	조정에 가득 모였을 것입니다 하니
匪東方則明	해가 뜬 게 아니라
月出之光	달빛이었네

賦也라 東方明이면 則日將出矣라 昌은 盛也라 此는 再告也라

賦이다. 東方이 밝으면 해가 뜨게 된다. 昌은 많음이다. 이는 두 번째 고한 것이다.

蟲飛薨薨이어늘 甘與子同夢이언마는 會且歸矣란 無庶予子憎가 (齊風 鷄鳴-03)

蟲飛薨薨　　온갖 벌레 나는데
甘與子同夢　　그대와 단꿈 꾸고 싶지만
會且歸矣　　모였다 헛걸음치고 돌아가면
無庶予子憎　　나 때문에 당신 미움 받지 않을까

賦也라 蟲飛는 夜將旦而百蟲作也라 甘은 樂이요 會는 朝也라

賦이다. 蟲飛는 날이 밝으려 하면 온갖 벌레가 나는 것이다. 甘은 즐거움이고, 會는 조회에 모이는 것이다.

○此는 三告也라 言當此時하여 我豈不樂與子同寢而夢哉리오 然群臣之會於朝者 俟君不出하여 將散而歸矣면 無乃以我之故로 而幷以子爲憎乎아

○이는 세 번째 고한 것이다. "이때에 내 어찌 그대와 함께 잠자며 꿈꾸는 것을 좋아하지 않겠는가. 그러나 조회에 모인 신하들이 군주를 기다리다가 〈군주가〉 나오지 아니하여 해산하여 돌아가게 되면, 나 때문에 그대까지 미움 받지 않겠는가."라고 한 것이다.

[字義] 薨 : 떼 지어 나는 소리 훙

鷄鳴 三章이니 章四句라

〈鷄鳴〉 3章이니, 장마다 4句이다.

用 例

〔蟲薨同夢〕 - 군주가 여색에 빠지지 않도록 경계하는 전거이다. 魏源(淸), 《默觚 上》〈學篇 二〉 : "康王晏朝, 〈關雎〉諷焉 ; 宣王晏起, 〈庭燎〉刺焉 ; **蟲薨同夢**, 〈齊風〉警焉, 是以'夙夜匪懈', 大夫之孝也."

還(선)

子之還(선)兮 遭我乎猺(노)之間兮로다 竝驅從兩肩兮라가 揖我謂我儇(현)兮라하노라 (齊風 還-01)

子之還兮　　재빠른 그대
遭我乎猺之間兮　　노산 골짜기에서 만났었지
竝驅從兩肩兮　　나란히 두 마리 큰 짐승 쫓다가

揖我謂我儇兮　　　　내게 읍하며 날렵하다 하누나

賦也라 還은 便捷之貌라 猺는 山名也라 從은 逐也라 獸三歲曰肩이라 儇은 利也라

賦이다. 還은 재빠른 모습이다. 猺는 산 이름이다. 從은 쫓음이다. 짐승이 3년 된 것을 肩이라 한다. 儇은 재빠름이다.

○獵者 交錯於道路하고 且以便捷輕利로 相稱譽如此하여 而不自知其非也니 則其俗之不美를 可見이니 而其來亦必有所自矣라

○사냥하는 자가 길에서 교차하고, 또 재빠르고 날렵한 것을 이렇게 서로 칭찬하여 나쁜 것임을 스스로 알지 못하였다. 그렇고 보면 그 풍속이 아름답지 못함을 알 수 있으니, 이렇게 된 것도 필시 유래가 있는 것이다.

字義 還 : 재빠를 선　遭 : 만날 조　猺 : 산 이름 노　肩 : 세 살 난 짐승 견　儇 : 날랠 현
便 : 빠를 편　錯 : 섞일 착, 갈마들 착

子之茂兮 遭我乎猺之道兮로다 竝驅從兩牡兮라가 揖我謂我好兮라하나다 (齊風 還-02)

子之茂兮　　　　아름다운 그대
遭我乎猺之道兮　노산 길에서 만났었지
竝驅從兩牡兮　　나란히 두 마리 숫짐승 쫓다가
揖我謂我好兮　　내게 읍하며 멋지다 하누나

賦也라 茂는 美也라

賦이다. 茂는 아름다움이다.

字義 茂 : 빼어날 무

子之昌兮 遭我乎猺之陽兮로다 竝驅從兩狼兮라가 揖我謂我臧兮라하나다 (齊風 還-03)

子之昌兮　　　　힘 왕성한 그대
遭我乎猺之陽兮　노산 남쪽에서 만났었지
竝驅從兩狼兮　　나란히 두 마리 이리 쫓다가
揖我謂我臧兮　　내게 읍하며 잘한다 하누나

賦也라 昌은 盛也라 山南曰陽이라 狼은 似犬하니 銳頭白頰하며 高前廣後라 臧은 善也라

賦이다. 昌은 왕성함이다. 산의 남쪽을 陽이라 한다. 狼은 개와 비슷하니, 머리가 뾰족하고

볼이 희며, 앞이 높고 뒤가 넓다. 臧은 잘함이다.

字義 狼 : 이리 랑 臧 : 착할 장 頰 : 뺨 협

還 三章이니 章四句라

〈還〉 3章이니, 장마다 4句이다.

著(저)

俟我於著乎而하나니 充耳以素乎而요 尙之以瓊華乎而로다 (齊風 著-01)

俟我於著乎而 문간에서 날 기다렸네
充耳以素乎而 귀막이 하얀 솜으로 하고
尙之以瓊華乎而 경화옥돌을 더하였네

賦也라 俟는 待也라 我는 嫁者自謂也라 著는 門屛之間也라 充耳는 以纊懸瑱(전)하니 所謂紞(담)也라 尙은 加也라 瓊華는 美石似玉者니 卽所以爲瑱也라

賦이다. 俟는 기다림이다. 我는 시집가는 자가 자신을 말한 것이다. 著는 門屛의 사이이다. 充耳는 솜을 귀막이 옥에 매단 것이니, 紞이라는 것이다. 尙은 더함이다. 瓊華는 아름다운 돌로 옥과 비슷하니, 바로 귀막이 옥을 만드는 것이다.

◯東萊呂氏曰 昏禮에 壻往婦家親迎할새 旣奠鴈하고 御輪而先歸하여 俟于門外라가 婦至則揖以入하니 時齊俗不親迎이라 故로 女至壻門하여 始見其俟己也라

○東萊 呂氏(呂祖謙)가 말하였다. "婚禮에는, 신랑이 신부의 집에 가서 親迎하는데 奠鴈禮를 마치고 나면 수레를 타고 먼저 돌아와 문 밖에서 기다리다가 신부가 이르면 揖하고 맞이하여 들어간다. 이때 齊나라 풍속은 친영을 하지 않았다. 그 때문에 시집가는 여인이 신랑 집의 문에 이르러서야 비로소 자기를 기다리고 있는 것을 본 것이다."

字義 著 : 자리 저 尙 : 더할 상 瓊 : 옥 경 屛 : 병풍 병 纊 : 솜 광 瑱 : 귀막이 옥 전 紞 : 끈 담
壻 : 사위 서 奠 : 올릴 전 揖 : 읍할 읍

俟我於庭乎而하나니 充耳以青乎而요 尙之以瓊瑩乎而로다 (齊風 著-02)

俟我於庭乎而 날 뜰에서 기다렸네
充耳以青乎而 귀막이 푸른 솜으로 하고
尙之以瓊瑩乎而 경영옥돌을 더하였네

賦也라 庭은 在大門之內, 寢門之外라 瓊瑩은 亦美石似玉者라

賦이다. 庭은 大門의 안, 寢門의 밖에 있다. 瓊瑩도 아름다운 돌로 옥과 비슷한 것이다.

○呂氏曰 此는 昏禮所謂壻道婦及寢門하여 揖入之時也라

○呂氏가 말하였다. "이는 婚禮에, '신랑이 신부를 인도하여 寢門에 이르러 揖하고 들어간다.'는 때이다."

字義 瑩 : 옥돌 영

俟我於堂乎而하나니 充耳以黃乎而요 尙之以瓊英乎而로다 (齊風 著-03)

俟我於堂乎而　날 당에서 기다렸네
充耳以黃乎而　귀막이 황색 솜으로 하고
尙之以瓊英乎而　경영옥돌을 더하였네

賦也라 瓊英은 亦美石似玉者라

賦이다. 瓊英도 아름다운 돌로 옥과 비슷한 것이다.

○呂氏曰 升階而後至堂하니 此는 昏禮所謂升自西階之時也라

○呂氏가 말하였다. "계단을 오른 뒤에 堂에 이르니, 이는 婚禮에, '신부가 서쪽 계단으로 올라간다.'는 때이다."

著 三章이니 章三句라

〈著〉 3章이니, 장마다 3句이다.

東方之日(동방지일)

東方之日兮여 彼姝(주)者子 在我室兮로다 在我室兮하니 履我卽兮로다 (齊風 東方之日-01)

東方之日兮　동쪽 하늘에 해가 밝았네
彼姝者子　저 아리따운 그녀가
在我室兮　내 방에 있네
在我室兮　내 방에 있으니
履我卽兮　날 따라왔었네

興也라 履는 躡이요 卽은 就也니 言此女 躡我之跡而相就也라

興이다. 履는 뒤따름이고, 卽은 나아감이다. 이 여인이 나의 발자취를 따라 찾아온 것을 말한

것이다.

字義 姝 : 예쁠 주 躡 : 밟을 섭

東方之月兮여 彼姝者子 在我闥兮로다 在我闥兮하니 履我發兮로다 (齊風 東方之日-02)

東方之月兮　동쪽 하늘에 달이 밝았네
彼姝者子　저 아리따운 그녀가
在我闥兮　내 문 안에 있네
在我闥兮　내 문 안에 있으니
履我發兮　날 따라 떠나네

興也라 闥은 門內也라 發은 行去也니 言躡我而行去也라

興이다. 闥은 문 안이다. 發은 길을 떠남이니, 나를 따라 떠나감을 말한 것이다.

字義 闥 : 문지방 달

東方之日 二章이니 章五句라

〈東方之日〉 2章이니, 장마다 5句이다.

東方未明(동방미명)

東方未明이어늘 顚倒衣裳호라 顚之倒之어늘 自公召之로다 (齊風 東方未明-01)

東方未明　동쪽 하늘 아직 어두운데
顚倒衣裳　허겁지겁 옷을 뒤바꿔 입네
顚之倒之　허겁지겁 옷을 뒤바꿔 입는데
自公召之　공소에서 재촉하여 부르러 왔네

賦也라 自는 從也라 群臣之朝에 別色始入이라

賦이다. 自는 부터이다. 신하들이 조회할 때에 날이 밝아 색을 구별할 수 있으면 비로소 조정에 들어간다.

○此는 詩人이 刺其君興居無節하고 號令不時라 言東方未明而顚倒其衣裳이면 則旣早矣어늘 而又已有從君所而來召之者焉하니 蓋猶以爲晩也라 或曰 所以然者는 以有自公所而召之者故也라

○이는 시인이 그 군주가 생활이 절도가 없고 호령이 때에 맞지 않음을 풍자한 것이다. "동쪽

하늘이 아직 어두운데 옷을 허겁지겁 뒤바꿔 입는다면 이른 시간이다. 그런데도 군주가 있는 곳으로부터 와서 부르는 자가 있다."라고 하니, 이는 오히려 늦다고 여긴 것이다. 혹은 "그러한 이유는 공의 처소로부터 부르는 자가 있기 때문이다."라고 한다.

東方未晞어늘 顚倒裳衣호라 倒之顚之어늘 自公令之로다 (齊風 東方未明-02)

東方未晞　　동쪽 하늘 아직 햇살 없는데
顚倒裳衣　　허겁지겁 옷을 뒤바꿔 입네
倒之顚之　　허겁지겁 옷을 뒤바꿔 입는데
自公令之　　공소에선 사람 보내 독촉하네

賦也라 晞는 明之始升也라 令은 號令也라

賦이다. 晞는 햇살이 처음 올라오는 것이다. 令은 호령이다.

字義 晞 : 날 샐 희

折柳樊圃를 狂夫瞿瞿어늘 不能晨夜하여 不夙則莫(모)로다 (齊風 東方未明-03)

折柳樊圃　　남새밭 버들가지 울타리를
狂夫瞿瞿　　미친 이는 무서워 두리번
不能辰夜　　새벽과 밤을 구분 못해
不夙則莫　　너무 이르거나 늦다네

比也라 柳는 楊之下垂者니 柔脆之木也라 樊은 藩也요 圃는 菜園也라 瞿瞿는 驚顧之貌요 夙은 早也라

比이다. 柳는 아래로 늘어진 버들이니, 부드럽고 약한 나무이다. 樊은 울타리이고, 圃는 남새밭이다. 瞿瞿는 놀라서 돌아보는 모습이고, 夙은 이름이다.

○折柳樊圃는 雖不足恃나 然狂夫見之하고 猶驚顧而不敢越하니 以比晨夜之限甚明하여 人所易知로되 今乃不能知하여 而不失之早면 則失之莫也라

○버들을 꺾어 남새밭에 울타리를 친 것은 비록 믿을 만한 것이 못되지만, 미친 사람은 이를 보고 오히려 놀라서 돌아보고 감히 넘지 못한다. 이것으로써 새벽과 밤의 한계가 매우 분명하여 사람들이 쉽게 알 수 있는 것인데, 이제 그것을 알지 못해서 너무 이르지 않으면 너무 늦음을 비유한 것이다.

字義 樊 : 울타리 번　圃 : 남새밭 포　莫 : 저물 모　脆 : 연할 취　恃 : 믿을 시　越 : 넘을 월

東方未明 三章이니 章四句라

〈東方未明〉 3章이니, 장마다 4句이다.

用 例

〔折柳〕 - 가장 취약한 수비 시설을 비유한다. 葛洪(晉),《抱朴子》〈譏惑〉:"大楚帶甲百萬, 而有振槁之脆; 强秦殽函襲嶮, 而無**折柳**之固."

〔倒衣〕 - 公務에 바쁨을 말한다. 杜甫(唐),〈送盧十四弟侍御護韋尙書靈櫬歸上都二十四韻〉:"長路更執紼, 此心猶**倒衣**."

〔顚倒衣裳〕 - 倫常의 질서를 잃음을 비유한다.《後漢書》〈皇后紀序〉:"爰逮戰國, 風憲逾薄, 適情任欲, **顚倒衣裳**, 以至破國忘身, 不可勝數."

南山(남산)

南山崔崔어늘 雄狐綏綏(유유)로다 魯道有蕩이어늘 齊子由歸로다 旣曰歸止어니 曷又懷止오 (齊風 南山-01)

南山崔崔	남산은 크고 높은데
雄狐綏綏	수여우 어슬렁 짝을 찾네
魯道有蕩	노나라 가는 길 평탄한데
齊子由歸	제나라 여인 이 길로 시집갔네
旣曰歸止	시집갔으면 그만이지
曷又懷止	어이 또 그리워하나

比也라 南山은 齊南山也요 崔崔는 高大貌라 狐는 邪媚之獸라 綏綏는 求匹之貌라 魯道는 適魯之道也라 蕩은 平易也라 齊子는 襄公之妹니 魯桓公夫人文姜으로 襄公通焉者也라 由는 從也라 婦人謂嫁曰歸라 懷는 思也요 止는 語辭라

比이다. 南山은 齊나라의 남산이고, 崔崔는 높고 큰 모양이다. 여우는 간사하고 홀리는 짐승이다. 綏綏는 짝을 찾는 모양이다. 魯道는 노나라로 가는 길이다. 蕩은 평탄함이다. 齊子는 襄公의 누이이니, 魯 桓公의 夫人 文姜으로, 襄公이 간통한 자이다. 由는 따름이다. 婦人이 시집가는 것을 歸라 한다. 懷는 그리워함이고, 止는 어조사이다.

○言南山有狐하여 以比襄公居高位而行邪行하고 且文姜旣從此道하여 歸于魯矣어늘 襄公何爲而復思之乎아하다

○南山에 있는 여우로, 높은 지위에 있는 襄公의 사특한 행동에 비유하고, 또 "文姜이 이 길을 따라 노나라로 시집갔는데, 양공은 어찌하여 다시 그를 그리워하는가."라고 한 것이다.

字義 崔 : 높을 최 狐 : 여우 호 綏 : 더딜 유 蕩 : 평탄할 탕 媚 : 미혹하게 할 미

葛屨五兩이며 冠緌(유)雙止[1]니라 魯道有蕩이어늘 齊子庸止로다 旣曰庸止어니 曷又從止오 (齊風 南山-02)

葛屨五兩　　칡덩굴 신도 짝이 있으며
冠緌雙止　　관 장식도 한 쌍씩이니라
魯道有蕩　　노나라 가는 길 평탄한데
齊子庸止　　제나라 여인 이 길로 시집갔네
旣曰庸止　　이 길로 갔으면 그만이지
曷又從止　　어이하여 또 어울리나

比也라 兩은 二屨也라 緌는 冠上飾也라 屨必兩이요 緌必雙이니 物各有耦하여 不可亂也라 庸은 用也니 用此道以嫁于魯也라 從은 相從也라

比이다. 兩은 두 짝이다. 緌는 관 위의 장식이다. 신은 반드시 두 짝이고 갓끈은 반드시 한 쌍이니, 물건이 각기 짝이 있어 문란해서는 안 된다. 庸은 用이니, 이 길을 사용하여 노나라로 시집간 것이다. 從은 서로 어울림이다

字義　葛 : 칡 갈　屨 : 신 구　緌 : 갓끈 유　庸 : 쓸 용

藝麻如之何오 衡(횡)從其畝(묘)니라 取妻如之何오 必告父母니라 旣曰告止어니 曷又鞠止오 (齊風 南山-03)

藝麻如之何　　삼을 심을 땐 어이하나
衡從其畝　　가로 세로 이랑을 낸다네
取妻如之何　　아내 얻을 땐 어이 하나
必告父母　　반드시 부모님께 고하지
旣曰告止　　고하고 얻었으면 그만이지
曷又鞠止　　어이 또 끝없이 욕심부리게 두나

興也라 藝는 樹요 鞠은 窮也라

興이다. 藝는 심는 것이고, 鞠은 다함이다.

1　葛屨五兩 冠緌(유)雙止 : 鄭玄(後漢)은 箋에서 "'葛屨五兩'은 文姜이 姪·娣 및 傅·姆와 함께 살던 것을 비유하고 冠緌는 襄公을 비유한 것이다. 五人은 홀수인데 襄公이 가서 어울려 쌍을 이루었으니, 冠과 屨가 함께 어울려서는 안 됨이 양공과 문강이 부부가 되어서는 안 되는 도리와 같다는 것이다."라고 해석하였다.(《毛詩正義》) 혹은 '五兩'의 五는 '伍'와 통용되는 글자이니 '짝'이라는 뜻으로 해석한다. 여기서는 주자의 주석을 따라 '伍兩'의 뜻으로 해석하였다.

◯欲樹麻者는 必先縱橫耕治其田畝요 欲娶妻者는 必先告其父母니 今魯桓公이 旣告父母而娶矣어늘 又曷爲使之得窮其欲而至此哉오

◯삼을 심으려는 자는 반드시 먼저 세로 가로로 밭이랑을 다스리고, 아내를 얻으려는 자는 반드시 먼저 부모께 고하니, 이제 魯 桓公은 부모께 고하고 장가들었는데, 또 어찌하여 文姜으로 하여금 욕심을 끝없이 부리게 하여 이 지경에 이르게 하는가.

字義 蓺 : 심을 예 畝 : 밭이랑 무(묘) 鞠 : 다할 국

析薪如之何오 匪斧不克이니라 取妻如之何오 匪媒不得이니라 旣曰得止어니 曷又極止오 (齊風 南山-04)

析薪如之何 장작을 패려면 어이 하나
匪斧不克 도끼가 아니면 아니 되느니
取妻如之何 아내 얻으려면 어이 하나
匪媒不得 중매가 아니면 아니 되느니
旣曰得止 아내 얻었으면 그만이지
曷又極止 어이 또 욕심 끝이 없게 두나

興也라 克은 能也요 極亦窮也라

興이다. 克은 가능함이고, 極도 다함이다.

字義 析 : 쪼갤 석 斧 : 도끼 부 媒 : 중매 매

南山 四章이니 章六句라

〈南山〉 4章이니, 장마다 6句이다.

春秋 桓公十八年에 公與夫人姜氏如齊라가 公薨于齊하다 傳曰 公將有行에 遂與姜氏如齊하니 申繻曰 女有家, 男有室하여 無相瀆也를 謂之有禮니 易此면 必敗니이다 公會齊侯于濼하고 遂及文姜如齊러니 齊侯通焉한대 公謫之하니 以告하다 夏四月에 享公할새 使公子彭生乘公이러니 公薨于車하다 此詩前二章은 刺齊襄이요 後二章은 刺魯桓也라

《春秋》 桓公 18년에 "公이 夫人 姜氏와 齊나라에 갔다가 공이 제나라에서 죽었다."라고 하였다. 傳에 "공이 길을 떠나려 할 적에 마침내 姜氏와 함께 제나라에 가려 하니, 申繻가 '여자는 남편이 있고 남자는 아내가 있어서 서로 문란하지 않음을 禮가 있다 하는데, 이를 어기면 반드시 해를 당합니다.'라고 하였다. 공이 齊侯와 濼에서 만나고 마침내 文姜과 함께 齊나라에 가니, 齊侯가 文姜과 간통하였다. 公이 이를 꾸짖자, 文姜이 襄公에게 이를 말하였다. 여름 4월에 公에게 연향을 베풀 적에 齊나라 公子 彭生으로 하여금 公을 수레에 태우게 하였는데, 公이 수레에서 죽었다."라고 하였다. 이 시는 앞의 두 장은 齊 襄公을 풍자한 것이고, 뒤의 두 장은

魯 桓公을 풍자한 것이다.

字義 如 : 갈 여 薨 : 죽을 훙 緌 : 비단 수 瀆 : 문란할 독 濼 : 물 이름 락 謫 : 꾸짖을 적 彭 : 성 팽

用 例

〔析薪〕 - 중매함을 의미한다. 《好逑傳》 第13回 : “何竟不聞, 而乃自遣尺書爲**析薪**之用, 不亦太褻乎!”

〔斧柯〕 - 중매쟁이를 말한다. 朱鼎(明), 《玉鏡台記》〈議婚〉 : “潤玉年已及笄, 要覓一婿, **斧柯**之任, 相屬何如?”

甫田(보전)

無田甫田이어다 維莠驕驕리라 無思遠人이어다 勞心忉忉리라 (齊風 甫田-01)

無田甫田	큰 밭일랑 농사짓지 마소
維莠驕驕	가라지풀만이 우거지리라
無思遠人	먼 데 님일랑 생각지 마소
勞心忉忉	괴로운 가슴만 미어지리라

莠(狗尾草)

比也라 田은 謂耕治之也라 甫는 大也라 莠는 害苗之草也라 驕驕는 張王之意요 忉忉는 憂勞也라

比이다. 田은 밭을 갈고 다스림을 이른다. 甫는 큼이다. 가라지는 곡식 싹을 해치는 풀이다. 驕驕는 무성하다는 뜻이고, 忉忉는 근심으로 괴로움이다.

○言無田甫田也어다 田甫田而力不給이면 則草盛矣요 無思遠人也어다 思遠人而人不至면 則心勞矣라하니 以戒時人厭小而務大하고 忽近而圖遠하여 將徒勞而無功也라

○“큰 밭을 농사짓지 말지어다. 큰 밭을 농사짓다가 힘이 부족하면 잡초만 무성할 것이고, 멀리 있는 사람을 그리워하지 말지어다. 멀리 있는 사람을 그리워하다가 그 사람이 오지 않으면 마음만 괴롭다.”라고 한 것이다. 이로써 당시 사람들이 작은 것은 싫어하고 큰 것에 힘쓰며, 가까운 것은 소홀히 하고 먼 것을 도모하여 수고롭기만 하고 공이 없게 될 것을 경계한 것이다.

字義 田 : 밭갈 전 甫 : 클 보 莠 : 가라지 유 驕 : 왕성할 교 忉 : 근심할 도 王 : 왕성할 왕

無田甫田이어다 維莠桀桀이리라 無思遠人이어다 勞心怛怛이리라 (齊風 甫田-02)

無田甫田　　큰 밭일랑 농사짓지 마소
維莠桀桀　　가라지풀만이 가득하리라
無思遠人　　먼 데 님일랑 생각지 마소
勞心怛怛　　괴로운 마음만 미어지리라

比也라 桀桀은 猶驕驕也요 怛怛은 猶忉忉라

比이다. 桀桀은 驕驕와 같고, 怛怛은 忉忉와 같다.

字義 怛 : 슬퍼할 달

婉兮孌兮 總角丱(관)兮를 未幾見兮면 突而弁兮하나니라 (齊風 甫田-03)

婉兮孌兮　　앳되고 어여쁘던
總角丱兮　　총각머리 동자를
未幾見兮　　얼마 지나지 않아 만나보면
突而弁兮　　돌연 큰 관을 쓰고 있다네

比也라 婉, 孌은 少好貌요 丱은 兩角貌요 未幾는 未多時也라 突은 忽然高出之貌요 弁은 冠名이라

比이다. 婉과 孌은 어리고 예쁜 모양이고, 丱은 두 개의 뿔 모양이고, 未幾는 많지 않은 시간이다. 突은 문득 높게 솟은 모양이고, 弁은 冠名이다.

◯言總角之童을 見之未久에 而忽然戴弁以出者는 非其躐等而强求之也요 蓋循其序而勢有必至耳라 此는 又以明小之可大, 邇之可遠이니 能循其序而脩之면 則可以忽然而至其極이어니와 若躐等而欲速이면 則反有所不達矣라

○總角머리 동자를 본 지 오래지 않아서 문득 관을 쓰고 나온다는 것은 등급을 건너 뛰어 억지로 구해서가 아니고, 이는 순서를 따르면 형세가 반드시 이르기 마련임을 말한 것이다. 이는 또 작은 것이 크게 되고 가까이에서부터 멀리 이를 수 있으니, 순서를 잘 따라 다스리면 어느새 지극한 경지에 이를 수 있지만, 만일 등급을 건너뛰어 빨리 이루고자 하면 도리어 이루지 못하는 바가 있음을 밝힌 것이다.

字義 婉 : 예쁠 완　孌 : 예쁠 련　總 : 머리 묶을 총　丱 : 쌍상투 관　突 : 갑작스러울 돌
弁 : 고깔 변　戴 : 머리에 일 대　躐 : 넘을 렵

甫田 三章이니 章四句라

〈甫田〉 3章이니, 장마다 4句이다.

用 例

〔甫田〕- 큰 것에 힘쓰나 공이 없음을 경계하는 전거로 사용한다. 范濂(明), 〈觀濠堂記〉: "顧君務廣其地, 越數十餘年, 志猶未竟, 識者不無〈**甫田**〉之譏."

〔突弁〕- 빨리 크는 사람을 형용한다. 劉禹錫(唐), 〈謫九年賦〉: "**突弁**之夫, 我來始黃; 合抱之木, 我來猶芒."

盧令(노령)

盧令令이로소니 其人美且仁이로다 (齊風 盧令-01)

盧令令　　　사냥개 목 고리 짤랑짤랑
其人美且仁　그이는 아름답고 인자하네

賦也라 盧는 田犬也라 令令은 犬頷下環聲이라

賦이다. 盧는 사냥개이다. 令令은 개의 턱 밑 고리 소리이다.

○此詩大意는 與還(선)略同이라

○이 시는 大意가 〈還〉과 대략 같다.

字義　盧 : 사냥개 로　令 : 소리 령　田 : 사냥할 전　頷 : 턱 함

盧重環이로소니 其人美且鬈(권)이로다 (齊風 盧令-02)

盧重環　　　사냥개는 겹고리 찼는데
其人美且鬈　그이는 아름답고 수염도 멋지네

賦也라 重環은 子母環也라 鬈은 鬚鬢好貌라

賦이다. 重環은 작은 고리와 큰 고리이다. 鬈은 멋진 수염과 구레나룻 모양이다.

字義　鬈 : 수염 좋을 권　重 : 거듭 중　鬚 : 수염 수　鬢 : 구레나룻 빈

盧重鋂로소니 其人美且偲로다 (齊風 盧令-03)

盧重鋂　　　사냥개는 겹고리인데
其人美且偲　그이는 아름답고 수염도 많네

賦也라 鋂는 一環貫二也라 偲는 多鬚之貌니 春秋傳所謂于思 卽此字니 古通用耳라

賦이다. 鋂는 한 개의 고리에 두 개의 고리를 끼운 것이다. 偲는 수염이 많은 모양이니, 《春秋左氏傳》 宣公 2년조에 '于思'가 바로 이 글자이니, 옛날에 통용되었다.

字義 鋂 : 사슬 고리 매 偲 : 수염 많은 모양 시

盧令 三章이니 章二句라

〈盧令〉 3章이니, 장마다 2句이다.

敝笱(폐구)

鰥(鱤)

敝笱在梁하니 其魚魴鰥이로다 齊子歸止하니 其從如雲이로다 (齊風 敝笱-01)

敝笱在梁	어량에 있는 해진 통발
其魚魴鰥	고기는 방어와 환어로세
齊子歸止	제나라 여인 돌아가니
其從如雲	뒤따르는 자 구름 같네

比也라 敝는 壞요 笱는 罟也라 魴, 鰥은 大魚也라 歸는 歸齊也라 如雲은 言衆也라

比이다. 敝는 해진 것이고, 笱는 그물이다. 魴과 鰥은 큰 고기이다. 歸는 齊나라로 돌아가는 것이다. 如雲은 많음을 말한다.

○齊人이 以敝笱不能制大魚로 比魯莊公이 不能防閑文姜이라 故로 歸齊而從之者衆也라

○齊나라 사람들이 해진 통발로는 큰 고기를 잡을 수 없다는 것으로, 魯 莊公이 〈어머니인〉 文姜을 제대로 막지 못하였기 때문에 文姜이 齊나라로 돌아갈 때에 그를 따르는 자들이 많은 것을 비유한 것이다.

字義 笱 : 통발 구 魴 : 방어 방 鰥 : 고기 이름 환 罟 : 그물 고 閑 : 우리 한, 막을 한

敝笱在梁하니 其魚魴鱮로다 齊子歸止하니 其從如雨로다 (齊風 敝笱-02)

敝笱在梁	어량에 있는 해진 통발
其魚魴鱮	고기는 방어와 연어로세
齊子歸止	제나라 여인 돌아가니
其從如雨	뒤따르는 자 비 쏟아지듯 하네

比也라 鱮는 似魴하니 厚而頭大라 或謂之鰱이라 如雨는 亦多也라

比이다. 鱮는 魴魚와 비슷하니 두껍고 머리가 크다. 혹은 鰱魚라고도 한다. 如雨도 많음이다.

字義 鱮 : 연어 서 鰱 : 연어 련

敝笱在梁하니 其魚唯唯로다 齊子歸止하니 其從如水로다 (齊風 敝笱-03)

敝笱在梁　　어량에 있는 해진 통발
其魚唯唯　　고기들 맘대로 드나드네
齊子歸止　　제나라 여인 돌아가니
其從如水　　뒤따르는 자 물처럼 많네

比也라 唯唯는 行出入之貌라 如水亦多也라

比이다. 唯唯는 드나드는 모양이다. 如水도 많음이다.

敝笱 三章이니 章四句라

〈敝笱〉 3章이니, 장마다 4句이다.

按春秋하면 魯莊公二年에 夫人姜氏 會齊侯于禚하고 四年에 夫人姜氏 享齊侯于祝丘하고 五年에 夫人姜氏 如齊師하고 七年에 夫人姜氏 會齊侯于防하고 又會齊侯于穀이라

《春秋》를 살펴보면, "魯 莊公 2년에 夫人 姜氏가 禚에서 齊侯와 만났고, 4년에 夫人 姜氏가 祝丘에서 齊侯에게 연향을 베풀고, 5년에 부인 강씨가 제나라 군대가 있는 곳에 갔고, 7년에 부인 강씨가 防에서 齊侯와 만났고, 또 穀에서 齊侯와 만났다."라고 하였다.

字義 禚 : 땅 이름 작

用 例

〔雲從〕 - 따르는 사람이 많음을 비유한다. 顔延之(南朝 宋), 《又釋何衡陽〈達性論〉》: "連國雲從, 宏論風行."

載驅(재구)

載驅薄薄하니 簟(점)茀朱鞹(곽)이로다 魯道有蕩이어늘 齊子發夕이로다 (齊風 載驅-01)

載驅薄薄　　쌩쌩 빨리 달리는 수레
簟茀朱鞹　　뒷문은 방문석 덮개는 붉은 가죽일세
魯道有蕩　　노나라 가는 길 평탄한데
齊子發夕　　제나라 여인 잠자고 떠나네

賦也라 薄薄은 疾驅聲이라 簟은 方文席也라 茀은 車後戶也라 朱는 朱漆也요 鞹은 獸皮之去毛者로 蓋車니 革質而朱漆也라 夕은 猶宿也니 發夕은 謂離於所宿之舍라

賦이다. 薄薄은 빨리 달리는 소리이다. 簟은 方文席이다. 茀은 수레 뒤의 창문이다. 朱는 붉은 칠이고, 鞹은 털을 제거한 짐승 가죽으로, 수레를 덮는 것이니 가죽 바탕에 붉은 칠을 한 것이다. 夕은 宿과 같으니, 發夕은 숙소에서 떠남을 말한다.

◯齊人이 刺文姜乘此車而來會襄公也라

◯齊나라 사람이, 文姜이 이런 수레를 타고 와서 襄公과 만남을 풍자한 것이다.

字義 薄 : 급할 박 簟 : 방문석 점 茀 : 수레가림 불 鞹 : 다룬 가죽 곽

四驪濟濟하니 垂轡濔濔로다 魯道有蕩이어늘 齊子豈(개)弟[2]로다 (齊風 載驅-02)

四驪濟濟 아름다운 네 필 검은 말
垂轡濔濔 드리운 고삐 부드럽네
魯道有蕩 노나라 가는 길 평탄한데
齊子豈弟 제나라 여인 신바람 났네

賦也라 驪는 馬黑色也라 濟濟는 美貌요 濔濔는 柔貌라 豈弟는 樂易也니 言無忌憚羞恥之意也라

賦이다. 驪는 흑색 말이다. 濟濟는 아름다운 모습이고, 濔濔는 부드러운 모양이다. 豈弟는 즐겁고 화평한 것이니, 꺼리거나 부끄러워하는 뜻이 없음을 말한 것이다.

字義 驪 : 가라말 려(리) 濟 : 많을 제 轡 : 고삐 비 濔 : 물 넘칠 녜(니) 豈 : 화락할 개

汶水湯湯(상상)이어늘 行人彭彭(방방)이로다 魯道有蕩이어늘 齊子翶翔이로다 (齊風 載驅-03)

汶水湯湯 문수는 넘실넘실한데
行人彭彭 오가는 사람들 북적북적
魯道有蕩 노나라 가는 길 평탄한데
齊子翶翔 제나라 여인 휘달리네

賦也라 汶은 水名이니 在齊南魯北二國之境이라 湯湯은 水盛貌요 彭彭은 多貌라 言行人之多는 亦以見(현)其無恥也라

賦이다. 汶은 물 이름이니, 齊나라 남쪽, 魯나라 북쪽, 두 나라의 경계에 있다. 湯湯은 물이 많은 모양이고, 彭彭은 많은 모양이다. 行人이 많음을 말한 것은 역시 부끄러움이 없음을 나타

2 豈(개)弟 : 주석에서 '즐겁고 화평함'이라 하였음을 참고하여 풍자하고 기롱하는 의미를 살리고자 '신바람 났네'로 번역하였다.

낸 것이다.

字義 汶 : 물 이름 문 湯 : 물 세차게 흐를 상 彭 : 많을 방

汶水滔滔어늘 行人儦儦로다 魯道有蕩이어늘 齊子遊敖로다 (齊風 載驅-04)

汶水滔滔 문수는 출렁출렁
行人儦儦 오가는 사람 넘쳐나네
魯道有蕩 노나라 가는 길 평탄한데
齊子遊敖 제나라 여인 놀아나네

賦也라 滔滔는 流貌라 儦儦는 衆貌요 遊敖는 猶翱翔也라

賦이다. 滔滔는 흐르는 모양이다. 儦儦는 많은 모양이고, 遊敖는 翱翔과 같다.

字義 滔 : 물 흐를 도 儦 : 많을 표

載驅 四章이니 章四句라

〈載驅〉 4章이니, 장마다 4句이다.

猗嗟(의차)

猗嗟昌兮여 頎而長兮며 抑若揚兮[3]며 美目揚兮며 巧趨蹌兮로소니 射則臧兮로다 (齊風 猗嗟-01)

猗嗟昌兮 아, 참으로 훌륭하여라
頎而長兮 훤칠한 키에
抑若揚兮 아름다운 이마
美目揚兮 아름답고 맑은 눈매
巧趨蹌兮 재빠른 걸음걸이
射則臧兮 활솜씨도 뛰어나네

賦也라 猗嗟는 歎詞라 昌은 盛也라 頎는 長貌라 抑而若揚은 美之盛也라 揚은 目之動也라

---

3 抑若揚兮 : 朱子는 "억제하여도 추켜올리는 것과 같다는 것은 대단히 아름다운 것이다.〔抑而若揚 美之盛也〕"라고 하였으나, 毛亨(前漢)은 "抑은 美色이고 揚은 廣揚이다."라고 하였다. 위아래 구절을 보면 모두 잘 생긴 외모를 찬미하고 있다. 따라서 抑은 懿와 같으며 若은 而나 然과 통용하니, '抑而'나 '抑然'과 같이 해석하여 '아름답다'고 해석하고, 揚은 陽과 통용하며, '눈썹 위'를 陽이라 한다고 해석한 《韓詩外傳》의 주석을 따라서 '아름다운 이마'로 해석하였다.

蹌은 趨翼如也라 臧은 善也라

賦이다. 猗嗟는 감탄사이다. 昌은 훌륭함이다. 頎는 긴 모양이다. 억제하여도 추켜올리는 것과 같다는 것은 대단히 아름다운 것이다. 揚은 눈의 움직임이다. 蹌은 활개 치며 재빠르게 걷는 것이다. 臧은 잘함이다.

○齊人이 極道魯莊公威儀技藝之美如此하니 所以刺其不能以禮防閑其母니 若曰惜乎其獨少此耳라

○齊나라 사람이 魯 莊公의 威儀와 技藝가 이처럼 아름답다고 지극히 말한 것이니, 이는 禮로써 어머니를 잘 막지 못함을 풍자한 것이다. "애석하다. 이 점만이 부족할 뿐이다."라고 말한 것과 같다.

字義 猗 : 어조사 의 頎 : 헌걸찰 기 蹌 : 추창할 창

猗嗟名兮여 美目清兮요 儀旣成兮로소니 終日射(석)侯호대 不出正兮하나니 展我甥兮로다 (齊風 猗嗟-02)

猗嗟名兮 아, 참으로 칭찬할 만하여라
美目清兮 아름다운 눈 맑고
儀旣成兮 몸가짐 올바른데
終日射侯 종일토록 과녁 향해 쏘아도
不出正兮 정곡을 벗어나지 않으니
展我甥兮 진실로 우리 생질이로세

賦也라 名은 猶稱也니 言其威儀技藝之可名也라 清은 目清明也라 儀旣成은 言其終事而禮無違也라 侯는 張布而射之者也요 正은 設的於侯中 而射之者也니 大射則張皮侯而設鵠하고 賓射則張布侯而設正이라 展은 誠也라 姊妹之子曰甥이니 言稱其爲齊之甥이요 而又以明非齊侯之子니 此는 詩人之微詞也라 按春秋하면 桓公三年에 夫人姜氏 至自齊하고 六年九月에 子同生하니 卽莊公也요 十八年에 桓公乃與夫人如齊하니 則莊公은 誠非齊侯之子矣라

賦이다. 名은 稱과 같으니, 그 威儀와 技藝가 이름날 만함을 말한 것이다. 清은 눈이 맑은 것이다. 威儀가 이루어졌다는 것은 일을 마치도록 禮에 어긋남이 없음을 말한 것이다. 侯는 베를 펼쳐놓고 쏘는 것이고, 正은 侯 가운데에 과녁을 설치하고 쏘는 것이니, 大射에는 皮侯를 펼쳐놓고 鵠을 설치하며, 賓射에는 布侯를 펼쳐놓고 正을 설치한다. 展은 진실로이다. 姊妹의 아들을 甥이라 하니, 齊나라의 생질이 된다고 말하고, 또 齊侯의 아들이 아님을 밝힌 것이니, 이는 시인의 은미한 말이다. 《春秋》를 살펴보면, 桓公 3년에 夫人 姜氏가 齊나라에서 시집왔고, 6년 9월에 아들 同이 태어났으니 莊公이고, 18년에 桓公이 夫人과 齊나라에 갔으니, 그러고 보면

莊公은 진실로 齊侯의 아들이 아닌 것이다.

字義 射 : 맞힐 석　侯 : 과녁 후　正 : 과녁 정　展 : 진실로 전　甥 : 생질 생　鵠 : 과녁 곡

猗嗟變兮여 淸揚婉兮로다 舞則選兮여 射則貫兮며 四矢反兮로소니 以禦亂兮로다
(齊風 猗嗟-03)

猗嗟變兮　아, 참으로 멋지네
淸揚婉兮　눈매 곱고 시원해라
舞則選兮　춤추면 빼어나고
射則貫兮　활 쏘면 과녁 뚫어
四矢反兮　네 대 화살 한 곳에 맞으니
以禦亂兮　그 재능 난을 막으리로다

賦也라 變은 好貌라 淸은 目之美也요 揚은 眉之美也라 婉亦好貌라 選은 異於衆也니 或曰 齊於樂節也라 貫은 中而貫革也라 四矢는 禮射에 每發四矢라 反은 復也니 中皆得其故處也라 言莊公射藝之精이 可以禦亂이니 如以金僕姑 射南宮長萬[4]에 可見矣라

賦이다. 變은 멋진 모양이다. 淸은 눈이 아름다운 것이고, 揚은 눈썹이 아름다운 것이다. 婉도 아름다운 모양이다. 選은 다른 사람들과 다른 것이다. 혹은 "음악의 가락에 맞는다."라고도 한다. 貫은 적중하여 가죽을 뚫는 것이다. 四矢는 禮에 따라 활을 쏠 때에는 매번 네 대의 화살을 쏘는 것이다. 反은 반복함이니, 맞힌 것이 모두 앞서 맞힌 자리를 맞힌 것이다. 莊公이 활 쏘는 재주가 정교하여 亂을 막을 수 있음을 말한 것이니, 金僕姑로 南宮長萬을 쏘아 맞힌 것에서 이를 알 수 있다.

字義 變 : 예쁠 련　揚 : 이마 양　婉 : 예쁠 완　中 : 맞힐 중

猗嗟 三章이니 章六句라

〈猗嗟〉 3章이니, 장마다 6句이다.

或曰 子可以制母乎아 趙子曰 夫死從子는 通乎其下어든 況國君乎아 君者는 人神之主요 風敎之本也니 不能正家면 如正國何리오 若莊公者는 哀痛以思父하고 誠敬以事母하며 威刑以馭下하여 車馬僕從이 莫不俟命이면 夫人徒往乎아 夫人之往也는 則公哀敬之不至요 威命之不行耳라 東萊呂氏曰 此詩三章은 譏刺之意 皆在言外라 嗟嘆再三하니 則莊公所大闕者를 不言可見矣라

4　如以金僕姑 射南宮長萬 : 《春秋左氏傳》 莊公 11년에 乘丘의 전투에서 宋나라 대부 南宮長萬을 金僕姑 화살로 맞혀 생포한 기록이 있다.

혹자가 "아들이 어머니를 제어할 수 있습니까?"라고 하니, 趙子(趙匡)가 다음과 같이 말하였다. "남편이 죽으면 아들을 따르는 것은 아랫사람에게도 통하는 것인데, 더구나 나라의 군주이겠는가. 군주는 人民과 神의 주인이고, 風教의 근본이다. 군주가 집안을 바르게 다스리지 못한다면 어떻게 나라를 바르게 다스릴 수 있겠는가. 莊公의 경우는 애통함으로써 아버지를 생각하고, 정성과 공경으로써 어머니를 섬기며, 위엄과 형벌로써 아랫사람을 통제하여 車馬와 종들이 命을 따르지 않음이 없게 하였다면 夫人이 혼자 갈 수 있었겠는가. 夫人이 간 것은 장공의 애통함과 공경이 지극하지 못하고, 위엄과 명령이 행해지지 못해서이다."

東萊 呂氏(呂祖謙)가 말하였다. "이 시의 세 장은 기롱하고 풍자한 뜻이 모두 말 밖에 있다. 감탄하기를 두 번 세 번 하였으니, 그러고 보면 장공이 크게 부족한 점을 말하지 않아도 알 수 있다."

字義 馭 : 어거할 어

齊國 十一篇이니 三十四章이요 一百四十三句라

齊國風 11篇이니, 34章이고 143句이다.

詩經集傳 卷之五

魏 一之九

魏世系

畢公 高의 후손으로 封爵과 世次는 未詳이다.

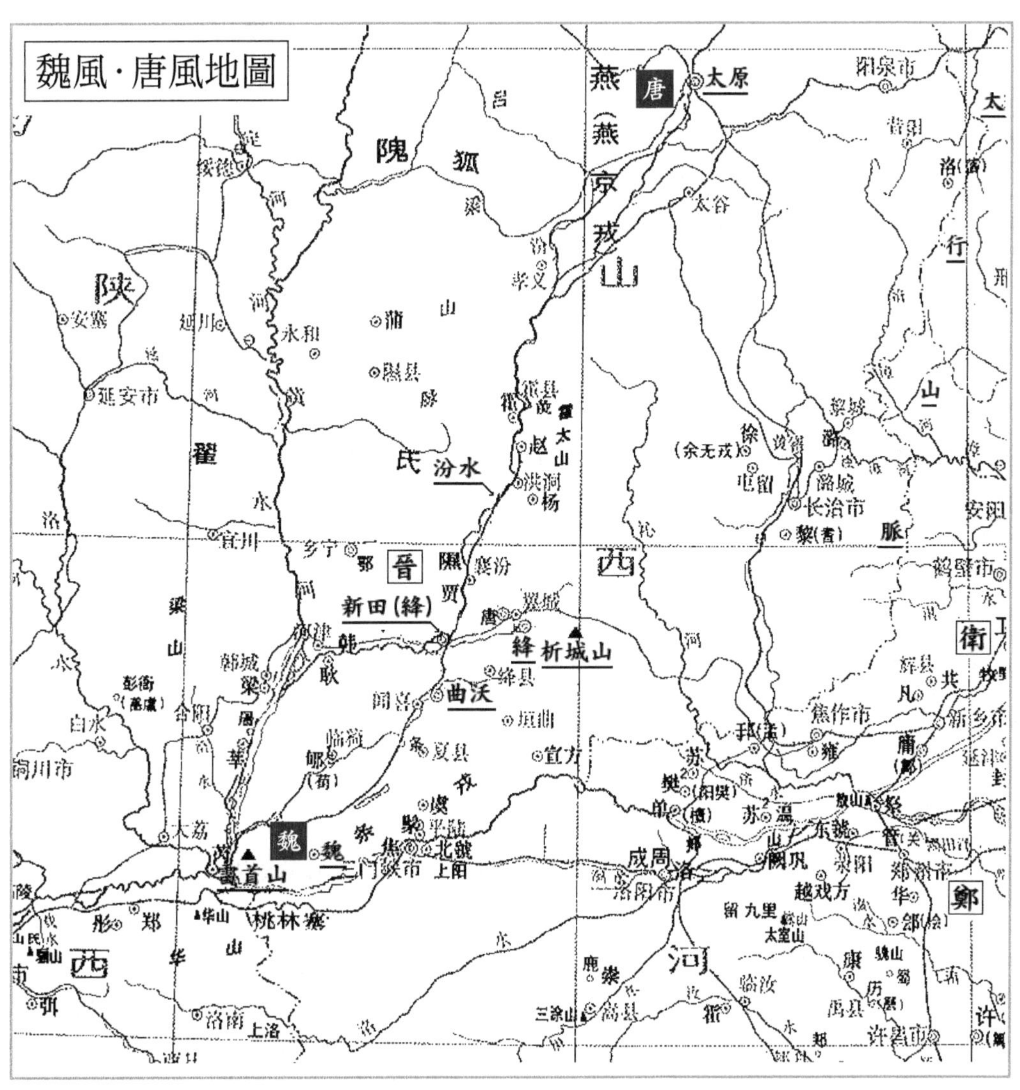

魏는 國名이라 本舜禹故都니 在禹貢冀州雷首之北, 析城之西하니 南枕河曲하고 北涉汾水라 其地陜隘하여 而民貧俗儉하여 蓋有聖賢之遺風焉이라 周初에 以封同姓이러니 後爲晉獻公所滅而取其地하니 今河中府解州卽其地也라 蘇氏曰 魏地入晉이 久矣니 其詩疑皆爲晉而作이라 故로 列於唐風之前하니 猶邶鄘之於衛也라 今按篇中에 公行公路公族은 皆晉官이니 疑實晉詩며 又恐魏亦嘗有此官이니 蓋不可考矣라

魏는 나라 이름이다. 본래 舜과 禹의 옛 도읍이니, 《書經》〈禹貢〉의 冀州로, 雷首의 북쪽, 析城의 서쪽에 있었으니, 남쪽으로는 河曲까지 걸쳐졌고, 북쪽으로는 汾水를 넘어갔다. 그 땅이 좁아서 백성들이 가난하고 풍속이 검소하여 聖賢의 遺風이 있었다. 周나라가 초기에는 同姓을 봉해주었는데, 뒤에 晉 獻公이 멸망시켜 그 지역을 빼앗았으니, 지금의 河中府와 解州가 바로 그 지역이다.

蘇氏가 말하였다. "魏나라 땅이 晉나라에 들어간 지가 오래되었으니, 그 시는 아마도 모두 진나라가 된 뒤에 지어진 것인 듯하다. 그러므로 唐風의 앞에 배열된 것이니, 衛나라에 있어서 邶風이나 鄘風과 같다."

이제 살펴보면, 篇 가운데 公行·公路·公族은 모두 晉나라 벼슬이니 실제 晉나라 시인 듯하다. 또 魏나라에도 이러한 벼슬이 있었던 듯하나 상고할 수는 없다.

字義 陜 : 좁을 협

葛屨(갈구)

糾糾葛屨여 可以履霜이로다 摻摻女手여 可以縫裳이로다 要之襋之하여 好人服之로다 (魏風 葛屨-01)

糾糾葛屨	엉성하여 썰렁한 칡덩굴 신으로
可以履霜	차가운 서리를 밟네
摻摻女手	가늘고 고운 여인의 손으로
可以縫裳	아래옷을 꿰매네
要之襋之	말기 달고 옷깃 달아
好人服之	어른께서 입네

興也라 糾糾는 繚戾寒涼之意라 夏葛屨요 冬皮屨라 摻摻은 猶纖纖也라 女는 婦未廟見(현)之稱也니 娶婦三月廟見然後에야 執婦功이라 要는 裳要요 襋은 衣領이라 好人은 猶大人也라

興이다. 糾糾는 엉성하게 엮어 썰렁하다는 뜻이다. 여름에는 칡덩굴 신을 신고, 겨울에는 가죽신을 신는다. 摻摻은 纖纖과 같다. 女는 新婦가 아직 사당에 참배하기 전의 호칭이니, 新婦를 맞이한 지 3개월 만에 사당에 참배한 뒤에야 부인의 일을 한다. 要는 아래옷의 말기이고, 襋

은 옷깃이다. 好人은 大人과 같다.

○魏地陜隘하여 其俗이 儉嗇而褊急이라 故로 以葛屨履霜起興하여 而刺其使女縫裳하고 又使治其要襋而遂服之也라 此詩는 疑卽縫裳之女所作이라

○魏나라 땅이 좁아서 풍속이 검소하고 인색하며 편협하고 조급하였다. 그리하여 칡덩굴 신을 신고 서리를 밟음으로 시작하여, 여인으로 하여금 아래옷을 꿰매게 하고 또 그 허리와 옷깃을 달게 하여 마침내 입음을 풍자한 것이다. 이 시는 바로 아래옷을 꿰맨 여인이 지은 것인 듯하다.

字義 糾 : 엉성할 규 屨 : 신 구 摻 : 가냘플 삼 襋 : 옷깃 극 繚 : 얽을 료 纖 : 고울 섬
褊 : 좁을 편

好人提提하여 宛然左辟(피)하나니 佩其象揥로다 維是褊心이라 是以爲刺하노라 (魏風 葛屨-02)

好人提提	어르신 여유로와
宛然左辟	얌전히 왼쪽으로 비켜서니
佩其象揥	상아 빗을 찼네
維是褊心	다만 성급한지라
是以爲刺	이 때문에 풍자한다네

賦也라 提提는 安舒之意요 宛然은 讓之貌也니 讓而辟者必左라 揥는 所以摘髮이니 用象爲之는 貴者之飾也라 其人如此면 若無有可刺矣로되 所以刺之者는 以其褊迫急促이 如前章之云耳라

賦이다. 提提는 편안하고 여유롭다는 뜻이다. 宛然은 사양하는 모양이니, 사양하여 피하는 자는 반드시 왼쪽으로 한다. 揥는 머리를 긁는 것이니, 象牙로 만든 것은 귀한 자의 장식이다. 그 사람이 이와 같다면 풍자할 것이 없을 듯한데, 풍자하는 까닭은 편협하고 조급함이 앞 장에서 말한 것과 같기 때문이다.

字義 提 : 편안한 모양 제 宛 : 피하는 모양 완 辟 : 피할 피 揥 : 빗치개 체 摘 : 긁을 적
促 : 재촉할 촉

葛屨 二章이니 一章은 六句요 一章은 五句라

〈葛屨〉 2章이니, 1章은 6句이고, 1章은 5句이다.

廣漢張氏曰 夫子謂 與其奢也론 寧儉이라하니 則儉雖失中이나 本非惡德이라 然而儉之過면 則至於吝嗇迫隘하여 計較分毫之間하여 而謀利之心 始急矣라 葛屨汾沮洳園有桃 三詩는 皆言急迫瑣碎之意하다

廣漢 張氏(張栻)가 말하였다. "夫子가 '사치하기보다는 차라리 검소한 것이 낫다.' 하였으니, 검소함은 中道를 잃은 것이기는 하나 본래 나쁜 德은 아니다. 그러나 검소함이 지나치면 인색하고 조급하며 편협한 데에 이르러 한 푼 한 올의 사이를 따져 이익을 따지는 마음이 비로소 급해지게 된다. 〈葛屨〉, 〈汾沮洳〉, 〈園有桃〉 3편의 시는 모두 급박하고 잔달게 구는 뜻을 말한 것이다."

用 例

〔要襋〕- 좋은 衣裳을 말한다. 蘇軾(宋), 〈聞公擇過云龍張山人〉詩 : "山人樂此耳, 寂寞誰侍側, 何當求好人, 聊使治**要襋**."

汾沮洳(분저여)

彼汾沮洳에 言采其莫(모)로다 彼其之子여 美無度로다 美無度나 殊異乎公路로다 (魏風 汾沮洳-01)

彼汾沮洳	저 분수 가에서
言采其莫	수영 나물을 캐노라
彼其之子	저기 저 그이여
美無度	그지없이 멋지네
美無度	그지없이 멋지나
殊異乎公路	공로와는 너무 다르네

莫(酸模)

興也라 汾은 水名이니 出太原晉陽山하여 西南入河라 沮洳는 水浸處下濕之地라 莫는 菜也니 似柳하고 葉厚而長하며 有毛刺하니 可爲羹이라 無度는 言不可以尺寸量也라 公路者는 掌公之路車니 晉以卿大夫之庶子爲之라

興이다. 汾은 물 이름이니, 太原府의 晉陽山에서 發源하여 서남쪽으로 흘러 黃河로 들어간다. 沮洳는 물에 잠기는 낮고 습한 땅이다. 莫는 나물이니, 버들과 비슷하고, 잎이 두껍고 길며, 털과 가시가 있는데, 국을 끓일 수 있다. 無度는 자로 헤아릴 수 없음을 말한 것이다. 公路는 公의 路車를 관장하니, 晉나라에서는 卿大夫의 庶子로 임명하였다.

○此亦刺儉不中禮之詩라 言若此人者는 美則美矣나 然其儉嗇褊急之態 殊不似貴人也라

○이 또한 검소함이 禮에 맞지 못함을 풍자한 시이다. "이러한 사람이 아름답기는 아름다우

나, 그 인색하고 조급한 태도가 자못 貴人답지 못하다."라고 한 것이다.

字義 汾 : 물 이름 분 沮 : 습지 저 洳 : 축축할 여 莫 : 수영나물 모 羹 : 국 갱

彼汾一方에 言采其桑이로다 彼其之子여 美如英이로다 美如英이나 殊異乎公行(항)이로다 (魏風 汾沮洳-02)

彼汾一方　　저 분수 건너에서
言采其桑　　뽕잎을 따노라
彼其之子　　저기 저 그이여
美如英　　꽃처럼 아름답네
美如英　　꽃처럼 아름다우나
殊異乎公行　　공항과는 너무나 다르네

興也라 一方은 彼一方也니 史記에 扁鵲視見垣一方人이라하니라 英은 華也라 公行은 卽公路也니 以其主兵車之行列이라 故로 謂之公行也라

興이다. 一方은 저 한쪽이니, 《史記》〈扁鵲列傳〉에 "扁鵲이 담의 저편에 있는 사람을 보았다."라고 하였다. 英은 꽃이다. 公行은 바로 公路이니, 兵車의 行列을 주관하기 때문에 公行이라 한 것이다.

彼汾一曲에 言采其藚이로다 彼其之子여 美如玉이로다 美如玉이나 殊異乎公族이로다 (魏風 汾沮洳-03)

彼汾一曲　　저 분수 굽이에서
言采其藚　　벗풀 나물을 캐노라
彼其之子　　저기 저 그이여
美如玉　　옥처럼 아름답네
美如玉　　옥처럼 아름다우나
殊異乎公族　　공족과는 너무나 다르네

藚(澤瀉)

興也라 一曲은 謂水曲流處라 藚은 水舃也니 葉如車前草라 公族은 掌公之宗族이니 晉以卿大夫之適子爲之라

興이다. 一曲은 물이 굽이쳐 흐르는 곳을 이른다. 藚은 水舃이니, 잎이 질경이(車前草)와 같다. 公族은 公의 宗族을 관장하니, 晉나라에서는 卿大夫의 適子로 임명하였다.

字義 藚 : 벗풀나물 속 舃 : 벗풀 석

汾沮洳 三章이니 章六句라

〈汾沮洳〉 3章이니, 장마다 6句이다.

園有桃(원유도)

園有桃하니 其實之殽로다 心之憂矣라 我歌且謠호라 不知我者는 謂我士也驕로다 彼人是哉어늘 子曰何其오하나니 心之憂矣여 其誰知之리오 其誰知之리오 蓋亦勿思로다 (魏風 園有桃-01)

園有桃	동산에 복숭아나무 있으니
其實之殽	그 열매를 먹네
心之憂矣	마음속에 근심 있어
我歌且謠	노래 부르고 흥얼거렸네
不我知者	이내 맘 모르는 자는
謂我士也驕	날더러 선비 교만타 하네
彼人是哉	저이 말이 옳거늘
子曰何其	그대 어이 그러는고 하니
心之憂矣	마음속 이 근심
其誰知之	그 누가 알리오
其誰知之	그 누가 알리오
蓋亦勿思	역시 생각지 않아서로다

興也라 殽는 食也라 合曲曰歌요 徒歌曰謠라 其는 語辭라

興이다. 殽는 먹음이다. 악기 곡조에 맞추어 부르는 것을 歌라 하고, 노래만 하는 것을 謠라 한다. 其는 어조사이다.

○詩人이 憂其國小而無政이라 故로 作是詩라 言園有桃면 則其實之殽矣요 心有憂면 則我歌且謠矣라 然不知我之心者는 見其歌謠而反以爲驕하고 且曰 彼之所爲 已是矣어늘 而子之言은 獨何爲哉오하니 蓋擧國之人이 莫覺其非하여 而反以憂之者로 爲驕也라 於是에 憂者 重嗟歎之하여 以爲此之可憂는 初不難知어늘 彼之非我는 特未之思耳라 誠思之면 則將不暇非我而自憂矣리라

○시인이 나라가 작고 올바른 政事가 없음을 걱정하였다. 그리하여 이 시를 지었다. 동산에 복숭아나무가 있으면 그 열매를 먹고, 마음에 근심이 있으면 내 노래 부르고 또 흥얼거린다. 그

러나 내 마음을 모르는 자들은 내가 노래 부르는 것을 보고는 도리어 교만하다 하고, 또 "저 사람이 하는 일이 옳은데, 그대가 하는 말은 도리어 어찌된 것인가?"라고 하니, 이는 온 나라 사람이 그 그름을 깨닫지 못하여 도리어 근심하는 자를 교만하다고 한 것이다. 이에 근심하는 자가 거듭 탄식하여 '이것이 근심스러운 것은 애당초 알기가 어렵지 않은데, 저들이 나를 비난하는 것은 생각하지 않아서일 뿐이다. 진실로 생각한다면 나를 비난할 겨를이 없이 스스로 근심할 것이다.'라고 한 것이다.

字義 殽 : 먹을 효

園有棘하니 其實之食이로다 心之憂矣라 聊以行國호라 不知我者는 謂我士也罔極이로다 彼人是哉어늘 子曰何其오하나니 心之憂矣여 其誰知之리오 其誰知之리오 蓋亦勿思로다 (魏風 園有桃-02)

園有棘	동산에 대추나무 있으니
其實之食	그 열매를 먹네
心之憂矣	마음속에 근심 있어
聊以行國	도성 안을 서성이며 돌아다녔네
不我知者	이내 맘 모르는 자는
謂我士也罔極	날더러 선비 한없이 방자타 하네
彼人是哉	저이 말이 옳거늘
子曰何其	그대 어이 그러는고 하니
心之憂矣	마음속 이 근심
其誰知之	그 누가 알리오
其誰知之	그 누가 알리오
蓋亦勿思	역시 생각지 않아서로다

興也라 棘은 棗之短者라 聊는 且略之辭라 歌謠之不足이면 則出遊於國中而寫憂也라 極은 至也니 罔極은 言其心縱恣하여 無所至極이라

興이다. 棘은 키가 작은 대추나무이다. 聊는 우선이라는 말이다. 노래로도 부족하면 성 안에 나가 놀아 근심을 삭이는 것이다. 極은 이름이니, 罔極은 마음이 방자하여 끝이 없음을 말한 것이다.

字義 棘 : 작은 대추나무 극　棗 : 대추나무 조　寫 : 떨어버릴 사

園有桃 二章이니 章十二句라

〈園有桃〉 2章이니, 장마다 12句이다.

陟岵(척호)

陟彼岵兮하여 瞻望父兮호라 父曰嗟予子行役하여 夙夜無已로다 上愼旃哉어다 猶來無止니라 (魏風 陟岵-01)

陟彼岵兮	저 민둥산에 올라
瞻望父兮	아버님 계신 곳 바라보았네
父曰嗟予子行役	아버님 “아, 내 아들 부역 나가
夙夜無已	밤낮으로 쉬지 못하겠지
上愼旃哉	부디 몸조심할지어다
猶來無止	머물지 말고 꼭 오라” 하시겠지

賦也라 山無草木曰岵라 上은 猶尙也라

賦이다. 산에 초목이 없는 것을 岵라 한다. 上은 尙(바라다)과 같다.

○孝子行役하여 不忘其親이라 故로 登山以望其父之所在하고 因想像其父 念己之言曰 嗟乎라 我之子行役하여 夙夜勤勞하여 不得止息이라하고 又祝之曰 庶幾愼之哉어다 猶可以來歸요 無止於彼而不來也라하니 蓋生則必歸요 死則止而不來矣라 或曰 止는 獲也니 言無爲人所獲也라

○孝子가 부역을 가서 그 어버이를 잊지 못하였다. 그리하여 산에 올라가 아버지가 계신 곳을 바라보고, 인하여 아버지가 자기를 걱정하는 말을 상상하기를 “아, 내 아들이 부역 가서 밤낮으로 힘들어 쉬지 못할 것이다.” 하고, 또 축원하기를 “부디 몸조심할지어다. 그리하여 꼭 살아 돌아오고 그곳에 그쳐 못 오는 일이 없도록 하라.” 하였다. 이는 살면 반드시 돌아오고 죽으면 그쳐 오지 못하는 것이다. 혹은 “止는 잡힘이니, 남에게 잡히지 말라고 한 것이다.” 한다.

字義 岵 : 민둥산 호 旃 : 어조사 전

陟彼屺兮하여 瞻望母兮호라 母曰嗟予季行役하여 夙夜無寐로다 上愼旃哉어다 猶來無棄니라 (魏風 陟岵-02)

陟彼屺兮	저 숲 우거진 산에 올라
瞻望母兮	어머님 계신 곳 바라보았네
母曰嗟予季行役	어머님 “아, 우리 막내 부역 가서
夙夜無寐	밤낮으로 자지도 못하겠지
上愼旃哉	부디 몸조심할지어다
猶來無棄	버려지지 말고 꼭 돌아오라” 하시겠지

賦也라 山有草木曰屺라 季는 少子也니 尤憐愛少子者는 婦人之情也라 無寐는 亦言其勞之甚也라 棄는 謂死而棄其尸也라

賦이다. 산에 초목이 있는 것을 屺라 한다. 季는 막내아들이니, 막내아들을 더욱 사랑하는 것은 婦人의 情이다. 자지 못한다는 것도 매우 수고로움을 말한 것이다. 棄는 죽어서 그 시신이 버려짐을 말한다.

字義 屺 : 숲 우거진 산 기

陟彼岡兮하여 瞻望兄兮호라 兄曰嗟予弟行役하여 夙夜必偕로다 上愼旃哉어다 猶來無死니라 (魏風 陟岵-03)

陟彼岡兮	저 산마루에 올라
瞻望兄兮	형 있는 곳을 바라보았네
兄曰嗟予弟行役	형님 말하겠지 "아, 내 아우 부역 가서
夙夜必偕	밤낮 동료와 같이 행동하겠지
上愼旃哉	부디 몸조심할지어다
猶來無死	꼭 돌아오고 죽지 말지어다"

字義 脊 : 등성마루 척　儕 : 무리 제

賦也라 山脊曰岡이라 必偕는 言與其儕同作同止하여 不得自如也라

賦이다. 산등성이를 岡이라 한다. 반드시 함께한다는 것은 동료들과 함께 일하고 함께 쉬어서 자유롭지 못함을 말한 것이다.

陟岵 三章이니 章六句라

〈陟岵〉 3章이니, 장마다 6句이다.

用 例

〔陟岵〕 - 부모를 그리워하는 전거로 사용한다. 《後漢書》〈黨錮傳 李膺〉: "荀爽恐其名高致禍, 欲令屈節以全亂世, 爲書貽曰 : '久廢過庭, 不聞善誘, **陟岵瞻望**, 惟日爲歲.'"

十畝之間(십무지간)

十畝之間兮여 桑者閑閑兮니 行與子還(선)兮하리라 (魏風 十畝之間-01)

十畝之間兮	십무의 밭두렁에서

桑者閑閑兮　　뽕 따는 이 한가로우니
行與子還兮　　그대와 같이 돌아가리라

賦也라 十畝之間은 郊外所受場圃之地[5]也라 閑閑은 往來者自得之貌라 行은 猶將也요 還은 猶歸也라

賦이다. 十畝之間은 郊外에다 받은 場圃의 땅이다. 閑閑은 여유롭게 오고 가는 모습이다. 行은 將과 같고, 還은 歸와 같다.

○政亂國危하니 賢者不樂仕於其朝하여 而思與其友 歸於農圃라 故로 其詞如此라

○정사가 혼란하고 나라가 위태로우니, 賢者가 조정에서 벼슬하는 것을 즐거워하지 아니하여 그 벗과 農圃로 돌아갈 것을 생각하였다. 그리하여 이처럼 말한 것이다.

十畝之外兮여 桑者泄泄(예예)兮니 行與子逝兮하리라 (魏風 十畝之間-02)

十畝之外兮　　십무의 이웃 밭에서
桑者泄泄兮　　뽕 따는 이 한가로우니
行與子逝兮　　그대와 같이 가리라

賦也라 十畝之外는 鄰圃也라 泄泄는 猶閑閑也라 逝는 往也라

賦이다. 十畝의 밖은 이웃 남새밭이다. 泄泄는 閑閑과 같다. 逝는 감이다.

字義 泄 : 한가한 모양 예

十畝之間 二章이니 章三句라

〈十畝之間〉 2章이니, 장마다 3句이다.

伐檀(벌단)

坎坎伐檀兮하여 寘之河之干兮하니 河水清且漣猗로다 不稼不穡이면 胡取禾三百廛[6]兮며 不狩不獵이면 胡瞻爾庭有縣貆兮리오하나니 彼君子兮여 不素餐兮로다 (魏風 伐檀-01)

---

5 場圃之地 : 평소에는 남새를 심다가 곡식을 수확하는 계절에는 다듬어 마당으로 사용하는 땅이다.(《豳風》〈七月〉)

6 廛 : 家長 한 사람이 나라로부터 배당받은 집을 말한다. 그리고 농지 100畝를 받는데, 여기서 말하는 300전은 300명의 가장이 받은 농지에서 수확한 곡식을 말하는 것으로 매우 많은 곡식을 수확함을 의미한다.

坎坎伐檀兮	어여차 박달나무 베어다
寘之河之干兮	하수 가에 버려두니
河水淸且漣猗	하수 맑아 물결이 이네
不稼不穡	농사짓지 않으면
胡取禾三百廛兮	어이 벼 삼백 廛을 얻으며
不狩不獵	사냥하지 않으면
胡瞻爾庭有縣貆兮	어이 너의 뜰에 걸린 담비가죽 보겠나 하니
彼君子兮	저기 저 군자여
不素餐兮	공밥 먹지 않네

賦也라 坎坎은 用力之聲이라 檀木은 可爲車者라 寘는 與置同이라 干은 厓也요 漣은 風行水成文也라 猗는 與兮同이니 語詞也라 書斷斷猗를 大學作兮하고 莊子亦云 而我猶爲人猗是也라 種之曰稼요 斂之曰穡이라 胡는 何也라 一夫所居曰廛이라 狩亦獵也라 貆은 貉類라 素는 空이요 餐은 食也라

賦이다. 坎坎은 힘을 쓰는 소리이다. 박달나무는 수레를 만들 수 있는 것이다. 寘는 置와 같다. 干은 물가이고, 漣은 바람이 불어 물결을 이루는 것이다. 猗는 兮와 같으니, 어조사이다.《書經》〈秦書〉에 '斷斷猗'를《大學》에는 '兮'라 하였고,《莊子》〈大宗師〉에도 "내 오히려 사람이다.〔我猶爲人猗〕"라고 한 것이 이것이다. 심는 것을 稼라 하고, 거두는 것을 穡이라 한다. 胡는 어찌이다. 한 사람이 생활하는 곳을 廛이라 한다. 狩도 사냥이다. 貆은 담비 종류이다. 素는 空이고, 餐은 밥이다.

貆(貛)

○詩人이 言有人於此하니 用力伐檀은 將以爲車而行陸也어늘 今乃寘之河干하니 則河水淸漣而無所用이니 雖欲自食其力이나 而不可得矣라 然이나 其志則自以爲不耕이면 則不可以得禾요 不獵則不可以得獸라 是以로 甘心窮餓而不悔也라 詩人이 述其事而歎之하여 以爲是眞能不空食者라하니 後世若徐穉[7]之流 非其力不食하니 其厲志 蓋如此라

○詩人이 "여기 어떤 사람이 힘을 써서 박달나무를 베어온 것은 수레를 만들어 육지를 다니려고 해서인데, 이제 黃河의 물가에 버려두고 있으니, 河水는 맑아 물결만 일고 쓸 곳이 없다. 비록 자기의 힘으로 먹고자 하나 될 수가 없는 것이다. 그러나 그의 뜻은 '밭을 갈지 않으면 벼

7 徐穉 : 後漢시대 사람으로 집이 가난하여 언제나 직접 농사를 지어서 먹고 살았는데, 자기 힘으로 짓지 않으면 먹지 않았다고 한다.(《後漢書》〈徐穉傳〉)

를 얻을 수 없고, 사냥을 하지 않으면 짐승을 얻을 수 없다.'고 스스로 여겼다. 이 때문에 곤궁하고 굶주림을 마음에 달게 여기고 후회하지 않는다."라고 한 것이다. 詩人이 그 일을 서술하고 탄식하여 "이는 참으로 공밥을 먹지 않는 자이다."라고 하였으니, 후세의 徐穉 같은 무리들은 자기 힘〈으로 얻은 것〉이 아니면 먹지 않았으니, 그 뜻을 지킴이 이와 같은 것이다.

字義 坎 : 힘쓰는 소리 감 寘 : 둘 치 干 : 시내 간 漣 : 잔물결 련 猗 : 어조사 의 稼 : 심을 가 穡 : 거둘 색 廛 : 묶을 전 貆 : 담비 환 貉 : 담비 학 穉 : 어릴 치

坎坎伐輻兮하여 寘之河之側兮하니 河水淸且直猗로다 不稼不穡이면 胡取禾三百億兮며 不狩不獵이면 胡瞻爾庭有縣特兮리오하나니 彼君子兮여 不素食兮로다 (魏風 伐檀-02)

坎坎伐輻兮	끙끙 수레살감 베어다가
寘之河之側兮	하수 가에 버려두니
河水淸且直猗	하수 맑아 물결만 이네
不稼不穡	농사짓지 않으면
胡取禾三百億兮	어이 벼 삼백 億을 얻으며
不狩不獵	사냥하지 않으면
胡瞻爾庭有縣特兮	어이 너의 뜰에 걸린 큰 짐승 보리오 하니
彼君子兮	저기 저 군자여
不素食兮	공밥 먹지 않네

賦也라 輻은 車輻也니 伐木以爲輻也라 直은 波文之直也라 十萬曰億이니 蓋言禾秉之數也라 獸三歲曰特이라

賦이다. 輻은 수레바퀴살이니, 나무를 베어서 수레바퀴살(輻)을 만드는 것이다. 直은 물결이 곧은 것이다. 十萬을 億이라 하니, 볏단의 수를 말한 것이다. 3년 된 짐승을 特이라 한다.

字義 輻 : 수레바퀴살 복 特 : 세 살 난 짐승 특

坎坎伐輪兮하여 寘之河之漘兮하니 河水淸且淪猗로다 不稼不穡이면 胡取禾三百囷兮며 不狩不獵이면 胡瞻爾庭有縣鶉兮리오하나니 彼君子兮여 不素飧兮로다 (魏風 伐檀-03)

坎坎伐輪兮	끙끙 바퀴감 베어다가
寘之河之漘兮	하수 물가에 버려두니
河水淸且淪猗	하수 맑아 일렁이기만 하네

不稼不穡　　　　농사짓지 않으면
胡取禾三百囷兮　어이 벼 삼백 囷을 얻으며
不狩不獵　　　　사냥하지 않으면
胡瞻爾庭有縣鶉兮　어이 너의 뜰에 걸린 메추라기 보리오 하니
彼君子兮　　　　저기 저 군자여
不素飧兮　　　　공밥을 먹지 않네

賦也라 輪은 車輪也니 伐木以爲輪也라 淪은 小風에 水成文하여 轉如輪也라 囷은 圓倉也라 鶉은 鵪屬이요 熟食曰飧이라

賦이다. 輪은 수레바퀴이니, 나무를 베어서 수레바퀴를 만드는 것이다. 淪은 작은 바람에 물결을 이루어 바퀴처럼 둥근 것이다. 囷은 둥근 곳집이다. 鶉은 메추라기 종류이고, 익은 밥을 飧이라 한다.

字義　漘 : 물가 순　囷 : 둥근 곳집 균　鶉 : 메추라기 순　飧 : 밥 손　鵪 : 메추라기 암

伐檀 三章이니 章九句라

〈伐檀〉 3章이니, 장마다 9句이다.

用 例

〔伐檀〕 - 탐욕스럽고 비루한 자가 벼슬자리를 차지하여 賢者가 벼슬할 수 없음을 풍자하는 전고로 사용한다. 張說(唐), 〈爲建安王讓表〉 : "伏乞特迴睠鑑, 更擇能賢, 俾朝興薪櫄之歌, 臣免〈**伐檀**〉之刺."

〔懸貆素飡〕 - 功도 없이 祿을 받음을 비유한다. 焦贛(漢), 《易林》〈復之屯〉 : "**懸貆素飡**, 食非其任."

碩鼠(석서)

碩鼠碩鼠아 無食我黍어다 三歲貫女어늘 莫我肯顧란대 逝將去女코 適彼樂土하리라 樂土樂土여 爰得我所로다 (魏風 碩鼠-01)

碩鼠碩鼠　큰 쥐야 큰 쥐야
無食我黍　내 기장 먹지 말지어다
三歲貫女　오래도록 너와 잘 지냈는데
莫我肯顧　날 돌보려 하지 않는다면

逝將去女　　내 너를 버리고 떠나
適彼樂土　　저기 살기 좋은 곳으로 가리라
樂土樂土　　살기 좋은 곳 살기 좋은 곳
爰得我所　　내가 살 곳이로다

比也라 碩은 大也라 三歲는 言其久也라 貫은 習이요 顧는 念이요 逝는 往也라 樂土는 有道之國也요 爰은 於也라

比이다. 碩은 큼이다. 三歲는 오래됨을 말한다. 貫은 익숙함이고, 顧는 염려함이고, 逝는 가는 것이다. 樂土는 道가 있는 나라이고, 爰은 於이다.

◯民困於貪殘之政이라 故로 託言大鼠害己而去之也라

◯백성이 탐욕스럽고 잔혹한 정사에 시달렸다. 그리하여 큰 쥐가 자기를 해친다고 핑계하여 떠나간 것이다.

字義　碩 : 클 석　鼠 : 쥐 서　貫 : 익숙할 관　女 : 너 여

碩鼠碩鼠아 無食我麥이어다 三歲貫女어늘 莫我肯德이란대 逝將去女코 適彼樂國하리라 樂國樂國이여 爰得我直이로다 (魏風 碩鼠-02)

碩鼠碩鼠　　큰 쥐야 큰 쥐야
無食我麥　　내 보리 먹지 말지어다
三歲貫女　　오랫동안 너와 잘 지냈는데
莫我肯德　　내게 은덕 베풀려 않는다면
逝將去女　　내 너를 버리고 떠나
適彼樂國　　저기 살기 좋은 나라로 가리라
樂國樂國　　살기 좋은 나라 살기 좋은 나라
爰得我直　　내가 살 만한 곳이로다

比也라 德은 歸恩也요 直은 猶宜也라

比이다. 德은 은혜를 갚는 것이고, 直은 宜와 같다.

碩鼠碩鼠아 無食我苗어다 三歲貫女호늘 莫我肯勞란대 逝將去女코 適彼樂郊하리라 樂郊樂郊여 誰之永號리오 (魏風 碩鼠-03)

碩鼠碩鼠　　큰 쥐야 큰 쥐야
無食我苗　　내 곡식 먹지 말지어다

三歲貫女　　오랫동안 너와 잘 지냈는데
莫我肯勞　　날 위로하려 않는다면
逝將去女　　내 널 버리고 떠나
適彼樂郊　　저 좋은 들녘으로 가리라
樂郊樂郊　　좋은 들녘 좋은 들녘
誰之永號　　누가 날 울부짖게 하리오

比也라 勞는 勤苦也니 謂不以我爲勤勞也라 永號는 長呼也라 言旣往樂郊면 則無復有害己者리니 當復爲誰而永號乎아

比이다. 勞는 힘들게 노력함이니, 나를 힘들게 노력한다고 여기지 않음을 이른다. 永號는 길게 부르짖는 것이다. "좋은 들녘으로 가면 다시는 나를 해칠 자가 없을 것이니, 다시 누구 때문에 길게 부르짖겠는가."라고 한 것이다.

字義 號 : 부르짖을 호

碩鼠 三章이니 章八句라

〈碩鼠〉 3章이니, 장마다 8句이다.

用 例

〔碩鼠〕 - 세금을 많이 거두어 백성들이 살기 힘듦을 말한다. 陳夢雷(淸), 〈寄答李厚庵百韻〉 : "但聞歌〈**碩鼠**〉, 無復詠〈甘棠〉." ○함부로 가혹하게 세금을 거두는 탐관오리를 비유한다. 鮑照(南朝 宋), 〈代白頭吟〉 : "食苗實**碩鼠**, 點白信蒼蠅."

〔食苗〕 - 노력하지 않고 얻거나 기생함을 비유한 말이다. 羅隱(唐), 〈謝大理薛卿啓〉 : "何爭名競利之場, 有蠹節**食苗**之輩."

〔鼠苗〕 - 혼란한 政治를 비유한다. 胡銓(宋), 《耕祿稿》〈代來弁謝表〉 : "生樂國而無**鼠苗**之感, 歷元都而有兎葵之思."

魏國 七篇이니 十八章이요 一百二十八句라

魏國風 7篇이니, 18章이고 128句이다.

詩經集傳 卷之六

唐 一之十

晉 侯爵

唐叔虞 - 燮 - 武侯 - 成侯 - 厲侯 - 靖侯 - 釐侯 - 獻侯 - 穆侯 - 殤叔 - 文侯 - 昭侯 - 孝侯 - 鄂侯 - 哀侯 - 小子侯 - 緡 - 曲沃 - 桓叔 - 穆侯子 - 莊伯 - 晉武公 - 獻公 - 奚齊 - 卓子 - 惠公 - 懷公 - 文公 - 襄公 - 靈公 - 成公 - 景公 - 厲公 - 悼公 - 平公 - 昭公 - 頃公 - 定公 - 出公 - 哀公 - 幽公 - 烈公 - 孝公 - 靜公

唐은 國名이니 本帝堯舊都라 在禹貢冀州之域하니 太行恒山之西요 太原太岳之野라 周成王이 以封弟叔虞爲唐侯러니 南有晉水라 至子燮하여 乃改國號曰晉이라 後徙曲沃하고 又徙居絳이라 其地土瘠民貧하여 勤儉質朴하고 憂深思遠하여 有堯之遺風焉이라 其詩를 不謂之晉而謂之唐은 蓋仍其始封之舊號耳라 唐叔所都는 在今太原府요 曲沃及絳은 皆在今絳州라

唐은 國名이니, 본래 帝堯의 옛 도읍이었다.《書經》〈禹貢〉의 冀州 지역에 있었으니 太行山과 恒山의 서쪽이고, 太原과 太岳의 들이다. 周 成王이 아우 叔虞를 봉하여 唐侯라 하였는데, 남쪽에 晉水가 있다. 아들 燮에 이르러 마침내 國號를 고쳐 晉이라 하였다. 뒤에 도읍을 曲沃으로 옮겼다가 다시 絳으로 옮겨 살았다. 이 지역은 토지가 척박하고 백성들이 가난하여 勤儉하고, 質朴하며 걱정이 깊고 사려가 멀어서 堯의 遺風이 있었다. 이 시를 晉이라고 하지 않고 唐이라고 한 것은 처음 봉했을 때의 옛 이름을 그대로 따른 것이다. 唐叔이 도읍했던 곳은 지금의 太原府에 있었고, 曲沃과 絳은 모두 지금의 絳州에 있었다.

字義 絳 : 땅 이름 강

蟋蟀(실솔)

蟋蟀在堂하니 歲聿其莫(모)엇다 今我不樂이면 日月其除리라 無已大(태)康가 職思其居하여 好樂無荒이 良士의 瞿瞿니라 (唐風 蟋蟀-01)

蟋蟀在堂　귀뚜라미 당에 있으니
歲聿其莫　이 해도 저물었네

今我不樂	이제 우리 즐기지 않으면
日月其除	세월이 가버리리라
無已大康	너무 안일함은 없을까
職思其居	맡은 일 생각하여
好樂無荒	지나치게 즐기지 않음이
良士瞿瞿	훌륭한 선비 염려하는 바니라

賦也라 蟋蟀은 蟲名이니 似蝗而小라 正黑有光澤如漆하며 有角翅하니 或謂之促織이니 九月在堂이라 聿은 遂요 莫는 晩이요 除는 去也라 大康은 過於樂也라 職은 主也요 瞿瞿는 却顧之貌라

賦이다. 蟋蟀은 벌레 이름이니, 메뚜기와 비슷한데 작다. 까맣고 옻칠처럼 광택이 나며, 더듬이와 날개가 있으니, 促織이라고도 하는데, 9월에는 堂에 있다. 聿은 마침내이고, 莫는 늦음이고, 除는 지나감이다. 太康은 지나치게 즐기는 것이다. 職은 주관함이고, 瞿瞿는 돌아보는 모양이다.

○唐俗勤儉이라 故로 其民間終歲勞苦하여 不敢少休라가 及其歲晩務閑之時하여 乃敢相與燕飮爲樂而言 今蟋蟀在堂하니 而歲忽已晩矣라 當此之時而不爲樂이면 則日月將舍我而去矣리라 然其憂深而思遠也라 故로 方燕樂而又遽相戒曰 今雖不可以不爲樂이나 然不已過於樂乎아 蓋亦顧念其職之所居者하여 使其雖好樂而無荒하여 若彼良士之長慮而却顧焉이면 則可以不至於危亡也라하니 蓋其民俗之厚하여 而前聖遺風之遠이 如此라

○唐의 풍속이 부지런하고 검소하였다. 그리하여 백성들이 1년 내내 고생하여 감히 조금도 쉬지 못하다가, 해가 저물어 일이 한가할 때에 이르러서야 감히 서로 잔치하고 술을 마셔 즐기면서 말하기를 "이제 귀뚜라미가 堂에 있으니, 해가 어느덧 저물었다. 이때에 즐기지 않는다면 세월은 우리를 버리고 가버릴 것이다."라고 하였다. 그러나 걱정이 깊고 사려가 멀기 때문에 잔치를 열어 즐기면서도 문득 서로 경계하기를 "지금 비록 즐기지 않을 수는 없지만 너무 지나치게 즐기는 것은 아닌가. 역시 자신이 맡은 일을 돌아보고 생각하여 비록 즐기더라도 지나치게 하지 말아서 멀리 염려하고 뒤돌아보는 저 훌륭한 선비들처럼 한다면 危亡에 이르지는 않을 것이다."라고 한 것이다. 이는 백성들의 풍속이 厚하여 前聖의 遺風이 이처럼 멀리 미친 것이다."

字義 蟋 : 귀뚜라미 실 蟀 : 귀뚜라미 솔 聿 : 드디어 율 莫 : 저물 모 除 : 갈 저 職 : 맡을 직 荒 : 지나칠 황 蝗 : 메뚜기 황 翅 : 날개 시 却 : 뒤 각

蟋蟀在堂하니 歲聿其逝엇다 今我不樂이면 日月其邁리라 無已大(태)康가 職思其外하여 好樂無荒이 良士의 蹶蹶(궤궤)니라 (唐風 蟋蟀-02)

蟋蟀在堂　　귀뚜라미 당에 있으니
歲聿其逝　　이 해도 다 갔네
今我不樂　　이제 우리 즐기지 않으면
日月其邁　　세월은 지나가리라
無已大康　　너무 안일하지는 않을까
職思其外　　맡은 일 말고도 생각하여
好樂無荒　　지나치게 즐기지 않음이
良士蹶蹶　　훌륭한 선비 민첩한 행동이니라

賦也라 逝, 邁는 皆去也라 外는 餘也라 其所治之事는 固當思之나 而所治之餘도 亦不敢忽이니 蓋其事變이 或出於平常思慮之所不及이라 故로 當過而備之也라 蹶蹶는 動而敏於事也라

賦이다. 逝와 邁는 모두 간다는 것이다. 外는 나머지이다. 다스려야 할 일은 당연히 생각해야 할 것이지만, 다스려야 하는 일 이외의 일도 감히 소홀히 하지 못하는 것이니, 이는 급작스런 일은 평소 생각이 미치지 못한 데서 나오기도 하기 때문에 미리 대비해야 하는 것이다. 蹶蹶는 일에 민첩하게 행동하는 것이다.

字義 蹶 : 움직일 궤

蟋蟀在堂하니 役車其休엇다 今我不樂이면 日月其慆리라 無已大(태)康가 職思其憂하여 好樂無荒이 良士의 休休니라 (唐風 蟋蟀-03)

蟋蟀在堂　　귀뚜라미 당에 있으니
役車其休　　짐수레 쉰다네
今我不樂　　이제 우리 즐기지 않으면
日月其慆　　세월은 지나가리라
無已大康　　너무 안일하지는 않을까
職思其憂　　맡은 일 깊이 걱정하여
好樂無荒　　지나치게 즐기지 않음이
良士休休　　훌륭한 선비 편안함이니라

賦也라 庶人은 乘役車니 歲晩則百工皆休矣라 慆는 過也라 休休는 安閑之貌라 樂而有節하여 不至於淫하니 所以安也라

賦이다. 서인은 짐수레를 타니, 해가 저물면 모든 일이 다 쉰다. 慆는 지나감이다. 休休는 편안하고 한가한 모양이다. 즐기면서도 절도가 있어 지나침에 이르지 않기 때문에 편안한 것이다.

字義 慆 : 지날 도

蟋蟀 三章이니 章八句라

〈蟋蟀〉 3章이니, 장마다 8句이다.

山有樞(산유추)

樞(刺楡)

山有樞며 隰有楡니라 子有衣裳호대 弗曳弗婁며 子有車馬호대 弗馳弗驅라가 宛其死矣[1]어든 他人是愉리라 (唐風 山有樞-01)

山有樞	산에는 시무나무
隰有楡	습지엔 흰 느릅나무
子有衣裳	그대 좋은 옷 있지만
弗曳弗婁	멋부려 입지 않고
子有車馬	그대 수레와 말 있지만
弗馳弗驅	채찍질하여 달리지 않다가
宛其死矣	속절없이 죽고 보면
他人是愉	다른 사람이 즐기리라

楡(白楡)

興也라 樞는 荎也니 今刺楡也라 楡는 白枌也라 婁는 亦曳也라 馳는 走요 驅는 策也라 宛은 坐見貌요 愉는 樂也라

興이다. 樞는 느릅나무이니, 지금의 刺楡이다. 楡는 흰 느릅나무이다. 婁는 역시 끄는 것이다. 馳는 달림이고, 驅는 채찍질이다. 宛은 앉아서 보는 모습이고, 愉는 즐거움이다.

○此詩는 蓋亦答前篇之意而解其憂라 故로 言山則有樞矣요 隰則有楡矣라 子有衣裳車馬나 而不服不乘이라가 則一旦宛然以死어든 而他人取之하여 以爲己樂矣라하니

1 宛其死矣 : 朱子는 宛을 '앉아서 보는 모습'이라 해석하여 '물끄러미 바라보는 것'을 상상하게 하나, 《毛詩》에서는 '死貌'라 주석하고 있다. 뒤의 '死矣'라는 말을 수식하는 내용으로 볼 때, 별 뜻 없이 물끄러미 바라본다는 의미를 취하여 '속절없다' 또는 '하릴없다'는 우리말로 표현하였다.

蓋言不可不及時爲樂이라 然其憂愈深而意愈蹙矣라

○이 시는 아마도 前篇의 뜻에 답하여 그 근심을 풀어준 것인 듯하다. 그리하여 "산에는 느릅나무가 있고 습지에는 흰 느릅나무가 있다. 그대에게 衣裳과 車馬가 있지만 입지 않고 타지 않다가 하루아침에 속절없이 죽게 되면 다른 사람이 가져다 자기의 즐거움으로 삼을 것이다."라고 하였으니, 이는 제때에 즐기지 않을 수 없음을 말한 것이다. 그러나 그 근심이 더욱 깊고 뜻이 더욱 위축되었다.

字義 樞 : 나무 이름 추　楡 : 느릅나무 유　曳 : 끌 예　婁 : 끌 루　莖 : 느릅나무 지
枌 : 흰느릅나무 분　策 : 채찍질할 책　蹙 : 위축될 축

山有栲며 隰有杻니라 子有庭內호대 弗洒(쇄)弗埽며 子有鍾鼓호대 弗鼓弗考면 宛其死矣어든 他人是保리라 (唐風 山有樞-02)

山有栲	산에는 붉나무
隰有杻	습지엔 감탕나무 있느니라
子有廷內	그대 아름다운 뜰이 있지만
弗洒弗埽	물 뿌리고 쓸지 않으며
子有鍾鼓	그대 종이며 북 있지만
弗鼓弗考	두드리고 치지 않다가
宛其死矣	하릴없이 죽고 보면
他人是保	다른 사람이 차지하리라

杻(稠子)

興也라 栲는 山樗也니 似樗하고 色小白하며 葉差狹이라 杻는 檍也니 葉似杏而尖하고 白色이며 皮正赤이요 其理多曲少直하니 材可爲弓弩幹者也라 考는 擊也요 保는 居有也라

興이다. 栲는 산가죽나무이니, 가죽나무와 비슷한데, 색은 조금 희며 잎은 조금 좁다. 杻는 감탕나무이니, 잎은 살구나무와 비슷한데 뾰족하고 백색이며 껍질은 붉고, 결은 굽은 것이 많고 곧은 것이 적은데, 재질은 弓弩의 몸통을 만들 만하다. 考는 두드리는 것이고, 保는 차지하는 것이다.

字義 栲 : 붉나무 고　杻 : 감탕나무 뉴　洒 : 물 뿌릴 쇄　埽 : 쓸 소　考 : 칠 고　保 : 차지할 보
樗 : 가죽나무 저　檍 : 감탕나무 억　杏 : 살구나무 행　尖 : 뾰족할 첨　理 : 결 리　弩 : 쇠뇌 노

山有漆이며 隰有栗이니라 子有酒食호대 何不日鼓瑟하여 且以喜樂하며 且以永日고 宛其死矣어든 他人入室하리라 (唐風 山有樞-03)

山有漆	산에는 옻나무
隰有栗	습지엔 밤나무 있느니라

子有酒食　　그대 술과 밥 있지만
何不日鼓瑟　　어이하여 날마다 비파타고
且以喜樂　　기쁘게 즐기며
且以永日　　긴 세월 보내지 않는고
宛其死矣　　속절없이 죽고 보면
他人入室　　다른 사람이 집에 들리라

興也라 君子無故면 琴瑟不離於側이라 永은 長也라 人多憂則覺日短하니 飮食作樂(악)이면 可以永長此日也라

興이다. 君子는 특별한 일이 없으면 琴瑟을 곁에서 멀리하지 않는다. 永은 길이다. 사람은 근심이 많으면 날이 짧음을 느끼니, 먹고 마시며 음악을 연주하면 날을 길게 보낼 수 있다.

山有樞 三章이니 章八句라

〈山有樞〉 3章이니, 장마다 8句이다.

揚之水(양지수)

揚之水여 白石鑿鑿이로다 素衣朱襮으로 從子于沃하리라 既見君子하니 云何不樂이리오 (唐風 揚之水-01)

揚之水　　느리게 흐르는 물
白石鑿鑿　　하얀 돌이 뾰족뾰족하네
素衣朱襮　　붉은 깃 하얀 옷 마련하여
從子于沃　　그대 따라 곡옥 가리라
既見君子　　군자 만났으니
云何不樂　　어이 즐겁다 아니하리오

比也라 鑿鑿은 巉巖貌라 襮은 領也니 諸侯之服은 繡黼領而丹朱純(준)也라 子는 指桓叔也라 沃은 曲沃也라

比이다. 鑿鑿은 돌이 뾰족한 모양이다. 襮은 옷깃이니, 諸侯의 옷은 黼를 수놓은 옷깃에다 붉은색으로 선을 두른다. 子는 桓叔을 가리킨다. 沃은 曲沃이다.

○晉昭侯 封其叔父成師于曲沃하니 是爲桓叔이라 其後沃盛强而晉微弱하니 國人將叛而歸之라 故로 作此詩라 言水緩弱而石巉巖하여 以比晉衰而沃盛이라 故로 欲以諸侯之服으로 從桓叔于曲沃하고 且自喜其見君子而無不樂也라

○晉 昭侯가 그 叔父 成師를 曲沃에 봉하니, 이가 桓叔이다. 뒤에 곡옥은 강성해지고 晉은 미약해지자, 國人들이 晉을 배반하고 곡옥으로 돌아가려 하였다. 그리하여 이 시를 지은 것이다. 물살은 느리고 약한데 돌은 뾰족함을 말하여 晉나라는 쇠약하고 곡옥은 강성함을 비유하였다. 그리하여 諸侯의 의복을 가지고 곡옥의 환숙에게로 가고자 하고, 또 君子를 보고 즐겁지 않음이 없음을 스스로 기뻐한 것이다.

字義 鑿 : 뾰족할 착　襮 : 수놓은 옷깃 박　巉 : 뾰족할 참　黼 : 도끼 모양 보　純 : 선 두를 준

揚之水여 白石皓皓로다 素衣朱繡로 從子于鵠하리라 既見君子하니 云何其憂리오 (唐風 揚之水-02)

揚之水　느리게 흐르는 물
白石皓皓　하얀 돌이 빛나네
素衣朱繡　붉은 수놓은 하얀 옷 마련하여
從子于鵠　그대 따라 곡으로 가리라
既見君子　군자 만났으니
云何其憂　무슨 근심 있다 하리오

比也라 朱繡는 卽朱襮也라 鵠은 曲沃邑也라

比이다. 朱繡는 바로 朱襮이다. 鵠은 曲沃의 邑이다.

字義 皓 : 흴 호　鵠 : 땅 이름 곡

揚之水여 白石粼粼이로다 我聞有命이요 不敢以告人호라 (唐風 揚之水-03)

揚之水　느리게 흐르는 물
白石粼粼　하얀 돌이 비치네
我聞有命　나는 명령 듣고도
不敢以告人　감히 남에게 말하지 못하노라

比也라 粼粼은 水淸石見(현)之貌라 聞其命而不敢以告人者는 爲之隱也라 桓叔이 將以傾晉이어늘 而民爲之隱하니 蓋欲其成矣라

比이다. 粼粼은 물이 맑아서 돌이 보이는 모양이다. 그 命令을 듣고도 감히 남에게 말하지 못한다는 것은 그를 위하여 숨겨주는 것이다. 桓叔이 晉나라를 전복시키려 하였는데, 백성들이 그를 위하여 숨겨 주었으니, 그가 성공하기를 바란 것이다.

○李氏曰 古者에 不軌之臣이 欲行其志엔 必先施小惠하여 以收衆情하나니 然後에 民翕然從之라 田氏之於齊에 亦猶是也라 故로 其召公子陽生於魯에 國人皆知其已至而不言하니

所謂我聞有命이요 不敢以告人也[2]라

○李氏가 말하였다. "옛날에 반역을 꾀하는 신하가 그 뜻을 실행하고자 할 적에는 반드시 먼저 작은 은혜를 베풀어서 사람들의 마음을 거두어들이니 그런 뒤에 백성들이 흡족하여 따른다. 田氏가 齊나라에 있어서도 이와 같았다. 그러므로 公子 陽生을 魯나라에서 불러올 때에 國人들이 모두 그가 온 것을 알고도 말하지 않았으니, 이른바 '내 명령이 있음을 듣고도 감히 남에게 말하지 못한다.'라고 한 것이다."

字義 粼 : 물 맑을 린 軌 : 법도 궤 翕 : 화합할 흡

揚之水 三章이니 二章은 章六句요 一章은 四句라

〈揚之水〉 3章이니, 2章은 장마다 6句이고, 1章은 4句이다.

用 例

〔丹素〕- 士大夫의 衣服을 널리 일컫는다. 鮑照(南朝 宋), 〈擬古〉詩 : "**魯客事楚王, 懷金襲丹素.**"

椒聊(초료)

椒聊之實이여 蕃衍盈升이로다 彼其之子여 碩大無朋이로다 椒聊且(저)여 遠條且로다

(唐風 椒聊-01)

椒聊之實	초피나무 열매
蕃衍盈升	많이 열려 됫박에 가득하네
彼其之子	저기 저 그이
碩大無朋	견줄 데 없이 건장하네
椒聊且	초피나무
遠條且	가지 멀리 뻗었네

興而比也라 椒는 樹似茱萸하니 有針刺하고 其實味辛而香烈이라 聊는 語助也라 朋은 比也라

2 田氏之於齊……不敢以告人也 : 田氏는 陳 厲公의 후손으로, 후일 姓을 田으로 바꾼 陳乞을 말한다. 춘추시대 齊 景公의 뒤를 이은 晏孺子를 시해하고 魯나라에 망명해 있던 公子 陽生을 몰래 데려와 임금으로 세우고 정사를 擅斷하였다. 백성들에게 작은 은혜를 베풀어 마음을 샀기 때문에 양생을 몰래 데려왔음에도 백성들이 말하지 않았음을 말한 것이다. 후일 田乞의 曾孫 田和가 제나라를 찬탈하였는데 이를 '전씨 제나라〔田齊〕'라고 칭한다.

且는 歎詞라 遠條는 長枝也라

興이면서 比이다. 椒는 나무가 茱萸와 비슷한데 가시가 있고, 그 열매는 맛이 맵고 향기가 진하다. 聊는 어조사이다. 朋은 比이다. 且는 歎詞이다. 遠條는 긴 가지이다.

○椒之蕃盛則采之盈升矣요 彼其之子則碩大而無朋矣라 椒聊且 遠條且는 歎其枝遠而實益蕃也라 此는 不知其所指나 序亦以爲沃也라

○초피나무가 번성하면 됫박에 가득하게 따며, 저기 저 사람은 비할 데 없이 건장하다. 초피나무 가지가 멀리 뻗었다는 것은 가지가 멀리 뻗어 열매가 더욱 많음을 감탄한 것이다. 이는 무엇을 가리킨 것인지 알 수 없으나 〈序〉에서는 역시 曲沃을 말한 것이라 하였다.

字義 椒 : 초피나무 초 聊 : 어조사 료 衍 : 번성할 연 茱 : 수유나무 수 萸 : 수유나무 유

椒聊之實이여 蕃衍盈匊이로다 彼其之子여 碩大且篤이로다 椒聊且(저)여 遠條且로다

(唐風 椒聊-02)

椒聊之實 초피나무 열매
蕃衍盈匊 많이 열려 움큼에 가득하네
彼其之子 저기 저 그이
碩大且篤 건장하고 후덕하네
椒聊且 초피나무
遠條且 가지 멀리 뻗었네

興而比也라 兩手曰匊이라 篤은 厚也라

興이면서 比이다. 두 손을 합한 손바닥 안(움큼)을 匊이라 한다. 篤은 厚함이다.

字義 匊 : 움큼 국

椒聊 二章이니 章六句라

〈椒聊〉 2章이니, 장마다 6句이다.

用 例

〔碩大無朋〕 - 物體가 비교할 데 없이 큰 것을 형용하는 말이다. 蒲松齡(淸), 《聊齋志異》〈蓮香〉: "晨起, 睡潟遺墮, 索著之, 則**碩大無朋**矣."

綢繆(주무)

綢繆束薪일새 三星在天이로다 今夕何夕고 見此良人호라 子兮子兮여 如此良人何오 (唐風 綢繆-01)

綢繆束薪	나뭇단 꽁꽁 묶을 적에
三星在天	삼성이 하늘에 떠 있네
今夕何夕	오늘 저녁 어떤 저녁인가
見此良人	이 멋진 님 만났네
子兮子兮	님이여 님이여
如此良人何	이 멋진 님을 어찌할고

興也라 綢繆는 猶纏綿也라 三星은 心也요 在天은 昏始見於東方이니 建辰之月也라 良人은 夫稱也라

興이다. 綢繆는 묶는다는 것과 같다. 三星은 心星이고, 在天은 어둘녘에 동쪽에 처음 나타나는 것이니, 〈북두칠성 자루가〉 辰方(동남쪽)을 가리키는 달이다. 良人은 남편을 지칭한 것이다.

○國亂民貧하여 男女有失其時而後에 得遂其婚姻之禮者하니 詩人이 敍其婦語夫之詞曰 方綢繆以束薪也에 而仰見三星之在天하니 今夕不知其何夕也어늘 而忽見良人之在此라하고 既又自謂曰 子兮子兮여 其將奈此良人何哉오하니 喜之甚而自慶之詞也라

○나라가 혼란하고 백성들이 가난하여 男女가 혼기를 잃은 뒤에 婚姻의 禮를 이룬 자가 있었다. 詩人이 그 婦人이 남편에게 이르는 말로 서술하기를 "나뭇단을 꽁꽁 묶을 적에 우러러보니 하늘에 三星이 떠있었다. 오늘밤이 어떤 밤인지 몰랐는데, 문득 여기 良人을 보았다." 하고, 또 스스로 "그대여 그대여, 이 良人을 어찌할고." 하였으니, 매우 기뻐서 스스로를 축하하는 말이다.

字義 綢 : 얽을 주 繆 : 얽을 무(규) 纏 : 얽힐 전 綿 : 얽힐 면

綢繆束芻일새 三星在隅로다 今夕何夕고 見此邂逅호라 子兮子兮여 如此邂逅何오 (唐風 綢繆-02)

綢繆束芻	꼴단 꽁꽁 묶을 적에
三星在隅	삼성 동남쪽에 떠 있네
今夕何夕	오늘 저녁 어떤 저녁인가
見此邂逅	이렇게 해후를 하였네
子兮子兮	님이여 님이여

如此邂逅何　　이 해후를 어찌할고

興也라 隅는 東南隅也니 昏見(현)之星이 至此면 則夜久矣라 邂逅는 相遇之意라 此는 爲夫婦相語之詞也라

興이다. 隅는 동남쪽 모퉁이이니, 저물녘에 나타난 별이 이곳에 이르면 밤이 깊은 것이다. 邂逅는 서로 만난다는 뜻이다. 이는 夫婦가 서로 말하는 내용이다.

字義 邂 : 만날 해　逅 : 만날 후

綢繆束楚일새 三星在戶로다 今夕何夕고 見此粲者호라 子兮子兮여 如此粲者何오 (唐風 綢繆-03)

綢繆束楚　　나뭇단 꽁꽁 묶을 적에
三星在戶　　삼성이 문에 비치네
今夕何夕　　오늘 저녁 어떤 저녁인가
見此粲者　　이 아름다운 님 만났네
子兮子兮　　님이여 님이여
如此粲者何　　이 아름다운 님 어찌할고

興也라 戶는 室戶也라 戶必南出이니 昏見(현)之星이 至此면 則夜分矣라 粲은 美也라 此는 爲夫語婦之詞也라 或曰 女三爲粲이니 一妻二妾也라

興이다. 戶는 집의 문이다. 문은 반드시 남쪽으로 내니, 저물녘에 나타난 별이 이곳에 이르면 밤이 깊은 것이다. 粲은 아름다움이다. 이는 남편이 婦人에게 말하는 내용이다. 혹은 "여자 셋을 粲이라 하니, 한 아내에 두 첩이다." 한다.

字義 粲 : 아름다울 찬

綢繆 三章이니 章六句라

〈綢繆〉 3章이니, 장마다 6句이다.

用 例

〔束薪〕 - 男女의 成婚을 비유한다. 馬瑞辰(淸), 《毛詩傳箋通釋》 : "詩人多以薪喩婚姻…… 此《詩》'**束薪**'·'束芻'·'束楚', 《傳》謂'以喩男女待禮而成'是也."

〔束楚〕·〔束芻〕 - 가시나뭇단 또는 男女의 成婚을 비유한다. 白居易(唐), 〈想東遊五十韻〉 : "懸旌心宛轉, **束楚**意綢繆."

〔三星在天〕 - 男女의 婚期를 말한다. 《全唐詩》 卷八六二 嵩嶽諸仙(唐), 〈嫁女〉詩 : "**三星在天**銀河迴, 人間曙色東方來."

杕杜(체두)

有杕之杜여 其葉湑湑로다 獨行踽踽하니 豈無他人이리오마는 不如我同父니라 嗟行之人은 胡不比焉고 人無兄弟어늘 胡不佽焉고 (唐風 杕杜-01)

有杕之杜	우뚝 선 팥배나무
其葉湑湑	잎이 무성하네
獨行踽踽	외로이 홀로 가니
豈無他人	어이 다른 이 없으랴마는
不如我同父	내 형제만 못하니라
嗟行之人	아, 길가는 사람은
胡不比焉	어이 도와주지 않는고
人無兄弟	형제 없는 사람을
胡不佽焉	어이 도와주지 않는고

興也라 杕는 特也요 杜는 赤棠也라 湑湑는 盛貌요 踽踽는 無所親之貌라 同父는 兄弟也요 比는 輔요 佽는 助也라

興이다. 杕는 우뚝함이고, 杜는 붉은 팥배나무이다. 湑湑는 무성한 모양이고, 踽踽는 친한 사람이 없는 모양이다. 同父는 兄弟이고, 比는 輔이고, 佽는 助이다.

○此는 無兄弟者 自傷其孤特而求助於人之詞라 言杕然之杜 其葉猶湑湑然이어늘 人無兄弟면 則獨行踽踽하니 曾杜之不如矣라 然豈無他人之可與同行也哉리오 特以其不如我兄弟라 是以로 不免於踽踽耳라 於是에 嗟歎行路之人은 何不閔我之獨行而見親이며 憐我之無兄弟而見助乎아

○이는 兄弟 없는 자가 스스로 그 외로움을 슬퍼하여 남에게 도움을 요구하는 말이다. "우뚝 선 팥배나무는 그 잎이 오히려 무성한데, 사람이 형제가 없으면 쓸쓸하게 혼자 가니, 팥배나무만도 못한 것이다. 그러나 어찌 함께 갈 만한 다른 사람이 없겠는가. 다만 나의 형제만 못하기 때문에 쓸쓸함을 면치 못한다."라고 하였다. 이에 "길가는 사람들은 어찌 내가 홀로 가는 것을 애처롭게 여겨 친하게 대해주지 않으며, 나의 형제가 없음을 불쌍히 여겨 도와주지 않는가."라고 탄식한 것이다.

字義 杕 : 우뚝할 체　杜 : 팥배나무 두　湑 : 무성한 모양 서　踽 : 홀로 가는 모양 우　佽 : 도울 차　特 : 하나(홀로) 특　棠 : 팥배나무 당

有杕之杜여 其葉菁菁이로다 獨行睘睘(경경)하니 豈無他人이리오마는 不如我同姓이니라 嗟行之人은 胡不比焉고 人無兄弟어늘 胡不佽焉고 (唐風 杕杜-02)

有杕之杜　　우뚝 선 팥배나무
其葉菁菁　　잎이 무성도 하네
獨行睘睘　　외로이 홀로 가니
豈無他人　　어이 다른 이 없으랴마는
不如我同姓　내 동성만 못하니라
嗟行之人　　아, 길가는 사람은
胡不比焉　　어이 도와주지 않는고
人無兄弟　　형제 없는 사람을
胡不佽焉　　어이 도와주지 않는고

興也라 菁菁亦盛貌요 睘睘은 無所依貌라

興이다. 菁菁도 무성한 모양이고, 睘睘은 의지할 곳이 없는 모양이다.

字義 菁 : 무성할 청　睘 : 외로울 경

杕杜 二章이니 章九句라

〈杕杜〉 2章이니, 장마다 9句이다.

用 例

〔杕杜〕 - 骨肉의 情誼에 비유한다. 江淹(南朝 梁), 〈王侍中懷德〉詩 : "旣傷蔓草別, 方知**杕杜**情."

羔裘(고구)

羔裘豹袪로소니 自我人居居[3]로다 豈無他人이리오마는 維子之故[4]니라 (唐風 羔裘-01)

羔裘豹袪　　양피 갖옷 표피 끝동
自我人居居　우리를 미워하네

---

3 居居 : 朱子는 "未詳이다."라고 하였는데, 毛亨(前漢)은 "미워하는 마음을 지녀 백성들을 친애하지 않는 모양이다."라고 하고, 鄭玄(後漢)은 "미워하는 마음으로 悖惡하여 우리의 괴로움을 돌보지 않는 것이다."라고 하였다. 아래 장의 '究究'도 같다. 이를 근거로 번역하였다.(《毛詩正義》)

4 維子之故 : 鄭玄은 箋에서 "이 시를 지은 사람은 卿大夫 采邑의 백성으로, 살기 힘들지만 쉬이 떠나지 못하는 것은 오래된 벗과 같은 인정이 있기 때문이다."라고 해석하고 있다.(《毛詩正義》)

豈無他人　　어이 다른 이 없으랴마는
維子之故　　그대와의 오랜 인정 있어서니라

賦也라 羔裘는 君純羔요 大夫以豹飾이라 袪는 袂也요 居居는 未詳이라

賦이다. 羔裘는 군주는 모두 양가죽으로만 만들고, 大夫는 〈양가죽에〉 표범가죽으로 선을 두른다. 袪는 소매이다. 居居는 未詳이다.

字義 羔 : 새끼 양 고　豹 : 표범 표　袪 : 소매 거　袂 : 소매 몌

羔裘豹褎(유)로소니 自我人究究로다 豈無他人이리오마는 維子之好니라 (唐風 羔裘-02)

羔裘豹褎　　양피 갖옷 표피 끝동
自我人究究　　우리에게 오만하네
豈無他人　　어이 다른 이 없으랴마는
維子之好　　그대와 좋은 인정 있어서니라

賦也라 褎는 猶袪也라 究究는 亦未詳이라

賦이다. 褎는 袪와 같다. 究究도 未詳이다.

字義 褎 : 옷깃 유

羔裘 二章이니 章四句라

〈羔裘〉 2章이니, 장마다 4句이다.

此詩不知所謂니 不敢强解[5]라

이 시는 무엇을 말한 것인지 모르겠으니 감히 억지로 해석하지 않는다.

鴇羽(보우)

肅肅鴇羽여 集于苞栩(후)로다 王事靡盬라 不能蓺稷黍하니 父母何怙오 悠悠蒼天아 曷其有所오 (唐風 鴇羽-01)

肅肅鴇羽　　푸드덕 나는 느시

5　此詩不知所謂 不敢强解 : 《毛詩正義》에서는 이 시를, 豹皮 끝동 달린 염소 갖옷을 입은 경대부의 采邑 사람들이 경대부로부터 보살핌을 받지 못하여 읊은 것으로, 다른 곳으로 가고 싶지만 그래도 오래도록 관계한 사이로 차마 가지 못함을 말한 것이라 해석하고 있다. 여기서는 그 뜻을 살려 번역하였다.

鴇(大鴇)

集于苞栩　　상수리나무 숲에 앉았네
王事靡盬　　나랏일 견고해야 하기에
不能蓺稷黍　　기장 심을 수 없으니
父母何怙　　우리 부모 누굴 믿으실고
悠悠蒼天　　아득한 푸른 하늘이시여
曷其有所　　언제나 자식답게 살 수 있나요

比也라 肅肅은 羽聲이라 鴇는 鳥名이니 似鴈而大하고 無後趾라 集은 止也라 苞는 叢生也라 栩는 柞櫟也니 其子爲皁斗니 殼可以染皁者是也라 盬는 不攻緻也라 蓺는 樹요 怙는 恃也라

比이다. 肅肅은 나는 소리이다. 鴇는 새 이름이니, 기러기와 비슷한데 크고 뒷발가락이 없다. 集은 앉음이다. 苞는 무더기로 자라는 것이다. 栩는 상수리나무로, 그 열매는 皁斗라 하니, 껍질로는 검정물을 들일 수 있다. 盬는 견고하지 못함이다. 蓺는 심는 것이고, 怙는 믿음이다.

◯民從征役而不得養其父母라 故로 作此詩라 言鴇之性은 不樹止어늘 而今乃飛集于苞栩之上하니 如民之性은 本不便於勞苦어늘 今乃久從征役하여 而不得耕田以供子職也라 悠悠蒼天아 何時使我得其所乎아하다

◯백성들이 征役에 종사하여 그 부모를 봉양할 수 없었다. 그리하여 이 시를 지은 것이다. "느시의 특성은 나무에 앉지 않는데, 이제 날아서 무더기로 자라는 상수리나무 위에 앉았으니, 이는 마치 백성의 특성은 본래 힘든 것을 편히 여기지 않는 것인데, 이제 오랫동안 征役에 종사하느라 농사지어 자식의 직분을 다하지 못함과 같은 것이다. 아득히 먼 저 푸른 하늘이시여. 어느 때에나 나로 하여금 제 위치를 얻게 하려나요."라고 한 것이다.

字義 鴇 : 느시 보　苞 : 더부룩히 날 포　栩 : 상수리나무 후　盬 : 단단하지 못할 고　蓺 : 심을 예
怙 : 믿을 호　趾 : 발가락 지　柞 : 상수리나무 작　櫟 : 상수리나무 력　皁 : 검을 조
殼 : 껍질 각　緻 : 치밀할 치

肅肅鴇翼이여 集于苞棘이로다 王事靡盬라 不能蓺黍稷하니 父母何食고 悠悠蒼天아 曷其有極고 (唐風 鴇羽-02)

肅肅鴇翼　　푸드덕 나는 느시
集于苞棘　　가시나무 숲에 앉았네
王事靡盬　　나랏일 견고해야 하기에
不能蓺黍稷　　기장 심을 수 없으니
父母何食　　우리 부모 무엇을 잡수실고
悠悠蒼天　　저 멀리 푸른 하늘이시여

曷其有極　　언제나 이 고통 그칠 날이 있나요

比也라 極은 已也라

比이다. 極은 그침이다.

肅肅鴇行(항)이여 集于苞桑이로다 王事靡盬라 不能蓺稻粱하니 父母何嘗고 悠悠蒼天아 曷其有常고 (唐風 鴇羽-03)

肅肅鴇行　　푸드덕 줄지어 나는 느시
集于苞桑　　뽕나무 숲에 앉았네
王事靡盬　　나랏일 견고해야 하기에
不能蓺稻粱　　벼와 기장 심을 수 없으니
父母何嘗　　우리 부모 무엇을 드실고
悠悠蒼天　　아득한 푸른 하늘이시여
曷其有常　　언제나 정상으로 살 날이 있을까요

比也라 行은 列也라 稻는 卽今南方所食稻米니 水生而色白者也라 粱은 粟類也니 有數色이라 嘗은 食也라 常은 復其常也라

比이다. 行은 행렬이다. 稻는 지금 南方에서 먹는 멥쌀이니, 물에서 자라며 흰색이다. 粱은 조의 종류이니, 몇 가지 색깔이 있다. 嘗은 먹는 것이다. 常은 正常을 회복함이다.

字義　行 : 줄 항　稻 : 벼(멥쌀) 도　粱 : 차조 량, 기장 량

鴇羽 三章이니 章七句라

〈鴇羽〉 3章이니, 장마다 7句이다.

無衣(무의)

豈曰無衣七兮리오 不如子之衣 安且吉兮니라 (唐風 無衣-01)

豈曰無衣七兮　어이 七章의 옷이 없으랴마는
不如子之衣　　천자가 주는
安且吉兮　　편하고 좋은 옷만 못해서라네

賦也라 侯伯은 七命이니 其車旗衣服을 皆以七爲節이라 子는 天子也라

賦이다. 侯伯은 七命이니, 그 수레와 깃발과 의복의 장식을 모두 일곱으로 제한한다. 子는 天子이다.

◯史記에 曲沃桓叔之孫武公이 伐晉滅之하고 盡以其寶器로 賂周釐(희)王한대 王以武公爲晉君하여 列於諸侯라하니 此詩는 蓋述其請命之意라 言我非無是七章之衣也로되 而必請命者는 蓋以不如天子之命服之爲安且吉也라 蓋當是時하여 周室雖衰나 典刑猶在하니 武公이 旣負弑君簒國之罪면 則人得討之하여 而無以自立於天地之間이라 故로 賂王請命而爲說如此라 然이나 其倨慢無禮 亦已甚矣라 釐王이 貪其寶玩하여 而不思天理民彛之不可廢라 是以로 誅討不加하고 而爵命行焉하니 則王綱於是乎不振하고 而人紀或幾乎絶矣라 嗚呼痛哉라

◯《史記》〈晉世家〉에 "曲沃 桓叔의 손자 武公이 晉나라를 정벌하여 멸망시키고 그 寶器를 모두 周 釐王(僖王)에게 뇌물로 바치자, 王은 무공을 진나라의 군주로 삼아 諸侯의 서열에 올렸다." 하였다. 이 시는 천자에게 命을 청하는 뜻을 서술한 것이다. "내가 이 일곱 무늬의 옷이 없는 것이 아닌데도 반드시 명을 청하는 것은 편안하고 좋은 천자의 命服만 못해서이다."라고 한 것이다. 이때에 周의 왕실이 비록 쇠약하였으나 법도가 아직 남아 있었다. 武公이 군주를 시해하고 나라를 찬탈한 죄를 지었으니, 그렇다면 사람들마다 그를 토벌하여 天地의 사이에 스스로 설 수가 없다. 그러기에 王에게 뇌물을 주어 命을 청하고는 이와 같이 말한 것이다. 그러나 그 거만하고 무례함이 또한 너무 심하다. 釐王이 그 보물을 탐하여, 버려서는 안 되는 天理와 백성들의 도리를 생각하지 않았다. 이 때문에 죄를 물어 토벌하지 않고 爵命을 시행하였으니, 王의 기강이 이에 진작되지 못하고, 人倫의 기강이 거의 끊어지게 된 것이다. 아, 애통하다.

字義 賂 : 뇌물 뢰　釐 : 복 희　倨 : 거만할 거

豈曰無衣六兮리오 不如子之衣 安且燠兮니라 (唐風 無衣-02)

豈曰無衣六兮　어이 六章의 옷이 없으랴마는
不如子之衣　천자가 주는
安且燠兮　편안하고 따뜻한 옷만 못해서라네

賦也라 天子之卿은 六命이니 變七言六者는 謙也라 不敢以當侯伯之命하여 得受六命之服하여 比於天子之卿도 亦幸矣라 燠은 煖也니 言其可以久也라

賦이다. 天子의 卿은 六命이니, 七을 바꾸어 六이라고 말한 것은 겸사이다. 감히 侯伯의 命을 감당할 수가 없어서 六命의 의복을 받아 천자의 卿에 비할 수만 있어도 다행이라고 한 것이다. 燠은 따뜻함이니, 오래 입을 수 있음을 말한 것이다.

字義 燠 : 따뜻할 욱

無衣 二章이니 章三句라

〈無衣〉 2章이니, 장마다 3句이다.

用例

〔安吉〕- 아름다운 命服을 일컫는다. 蘇軾(宋), 〈謝賜對衣金帶馬表〉之二 : "時遣拾遺補過之臣, 出爲承流宣化之任, 子衣**安吉**, 不待請而得之."

有杕之杜(유체지두)

有杕之杜여 生于道左로다 彼君子兮 噬肯適我아 中心好之나 曷飮食(임사)之오
(唐風 有杕之杜-01)

有杕之杜	외로이 우뚝 팥배나무
生于道左	길 동쪽에 서 있네
彼君子兮	저기 저 군자여
噬肯適我	나에게 오시려 할까
中心好之	마음속으로 좋아하나
曷飮食之	어이하면 내 음식 대접할까

比也라 左는 東也라 噬는 發語詞요 曷은 何也라

比이다. 左는 동쪽이다. 噬는 발어사이고 曷은 어찌이다.

○此人이 好賢而恐不足以致之라 故로 言此杕然之杜 生于道左하여 其蔭不足以休息이 如己之寡弱하여 不足恃賴하니 則彼君子者 亦安肯顧而適我哉리오 然其中心好之는 則不已也로되 但無自而得飮食之耳라 夫以好賢之心如此면 則賢者安有不至하며 而何寡弱之足患哉리오

○이 사람이 賢人을 좋아하지만 그를 초치하지 못할까 염려하였다. 그리하여 "이 우뚝 선 팥배나무가 길 동쪽에 자라서 그늘이 휴식하기에는 부족함이 마치 자기가 힘이 없어 의지하기에는 부족함과 같으니, 그렇다면 저 군자도 어찌 기꺼이 나에게 오려 하겠는가. 그러나 마음속으로 좋아하여 마지않는데, 다만 그에게 음식을 대접할 길이 없을 뿐이다."라고 한 것이다. 賢者를 좋아하는 마음이 이러하다면 현자가 어찌 오지 않는 일이 있으며, 어찌 힘이 없음을 족히 걱정하겠는가.

字義 噬 : 발어사 서 飮 : 마시게 할 임 食 : 먹일 사 蔭 : 덮을 음

有杕之杜여 生于道周로다 彼君子兮 噬肯來遊아 中心好之나 曷飮食(임사)之오
(唐風 有杕之杜-02)

有杕之杜　　우뚝 선 팥배나무
生于道周　　길모퉁이에 자랐네
彼君子兮　　저기 저 군자여
噬肯來遊　　내게 와 노니시려 할까
中心好之　　마음속으로 좋아하나
曷飮食之　　어이하면 내 음식 대접할까

比也라 周는 曲也라

比이다. 周는 굽이이다.

字義 周 : 모퉁이 주

有杕之杜 二章이니 章六句라

〈有杕之杜〉 2章이니, 장마다 6句이다.

葛生(갈생)

葛生蒙楚하며 蘞蔓于野로다 予美亡此하니 誰與獨處오 (唐風 葛生-01)

葛生蒙楚　　칡넝쿨은 자라 가시나무 덮고
蘞蔓于野　　거지덩굴은 들판에 뻗었네
予美亡此　　내 님 아니 계시니
誰與獨處　　그 누가 나의 외로움 함께할까

興也라 蘞은 草名이니 似栝樓하고 葉盛而細라 蔓은 延也라 予美는 婦人指其夫也라

興이다. 蘞은 풀 이름이니, 하눌타리〔栝樓〕와 비슷한데 잎이 무성하고 가늘다. 蔓은 뻗음이다. 予美는 婦人이 남편을 가리킨 것이다.

○婦人이 以其夫久從征役而不歸라 故로 言葛生而蒙于楚하고 蘞生而蔓于野하여 各有所依託이어늘 而予之所美者는 獨不在是하니 則誰與而獨處於此乎아하니라

○婦人이, 남편이 오랫동안 征役에 종사하여 돌아오지 못하므로 “칡은 자라 가시나무 덮고 거지덩굴은 자라 들판에 뻗어서 각기 의탁할 바가 있는데, 내 아름답게 여기는 이만이 여기에 있지 않으니, 누가 혼자 지내는 이곳에 함께할까.”라고 한 것이다.

字義 蒙 : 덮을 몽　蘞 : 거지덩굴 렴　蔓 : 뻗어나갈 만　栝 : 하눌타리 괄

葛生蒙棘하며 蘞蔓于域이로다 予美亡此하니 誰與獨息고 (唐風 葛生-02)

葛生蒙棘　　취넝쿨은 자라 가시나무 덮고
蘞蔓于域　　거지덩굴은 무덤가에 뻗었네
予美亡此　　내 님 아니 계시니
誰與獨息　　그 누가 나의 외로움 함께할까

興也라 域은 塋域也라 息은 止也라

興이다. 域은 무덤 주변이다. 息은 살다이다.

字義 塋 : 무덤 영

角枕粲兮며 錦衾爛兮로다 予美亡此하니 誰與獨旦고 (唐風 葛生-03)

角枕粲兮　　뿔베개 아름다우며
錦衾爛兮　　비단 이불 곱디곱네
予美亡此　　내 님 아니 계시니
誰與獨旦　　그 누가 외로운 밤 함께할까

賦也라 粲, 爛은 華美鮮明之貌라 獨旦은 獨處至旦也라

賦이다. 粲과 爛은 화려하고 고운 모양이다. 獨旦은 홀로 밤을 지새워 아침에 이른 것이다.

夏之日과 冬之夜여 百歲之後에나 歸于其居하리라 (唐風 葛生-04)

夏之日　　긴긴 여름해와
冬之夜　　길고 긴 겨울밤
百歲之後　　먼 훗날 죽은 뒤에나
歸于其居　　한 무덤으로 돌아가리

賦也라 夏는 日永이요 冬은 夜永이라 居는 墳墓也라

賦이다. 여름엔 낮이 길고 겨울엔 밤이 길다. 居는 무덤이다.

○夏日冬夜에 獨居憂思 於是爲切이라 然君子之歸無期하여 不可得而見矣니 要死而相從耳라 鄭氏曰 言此者는 婦人專一하니 義之至요 情之盡이라 蘇氏曰 思之深而無異心하니 此唐風之厚也라

○여름해와 겨울밤을 홀로 지새워 그리운 수심이 이때에 더욱 간절하였다. 그러나 君子는 돌아올 기약이 없어 만날 수가 없다. 죽어서 서로 만나기를 바랄 뿐이다.

鄭氏(鄭玄)가 말하였다. "이를 말한 것은 婦人의 한결같은 마음이니, 지극한 의리이고 한없는 애정이다."

蘇氏가 말하였다. "그리움이 깊고 다른 마음이 없으니, 이는 唐風의 후함이다."

冬之夜와 夏之日이여 百歲之後에나 歸于其室하리라 (唐風 葛生-05)

冬之夜	긴긴 겨울밤과
夏之日	길고 긴 여름해
百歲之後	먼 훗날 죽은 뒤에나
歸于其室	한 무덤으로 돌아가리라

賦也라 室은 壙也라

賦이다. 室은 무덤 속이다.

字義 壙 : 구덩이 광

葛生 五章이니 章四句라

〈葛生〉 5章이니, 장마다 4句이다.

用 例

〔千歲室〕 - 墳墓를 말한다. 千歲는 사람의 죽음에 대해 꺼린 칭호이다. 朱熹(宋), 〈次延之年兄韻呈伯時季路二兄〉 : "柏下竟開**千歲室**, 竹間猶插萬籤書."

采苓(채령)

采苓采苓을 首陽[6]之巓가 人之爲言을 苟亦無信이어다 舍旃舍旃하여 苟亦無然이면 人之爲言이 胡得焉이리오 (唐風 采苓-01)

采苓采苓	감초를
首陽之巓	수양산 꼭대기에서 캐려는가
人之爲言	남이 하는 말
苟亦無信	참으로 믿지 말지어다
舍旃舍旃	저만치 버려두어
苟亦無然	믿어주지 않는다면

---

6 首陽 : 首陽의 陽을 남쪽으로 주석하였으나, 3章의 '首陽之東'을 보면 山名으로 해석한 毛亨의 傳이 맞는 듯하다. 따라서 '수양산'으로 번역하였다.

人之爲言　　사람들 거짓말
胡得焉　　어찌 하리오

比也라 首陽은 首山之南也라 巓은 山頂也라 旃은 之也라

比이다. 首陽은 首山의 남쪽이다. 巓은 산마루이다. 旃은 之이다.

◯此는 刺聽讒之詩라 言子欲采苓於首陽之巓乎아 然人之爲是言以告子者를 未可遽以爲信也라 姑舍置之하여 而無遽以爲然하고 徐察而審聽之면 則造言者 無所得而讒止矣리라 或曰 興也라하니 下章放此하다

◯이는 참소하는 말을 듣는 것을 풍자한 시이다. "그대는 首山 남쪽의 산마루에서 감초를 캐려 하는가. 그러나 사람들이 이러한 말을 그대에게 告해주는 것을 대번에 믿어서는 안 된다. 우선 그 말을 버려두어 대번에 옳다 여기지 말고, 천천히 살피고 자세히 들어보면 거짓을 꾸민 자가 뜻을 이루지 못해 참소가 그칠 것이다."라고 한 것이다. 혹은 "興이다." 하니, 아래 장도 같다.

字義　苓 : 감초 령　巓 : 산꼭대기 전　旃 : 어조사 전　讒 : 참소할 참

采苦采苦를 首陽之下아 人之爲言을 苟亦無與어다 舍旃舍旃하여 苟亦無然이면 人之爲言이 胡得焉이리오 (唐風 采苓-02)

采苦采苦　　씀바귀를
首陽之下　　수양산 아래에서 캐려는가
人之爲言　　남이 하는 말은
苟亦無與　　참으로 인정하지 말지어다
舍旃舍旃　　저만치 버려두어
苟亦無然　　믿어주지 않는다면
人之爲言　　사람들 거짓말
胡得焉　　어찌 하리오

比也라 苦는 苦菜也니 生山田及澤中하니 得霜이면 甛脆而美라 與는 許也라

比이다. 苦는 씀바귀나물이다. 산의 밭이나 못가에서 자라니, 서리를 맞으면 달고 연해져 맛이 좋다. 與는 인정하는 것이다.

字義　苦 : 씀바귀 고　菜 : 나물 채　甛 : 달 첨　脆 : 연할 취

采葑采葑을 首陽之東가 人之爲言을 苟亦無從이어다 舍旃舍旃하여 苟亦無然이면 人之爲言이 胡得焉이리오 (唐風 采苓-03)

采葑采葑　　순무를
首陽之東　　수양산 동쪽에서 캐려는가
人之爲言　　남이 하는 말은
苟亦無從　　참으로 따르지 말지어다
舍旃舍旃　　저만치 버려두어
苟亦無然　　믿어주지 않는다면
人之爲言　　사람들 거짓말
胡得焉　　어찌 하리오

比也라 從은 聽也라

比이다. 從은 들어줌이다.

字義 葑 : 순무 봉

采苓 三章이니 章八句라

〈采苓〉 3章이니, 장마다 8句이다.

唐國 十二篇이니 三十三章이요 二百三句라

唐國風 12篇이니, 33章이고 203句이다.

詩經集傳 卷之六

秦 一之十一

秦世系(伯爵)

非子 - 秦侯 - 公伯 - 秦仲 - 莊公 - 襄公 - 文公 - 寧公(文公孫) - 出子 - 武公(出子兄) - 德公(武公弟) - 宣公 - 成公(宣公弟) - 穆公(成公弟) - 康公共公 - 桓公 - 景公 - 哀公 - 惠公(哀公孫) - 悼公 - 厲公 - 躁公 - 懷公(躁公弟) - 靈公(懷公孫) - 簡公(靈公季父) - 惠公 - 出公 - 獻公(靈公子) - 孝公 - 惠文王 - 武王 - 昭襄(武王弟) - 孝文 - 莊襄 - 始皇帝 - 二世 - 子嬰

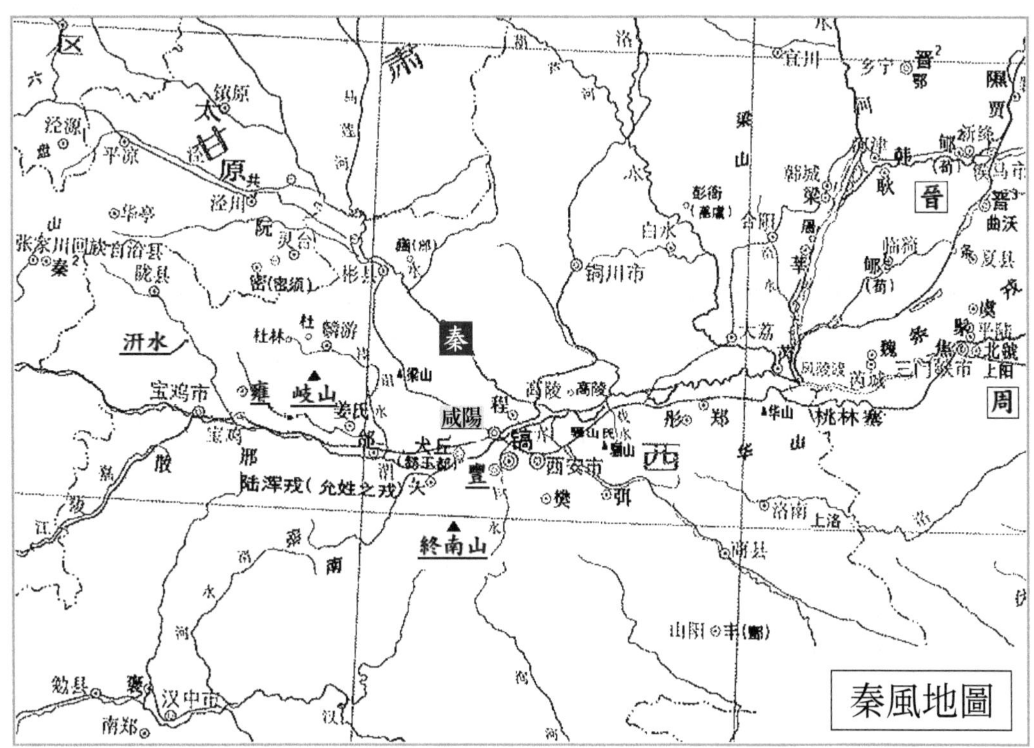

秦風地圖

秦은 國名이라 其地在禹貢雍州之域하니 近鳥鼠山이라 初에 伯益이 佐禹治水有功하여 賜姓嬴氏러니 其後에 中潏(휼)이 居西戎하여 以保西垂라 六世孫大駱이 生成及非子러니 非子事周孝王하여 養馬於汧渭之間하여 馬大繁息이어늘 孝王이 封爲附庸而邑之秦이라 至宣王

時하여 犬戎滅成之族한대 宣王이 遂命非子曾孫秦仲爲大夫하여 誅西戎이러니 不克見殺이라 及幽王爲西戎犬戎所殺하고 平王東遷에 秦仲孫襄公이 以兵送之한대 王封襄公爲諸侯하고 曰 能逐犬戎이면 卽有岐豐之地라하니 襄公이 遂有周西都畿內八百里之地하고 至玄孫德公하여 又徙於雍이라 秦은 卽今之秦州요 雍은 今京兆府興平縣이 是也라

秦은 國名이다. 그 지역은《書經》〈禹貢〉의 雍州 지역에 있었으니, 鳥鼠山과 가깝다. 처음에 伯益이 禹王을 도와 홍수를 다스려 공을 세워 嬴氏 姓을 하사받았는데, 그 후 中潏이 西戎에 머물면서 서쪽 변방을 차지하였다. 6세손 大駱이 成과 非子를 낳았는데, 非子가 周 孝王을 섬겨 汧水와 渭水 사이에서 말을 길러 크게 번식하자, 孝王이 그를 附庸國으로 봉하고 秦에 도읍을 정하게 하였다. 宣王 때에 이르러 犬戎이 成의 종족을 멸하자, 宣王이 마침내 非子의 증손 秦仲에게 명하여 大夫로 삼아 西戎을 주벌하게 하였는데 이기지 못하고 살해당하였다. 幽王이 西戎의 犬戎에게 살해되고 平王이 동쪽으로 천도하자, 秦仲의 손자 襄公이 군대를 동원하여 호송하니, 平王은 襄公을 봉하여 諸侯로 삼고 "犬戎을 좇아내면 岐와 豐을 소유하게 하겠다." 라고 하였다. 그리하여 襄公이 마침내 周의 西都 畿內 800리의 땅을 소유하게 되었고, 玄孫 德公에 이르러 다시 도읍을 雍으로 옮겼다. 秦은 지금의 秦州이며, 雍은 지금의 京兆府 興平縣이 그곳이다.

字義 嬴 : 성 영 潏 : 샘솟을 휼 垂 : 변방 수 駱 : 가리온 락 汧 : 물 이름 견

車鄰(거린)

有車鄰鄰이며 有馬白顚이로다 未見君子하니 寺(시)人之令이로다 (秦風 車鄰-01)

有車鄰鄰	많은 수레 덜컹덜컹
有馬白顚	말은 정수리 흰점박이
未見君子	군자 만나지 못하니
寺人之令	시인에게 고하게 하네

賦也라 鄰鄰은 衆車之聲이라 白顚은 額有白毛니 今謂之的顙이라 君子는 指秦君이라 寺人은 內小臣也라 令은 使(시)也라

賦이다. 鄰鄰은 많은 수레가 가는 소리이다. 白顚은 이마에 흰 털이 있는 것이니, 지금은 的顙이라 한다. 君子는 秦나라의 군주를 가리킨다. 寺人은 宮內의 宦官이다. 令은 심부름이다.

○是時에 秦君이 始有車馬及此寺人之官하니 將見者 必先使寺人通之라 故로 國人創見而誇美之也라

○이때에 秦나라의 군주가 처음으로 車馬와 이 寺人의 관직을 두니, 군주를 만나려는 자는 반드시 먼저 寺人으로 하여금 군주에게 알리게 하였다. 그리하여 國人들이 이를 처음 보고는

자랑스럽게 여겨 찬미한 것이다.

字義 顚 : 이마 전　寺 : 내시 시　的 : 흰색 적　顙 : 이마 상　創 : 비로소 창

阪(판)有漆이며 隰有栗이로다 旣見君子라 竝坐鼓瑟호라 今者不樂이면 逝者其耋이리라 (秦風 車鄰-02)

阪有漆　산비탈엔 옻나무
隰有栗　습지엔 밤나무로세
旣見君子　군자 만나 뵌지라
竝坐鼓瑟　함께 앉아 비파 타네
今者不樂　이제 즐기지 않으면
逝者其耋　가는 세월에 늙어가리라

興也라 八十曰耋이라

興이다. 80세를 耋이라 한다.

◯阪則有漆矣요 隰則有栗矣라 旣見君子면 則竝坐鼓瑟矣니 失今不樂이면 則逝者其耋矣리라

◯산비탈에는 옻나무가 있고, 습지에는 밤나무가 있다. 君子를 만난 뒤에는 함께 앉아 비파를 타니, 이때를 놓치고 즐기지 않으면 흘러가는 세월에 늙어질 것이다.

字義 阪 : 산비탈 판　耋 : 늙은이 질

阪有桑이며 隰有楊이로다 旣見君子라 竝坐鼓簧호라 今者不樂이면 逝者其亡이리라 (秦風 車鄰-03)

阪有桑　산비탈엔 뽕나무
隰有楊　습지엔 버드나무로세
旣見君子　군자 만나 뵌지라
竝坐鼓簧　함께 앉아 생황 분다네
今者不樂　이제 즐기지 않으면
逝者其亡　가는 세월에 죽으리라

興也라 簧은 笙中金葉이니 吹笙則鼓動之以出聲者也라

興이다. 簧은 笙 속의 쇠로 만든 떨판이니, 笙을 불면 鼓動하여 소리를 내는 것이다.

字義 簧 : 생황 황　笙 : 생황 생

車鄰 三章이니 一章은 四句요 二章은 章六句라

〈車鄰〉 3章이니, 1章은 4句이고, 2章은 장마다 6句이다.

駟驖(사철)

駟驖孔阜하니 六轡在手로다 公之媚子 從公于狩로다 (秦風 駟驖-01)

駟驖孔阜	네 필 흑마 크기도 하니
六轡在手	여섯 가닥 고삐 잡았네
公之媚子	공의 총애 받는 이
從公于狩	공 따라 사냥하네

賦也라 駟驖은 四馬皆黑色如鐵也라 孔은 甚也라 阜는 肥大也라 六轡者는 兩服兩驂이 各兩轡로되 而驂馬兩轡는 納之於觖이라 故로 惟六轡在手也라 媚子는 所親愛之人也라 此亦前篇之意也라

賦이다. 駟驖은 네 필 말이 모두 무쇠 빛깔과 같이 흑색이라는 것이다. 孔은 매우이다. 阜는 肥大함이다. 六轡는 두 服馬와 두 驂馬가 각각 고삐가 둘씩이지만, 驂馬의 두 고삐는 고리에 매었기 때문에 여섯 고삐만 손에 잡은 것이다. 媚子는 가까이 아끼는 사람이다. 이 역시 前篇의 의미이다.

字義 駟 : 四馬 사 驖 : 구렁말 철 孔 : 매우 공 阜 : 클 부 轡 : 고삐 비 媚 : 사랑할 미
驂 : 곁말 참 觖 : 고리 결

奉時辰牡하니 辰牡孔碩이로다 公曰左之하시고 舍拔則獲이로다 (秦風 駟驖-02)

奉時辰牡	이 계절 숫짐승 몰아가니
辰牡孔碩	숫짐승 크기도 하여라
公曰左之	공께서 왼쪽으로 몰라 하시고
舍拔則獲	쏘는 살마다 명중하네

賦也라 時는 是요 辰은 時也라 牡는 獸之牡者니 辰牡者는 冬獻狼, 夏獻麋, 春秋獻鹿豕之類라 奉之者는 虞人翼以待射也라 碩은 肥大也라 公曰左之者는 命御者하여 使左其車하여 以射獸之左也라 蓋射必中其左라야 乃爲中殺이니 五御所謂逐禽左者는 爲是故也라 拔은 矢括也라 曰左之而舍拔無不獲者는 言獸之多而射御之善也라

賦이다. 時는 是이고, 辰은 時이다. 牡는 숫짐승이니, 辰牡는 겨울에 이리를 바치고, 여름에 고라니를 바치고, 봄과 가을에 사슴과 멧돼지를 바치는 따위이다. 몬다〔奉之〕는 것은 虞人이 좌우에서 몰이하여 쏘아 맞추도록 기다리는 것이다. 碩은 비대함이다. 公曰左之는 말 모는 자에

게 명하여 수레를 왼쪽으로 몰게 하여 짐승의 왼쪽을 쏘는 것이다. 활을 쏠 때에는 반드시 그 왼쪽(심장)을 맞혀야 가장 알맞게 죽임이 되니, 《周禮》 〈地官 保氏〉의 五御에 "짐승의 왼쪽을 좇는다."는 것은 이 때문이다. 拔은 화살의 오늬이다. "왼쪽으로 몰라 하시니, 쏘는 살마다 잡지 못함이 없다."는 것은 짐승이 많고 말도 잘 몰고 활도 잘 쏘는 것을 말한 것이다.

字義 辰 : 때 신 拔 : 오늬 발 狼 : 이리 랑 麋 : 고라니 미 括 : 오늬 괄

遊于北園하니 **四馬旣閑**이로다 **輶車鸞鑣**로소니 **載獫歇驕**로다 (秦風 駟驖-03)

遊于北園 북쪽 동산에 노니니
四馬旣閑 네 필 말 잘 훈련되었네
輶車鸞鑣 가벼운 수레 방울 단 재갈
載獫歇驕 사냥개를 싣고 가네

賦也라 **田事已畢**이라 **故**로 **遊于北園**이라 **閑**은 **調習也**라 **輶**는 **輕也**라 **鸞**은 **鈴也**니 **效鸞鳥之聲**이라 **鑣**는 **馬銜也**라 **驅逆之車**는 **置鸞於馬銜之兩旁**하고 **乘車則鸞在衡**하고 **和在軾也**라 **獫, 歇驕**는 **皆田犬名**이니 **長喙曰獫**이요 **短喙曰歇驕**라 **以車載犬**은 **蓋以休其足力也**라 **韓愈書記**에 **有騎擁田犬者**하니 **亦此類**라

賦이다. 사냥하는 일이 끝났기 때문에 北園에서 노니는 것이다. 閑은 길이 잘 든 것이다. 輶는 가벼움이다. 鸞은 방울이니, 난새의 소리를 본딴 것이다. 鑣는 말 재갈이다. 맞은편에서 짐승을 몰이하는 수레는 鸞방울을 말 재갈의 양 옆에다 달고, 타는 수레는 鸞방울을 衡에다 달고 和방울은 軾에 단다. 獫과 歇驕는 모두 사냥개의 이름이니, 주둥이가 긴 것을 獫이라 하고, 주둥이가 짧은 것을 歇驕라 한다. 수레에 개를 싣고 가는 것은 발을 쉬게 하고자 해서이다. 韓愈(唐)의 書記에 "사냥개를 끼고 말을 달린다."는 말이 있으니, 역시 이러한 따위이다.

字義 閑 : 익숙해질 한 輶 : 가벼운 수레 유 鸞 : 방울 란 鑣 : 재갈 표 獫 : 사냥개 험
歇 : 사냥개 헐 驕 : 사냥개 교 鈴 : 방울 령 銜 : 재갈 함 喙 : 주둥이 훼 擁 : 낄 옹

駟驖 三章이니 **章四句**라

〈駟驖〉 3章이니, 장마다 4句이다.

小戎(소융)

小戎俴收로소니 **五楘梁輈**로다 **游環脅驅**며 **陰靷鋈續**이며 **文茵暢轂**이로소니 **駕我騏馵**(기주)로다 **言念君子**하니 **溫其如玉**이로다 **在其板屋**하여 **亂我心曲**이로다 (秦風 小戎-01)

小戎俴收　뒤턱이 낮은 兵車
五楘梁輈　굽은 끌채 알록달록 묶었네
游環脅驅　유환이며 협구며
陰靷鋈續　음인과 도금한 고리
文茵暢轂　호피무늬 자리에 굴대 축은 긴데
駕我騏馵　얼룩말 하얀 말이 함께 끄네
言念君子　우리 님 생각하니
溫其如玉　옥처럼 온화하네
在其板屋　판옥에 계시어
亂我心曲　내 마음 산란케 하네

賦也라 小戎은 兵車也라 俴은 淺也라 收는 軫也니 謂車前後兩端橫木이니 所以收斂所載者也라 凡車之制는 廣皆六尺六寸이며 其平地任載者는 爲大車니 則軫深八尺이요 兵車는 則軫深四尺四寸이라 故로 曰小戎俴收也라 五는 五束也요 楘은 歷錄然文章之貌也라 梁輈는 從前軫以前하여 稍曲而上하여 至衡則向下鉤之하여 橫衡於輈下하니 而輈形穹隆上曲하여 如屋之梁이요 又以皮革으로 五處束之하여 其文章이 歷錄然也라 游環은 靷環也라 以皮爲環하여 當兩服馬之背上하니 游移前却無定處하여 引兩驂馬之外轡하여 貫其中而執之하니 所以制驂馬하여 使不得外出이라 左傳曰 如驂之有靷[7]이 是也라 脅驅도 亦以皮爲之하니 前係於衡之兩端하고 後係於軫之兩端하여 當服馬脅之外하니 所以驅驂馬하여 使不得內入也라 陰은 揜軌也니 軌在軾前而以板橫側揜之하여 以其陰暎此軌이라 故로 謂之陰也라 靷은 以皮二條로 前係驂馬之頸하고 後係陰版之上也라 鋈續은 陰版之上有續靷之處에 消白金하여 沃灌其環하여 以爲飾也라 蓋車衡之長이 六尺六寸이라 止容二服하니 驂馬之頸이 不當於衡이라 故로 別爲二靷以引車하니 亦謂之靳이라 左傳曰 兩靷將絶이 是也라 文茵은 車中所坐虎皮褥也라 暢은 長也라 轂者는 車輪之中이니 外持輻內受軸者也라 大車之轂은 一尺有半이요 兵車之轂은 長三尺二寸이라 故로 兵車曰暢轂이라 騏는 騏文也라 馬左足白曰馵라 君子는 婦人目其夫也라 溫其如玉은 美之之詞也라 板屋者는 西戎之俗은 以版爲屋이라 心曲은 心中委曲之處也라

賦이다. 小戎은 兵車이다. 俴은 얕음이다. 收는 수레의 뒤턱이니, 수레의 앞뒤 두 끝에 가로댄 나무로, 짐을 거두어들이는 것을 이른다. 수레의 제도는 너비가 모두 6척 6촌이며, 평지에서

7 如驂之有靷 : 靷은 服馬를 가리킨다. 齊나라가 晉나라를 공격할 때 王猛이 上官인 東郭書에게 공을 이루도록 하고 승리한 뒤에는 功을 양보하였는데, 동곽서가 이를 지적하자 왕맹이 자기는 驂馬가 服馬를 따라가는 것처럼 그대를 뒤따라갔다고 대답한 말이다.(《春秋左氏傳》 定公 9년)

짐을 싣는 것은 大車이니, 大車는 뒤턱의 깊이가 8척이고, 兵車는 뒤턱의 깊이가 4척 4촌이다. 그리하여 '小戎俴收'라고 한 것이다. 五는 다섯 곳을 묶은 것이고, 楘은 알록달록한 무늬의 모양이다. 梁輈는 앞턱으로부터 앞으로 점점 구부러져 올라가 멍에에 이르면 아래를 향하여 갈고리를 걸어서 멍에를 끌채〔輈〕의 아래에 가로대니, 끌채의 모양이 높이 솟아 위로 굽은 것이 지붕의 들보와 같고, 또 가죽으로 다섯 곳을 묶어서 그 무늬가 알록달록한 것이다. 游環은 끈으로 만든 고리이다. 가죽으로 고리를 만들어 두 服馬의 등 위에 닿게 하니, 앞뒤로 이동하여 고정된 곳이 없어 두 참마의 바깥 고삐를 그 고리 속으로 꿰어서 잡으니, 참마를 제어해서 바깥쪽으로 나가지 못하게 하는 것이다. 《春秋左氏傳》에 "참마의 靷이 있는 것과 같다."라는 것이 이것이다. 脅驅도 가죽으로 만드니, 앞은 멍에〔衡〕의 양 끝에 매고, 뒤는 수레 턱의 양 끝에 매어서 服馬의 가슴 밖에 닿게 하니, 참마를 몰아서 안쪽으로 들어오지 못하게 하는 것이다. 陰은 軓을 가린 것이다. 軓은 軾 앞에 있는데, 판자를 가로대어 가려서 이 軓을 가리기 때문에 陰이라고 한 것이다. 靷은 두 가닥의 가죽으로 앞은 두 참마의 목에 매고 뒤는 陰版의 위에 매는 것이다. 鋈續은 陰版의 위 靷을 묶는 곳에, 白金을 녹여서 그 고리를 도금하여 장식한 것이다. 수레 멍에의 길이는 6척 6촌이라서 두 服馬에게만 씌우고, 驂馬의 목에는 멍에가 닿지 못한다. 그리하여 별도로 두 끈을 만들어 수레를 끌게 하니, 이 역시 靳이라 한다. 《春秋左氏傳》 哀公 2년조에 "두 靷이 끊어지려 한다."라는 것이 이것이다. 文茵은 수레 가운데 깔고 앉는 호피 자리이다. 暢은 길이다. 轂은 수레바퀴의 중심이니, 밖으로는 바퀴살〔輻〕을 지탱하고 안으로는 軸을 꽂는 것이다. 大車의 轂은 1척 반이고, 兵車의 轂은 3척 2촌이다. 그리하여 兵車를 暢轂이라 한 것이다. 騏는 얼룩무늬 말이다. 말의 왼쪽 발이 흰 것을 馵라 한다. 君子는 婦人이 남편을 지목한 것이다. 溫其如玉은 그를 찬미한 말이다. 板屋은 西戎의 풍속에 판자로 지붕을 만든 것이다. 心曲은 마음속의 깊은 곳이다.

○西戎者는 秦之臣子 所與不共戴天之讐也라 襄公이 上承天子之命하여 率其國人하여 往而征之라 故로 其從役者之家人이 先誇車甲之盛如此하고 而後及其私情하니 蓋以義興師면 則雖婦人이라도 亦知勇於赴敵而無所怨矣라

○西戎은 秦나라의 신하들이 함께 같은 하늘 아래에서 살 수 없는 원수이다. 襄公이 위로 天子의 명을 받들어 國人들을 거느리고 가서 정벌하였다. 그리하여 그 從役하는 자의 가족들이 먼저 수레와 갑옷의 성대함을 이처럼 자랑스럽게 여기고, 뒤에 그 개인의 감정을 언급하였으니, 義로써 군대를 일으키면 비록 婦人이라도 용감하게 적과 싸울 것을 알아 원망하는 것이 없는 것이다.

字義 俴 : 얕을 천　收 : 수레뒤턱 수　楘 : 묶을 목　梁 : 들보 량　輈 : 끌채 주　脅 : 낄 협
靷 : 가슴걸이 인　鋈 : 도금할 옥　續 : 가슴걸이 속　茵 : 수레깔개 인　暢 : 길 창
轂 : 바퀴통 곡　騏 : 철총이 기　馵 : 왼쪽 뒷발 흰 말 주　軫 : 수레뒤턱나무 진　穹 : 높을 궁
揜 : 가릴 엄　軓 : 앞턱나무 범　沃 : 물댈 옥　灌 : 물댈 관　靳 : 가슴걸이 근　褥 : 요 욕
輻 : 바퀴살 복　軸 : 굴대 축　目 : 지목할 목

四牡孔阜하니 六轡在手로다 騏駵(기류)是中이요 騧驪(와리)是驂이로소니 龍盾之合이요 鋈以觼軜(결납)이로다 言念君子하니 溫其在邑이로다 方何爲期오 胡然我念之오 (秦風 小戎-02)

四牡孔阜	네 필 말 크기도 하니
六轡在手	여섯 고삐를 잡았네
騏駵是中	기류 가운데 서고
騧驪是驂	와리 밖을 달리니
龍盾之合	용 그린 방패 겹쳐 세웠고
鋈以觼軜	속고삐 고리는 도금하였네
言念君子	우리 님 생각하니
溫其在邑	온화한 모습 변방 읍에 있네
方何爲期	어느제나 돌아오시려나
胡然我念之	어이하여 날 그립게 하나뇨

賦也라 赤馬黑鬣曰駵라 中은 兩服馬也라 黃馬黑喙曰騧요 驪는 黑色也라 盾은 干也니 畫龍於盾하여 合而載之하여 以爲車上之衛하니 必載二者는 備破毁也라 觼은 環之有舌也요 軜은 驂內轡也니 置觼於軾前以係軜이라 故로 謂之觼軜이니 亦消沃白金하여 以爲飾也라 邑은 西鄙之邑也라 方은 將也라 將以何時爲歸期乎아 何爲使我思念之極也오하다

賦이다. 赤馬에 검은 갈기가 있는 것이 駵이다. 中은 두 服馬이다. 黃馬에 주둥이가 검은 것이 騧이고, 驪는 흑색이다. 盾은 방패이니, 방패에 용을 그리고 두 개를 맞추어 실어서 수레 위의 호위로 삼으니, 반드시 두 개를 싣는 것은 파손을 대비해서이다. 觼은 고리에 혀가 있는 것이고, 軜은 참마의 안쪽 고삐이니, 觼을 軾 앞에 설치하여 軜에 매달기 때문에 觼軜이라고 하니, 역시 白金을 녹여 장식한다. 邑은 西鄙의 邑이다. 方은 장차이다. "어느 때나 돌아온다 기약을 할꼬. 어찌하여 나로 하여금 그리움 끝없게 하는고."라고 한 것이다.

字義 駵 : 월따말 류 騧 : 공골말 와 驪 : 가라말 리 觼 : 고리 결 軜 : 속고삐 납 鬣 : 갈기 렵

俴駟孔群이어늘 厹矛鋈錞(구모옥대)로다 蒙伐有苑이어늘 虎韔鏤膺(호창루응)이로다 交韔二弓하니 竹閉緄縢(곤등)이로다 言念君子하여 載寢載興호라 厭厭良人이여 秩秩德音이로다 (秦風 小戎-03)

俴駟孔群	얇은 철갑 사마 매우 잘 어울리는데
厹矛鋈錞	세모창은 꼬다리를 도금했네
蒙伐有苑	깃털무늬 그린 방패 빛나는데

虎韔鏤膺　　호피 활집에 장식한 가슴걸이로세
交韔二弓　　활 두 자루 엇갈려 꽂았으니
竹閉緄縢　　대나무 도지개 끈으로 묶었네
言念君子　　우리 님 생각에
載寢載興　　잠자리 편치 못하네
厭厭良人　　안정되고 점잖은 님
秩秩德音　　말씀도 차분하였네

賦也라 俴駟는 四馬皆以淺薄之金爲甲이니 欲其輕而易於馬之旋習也라 孔은 甚이요 群은 和也라 厹矛는 三隅矛也요 鋈錞는 以白金沃矛之下端平底者也라 蒙은 雜也라 伐은 中干也니 盾之別名이라 苑은 文貌니 畵雜羽之文於盾上也라 虎韔은 以虎皮爲弓室也라 鏤膺은 鏤金以飾馬當胸帶也라 交韔은 交二弓於韔中이니 謂顚倒安置之라 必二弓은 以備壞也라 閉는 弓檠也니 儀禮作䩛라 緄은 繩이요 縢은 約也니 以竹爲閉하고 而以繩約之於弛弓之裏하고 檠弓體하여 使正也라 載寢載興은 言思之深而起居不寧也라 厭厭은 安也요 秩秩은 有序也라

賦이다. 俴駟는 네 필의 말에 모두 얇은 쇠 조각으로 갑옷을 만들어 입힌 것이니, 가벼워 말의 움직임을 쉽게 하고자 한 것이다. 孔은 매우이고, 群은 어울림이다. 厹矛는 세모진 창이고, 鋈錞는 白金으로 창의 아래 편편한 부분을 도금한 것이다. 蒙은 섞임이다. 伐은 중간 방패이니, 盾의 별명이다. 苑은 무늬 모양이니, 여러 깃털의 무늬를 방패 위에 그린 것이다. 虎韔은 虎皮로 만든 활집이다. 鏤膺은 쇠를 새겨서 말의 가슴 띠를 장식한 것이다. 交韔은 두 활을 활집에 엇갈리게 넣는 것이니, 하나는 거꾸로, 하나는 바르게 넣는 것이다. 반드시 두 활을 넣는 것은 파손에 대비해서이다. 閉는 활의 도지개이니, 《儀禮》〈既夕禮〉에는 '䩛'로 되어 있다. 緄은 노끈이고, 縢은 묶는 것이니, 대나무로 도지개를 만들고, 노끈으로 풀어놓은 활의 안쪽을 묶고 활 몸통을 도지개에 묶어 활을 바르게 하는 것이다. 載寢載興은 그리움이 깊어서 일상 생활이 편안하지 못함을 말한 것이다. 厭厭은 안정됨이고, 秩秩은 질서가 있는 것이다.

字義 厹 : 세모난 창 구　錞 : 창고달 대　蒙 : 섞일 몽　伐 : 방패 벌　苑 : 문채날 원　韔 : 활집 창
鏤 : 조각하여 꾸밀 루　膺 : 뱃대끈 응　交 : 엇갈릴 교　閉 : 도지개 폐　緄 : 노끈 곤
縢 : 묶을 등　檠 : 도지개 경　䩛 : 활도지개 끈 비

小戎 三章이니 章十句라

〈小戎〉 3章이니, 장마다 10句이다.

用 例

〔六轡〕 - 車馬 또는 車馬를 달리는 것을 지칭한다. 《漢書》〈韋玄成傳〉 : "繹繹**六轡**, 是列

是理, 威儀濟濟, 朝享天子."
〔交韔〕 - 弓箭을 지칭한다. 姜夔(宋), 《鐃歌鼓吹曲》 〈河之表〉 : "**交韔**百斤, 不如一仁."

蒹葭(겸가)

蒹葭蒼蒼하니 白露爲霜이로다 所謂伊人이 在水一方이로다 遡洄從之나 道阻且長이며 遡游從之나 宛在水中央이로다 (秦風 蒹葭-01)

蒹葭蒼蒼	무성한 갈대에
白露爲霜	이슬이 서리 되었네
所謂伊人	말하기를 저 사람
在水一方	강 저편에 있다 하네
遡洄從之	거슬러 올라가 만나자 하나
道阻且長	길이 험하고 멀며
遡游從之	물결 따라 내려가 만나자 하나
宛在水中央	저기 물 가운데 있는 듯하네

賦也라 蒹은 似萑而細하고 高數尺이니 又謂之薕(렴)이라 葭는 蘆也라 蒹葭未敗에 而露始爲霜하니 秋水時至하여 百川灌河之時也라 伊人은 猶言彼人也라 一方은 彼一方也라 遡洄는 逆流而上也요 遡游는 順流而下也라 宛然은 坐見貌라 在水之中央은 言近而不可至也라

賦이다. 蒹은 물억새(萑)와 비슷한데 가늘고, 높이가 몇 자나 되니, 또 薕이라고도 한다. 葭는 갈대(蘆)이다. 갈대가 아직 죽지 않았고 이슬이 비로소 서리가 되었으니, 이는 가을철 비가 내려 모든 냇물이 河水로 흘러들어가는 때이다. 伊人은 '저 사람(彼人)'이란 말과 같다. 一方은 '저 한쪽'이다. 遡洄는 물을 거슬러 올라감이고, 遡游는 물을 따라 내려감이다. 宛然은 앉아서 보는 모습이다. 물의 중앙에 있다는 것은 가깝지만 다가갈 수 없음을 말한 것이다.

◯言秋水方盛之時에 所謂彼人者 乃在水之一方하여 上下求之而皆不可得이라 然不知其何所指也[8]라

---

8 不知其何所指也 : 毛詩에서는 襄公이 周나라의 禮를 지키지 않음을 풍자한 것이라 하고, 주나라의 예를 실행하기 위해서는 현자를 찾아야 하는데 현자는 敬順한 마음으로 찾으면 쉽게 만날 수 있지만 그렇지 않으면 만나기 어렵다는 의미로 해석한다. 따라서 물을 거슬러 올라가면 만날 수 없지만, 물을 따라 순리적으로 하면 쉽게 만난다는 의미로 해석하고 있다. 그런 면에서 보면 宛然을 '앉아서 보는 모습'이라고 해석한 것은 쉽게 만난다는 의미이다. 이를 따라 懸吐하고 해

○가을 물이 한창 많을 때에 '彼人'이라는 이가 물 저편에 있어서 위아래로 만나려 해도 모두 만날 수 없음을 말한 것이다. 그러나 무엇을 가리킨 것인지는 모르겠다.

字義 蒹 : 어린 갈대 겸　葭 : 어린 갈대 가　蒼 : 무성할 창　洄 : 거슬러 흐를 회　萑 : 물억새 환　薕 : 물억새 렴　蘆 : 갈대 로

蒹葭凄凄하니 白露未晞로다 所謂伊人이 在水之湄로다 遡洄從之나 道阻且躋며 遡游從之나 宛在水中坻로다 (秦風 蒹葭-02)

蒹葭凄凄	무성한 갈대에
白露未晞	이슬 아직 마르지 않았네
所謂伊人	말하기를 저 사람
在水之湄	강가에 산다 하네
遡洄從之	거슬러 올라가 만나자 하나
道阻且躋	길이 험하고 가파르며
遡游從之	물결 따라 내려가 만나자 하나
宛在水中坻	물 가운데 모래톱에 있는 듯하네

賦也라 凄凄는 猶蒼蒼也라 晞는 乾(간)也라 湄는 水草之交也라 躋는 升也니 言難至也라 小渚曰坻라

賦이다. 凄凄는 蒼蒼과 같다. 晞는 마름이다. 湄는 물과 풀이 맞닿아 있는 곳이다. 躋는 오름이니, 이르기 어려움을 말한다. 작은 모래톱을 坻라 한다.

字義 晞 : 마를 희　湄 : 물가 미　躋 : 오를 제　坻 : 모래섬 저　渚 : 물가 저

蒹葭采采하니 白露未已로다 所謂伊人이 在水之涘로다 遡洄從之나 道阻且右며 遡游從之나 宛在水中沚로다 (秦風 蒹葭-03)

석하면 다음과 같다.

遡洄從之면 道阻且長이며 遡游從之면 宛在水中央이로다

거슬러 올라가 만나자 하면 길이 험하고 멀며
물결 따라 내려가 만나자 하면 분명 저기 물 가운데 있네

그러나 마지막 구절의 물 가운데 있다는 것이 어찌 쉽게 만날 수 있다는 말인가. 그 때문에 주자를 비롯하여 여러 주석가들이 毛詩 說에 동의하지 않는다. 따라서 宛의 訓詁 중 '彷佛'의 의미도 있어, 여기서는 그 뜻으로 번역하였다. 이 시는 만나고 싶은 사람을 간절하게 찾지만 쉽게 만나지 못하는 안타까움을 노래한 것으로 해석한다.

兼葭采采　　다 자란 갈대에
白露未已　　하얀 이슬 아직 있네
所謂伊人　　말하기를 저 사람
在水之涘　　물가에 있다 하네
遡洄從之　　거슬러 올라가 만나자 하나
道阻且右　　길이 멀고도 어긋나며
遡游從之　　물결 따라 내려가 만나자 하나
宛在水中沚　　물 가운데 모래톱에 있는 듯하네

賦也라 采采는 言其盛而可采也라 已는 止也라 右는 不相直(値)而出其右也라 小渚曰沚라

賦이다. 采采는 무성하여 벨 만함을 말한 것이다. 已는 그침이다. 右는 서로 만나지 못하여 오른쪽으로 엇나간 것이다. 작은 모래톱을 沚라 한다.

字義 涘 : 물가 사　沚 : 물가 지　宛 : 완연히 완

兼葭 三章이니 章八句라

〈兼葭〉 3章이니, 장마다 8句이다.

用 例

〔秋水伊人〕 - 경치를 보며 사람을 그리워함을 말한다. 《雪鴻軒尺牘》〈答許葭村〉 : "登高望遠, 極目蒼涼, 正切**秋水伊人**之想."

〔葭思〕 - '兼葭之思'의 略稱으로, 書信에서 상대를 그리워함을 표현하는 투식으로 사용한다. 魯迅, 《熱風》〈隨感錄四十〉 : "久違芝宇, 時切**葭思**."

〔兼葭〕 - 멀리 있는 친구를 그리워함을 지칭한다. 胡惠生, 〈題亞子分湖歸隱圖〉詩 : "無限**兼葭**意, 殷勤對此圖."

〔兼葭伊人〕 - 그리워함을 나타낸다. 曾異(明), 〈與卓珂月書〉 : "某自十數年前, 則知海內有珂月卓子, 欣賞奇文, 每掩卷作**兼葭伊人**之思, 輒欲奏記自通."

終南(종남)

終南何有오 有條有梅로다 君子至止하시니 錦衣狐裘샷다 顔如渥丹하시니 其君也哉샷다 (秦風 終南-01)

終南何有　　종남산엔 무엇이 있나요

有條有梅　　개오동나무 매화나무 있네
君子至止　　군자 이르시니
錦衣狐裘　　여우 갖옷에 비단옷 덧입었네
顔如渥丹　　얼굴 붉게 윤기 나시니
其君也哉　　임금다우셨네

興也라 終南은 山名이니 在今京兆府南이라 條는 山楸也니 皮葉白, 色亦白하며 材理好하여 宜爲車版이라 君子는 指其君也라 至止는 至終南之下也라 錦衣狐裘는 諸侯之服也니 玉藻曰 君衣狐白裘하고 錦衣以裼之라 渥은 漬也라 其君也哉는 言容貌衣服이 稱其爲君也라 此秦人美其君之詞니 亦車鄰駟驖之意也라

興이다. 終南은 산 이름이니, 지금 京兆府 남쪽에 있다. 條는 개오동나무이니, 껍질과 잎이 희고 나무의 색깔도 희며, 나무의 결이 좋아서 수레의 판자를 만들기에 적당하다. 君子는 그 군주를 가리킨 것이다. 至止는 終南山의 아래에 이른 것이다. 錦衣狐裘는 諸侯의 의복이다. 《禮記》〈玉藻〉에 "군주는 흰여우 갖옷을 입는데, 비단옷을 갖옷 위에 덧입는다."라고 하였다. 渥은 담금이다. 其君也哉는 용모와 의복이 군주에 걸맞음을 말한 것이다. 이는 秦나라 사람들이 그 군주를 찬미한 말이니, 역시 〈車鄰〉과 〈駟驖〉의 뜻이다.

字義 條 : 개오동나무 조　渥 : 담글 악　楸 : 개오동나무 추　藻 : 마름 조　裼 : 덧입을 석
漬 : 담글 지

終南何有오 有紀有堂[9]이로다 君子至止하시니 黻衣繡裳이샷다 佩玉將將하시니 壽考不忘이로다 (秦風 終南-02)

終南何有　　종남산엔 무엇이 있나요
有紀有堂　　뾰족한 곳도 평평한 곳도 있네
君子至止　　군자 이르시니
黻衣繡裳　　불의와 수상을 입었네
佩玉將將　　패옥소리 쟁쟁하니
壽考不忘　　오래오래 사시기를 바라네

興也라 紀는 山之廉角也요 堂은 山之寬平處也라 黻之狀은 亞니 兩己相戾也라 繡는 刺繡

9　有紀有堂 : 淸代의 經學者 王引之는《經義述聞》〈毛詩 上〉에서 "紀는 杞로 읽고, 堂은 棠으로 읽어야 한다. 經文의 條와 梅, 杞와 棠은 모두 나무 이름이다. 紀와 堂은 假借字이다."라고 하였다. 毛亨은 傳에서 "紀는 基이고, 堂은 畢道가 堂처럼 평평한 것이다."라고 하였는데, 왕인지의 해석이 더 합당하게 여겨진다.

也라 將將은 佩玉聲也라 壽考不忘者는 欲其居此位服此服하여 長久而安寧也라

興이다. 紀는 산의 모나고 뾰족한 곳이고, 堂은 산의 넓고 평평한 곳이다. 黻의 모양은 亞이니, 두 己 자가 서로 등지고 있다. 繡는 자수이다. 將將은 佩玉의 소리이다. 壽考不忘은 이 지위에 있고 이 옷을 입어서 오래도록 편안하기를 바란 것이다.

字義 廉 : 모날 렴 黻 : 보불 불 紀 : 산모서리 기 考 : 오래 살 고

終南 二章이니 章六句라

〈終南〉 2章이니, 장마다 6句이다.

黃鳥(황조)

交交黃鳥여 止于棘이로다 誰從穆公고 子車奄息이로다 維此奄息이여 百夫之特이로다 臨其穴하여 惴惴其慄이로다 彼蒼者天이여 殲我良人이로다 如可贖兮인댄 人百其身이로다 (秦風 黃鳥-01)

交交黃鳥　이리저리 나는 꾀꼬리
止于棘　가시나무에 앉았네
誰從穆公　뉘 목공을 따르는고
子車奄息　자거씨 집안 엄식이로세
維此奄息　이 엄식이여
百夫之特　사내 중에 사내로세
臨其穴　무덤에 들어갈 때
惴惴其慄　두려워 떨었네
彼蒼者天　저 푸르른 하늘이시여
殲我良人　우리 착한 이 죽였네
如可贖兮　바꿀 수만 있다면
人百其身　사람들 백 번이라도 대신 죽으리

興也라 交交는 飛而往來之貌라 從穆公은 從死也라 子車는 氏요 奄息은 名이라 特은 傑出之稱이라 穴은 壙也라 惴惴는 懼貌라 慄은 懼요 殲은 盡이요 良은 善이요 贖은 貿也라

興이다. 交交는 날아 오고가는 모습이다. 穆公을 따른다는 것은 따라 죽는 것이다. 子車는 氏이고, 奄息은 이름이다. 特은 걸출함을 이르는 칭호이다. 穴은 묘의 구덩이이다. 惴惴는 두려워하는 모습이다. 慄은 두려워함이고, 殲은 다함이고, 良은 선량함이고, 贖은 바꾸는 것이다.

○秦穆公卒에 以子車氏之三子爲殉하니 皆秦之良也라 國人哀之하여 爲之賦黃鳥하니 事見春秋傳하니 卽此詩也라 言交交黃鳥는 則止于棘矣라 誰從穆公고 則子車奄息也라하니 蓋以所見起興也라 臨穴而惴惴는 蓋生納之壙中也라 三子는 皆國之良이어늘 而一旦殺之하니 若可貿以他人이면 則人皆願百其身以易之矣리라

○秦 穆公이 죽자, 子車氏의 세 아들을 殉葬하니, 이들은 모두 秦의 착한 사람이었다. 그리하여 國人들이 슬퍼하여 〈黃鳥〉를 읊었다. 이 사실이 《春秋左氏傳》 文公 6년조에 보이니, 바로 이 시이다. "이리저리 나는 꾀꼬리는 가시나무에 앉았네. 누가 穆公을 따르는가. 子車奄息이다." 하였으니, 이는 본 것을 가지고 詩情을 일으킨 것이다. '무덤에 들어갈 때 두려워하였다.'함은 그를 산채로 무덤 속에 넣은 것이다. 세 사람은 모두 나라의 착한 사람이었는데 하루아침에 죽였으니, 만일 다른 사람으로 바꿀 수 있다면 사람들이 모두 자신의 몸을 백 번이라도 그들과 바꾸기를 원할 것이다.

字義 奄 : 가릴 엄　特 : 뛰어날 특　惴 : 두려울 췌　殲 : 죽일 섬　贖 : 바꿀 속　傑 : 빼어날 걸
殉 : 따라 죽을 순

交交黃鳥여 止于桑이로다 誰從穆公고 子車仲行이로다 維此仲行이여 百夫之防이로다 臨其穴하여 惴惴其慄이로다 彼蒼者天이여 殲我良人이로다 如可贖兮인댄 人百其身이로다 (秦風 黃鳥-02)

交交黃鳥	이리저리 나는 꾀꼬리
止于桑	뽕나무에 앉았네
誰從穆公	뉘 목공을 따르는고
子車仲行	자거씨 집안 중항이로세
維此仲行	이 중항이여
百夫之防	일당백의 사나이로세
臨其穴	무덤에 들어갈 때
惴惴其慄	두려워 떨었네
彼蒼者天	저 푸르른 하늘이시여
殲我良人	우리 착한 이 죽였네
如可贖兮	바꿀 수만 있다면
人百其身	사람들 백 번이라도 대신 죽으리

興也라 防은 當也니 言一人可以當百夫也라

興이다. 防은 감당해냄이니, 한 사람이 백 명을 감당해낼 수 있음을 말한 것이다.

字義 防 : 맞설 방

交交黃鳥여 止于楚로다 誰從穆公고 子車鍼(겸)虎로다 維此鍼虎여 百夫之禦로다 臨其穴하여 惴惴其慄이로다 彼蒼者天이여 殲我良人이로다 如可贖兮인댄 人百其身이로다 (秦風 黃鳥-03)

交交黃鳥　　이리저리 나는 꾀꼬리
止于楚　　가시나무에 앉았네
誰從穆公　　뉘 목공을 따르는고
子車鍼虎　　자거씨 집안 겸호로세
維此鍼虎　　이 겸호여
百夫之禦　　아무도 당할 자 없네
臨其穴　　무덤에 들어갈 때
惴惴其慄　　두려워 떨었네
彼蒼者天　　저 푸르른 하늘이시여
殲我良人　　우리 착한 이 죽였네
如可贖兮　　바꿀 수만 있다면
人百其身　　사람들 백 번이라도 대신 죽으리

興也라 禦는 猶當也라

興이다. 禦는 감당해내다(當)와 같다.

字義 鍼 : 이름 겸

黃鳥 三章이니 章十二句라

〈黃鳥〉 3章이니, 장마다 12句이다.

春秋傳曰 君子曰 秦穆公之不爲盟主也 宜哉인저 死而棄民이로다 先王은 違世에 猶貽之法이어늘 而況奪之善人乎아 今縱無法以遺後嗣언정 而又收其良以死하니 難以在上矣라 君子 是以로 知秦之不復東征也라하니라 愚按 穆公於此에 其罪不可逃矣라 但或以爲穆公遺命如此어늘 而三子自殺以從이라하니 則三子亦不得爲無罪어니와 今觀臨穴惴慄之言하면 則是康公이 從父之亂命하여 迫而納之於壙이니 其罪有所歸矣라 又按史記하면 秦武公卒에 初以人從死하여 死者六十六人이러니 至穆公하여 遂用百七十七人하여 而三良與焉하니 蓋其初特出於戎狄之俗이어늘 而無明王賢伯이 以討其罪라 於是에 習以爲常하니 則雖以穆公之賢而不免이라 論其事者 亦徒閔三良之不幸하고 而歎秦之衰요 至於王政不綱하여 諸

侯擅命하여 殺人不忌 至於如此하여는 則莫知其爲非也하니 嗚呼라 俗之弊也久矣로다 其後始皇之葬에 後宮皆令從死하고 工匠生閉墓中하니 尙何怪哉아

《春秋左氏傳》 文公 6년에 "君子가 말하기를 '秦 穆公은 盟主가 되지 못함이 당연하다. 죽으면서 백성을 버렸기 때문이다. 先王은 세상을 떠날 때에도 오히려 〈좋은〉 법을 남겨주는데, 하물며 善人의 목숨을 빼앗겠는가.'라고 하였다. 지금 〈목공이 좋은〉 법을 後嗣에게 물려주지는 못할지언정 또 선량한 사람을 거두어 죽게 하였으니, 윗자리에 있기는 어렵다. 君子가 이 때문에 秦나라가 다시 동쪽으로 나아가지 못할 줄을 알았다."라고 하였다.

내가 살펴보건대, 穆公은 이에 대하여 그 죄를 피할 수가 없다. 다만 或者(毛亨)는 "穆公이 이렇게 하도록 遺命하였는데 세 사람이 자살하여 따라 죽었다."라고 하니, 그렇다면 세 사람도 죄가 없지 않다. 그러나 이제 구덩이에 임하여 두려워하였다는 말을 보면, 이는 康公이 아버지의 亂命을 따라 압박해서 구덩이 속에 들어가게 한 것이니, 그 죄가 돌아갈 곳이 있을 것이다.

또《史記》〈秦本紀〉를 살펴보면, 秦 武公이 죽음에 처음으로 사람을 따라 죽게 하여 죽은 자가 66명이었는데, 穆公 때에 이르러서는 마침내 177명을 사용하여 선량한 세 사람도 거기에 끼었으니, 이는 처음에는 오랑캐의 풍속에서 나온 것이었는데, 그 죄를 토벌하는 明王과 賢伯이 없었다. 이에 이를 익혀 보통으로 여겼으니, 비록 穆公 같은 賢君으로도 〈殉葬함을〉 면하지 못하였다. 그 일을 논하는 자도 선량한 세 사람의 불행을 애처롭게 여기고 秦나라의 쇠함만 탄식했을 뿐이고, 王政의 기강이 진작되지 못해 諸侯가 명을 제멋대로 내려 사람을 죽이기를 꺼려하지 않음이 이와 같음에 이른 데 대해서는 그것이 잘못인지는 알지 못하였다. 아, 풍속의 병폐가 오래되었다. 그 후 始皇을 장사할 때에 後宮들을 모두 따라 죽게 하고, 工匠들을 산 채로 무덤 속에 묻었으니, 어찌 괴이하게 여길 것이 있겠는가.

字義 遺 : 벗어날 유　狄 : 오랑캐 적　擅 : 제멋대로 할 천

晨風(신풍)

鴥彼晨風이여 鬱彼北林이로다 未見君子라 憂心欽欽호라 如何如何로 忘我實多오

(秦風 晨風-01)

鴥彼晨風	재빠른 저 새매
鬱彼北林	저 울창한 북쪽 숲으로 가네
未見君子	내 님 만나지 못해
憂心欽欽	그리운 내 시름 가이 없네
如何如何	어쩌면 그리도
忘我實多	날 까마득 잊는단 말이오

晨風(燕隼)

興也라 **鴥**은 **疾飛貌**라 **晨風**은 **鸇也**라 **鬱**은 **茂盛貌**라 **君子**는 **指其夫也**라 **欽欽**은 **憂而不忘之貌**라

興이다. 鴥은 빨리 나는 모양이다. 晨風은 새매이다. 鬱은 무성한 모양이다. 君子는 남편을 가리킨 것이다. 欽欽은 근심하여 잊지 못하는 모양이다.

○婦人이 **以夫不在而言 鴥彼晨風**은 **則歸于鬱然之北林矣**라 **故**로 **我未見君子**하여 **而憂心欽欽也**라 **彼君子者 如之何而忘我之多乎**아하니 **此與扊扅**(염이)**之歌同意**하니 **蓋秦俗也**[10]라

○婦人이, 남편이 집에 있지 않는 것으로 말하기를 "재빠르게 나는 저 새매는 울창한 북쪽 숲으로 돌아간다. 그리하여 내 君子를 보지 못하여 마음에 근심 잊을 수 없다. 저 君子는 어찌하여 나를 실로 까마득히 잊는단 말인가."라고 한 것이니, 이는 〈扊扅歌〉와 뜻이 같으니, 秦나라의 풍속이다.

字義 鴥 : 새 빨리 날 율 欽 : 잊지 못할 흠 鸇 : 새매 전 扊 : 문빗장 염 扅 : 문빗장 이

山有苞櫟(력)이며 **隰有六駮**[11]이로다 **未見君子**라 **憂心靡樂**호라 **如何如何**로 **忘我實多**오 (秦風 晨風-02)

山有苞櫟	산에는 무성한 상수리나무
隰有六駮	습지엔 육박나무
未見君子	내 님 만나지 못해
憂心靡樂	시름겨워 즐겁지 못하네
如何如何	어쩌면 그리도
忘我實多	날 까마득 잊는단 말이오

駮(梆榆)

10 此與扊扅(염이)之歌同意 蓋秦俗也 : 남편을 원망하며 노래를 부른 것이 진나라의 풍습이라는 말이다. 扊扅는 문의 빗장을 말한다. 〈扊扅歌〉는 춘추전국시대 백리해의 아내가 지은 것으로 전해온다. 晉 獻公이 虞를 멸하자 백리해는 秦으로 망명하여 穆公을 도왔다. 백리해가 망명을 떠날 때, 부인이 암탉을 잡아 문의 빗장을 뜯어다가 불을 때서 삶아 먹여 보냈는데, 백리해가 후일 찾지 않자 백리해 문 앞에 가서 불렀다고 전한다. "백리해여 양가죽 다섯 장으로 이별할 때를 기억하오. 씨암탉 잡아 빗장 뜯어 삶아주었는데 오늘날 부귀를 누리자 나를 잊었단 말이오.〔百里奚五羊皮 憶別時 烹伏雌 炊扊扅 今日富貴 忘我爲〕"

11 六駮 : 두 가지 설이 있다. 毛亨(前漢)과 鄭玄(後漢)은 駮을 짐승으로 보았는데, 이에 대하여 王肅(三國 魏)은 "산에는 나무가 있고, 습지에는 짐승이 있다는 것으로, 나라 군주에게는 현자가 있어야 한다."고 해석하고, 陸機(西晉)는 《毛詩草木鳥獸蟲魚疏》에서 "駮馬는 梓楡이다. 껍질이 청백색으로 얼룩지므로 멀리서 보면 駮馬처럼 보여서 駮馬라고 한다." 하고 이어 "아래 장에서도 산과 습지에 모두 나무가 있다고 했는데 여기서만 짐승을 말할 리가 없다."고 하였다. 주자도 나무로 해석하고 있다.

興也라 駁은 梓楡也니 其皮靑白如駁이라

興이다. 駁은 梓楡이니, 그 껍질이 청백색이어서 얼룩말과 같다.

○山則有苞櫟矣요 隰則有六駁矣어늘 未見君子하니 則憂心靡樂矣라 靡樂은 則憂之甚也라

○산에는 무더기로 자라는 떡갈나무가 있고, 습지에는 육박나무가 있는데, 君子를 보지 못하니, 마음에 근심하여 즐겁지 못하다. 즐겁지 못한 것은 매우 근심스러운 것이다.

字義 櫟 : 상수리나무 력 駁 : 나무 이름 박 梓 : 가래나무 자(재) 楡 : 느릅나무 유

山有苞棣며 隰有樹檖로다 未見君子라 憂心如醉호라 如何如何로 忘我實多오 (秦風 晨風-03)

山有苞棣 산에는 무더기 아가위나무
隰有樹檖 습지엔 올곧은 돌배나무
未見君子 내 님 만나지 못해
憂心如醉 시름겨운 내 마음 취한 듯하네
如何如何 어쩌면 그리도
忘我實多 날 까마득 잊는단 말이오

興也라 棣는 唐棣요 檖는 赤羅也니 實似梨而小하고 酢可食이라 如醉는 則憂又甚矣라

興이다. 棣는 산사나무(唐棣)이다. 檖는 돌배나무(赤羅)이니, 열매는 배와 비슷한데 작고 시며 먹을 수 있다. 술 취한 듯한 것은 근심이 더 심한 것이다.

字義 苞 : 무더기로 자랄 포 棣 : 산앵두나무 체 樹 : 곧바를 수 檖 : 돌배나무 수 酢 : 실 초

晨風 三章이니 章六句라

〈晨風〉 3章이니, 장마다 6句이다.

無衣(무의)

豈曰無衣라 與子同袍리오 王于興師어시든 修我戈矛하여 與子同仇하리라 (秦風 無衣-01)

豈曰無衣 어찌 옷이 없어
與子同袍 그대와 솜옷 같이 입을까
王于興師 왕명으로 군사 일으키면
修我戈矛 우리 창을 손질하여

與子同仇　　　그대와 같은 짝이 되리라

賦也라 袍는 襺也라 戈는 長六尺六寸이요 矛는 長二丈이라 王于興師는 以天子之命而興師也라

賦이다. 袍는 솜을 둔 것이다. 戈는 길이가 6尺 6寸이고, 矛는 길이가 2丈이다. 王于興師는 天子의 명에 따라 군대를 일으키는 것이다.

○秦俗强悍하여 樂於戰鬪라 故로 其人이 平居而相謂曰 豈以子之無衣하여 而與子同袍乎아 蓋以王于興師어시든 則將修我戈矛하여 而與子同仇也라하니 其懽愛之心이 足以相死如此라 蘇氏曰 秦本周地라 故로 其民이 猶思周之盛時而稱先王焉이라 或曰 興也니 取與子同三字爲義라하니 後章放此라

○秦나라 풍속이 강하고 사나워 전투를 좋아하였다. 그리하여 그 사람들이 평소에 서로 말하기를 "어찌 그대가 옷이 없어 그대와 솜옷을 같이 입겠는가. 王命으로 군대를 일으키거든 우리 창을 손질하여 그대와 한 짝이 되겠다."라고 하였으니, 기뻐하고 사랑하는 마음이 서로를 위하여 죽을 수 있음이 이와 같았다.

蘇氏가 말하였다. "秦나라는 본래 周의 땅이었다. 그리하여 그 백성들이 아직도 주의 융성했을 때를 생각하여 先王이라 칭한 것이다."

혹자는 "興이니, 與子同 세 字를 취하여 뜻을 삼았다." 하니, 뒷장도 이와 같다.

字義　袍 : 핫옷(솜옷) 포　襺 : 핫옷 견

豈曰無衣라 與子同澤이리오 王于興師어시든 修我矛戟하여 與子偕作하리라 (秦風 無衣-02)

豈曰無衣　　　어찌 옷이 없어
與子同澤　　　그대와 속옷 함께 입을까
王于興師　　　왕명으로 군사 일으키면
修我矛戟　　　우리 장창 손질하여
與子偕作　　　그대와 함께 행동하리라

賦也라 澤은 裏衣也니 以其親膚하여 近於垢澤이라 故로 謂之澤이라 戟은 車戟也니 長丈六尺이라

賦이다. 澤은 속옷이니, 살갗에 직접 닿아서 때와 땀을 가까이한다. 그리하여 澤이라 한 것이다. 戟은 수레의 창이니, 길이가 1丈 6尺이다.

字義　澤 : 속옷 택

豈曰無衣라 與子同裳이리오 王于興師어시든 修我甲兵하여 與子偕行하리라 (秦風 無衣-03)

豈曰無衣　어찌 옷이 없어서
與子同裳　그대와 바지 함께 입을까
王于興師　왕명으로 군사 일으키면
修我甲兵　우리 갑옷 무기 손질하여
與子偕行　그대와 함께 나가리라

賦也라 行은 往也라

賦이다. 行은 나감이다.

無衣 三章이니 章五句라

〈無衣〉 3章이니, 장마다 5句이다.

秦人之俗이 大抵尙氣槪하고 先勇力하여 忘生輕死라 故로 其見(현)於詩如此라 然本其初而論之면 岐豐之地를 文王用之하여 以興二南之化 如彼其忠且厚也러니 秦人이 用之未幾에 而一變其俗이 至於如此하니 則已悍然有招(교)八州而朝同列之氣矣니 何哉오 雍州는 土厚水深하여 其民厚重質直하여 無鄭衛驕惰浮靡之習하니 以善導之면 則易興起而篤於仁義요 以猛驅之면 則其强毅果敢之資 亦足以彊兵力農而成富彊之業이니 非山東諸國所及也라 嗚呼라 後世欲爲定都立國之計者는 誠不可不監乎此요 而凡爲國者는 其於導民之路에 尤不可不審其所之也니라

秦나라의 풍속은 대체로 氣槪를 숭상하고 勇力을 앞세워 삶을 잊고 죽음을 쉽게 여겼다. 그리하여 그 詩에 나타남이 이러하였다. 그러나 그 처음을 기본으로 하여 논한다면, 岐와 豐의 지역을 文王이 사용하여 二南의 교화를 일으킨 것이 그처럼 忠厚하였는데, 秦나라가 사용한 지 얼마 되지 않아서 한 번 그 풍속이 바뀜이 이러함에 이르렀으니, 용맹스럽게 8州를 차지하고 같은 반열에게 조회를 받으려는 기상이 있었다. 이는 어째서인가. 雍州는 땅이 기름지고 물이 풍부하여 백성들이 후하고 정중하며 질박하고 정직하여 鄭이나 衛처럼 교만하고 게으르며 경박하고 사치하는 풍습이 없었으니, 善으로써 인도하면 쉽게 감화되고 분발하여 仁義에 독실하고, 용맹으로써 몰아가면 강인하고 과감한 자질이 역시 군대를 강성하게 하고 농사를 힘써 富强한 왕업을 이룰 수 있었으니, 山東의 나라들이 미칠 수 있는 바가 아니었다. 아, 후세에 도읍을 정하고 나라를 세울 계책을 하려는 자는 참으로 이를 살피지 않을 수 없으며, 나라를 다스리는 자들은 백성을 인도하는 길에 더더욱 그 가야 할 바를 살피지 않아서는 안 된다.

字義　岐 : 산 이름 기　招 : 들 교　靡 : 사치할 미

用 例

〔同仇敵愾〕- '同仇敵慨'로도 쓰며, 같은 대상을 함께 원수로 여겨 打擊함을 지칭한다. 《辛亥革命前十年間時論選集》〈論中國之前途及國民應盡之責任〉: "我有軍備, 我自整之. 乃**同仇敵愾**之軍國民, 非殘屠同胞之劊子手也."

〔同袍〕- 軍人이 서로를 지칭하는 용어로 사용한다. 唐順之(明), 《牌》: "糾我**同袍**, 修我戈矛." 王闓運〈振威將軍武提督碑〉: "追惟昔年**同袍**之義, 有感今日鼓鼙之思."

〔同澤〕- 軍人이 서로를 지칭하거나 군중에서 같은 일을 함을 말한다. 孫枝蔚(淸), 〈北山〉詩: "山中還仗義, **同澤**見斯人……戰士從來苦, 誰曾達紫宸!"

〔敵愾同仇〕- 적개심을 품고 함께 적을 상대함을 말한다. 《淸史稿》〈李宗義傳〉: "天下臣民, 知皇上有臥薪嘗膽之思, 必共振**敵愾同仇**之氣."

〔無衣之賦〕- 군대 출동을 지원하여 함께 적을 상대함을 말한다. 춘추 말기 吳나라가 楚나라를 격파하자 초나라 대부 申包胥가 秦나라 조정에 군대를 청하며 뜰의 담에 기대어 곡하면서 7일 동안 물 한 모금 마시지 않았다. 秦 哀公이 이에 〈無衣〉시를 짓고, 아울러 군대를 동원하여 초나라를 구원하였다. 일이 《春秋左氏傳》 定公 4年에 보인다. 柳宗元(唐), 〈睢陽廟碑序〉: "首碎秦庭, 終懵**〈無衣〉之賦**; 身離楚野, 徒傷帶劍之辭."

渭陽(위양)

我送舅氏하여 曰至渭陽호라 何以贈之오 路車乘黃이로다 (秦風 渭陽-01)

我送舅氏	우리 외삼촌 전송하여
曰至渭陽	위수 북쪽에 이르렀네
何以贈之	무엇으로 전송하나
路車乘黃	네 필 황마 노거로세

賦也라 舅氏는 秦康公之舅니 晉公子重耳也라 出亡在外러니 穆公召而納之하니 時康公爲太子하여 送之渭陽而作此詩라 渭는 水名이라 秦時都雍하니 至渭陽者는 蓋東行하여 送之於咸陽之地也라 路車는 諸侯之車也라 乘黃은 四馬皆黃也라

賦이다. 舅氏는 秦 康公의 외삼촌이니, 晉나라 公子 重耳이다. 망명하여 국외에 있었는데, 穆公이 불러 〈본국으로〉 들여보내니, 이때에 康公이 太子로서 그를 渭水 북쪽에서 전송하면서 이 시를 지은 것이다. 渭는 물 이름이다. 秦나라는 당시 雍에 도읍하였으니, 渭水 북쪽에 이른 것은 동쪽으로 가서 그를 咸陽에서 전송한 것이다. 路車는 諸侯의 수레이다. 乘黃은 네 필이 모두 黃色인 것이다.

字義 乘 : 넷 승

我送舅氏하니 悠悠我思로다 何以贈之오 瓊瑰玉佩로다 (秦風 渭陽-02)

我送舅氏　　우리 외삼촌 전송하니
悠悠我思　　내 그리움 그지없네
何以贈之　　무엇으로 전송하나
瓊瑰玉佩　　옥돌과 패옥이로세

賦也라 悠悠는 長也라 序에 以爲時康公之母穆姬已卒이라 故로 康公이 送其舅而念母之不見也라 或曰 穆姬之卒은 不可考니 此但別其舅而懷思耳라 瓊瑰는 石而次玉이라

賦이다. 悠悠는 길이다. 〈序〉에 "이때 康公의 어머니 穆姬가 이미 졸하였다. 그리하여 康公이 그 외삼촌을 전송하면서 이를 보지 못하는 어머니를 생각한 것이다."라고 하였다. 혹은 "穆姬가 죽은 것은 상고할 수 없으니, 이는 그 외삼촌을 작별하면서 그리워한 것일 뿐이다."라고 한다. 瓊瑰는 돌로서 玉의 다음가는 것이다.

字義　瓊 : 옥 경　瑰 : 구슬 괴

渭陽 二章이니 章四句라

〈渭陽〉 2章이니, 장마다 4句이다.

按春秋傳하면 晉獻公이 烝於齊姜하여 生秦穆夫人, 太子申生하고 娶犬戎胡姬하여 生重耳하고 小戎子 生夷吾하고 驪姬 生奚齊하고 其娣 生卓子러니 驪姬譖申生하니 申生自殺하고 又譖二公子하니 二公子皆出奔이라 獻公卒에 奚齊卓子繼立이로되 皆爲大夫里克所弑하니 秦穆公이 納夷吾하니 是爲惠公이요 卒에 子圉立하니 是爲懷公이라 立之明年에 秦穆公이 又召重耳而納之하니 是爲文公이라 王氏曰 至渭陽者는 送之遠也요 悠悠我思者는 思之長也요 路車乘黃, 瓊瑰玉佩者는 贈之厚也라 廣漢張氏曰 康公爲太子하여 送舅氏而念母之不見하니 是固良心也로되 而卒不能自克於令狐之役[12]하니 怨欲이 害乎良心也라 使康公知循是心하여 養其端而充之런들 則怨欲可消矣리라

《春秋左氏傳》을 살펴보면, 晉 獻公이 齊姜과 간음하여 秦 穆公의 夫人과 太子 申生을 낳고, 犬戎의 胡姬에게 장가들어 重耳를 낳고, 小戎子는 夷吾를 낳고, 驪姬는 奚齊를 낳고, 여희 동생은 卓子를 낳았다. 驪姬가 申生을 참소하니 申生은 자살하고, 또 두 公子를 참소하니 두 公子가 모두 國外로 도망하였다. 獻公이 죽자, 奚齊와 卓子가 뒤를 이어 즉위하였지만 모두 大夫

12　令狐之役 : 秦 康公의 외삼촌인 晉 文公의 아들 襄公이 죽고 그의 아들 靈公이 어렸는데, 대부 趙盾이 당시 秦에 볼모로 가 있던 公子 雍을 맞이해 왕으로 삼고자 대부 先蔑을 보내 공자 옹을 맞이해오게 하고는 다시 변심하여 靈公을 왕으로 세우고 군대를 보내 호송해오던 秦나라 군대를 令狐에서 물리친 고사를 말한다.(《春秋左氏傳》 文公 7년)

里克에게 시해당하였다. 秦 穆公이 夷吾를 〈본국으로〉 들여보내니 이가 惠公이고, 그가 죽자 아들 圉가 즉위하니 이가 懷公이다. 즉위한 다음해에 秦 穆公이 또 重耳를 불러 〈본국으로〉 들여보내니 이가 文公이다.

王氏가 말하였다. "渭水 북쪽에 이른 것은 멀리까지 전송한 것이고, '내 그리움 그지없네'란 그리움이 긴 것이고, 路車乘黃과 瓊瑰玉佩는 많은 선물을 한 것이다."

廣漢 張氏(張栻)가 말하였다. "康公이 太子가 되어 외삼촌을 전송하면서, 이를 보지 못하는 어머니를 생각하였으니, 이는 진실로 良心이었다. 그런데도 끝내 令狐의 싸움을 면하지 못하였으니, 이는 원망과 욕심이 良心을 해친 것이다. 가령 康公이 이 마음을 따를 줄 알아 그 단서를 길러 확충하였더라면 원망과 욕심이 없게 할 수 있었을 것이다."

字義 烝 : 치붙을 증 圉 : 마부 어

用 例

〔渭陽〕 – 생질과 외삼촌의 情誼를 표현하는 전고이다. 杜甫(唐), 〈奉送卿二翁統節度鎮軍還江陵〉詩 : "寒空巫峽曙, 落日**渭陽**情."

〔恩深渭陽〕 – 외삼촌을 보고 죽은 어머니의 깊은 은혜를 그리워하는 말이다. 史岑(漢), 〈出師頌〉 : "我出我師, 於彼西疆, 天子餞我, 路車乘黃, 言念伯舅, **恩深渭陽**."

權輿(권여)

於我乎에 夏屋渠渠러니 今也엔 每食無餘로다 于嗟乎라 不承權輿여 (秦風 權輿-01)

於我乎	나에게
夏屋渠渠	정원 넓은 큰 집 있었더니
今也	지금은
每食無餘	끼니마다 남는 게 없네
于嗟乎	아, 애석타
不承權輿	처음 뜻을 잇지 못함이여

賦也라 夏는 大也요 渠渠는 深廣貌라 承은 繼也요 權輿는 始也라

賦이다. 夏는 큼이고, 渠渠는 깊고 넓은 모양이다. 承은 이음이고, 權輿는 처음이다.

○此는 言其君始有渠渠之夏屋하여 以待賢者러니 而其後에 禮意寖衰하고 供億寖薄하여 至於賢者每食而無餘라 於是嘆之하여 言不能繼其始也라

○이는 군주가 처음에는 넓고 큰 집을 소유하게 하여 賢者를 대우했었는데, 그 뒤에는 예우

하는 뜻이 점점 줄고 대접하는 것이 점점 야박해져서 賢者가 밥을 먹을 때마다 남는 것이 없기에 이르렀다. 이에 탄식하여 그 처음을 잇지 못한다고 한 것이다.

字義 夏 : 클 하 渠 : 깊고 넓은 모양 거 權 : 저울대 권 輿 : 수레 판자 여 億 : 편안할 억

於我乎에 **每食四簋**러니 **今也**엔 **每食不飽**로다 **于嗟乎**라 **不承權輿**여 (秦風 權輿-02)

於我乎	나에게
每食四簋	언제나 훌륭한 대접하더니
今也	지금은
每食不飽	배불리 먹지도 못하네
于嗟乎	아, 애석타
不承權輿	처음 뜻을 잇지 못함이여

賦也라 **簋**는 **瓦器**니 **容斗二升**이라 **方曰簠**요 **圓曰簋**니 **簠盛稻粱**이요 **簋盛黍稷**이라 **四簋**는 **禮食之盛也**라

賦이다. 簋는 질그릇이니, 1斗 2升이 들어간다. 네모진 것을 簠라 하고, 둥근 것을 簋라 하니, 簠에는 벼와 수수를 담고, 簋에는 기장과 피를 담는다. 四簋는 훌륭한 禮食이다.

字義 簋 : 제기 이름 궤 簠 : 제기 이름 보

權輿 二章이니 **章五句**라

〈權輿〉 2章이니, 장마다 5句이다.

漢楚元王이 **敬禮申公白公穆生**이러니 **穆生**이 **不嗜酒**하니 **元王**이 **每置酒**에 **嘗爲穆生設醴**러니 **及王戊卽位**에 **常設**이라가 **後忘設焉**하니 **穆生退曰 可以逝矣**로다 **醴酒不設**하니 **王之意怠**라 **不去**면 **楚人**이 **將鉗我於市**라하고 **遂稱疾**하다 **申公白公**이 **强起之曰 獨不念先王之德歟**아 **今王**이 **一朝失小禮**어늘 **何足至此**오하니 **穆生曰 先王之所以禮吾三人者**는 **爲道之存故也**니 **今而忽之**하니 **是忘道也**라 **忘道之人**을 **胡可與久處**며 **豈爲區區之禮哉**리오하고 **遂謝病去**하니 **亦此詩之意也**라

漢나라 楚元王이 申公·白公·穆生을 공경하여 예우하였는데, 穆生이 술을 좋아하지 않으니, 元王은 술자리를 가질 때마다 穆生을 위하여 단술을 준비했었다. 王戊가 즉위하자, 항상 단술을 준비하다가 뒤에는 준비하는 것을 잊으니, 穆生이 물러가서 말하기를 "떠날 때가 되었다. 단술을 준비하지 않으니, 王의 뜻이 태만해진 것이다. 떠나가지 않으면 楚 사람들이 나의 목에 사슬을 씌워 시장에서 끌고 다닐 것이다." 하고는 마침내 병을 핑계하였다. 申公과 白公이 穆生을 억지로 나가게 하며 "先王의 은덕을 생각하지 않는가. 지금 王이 잠시 작은 禮를 실수하였는데, 어찌 이렇게까지 해야 되겠는가."라고 하자, 穆生이 "先王이 우리 세 사람을 예우

한 까닭은 우리에게 道가 있기 때문이었다. 그런데 이제 우리를 소홀히 하니, 이는 道를 잊은 것이다. 道를 잊은 사람과 어찌 오래도록 함께할 수 있으며, 어찌 진정한 禮를 행할 수 있겠는가."라고 하고는 마침내 병으로 사양하고 떠나갔으니, 역시 이 시의 뜻이다.

字義 嘗 : 항상 상 醴 : 단술 례 鉗 : 項鎖 채울 겸

用 例

〔權輿〕 - 처음, 새싹, 새로 자람을 의미한다. 曹丕(三國 魏), 〈登城賦〉 : "孟春之月, 惟歲**權輿**, 和風初暢." 黃宗羲(淸), 〈淮安戴氏家譜序〉 : "武王克商, 封微子於宋, 七世而曰戴公, 此戴姓之**權輿**也."

秦國 十篇이니 二十七章이요 一百八十一句라

秦國風 10篇이니, 27章이고 181句이다.

詩經集傳 卷之七

陳 一之十二

陳世系(侯爵)

胡公 - 申公 - 相公(申公弟) - 孝公(申公子) - 愼公 - 幽公 - 釐公 - 武公 - 夷公 - 平公(夷公 弟) - 文公 - 桓公 - 厲公(桓公 弟) - 莊公(厲公 弟) - 宣公(莊公 弟) - 穆公 - 共公 - 靈公 - 成公 - 哀公 - 惠公(悼太子之子, 哀公之孫) - 懷公 - 滑公

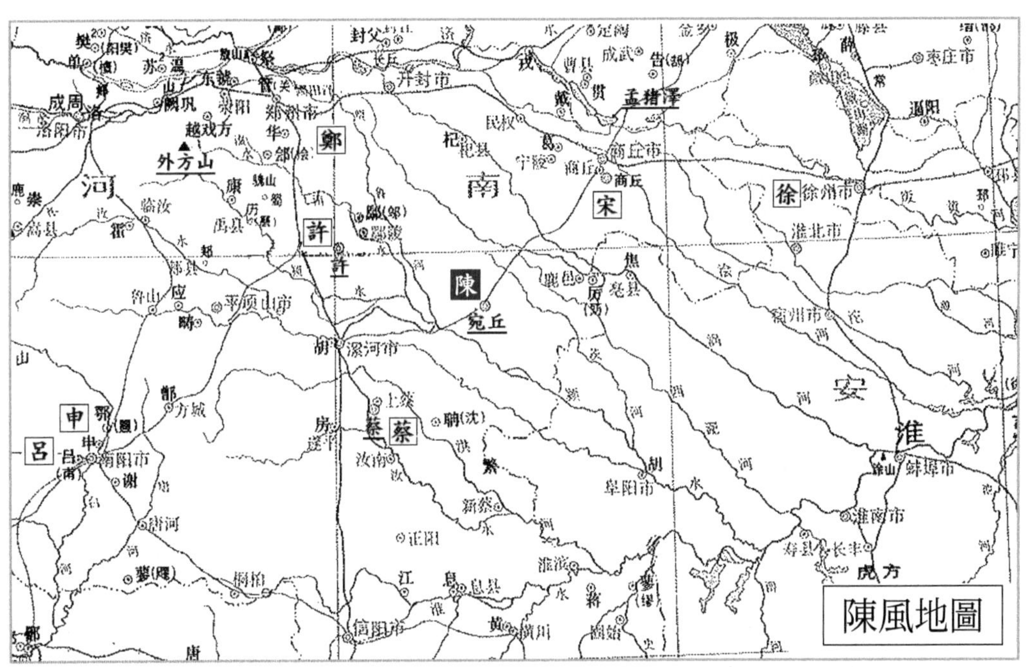

陳風地圖

陳은 國名이라 大(태)皥伏羲氏之墟니 在禹貢豫州之東이라 其地廣平하여 無名山大川이라 西望外方하고 東不及孟諸라 周武王時에 帝舜之胄 有虞閼父(알보)爲周陶正하니 武王이 賴其利器用하고 與其神明之後라하여 以元女大姬로 妻其子滿하고 而封之于陳하여 都於宛丘之側하여 與黃帝帝堯之後로 共爲三恪[1]하니 是爲胡公이라 大姬는 婦人尊貴어늘 好樂(요)巫覡

1 三恪 : 周 武王이 殷나라를 정벌하여 통일하고 나서 黃帝와 帝堯와 帝舜의 후손을 각각 薊와

歌舞之事하니 其民化之라 今之陳州 卽其地也라

陳은 國名이다. 太皡 伏羲氏가 다스린 옛 터이니, 《書經》 〈禹貢〉의 豫州 동쪽에 있었다. 지역이 넓고 평평하여 名山과 大川이 없다. 서쪽으로는 外方山을 바라보고, 동쪽으로는 孟諸澤에 미치지 못한다. 周 武王 때에 帝舜의 후손 有虞 閼父가 周나라 陶正이 되니, 武王은 그가 그릇을 잘 만들고, 또 神明의 후손이라 하여 맏딸〔元女〕 太姬를 그의 아들 滿에게 시집보내고, 〈滿을〉 陳에 봉해서 宛丘의 곁에 도읍하게 하여 黃帝와 帝堯의 후손과 함께 三恪으로 삼으니, 이가 胡公이다. 太姬는 尊貴한 신분의 婦人인데 巫覡과 歌舞의 일을 좋아하니, 백성들이 이에 동화되었다. 지금의 陳州가 바로 그 지역이다.

字義 皡 : 흴 호 羲 : 복희 희 閼 : 막을 알 恪 : 공경할 각 覡 : 무당 격

宛丘(완구)

子之湯兮여 宛丘之上兮로다 洵有情兮나 而無望兮로다 (陳風 宛丘-01)

子之湯兮 그대 질탕한 놀이
宛丘之上兮 완구 위에서 하네
洵有情兮 진실로 정취는 있지만
而無望兮 우러러 본받을 것이 없네

賦也라 子는 指遊蕩之人也라 湯은 蕩也라 四方高 中央下曰宛丘라 洵은 信也요 望은 人所瞻望也라

賦이다. 子는 질탕하게 노는 사람을 가리킨다. 湯은 방탕함이다. 주변이 높고 가운데가 낮은 것을 宛丘라 한다. 洵은 진실로이고, 望은 사람들이 우러러 바라보는 것이다.

○國人이 見此人常遊蕩於宛丘之上이라 故로 敍其事以刺之라 言 雖信有情思而可樂矣나 然無威儀可瞻望也라

○國人들이 이 사람이 항상 宛丘 위에서 질탕하게 노는 것을 보았다. 그리하여 그 일을 서술하여 풍자하였다. "진실로 정취가 있어 즐거울 만하지만 우러러 본받을 만한 행동은 없다."라고 한 것이다.

坎其擊鼓여 宛丘之下로다 無冬無夏히 値其鷺羽로다 (陳風 宛丘-02)

祝과 陳에 봉하여 조상을 제사 지내도록 하였는데, 이 세 나라를 존중한다는 의미로 三恪이라 불렀다 한다.(《禮記》 〈樂記〉 참조)

坎其擊鼓　　둥둥 치는 북소리
宛丘之下　　완구 아래에서 들리네
無冬無夏　　겨울 여름 없이
值其鷺羽　　해오라기 깃 꽂았네

鷺(白鷺)

賦也라 坎은 擊鼓聲이라 值는 植(치)也라 鷺는 舂鉏니 今鷺鷥(사)로 好而潔白하고 頭上有長毛十數枚라 羽는 以其羽爲翳니 舞者持以指麾也라 言無時不出遊而鼓舞於是也라

賦이다. 坎은 북소리이다. 值는 꽂음이다. 鷺는 舂鉏니, 지금의 해오라기로, 멋지고 깨끗하며, 머리 위에 10매 남짓의 긴 털이 있다. 羽는 그 깃털로 일산을 만든 것이니, 춤추는 자가 잡고서 지휘하는 것이다. 놀러 나와 여기에서 북치고 춤추지 않는 때가 없다는 것을 말한 것이다.

字義 坎 : 북치는 소리 감　值 : 꽂을 치　鷺 : 해오라기 로　植 : 꽂을 치　舂 : 방아 찧을 용
鉏 : 호미 서　鷥 : 해오라기 사　翳 : 깃일산 예　麾 : 두를 휘

坎其擊缶여 宛丘之道로다 無冬無夏히 值其鷺翿로다 (陳風 宛丘-03)

坎其擊缶　　둥둥 질장구 소리
宛丘之道　　완구 길에서 들리네
無冬無夏　　겨울 여름 없이
值其鷺翿　　해오라기 일산을 꽂았네

缶

賦也라 缶는 瓦器니 可以節樂이라 翿는 翳也라

賦이다. 缶는 질그릇이니, 박자를 맞출 수 있다. 翿는 깃 일산이다.

字義 缶 : 질장구 부　翿 : 깃일산 도

宛丘 三章이니 章四句라

〈宛丘〉 3章이니, 장마다 4句이다.

用 例

〔坎鼓〕 - 북 치는 것을 말한다. 何薳(宋),《春渚紀聞》〈生魂神〉: "余嘗與許師正同過平江, 夜宿村墅, 聞村人**坎鼓**, 群集爲賽神之會."

東門之枌(동문지분)

東門之枌과 宛丘之栩(허)에 子仲之子 婆娑其下로다 (陳風 東門之枌-01)

東門之枌	동문의 흰느릅나무
宛丘之栩	완구의 상수리나무
子仲之子	자중씨 딸
婆娑其下	그 아래에 너울너울 춤추네

賦也라 枌은 白楡也라 先生葉卻著(착)莢하며 皮色白이라 子仲之子는 子仲氏之女也[2]라 婆娑는 舞貌라

賦이다. 枌은 흰느릅나무이다. 잎이 나오기에 앞서 열매 깍지가 붙으며, 껍질이 희다. 子仲之子는 子仲氏의 딸이다. 婆娑는 춤추는 모양이다.

◯此는 男女聚會歌舞하고 而賦其事以相樂也라

◯이 시는 男女가 모여 歌舞하고 그 일을 읊어 서로 즐거워한 것이다.

字義 枌 : 흰느릅나무 분 栩 : 상수리나무 허(우) 婆 : 춤출 파 娑 : 춤출 사 著 : 붙을 착 莢 : 꼬투리 협

穀旦于差하니 南方之原이로다 不績其麻요 市也婆娑로다 (陳風 東門之枌-02)

穀旦于差	좋은 날 가려서
南方之原	남쪽 언덕에 모였네
不績其麻	길쌈일 버려두고
市也婆娑	저자에서 너울너울 춤추네

賦也라 穀은 善이요 差는 擇也라

賦이다. 穀은 좋음이고, 差는 가림이다.

◯旣差擇善旦하여 以會于南方之原이라 於是에 棄其業以舞於市而往會也라

◯좋은 날을 가려 남쪽 언덕에서 모였다. 이때에 하던 일을 버려두고 저자에서 춤추려고 가서 모인 것이다.

---

2 子仲氏之女也 : 鄭玄(後漢)은 '남자'로 정의하고 있다. 孔穎達(唐)은 疏에서, 子仲氏는 당시 대부의 氏姓이라 하고, 남녀가 하던 일을 버려두고 춤추고 노니는 것이기에 여기는 남자이고 뒤의 '길쌈일 버려두고〔不績其麻〕'의 주인공이 여자를 말한다고 하였다.

荍(錦葵)

字義 穀 : 좋을 곡　差 : 가릴 차

穀旦于逝하니 越以鬷邁로다 視爾如荍(교)하니 貽我握椒로다 (陳風 東門之枌-03)

穀旦于逝　　좋은 날 가려서
越以鬷邁　　무리지어 가네
視爾如荍　　금규화 같은 그대
貽我握椒　　나에게 초피 한 줌 주었네

賦也라 逝는 往이요 越은 於라 鬷은 衆也요 邁는 行也라 荍는 芘芣也라 又名荊葵니 紫色이라 椒는 芬芳之物也라

賦이다. 逝는 가는 것이고, 越은 於이다. 鬷은 많음이고, 邁는 가는 것이다. 荍는 芘芣이다. 荊葵라고도 하니, 자주색이다. 椒는 향기나는 것이다.

○言 又以善旦而往하니 於是에 以其衆行而男女相與道其慕悅之詞曰 我視爾顔色之美를 如芘芣之華라 於是에 遺我以一握之椒하여 而交情好也라

○"또 좋은 날에 만나러 가니, 이에 무리지어 가면서 남녀가 서로 사모하고 좋아하는 말로 이르기를 '내 그대의 아름다운 얼굴을 마치 금규화처럼 본다.' 하니, 나에게 초피 한 줌 선물하여 좋은 감정으로 사귀네."라고 한 것이다.

字義 越 : 이에 월　鬷 : 많을 종　荍 : 금규화 교　握 : 한줌 악　椒 : 초피나무 초　芘 : 당아욱 비　芣 : 당아욱 부　葵 : 아욱 규　芬 : 향기로울 분　芳 : 향기날 방

東門之枌 三章이니 章四句라

〈東門之枌〉 3章이니, 장마다 4句이다.

用 例

〔握椒〕 - 남녀간에 선물하여 애정을 표시하는 예물을 가리킨다. 《藝文類聚》 卷79 引陳琳(後漢), 〈神女賦〉 : "申握椒以貽予, 請同宴乎奧房."

〔秉椒〕 - 〈陳風 東門之枌〉을 지칭할 때 사용한다. 鮑照(南朝 宋), 〈擬〈青青陵上柏〉〉詩 : "輿童唱〈秉椒〉, 櫂女歌〈采蓮〉."

衡門(횡문)

衡門之下여 可以棲遲로다 泌之洋洋이여 可以樂飢로다 (陳風 衡門-01)

衡門之下　　통나무 가로지른 문간 아래
可以棲遲　　여유로이 지낼 만하네
泌之洋洋　　남실남실 흐르는 샘물
可以樂飢　　가난한 살림 즐길 만하네

賦也라 衡門은 橫木爲門也라 門之深者는 有阿塾堂宇어늘 此惟衡(橫)木爲之라 棲遲는 遊息也요 泌는 泉水也요 洋洋은 水流貌라

賦이다. 衡門은 나무를 가로질러 만든 문이다. 큰 문에는 딸린 방과 마루가 있는데, 이는 가로지른 나무만으로 만든 것이다. 棲遲는 놀고 쉼이고, 泌는 샘물이고, 洋洋은 물이 흐르는 모양이다.

○此는 隱居自樂而無求者之詞라 言衡門雖淺陋나 然亦可以遊息이요 泌水雖不可飽나 然亦可以玩樂而忘飢也라

○이 시는 은거하면서 스스로 즐거워 바라는 것이 없는 자의 말이다. 衡門이 비록 좁지만 역시 놀고 쉴 만하고, 졸졸 흐르는 샘물이 비록 배불릴 수는 없지만 역시 즐기면서 굶주림을 잊을 만함을 말한 것이다.

字義　棲 : 쉴 서　泌 : 샘물 졸졸 흐를 비　阿 : 마룻대 아　塾 : 문 옆방 숙　堂 : 마루 당　宇 : 지붕 우

豈其食魚를 必河之魴이리오 豈其取妻를 必齊之姜이리오 (陳風 衡門-02)

豈其食魚　　어이하여 먹는 생선
必河之魴　　꼭 하수의 방어라야 하나
豈其取妻　　어이하여 얻는 아내
必齊之姜　　꼭 제나라 여인이어야 하나

賦也라 姜은 齊姓이라

賦이다. 姜은 齊나라의 姓氏이다.

字義　魴 : 방어 방

豈其食魚를 必河之鯉리오 豈其取妻를 必宋之子리오 (陳風 衡門-03)

豈其食魚　　어이하여 먹는 생선
必河之鯉　　꼭 하수의 잉어라야 하나
豈其取妻　　어이하여 얻는 아내
必宋之子　　꼭 송나라 여인이어야 하나

賦也라 子는 宋姓이라

賦이다. 子는 宋나라의 姓氏이다.

字義 鯉 : 잉어 리

衡門 三章이니 章四句라

〈衡門〉 3章이니, 장마다 4句이다.

用 例

〔衡泌〕 - 隱居하는 장소이다. 《宋書》〈隱逸傳 雷次宗〉 : "汝等年各成長, 冠娶已畢, 修惜**衡泌**, 吾復何憂."

〔宋子〕 - 王侯의 딸임을 표현한다. 庾信(北周), 〈周儀同松滋公拓跋兢夫人尉遲氏墓志銘〉 : "是生令淑, 觀《禮》敦《詩》. 聲超**宋子**, 德茂邢姨."

〔棲衡〕 - 隱居함을 가리킨다. 《舊唐書》〈文苑傳下 司空圖〉 : "詔曰 : '司空圖……心惟樂於漱流, 仕非專於祿食. 匪夷匪惠, 難居公正之朝 ; 載省載思, 當徇**棲衡**之志. 可放還山.'"

〔齊姜〕 - 名門大家의 딸임을 표현한다. 孫枝蔚(清), 〈田家雜興次儲光義韻〉 : "娶妻非**齊姜**, 置田非膏腴 ; 結交非平原, 或牧或樵漁."

東門之池(동문지지)

東門之池여 可以漚麻로다 彼美淑姬여 可與晤(오)歌로다 (陳風 東門之池-01)

東門之池　　동문 밖의 못
可以漚麻　　삼을 담글 만하네
彼美淑姬　　저 아리따운 아가씨
可與晤歌　　어울려 노래할 만하네

興也라 池는 城池也라 漚는 漬也니 治麻者는 必先以水漬之라 晤는 猶解也라

興이다. 池는 城에 있는 못이다. 漚는 담금이니, 삼을 손질하는 자는 반드시 먼저 물에 삼을 담근다. 晤는 만남(解)과 같다.

○此亦男女會遇之詞니 蓋因其會遇之地所見之物하여 以起興也라

○이 시도 남녀가 만나서 하는 말이다. 이는 만나는 곳에서 본 사물로 인하여 詩情을 일으킨 것이다.

字義 漚 : 담글 구 晤 : 만날 오 漬 : 담글 지 解(≒邂) : 만날 해

東門之池여 可以漚紵(저)로다 彼美淑姬여 可與晤語로다 (陳風 東門之池-02)

東門之池 동문 밖의 못
可以漚紵 모시를 담글 만하네
彼美淑姬 저 어여쁜 아가씨
可與晤語 같이 속삭일 만하네

紵(紵麻)

興也라 紵는 麻屬이라

興이다. 紵는 삼의 종류이다.

字義 紵 : 모시 저

東門之池여 可以漚菅(관)이로다 彼美淑姬여 可與晤言이로다 (陳風 東門之池-03)

東門之池 동문 밖의 못
可以漚菅 골풀 담글 만하네
彼美淑姬 저 아리따운 아가씨
可與晤言 같이 이야기할 만하네

菅

興也라 菅은 葉似茅而滑澤하고 莖有白粉이라 柔韌하여 宜爲索(삭)也라

興이다. 菅은 잎이 띠풀과 비슷한데 매끄럽고 윤기가 나며, 줄기에 흰 가루가 있다. 부드럽고 질겨 〈꼬아서〉 줄을 만들기에 적합하다.

字義 菅 : 골풀 관 韌 : 질길 인

東門之池 三章이니 章四句라

〈東門之池〉 3章이니, 장마다 4句이다.

東門之楊(동문지양)

東門之楊이여 其葉牂牂(장장)이로다 昏以爲期하니 明星煌煌이로다 (陳風 東門之楊-01)

東門之楊 동문의 버드나무

其葉牂牂　　그 잎 무성하네
昏以爲期　　저물녘에 만나자 약속했더니
明星煌煌　　샛별이 반짝이네

興也라 東門은 相期之地也라 楊은 柳之揚起者也라 牂牂은 盛貌라 明星은 啓明也요 煌煌은 大明貌라

興이다. 東門은 서로 약속한 장소이다. 楊은 가지가 쭉 뻗은 버들이다. 牂牂은 무성한 모양이다. 明星은 啓明星이고, 煌煌은 환하게 밝은 모양이다.

○此亦男女期會而有負約不至者라 故로 因其所見以起興也라

○이 시도 남녀가 만나기로 기약하고, 약속을 저버리고 오지 않은 자가 있었다. 그리하여 본 것으로 인하여 詩情을 일으킨 것이다.

字義 牂 : 성할 장　煌 : 빛날 황

東門之楊이여 其葉肺肺로다 昏以爲期하니 明星晢晢(제제)로다 (陳風 東門之楊-02)

東門之楊　　동문의 버드나무
其葉肺肺　　그 잎새 무성하네
昏以爲期　　저물녘에 만나자 기약했더니
明星晢晢　　샛별이 반짝이네

興也라 肺肺는 猶牂牂也요 晢晢는 猶煌煌也라

興이다. 肺肺는 牂牂과 같고, 晢晢는 煌煌과 같다.

字義 肺 : 성할 패　晢 : 별반짝일 제

東門之楊 二章이니 章四句라

〈東門之楊〉 2章이니, 장마다 4句이다.

墓門(묘문)

墓門有棘이어늘 斧以斯之로다 夫也不良이어늘 國人知之로다 知而不已하나니 誰昔然矣로다 (陳風 墓門-01)

墓門有棘　　묘문에 우거진 가시나무
斧以斯之　　도끼로 찍어내네
夫也不良　　저이의 불량함

國人知之	온 나라가 아네
知而不已	알아도 그치지 않으니
誰昔然矣	예전부터 그 모양이로세

興也라 墓門은 凶僻之地니 多生荊棘이라 斯는 析也라 夫는 指所刺之人也라 誰昔은 昔也니 猶言疇昔也라

興이다. 墓門은 흉하고 궁벽한 지역이니, 가시나무가 많이 자란다. 斯는 쪼개는 것이다. 夫는 풍자할 사람을 가리킨다. 誰昔은 예전이니, 疇昔이란 말과 같다.

◯言墓門有棘하니 則斧以斯之矣요 此人不良하니 則國人知之矣라 國人知之로되 猶不自改하니 則自疇昔而已然이요 非一日之積矣라 所謂不良之人은 亦不知其何所指也라

◯"墓門에 가시나무가 있으니 도끼로 찍어내고, 이 사람이 不良하니 國人들이 알고 있다. 國人들이 아는데도 스스로 고치지 아니하니, 이는 예전부터 그랬던 것이지 하루에 이루어진 것이 아니다."라고 한 것이다. 이른바 '불량한 사람'은 역시 누구를 가리킨 것인지 모른다.

字義 斯 : 쪼갤 사 疇 : 접때 주

墓門有梅어늘 有鴞萃止로다 夫也不良이어늘 歌以訊之로다 訊予不顧하나니 顚倒思予리라 (陳風 墓門-02)

墓門有梅	묘문 매화나무에
有鴞萃止	올빼미 모였네
夫也不良	불량한 저이
歌以訊之	노래로 알리네
訊予不顧	알려도 날 돌아보지 않으니
顚倒思予	다급하면 날 생각하리

鴞(班頭鵂鶹)

興也라 鴟鴞는 惡聲之鳥也라 萃는 集이요 訊은 告也라 顚倒는 狼狽之狀이라

興이다. 鴟鴞는 듣기 싫은 소리로 우는 새이다. 萃는 모임이고, 訊은 告함이다. 顚倒는 狼狽한 모양이다.

◯墓門有梅하니 則有鴞萃之矣요 夫也不良하니 則有歌其惡以訊之者矣라 訊之而不予顧하니 至於顚倒然後에 思予면 則豈有所及哉아 或曰 訊予之予는 疑當依前章하여 作而字라

◯墓門에 매화나무가 있으니 올빼미가 모여 앉고, 그이 不良하니 그의 惡함을 노래하여 알려 주는 자가 있다. 알려주어도 나를 돌아보지 않으니, 顚倒함에 이른 뒤에 나를 생각한다면 어찌 미칠 수 있겠는가. 혹은 "訊予의 予는 前章에 의거하여 '而'자가 되어야 할 듯하다."고 한다.

字義 鴞 : 올빼미 효 萃 : 모일 췌 訊 : 고할 신 鴟 : 올빼미 치 狽 : 이리 패

墓門 二章이니 章六句라

〈墓門〉 2章이니, 장마다 6句이다.

防有鵲巢(방유작소)

苕

防有鵲巢며 邛(공)有旨苕(초)로다 誰侜予美하여 心焉忉忉오 (陳風 防有鵲巢-01)

防有鵲巢	제방엔 까치집 있고
邛有旨苕	언덕엔 맛있는 완두콩
誰侜予美	그 누가 내 님 꾀어
心焉忉忉	내 마음 괴롭게 하나

興也라 防은 人所築以捍水者라 邛은 丘요 旨는 美也라 苕는 苕饒也니 莖如勞豆而細하고 葉似蒺藜而青하며 其莖葉綠色이요 可生食하니 如小豆藿也라 侜는 侜張也니 猶鄭風之所謂迂也라 予美는 指所與私者也라 忉忉는 憂貌라

興이다. 防은 인공으로 쌓아서 물을 막는 것이다. 邛은 언덕이고, 旨는 맛있음이다. 苕는 苕饒니, 줄기는 들콩(勞豆)과 비슷한데 가늘고, 잎은 납가새(蒺藜)와 비슷한데 푸르며, 줄기와 잎은 綠色이고 生食할 수 있는데, 팥잎과 같다. 侜는 속이고 과장함이니, 〈鄭風 揚之水〉에 말한 속임(迂)과 같다. 予美는 같이 좋아하는 자를 가리킨 것이다. 忉忉는 근심하는 모습이다.

○此는 男女之有私而憂或間之之詞라 故로 曰 防則有鵲巢矣요 邛則有旨苕矣어늘 今此何人이 而侜張予之所美하여 使我憂之而至於忉忉乎아

○이 시는 좋아하는 남녀가 혹시라도 이간을 당할까 걱정하는 말이다. 그리하여 "제방에는 까치집이 있고, 언덕에는 맛있는 완두콩이 있다. 그런데 지금 누가 내가 아름답게 여기는 사람을 속여서 나로 하여금 근심하여 괴롭게 하는가."라고 한 것이다.

字義 邛 : 언덕 공 苕 : 능소화 초 侜 : 속일 주 忉 : 근심할 도 蒺 : 납가새 질 藜 : 납가새 려 藿 : 콩잎 곽 張 : 속일 장 迂 : 속일 광

中唐有甓(벽)하며 邛有旨鷊(역)이로다 誰侜予美하여 心焉惕惕고 (陳風 防有鵲巢-02)

中唐有甓	사당 안길엔 벽돌 깔리고
邛有旨鷊	언덕엔 예쁜 타래난초
誰侜予美	그 누가 내 님 꾀어

心焉惕惕　　내 마음 애닯게 하나

興也라 廟中路를 謂之唐이라 甓은 瓴甋也라 鷊은 小草니 雜色如綬라 惕惕은 猶忉忉也라

興이다. 사당의 가운데 길을 唐이라 이른다. 甓은 벽돌이다. 鷊은 작은 풀이니, 인끈처럼 색깔이 섞여 있다. 惕惕은 忉忉와 같다.

字義 甓 : 벽돌 벽　鷊 : 타래난초 역　惕 : 근심할 척　瓴 : 장방형벽돌 령　甋 : 벽돌 적

防有鵲巢 二章이니 章四句라

〈防有鵲巢〉 2章이니, 장마다 4句이다.

鷊

月出(월출)

月出皎兮어늘 佼人僚兮로다 舒窈糾(요교)兮어뇨 勞心悄兮호라 (陳風 月出-01)

月出皎兮　　달 환히 밝은데
佼人僚兮　　고운 님 예쁘기도 하여라
舒窈糾兮　　어이하면 맺힌 속정 펼칠고
勞心悄兮　　괴로움에 가슴 타네

興也라 皎는 月光也라 佼人은 美人也라 僚는 好貌라 窈는 幽遠也요 糾는 愁結也라 悄는 憂也라

興이다. 皎는 달빛이다. 佼人은 아름다운 사람이다. 僚는 아름다운 모양이다. 窈는 깊은 것이고, 糾는 근심이 맺힌 것이다. 悄는 근심이다.

○此亦男女相悅而相念之詞라 言月出則皎然矣요 佼人則僚然矣니 安得見之而舒窈糾之情乎아 是以로 爲之勞心而悄然也라

○이 시도 남녀가 서로 좋아하면서 서로 그리워하는 말이다. "달이 나오면 밝은데 아름다운 사람은 예쁘기도 하니, 어떻게 하면 그를 만나 가슴 깊이 맺힌 속정을 펼 수 있겠는가. 이 때문에 괴로워 가슴이 탄다."라고 말한 것이다.

字義 皎 : 달 밝을 교　佼 : 예쁠 교　僚 : 예쁠 료　糾 : 맺힐 교　悄 : 근심할 초

月出皓兮어늘 佼人懰(류)兮로다 舒懮受兮어뇨 勞心慅(초)兮호라 (陳風 月出-02)

月出皓兮　　달 환히 밝은데
佼人懰兮　　고운님 멋지기도 하여라

舒懮受兮　　어이하면 맺힌 시름 펼칠고
勞心慅兮　　괴로움에 애가 타네

興也라 懰는 好貌라 懮受는 憂思也라 慅는 猶悄也라

興이다. 懰는 멋진 모양이다. 懮受는 근심이다. 慅는 悄와 같다.

字義 懰 : 멋질 류　懮 : 근심할 우　慅 : 근심할 초

月出照兮어늘 佼人燎兮로다 舒夭紹兮어뇨 勞心慘(참)兮호라 (陳風 月出-03)

月出照兮　　달 환히 비치는데
佼人燎兮　　고운님 환하기도 하여라
舒夭紹兮　　어이하면 맺힌 시름 펼칠고
勞心慘兮　　괴로움에 슬프네

興也라 燎는 明也라 夭紹는 糾緊之意라 慘은 憂也라

興이다. 燎는 밝음이다. 夭紹는 단단히 맺힘의 뜻이다. 慘은 슬픔이다.

字義 燎 : 밝을 료　慘 : 슬플 참

月出 三章이니 章四句라

〈月出〉 3章이니, 장마다 4句이다.

用 例

〔陳篇〕 - 〈陳風 月出〉을 지칭하거나 詠月의 전고로 사용한다. 劉禹錫(唐), 〈奉和中書舍人八月十五日夜玩月二十韻〉 : "從今紙貴後, 不復詠陳篇."

株林(주림)

胡爲乎株林고 從夏南이니라 匪適株林이라 從夏南이니라 (陳風 株林-01)

胡爲乎株林　　주림엔 왜 가는가
從夏南　　하남에게 가느니라
匪適株林　　주림에 간 게 아니라
從夏南　　하남에게 간 것이니라

賦也라 株林은 夏氏邑也라 夏南은 徵舒字也라

賦이다. 株林은 夏氏의 邑이다. 夏南은 夏徵舒의 字이다

◯靈公이 淫於夏徵舒之母하여 朝夕而往夏氏之邑이라 故로 其民相與語曰 君胡爲乎株林乎아 曰從夏南耳라 然則非適株林也요 特以從夏南故耳라하니 蓋淫乎夏姬를 不可言也라 故로 以從其子言之하니 詩人之忠厚如此라

○陳 靈公이 夏徵舒의 어머니와 姦淫하여 朝夕으로 夏氏의 邑에 갔다. 그러므로 그 백성들이 서로 "임금이 株林에 왜 가는가. 夏南에게 간 것이다. 그러고 보면 株林에 간 것이 아니고, 夏南에게만 갔을 뿐이다."라고 한 것이다. 이는 〈靈公이〉 夏姬와 姦淫함을 말할 수 없기 때문에 〈夏姬의〉 아들에게 간 것이라고 말하였으니, 詩人의 忠厚함이 이와 같다.

駕我乘馬하여 說(세)于株野로다 乘我乘駒하여 朝食于株로다 (陳風 株林-02)

駕我乘馬　　우리 큰 말 타고 가
說于株野　　주야에 머물렀네
乘我乘駒　　우리 건장한 말 타고 가
朝食于株　　주림에서 아침 먹네

賦也라 說는 舍也라 馬六尺以下曰駒라

賦이다. 說는 머무는 것이다. 6尺 이하인 말을 駒라 한다.

字義 說 : 머물 세

株林 二章이니 章四句라

〈株林〉 2章이니, 장마다 4句이다.

春秋傳에 夏姬는 鄭穆公之女也라 嫁於陳大夫夏御叔이러니 靈公이 與其大夫孔寧, 儀行父(보)와 通焉이라 洩冶諫이나 不聽而殺之러니 後卒爲其子徵舒所弑하고 而徵舒는 復爲楚莊王所誅하다

《春秋左氏傳》에 '夏姬는 鄭 穆公의 딸인데, 陳나라의 大夫 夏御叔에게 시집을 갔다. 陳 靈公이 大夫 孔寧·儀行父와 같이 夏姬와 간통하자, 洩冶가 간하였으나 듣지 않고 그를 죽였다. 靈公은 뒤에 결국 하희의 아들 徵舒에게 시해를 당하고, 徵舒는 다시 楚 莊王에게 죽임을 당했다.' 하였다.

澤陂(택피)

彼澤之陂에 有蒲與荷로다 有美一人이여 傷如之何오 寤寐無爲하여 涕泗滂沱호라 (陳風 澤陂-01)

蒲(香蒲)

彼澤之陂　　저기 저 못 뚝에는
有蒲與荷　　부들이며 연이 있네
有美一人　　아름다운 그 사람
傷如之何　　애태운들 어이하랴
寤寐無爲　　자나 깨나 하릴없어
涕泗滂沱　　눈물 콧물만 흘리네

興也라 陂는 澤障也라 蒲는 水草니 可爲席者라 荷는 芙蕖也라 自目曰涕요 自鼻曰泗라

興이다. 陂는 못의 둑이다. 蒲는 水草니, 자리를 만들 수 있는 것이다. 荷는 芙蕖이다. 눈에서 나오는 것을 涕라 하고, 코에서 나오는 것을 泗라 한다.

○此詩之旨는 與月出相類라 言彼澤之陂엔 則有蒲與荷矣어늘 有美一人而不可見하니 則雖憂傷而如之何哉오 寤寐無爲하여 涕泗滂沱而已矣라

○이 시의 뜻은 〈月出〉과 서로 비슷하다. "저 못의 둑에는 부들이며 연꽃이 있는데, 아름다운 한 사람이 있으나 만나볼 수가 없으니, 비록 근심하고 슬퍼한들 어쩌겠는가. 자나 깨나 하릴없어 눈물 콧물만 줄줄 흘릴 뿐이다."라고 한 것이다.

字義 陂 : 언덕 피　蒲 : 부들 포　荷 : 연꽃 하　涕 : 눈물 체　泗 : 콧물 사　滂 : 비 퍼붓는 모양 방
沱 : 큰비 타　芙 : 연꽃 부　蕖 : 연꽃 거

彼澤之陂에 有蒲與蕑이로다 有美一人이여 碩大且卷이로다 寤寐無爲하여 中心悁悁호라 (陳風 澤陂-02)

彼澤之陂　　저기 저 못 뚝에는
有蒲與蕑　　부들이며 난이 있네
有美一人　　아름다운 그 사람
碩大且卷　　훤칠한 몸매 어여쁜 귀밑머리
寤寐無爲　　자나 깨나 하릴없어
中心悁悁　　애만 태우네

興也라 蕑은 蘭也[3]라 卷은 鬢髮之美也라 悁悁은 猶悒悒也라

興이다. 蕑은 난초이다. 卷은 귀밑머리가 아름다운 것이다. 悁悁은 근심함(悒悒)과 같다.

3　蕑 蘭也 : 이는 毛亨(前漢)의 해석이다. 鄭玄(後漢)은 '蓮'자로 보아야 한다고 하였다. 그 이유는 이 시에서 모두 '蒲'와 '荷'를 말하고 있고 이들은 모두 못에서 자라는 화초인데 난초는 뭍에서 자라는 것이므로 합당하지 않기 때문이라고 하였다.(《毛詩正義》 참조)

字義 蕑 : 난초 간 卷 : 말릴 권 悁 : 근심할 연 鬢 : 살쩍 빈 悒 : 근심할 읍

彼澤之陂에 有蒲菡萏이로다 有美一人이여 碩大且儼이로다 寤寐無爲하여 輾轉伏枕호라 (陳風 澤陂-03)

彼澤之陂 저기 저 못 뚝에는
有蒲菡萏 부들이며 연꽃이 있네
有美一人 아름다운 그 사람
碩大且儼 훤칠한 몸매 의젓도 하네
寤寐無爲 자나 깨나 하릴없어
輾轉伏枕 베개 안고 뒤척이네

興也라 菡萏은 荷華也라 儼은 矜莊貌라 輾轉伏枕은 臥而不寐니 思之深且久也라

興이다. 菡萏은 연꽃이다. 儼은 의젓한 모습이다. 輾轉伏枕은 누워있어도 잠을 이루지 못하는 것이니, 그리움이 깊고도 오래가는 것이다.

字義 菡 : 연꽃봉우리 함 萏 : 연꽃봉우리 담

澤陂 三章이니 章六句라

〈澤陂〉 3章이니, 장마다 6句이다.

用 例

〔伏枕〕 - 病弱하거나 年老하여 오래 병석에 있음을 말한다. 《北齊書》〈陸印傳〉 : "遭母喪, 哀慕毁瘁, 殆不勝喪, 至沉篤, 頓昧**伏枕**."

陳國 十篇이니 二十六章이요 一百二十四句라

陳國風 10篇이니, 26章이고 124句이다.

東萊呂氏曰 變風이 終於陳靈하니 其間男女夫婦之詩 一何多邪아 曰有天地然後에 有萬物하고 有萬物然後에 有男女하고 有男女然後에 有夫婦하고 有夫婦然後에 有父子하고 有父子然後에 有君臣하고 有君臣然後에 有上下하고 有上下然後에 禮義有所錯(조)하니 男女者는 三綱之本이요 萬事之先也라 正風之所以爲正者는 擧其正者以勸之也요 變風之所以爲變者는 擧其不正者以戒之也라 道之昇降과 時之治亂과 俗之汙(와)隆과 民之死生이 於是乎在하니 錄之煩悉과 篇之重複인들 亦何疑哉아

東萊 呂氏(呂祖謙)가 말하였다. "變風이 陳 靈公에서 끝났으니, 그 사이에 男女와 夫婦間의 시가 어쩌면 그리도 많은가. 天地가 있은 뒤에 萬物이 있고, 만물이 있은 뒤에 男女가 있고, 남

녀가 있은 뒤에 夫婦가 있고, 부부가 있은 뒤에 父子가 있고, 부자가 있은 뒤에 君臣이 있고, 군신이 있은 뒤에 上下가 있고, 상하가 있은 뒤에 禮義를 행할 곳이 있는 것이니, 남녀는 三綱의 근본이고 萬事의 우선이다. 正風이 정풍이 된 까닭은 그 바른 것을 들어서 권장하였기 때문이고, 變風이 변풍이 된 까닭은 그 바르지 못한 것을 들어서 경계했기 때문이다. 道가 융성하고 쇠퇴함과 時代가 잘 다스려지고 혼란해짐과 풍속이 아름답고 아름답지 못함과 백성의 죽고 사는 것이 여기 男女에 달려 있으니, 기록이 번거롭고 篇이 중복된다 한들 어찌 의심할 것이 있겠는가."

字義 汙 : 낮을 와　錯(≒措) : 둘 조

詩經集傳 卷之七

檜 一之十三

檜世系

祝融의 후손으로 封爵과 世次는 未詳이다.

檜는 國名이니 高辛氏火正 祝融之墟니 在禹貢豫州外方之北, 滎波之南하여 居溱洧之間이라 其君은 妘姓이니 祝融之後라 周衰에 爲鄭桓公所滅 而遷國焉하니 今之鄭州 卽其地也라 蘇氏以爲 檜詩는 皆爲鄭作이니 如邶鄘之於衛也라하니 未知是否라

檜는 國名이다. 高辛氏의 火正인 祝融이 다스린 옛 터이니,《書經》〈禹貢〉의 豫州로 外方山의 북쪽, 滎波의 남쪽에 있어, 溱水와 洧水의 사이에 자리하고 있었다. 그 군주의 姓은 妘氏이니 祝融의 후손이다. 周나라가 쇠약해지자 鄭 桓公이 멸하고 수도를 그곳으로 옮겼으니, 지금의 鄭州가 바로 그곳이다. 蘇氏는 "檜詩는 모두 鄭나라가 된 뒤에 지어진 것이니, 衛나라에 있어서 邶와 鄘 같은 경우이다." 하니, 맞는지는 모르겠다.

字義 檜 : 나라 이름 회　滎 : 물 이름 형　溱 : 물 이름 진　洧 : 물 이름 유　妘 : 성 운

羔裘(고구)

羔裘逍遙하며 狐裘以朝로다 豈不爾思리오 勞心忉忉호라 (檜風 羔裘-01)

羔裘逍遙　　검정 양피 갖옷으로 노니시며
狐裘以朝　　여우 갖옷으로 조회하네
豈不爾思　　어이 그대 생각지 않으리오
勞心忉忉　　괴로운 마음 시름겹네

賦也라 緇衣羔裘는 諸侯之朝服이요 錦衣狐裘는 其朝天子之服也라

賦이다. 검은 옷에 검정 갖옷은 諸侯의 朝服이고, 비단옷에 여우 갖옷은 天子에게 조회하는 옷차림이다.

○舊說에 檜君이 好潔其衣服하여 逍遙遊宴하고 而不能自强於政治라 故로 詩人憂之라

○舊說에 "檜나라의 군주가 의복을 잘 차려 입고서 잔치로 소일하고, 스스로 정치에 힘쓰지

못하였다. 그리하여 시인이 근심한 것이다." 하였다.

字義 忉 : 슬플 도

羔裘翱翔하며 狐裘在堂이로다 豈不爾思리오 我心憂傷호라 (檜風 羔裘-02)

羔裘翱翔　검정 양피 갖옷으로 노니시며
狐裘在堂　여우 갖옷으로 공당에 있네
豈不爾思　어이 그대 염려치 않으리오
我心憂傷　내 마음 근심으로 슬프네

賦也라 翱翔은 猶逍遙也라 堂은 公堂也라

賦이다. 翱翔은 逍遙와 같다. 堂은 公堂이다.

字義 翱 : 날 고　翔 : 날 상

◯羔裘如膏하니 日出有曜로다 豈不爾思리오 中心是悼호라 (檜風 羔裘-03)

羔裘如膏　윤기 나는 검정 양피 갖옷
日出有曜　햇빛 받아 반짝반짝
豈不爾思　어이 그대 걱정하지 않으리오
中心是悼　이내 마음 구슬프네

賦也라 膏는 脂所漬也라 日出有曜는 日照之則有光也라

賦이다. 膏는 기름에 적신 것이다. 日出有曜는 해가 비치면 광택이 나는 것이다.

字義 膏 : 기름 고　曜 : 빛날 요

羔裘 三章이니 章四句라

〈羔裘〉 3章이니, 장마다 4句이다.

素冠(소관)

庶見素冠兮 棘人欒欒兮아 勞心慱慱兮호라 (檜風 素冠-01)

庶見素冠兮　행여 하얀 관 쓴
棘人欒欒兮　수척한 喪人 볼 수 있을까
勞心慱慱兮　괴로움에 애가 타네

賦也라 庶는 幸也라 縞冠素紕는 旣祥之冠也니 黑經白緯曰縞요 緣邊曰紕라 棘은 急也라

喪事는 欲其總總爾니 哀遽之狀也라 欒欒은 瘠貌요 慱慱은 憂勞之貌라

賦이다. 庶는 행여이다. 하얀 관에 하얀 선을 두른 것은 大祥을 지낸 冠이다. 검은 날줄에 하얀 씨줄로 짠 것을 縞라 하고, 가장자리에 선을 두른 것을 紕라 한다. 棘은 다급함이다. 喪事는 바삐 하고자 하니, 슬프고 다급한 모양이다. 欒欒은 수척한 모습이고, 慱慱은 근심하고 애태우는 모습이다.

○祥冠은 祥則冠之하고 禫則除之하나니 今人이 皆不能行三年之喪矣니 安得見此服乎아 當時賢者 庶幾見之하여 至於憂勞也라

○祥冠은 大祥에 쓰고, 禫祭를 지내면 벗는데, 지금 사람들은 모두 三年喪을 행하지 않으니, 어떻게 하면 이런 喪服을 입은 사람을 볼 수 있을까. 당시의 賢者가 행여나 이러한 사람을 만나 볼 수 있을까 하여 근심하고 애가 타는 데 이른 것이다.

字義 欒 : 파리할 란　慱 : 근심할 단　縞 : 흴 호　紕 : 선두를 비　緣 : 선두를 연　総 : 바쁠 총
瘠 : 파리할 척　禫 : 禫祭 담

庶見素衣兮아 我心傷悲兮로다 聊與子同歸兮하리라 (檜風 素冠-02)

庶見素衣兮　행여 소복 입은 이 볼 수 있을까
我心傷悲兮　그리는 내 맘 서글프니
聊與子同歸兮　있거든 그대와 함께하리라

賦也라 素冠則素衣矣라 與子同歸는 愛慕之詞也라

賦이다. 하얀 관을 쓰면 하얀 옷을 입는다. 與子同歸는 사랑하고 사모하는 말이다.

庶見素韠兮아 我心蘊結兮로니 聊與子如一兮하리라 (檜風 素冠-03)

庶見素韠兮　행여 하얀 슬갑 찬 이 볼 수 있을까
我心蘊結兮　그리는 내 맘 답답하니
聊與子如一兮　있거든 그대와 하나 되리라

賦也라 韠은 蔽膝也라 以韋爲之하니 冕服엔 謂之韍이요 其餘曰韠이라 韠은 從裳色하니 素衣素裳이면 則素韠矣라 蘊結은 思之不解也라 與子如一은 甚於同歸矣라

賦이다. 韠은 무릎을 가리는 것이다. 가죽으로 만드니, 冕服에 차는 것을 韍이라 하고, 그 나머지는 韠이라 한다. 韠은 아래옷의 색을 따르니, 하얀 웃옷에 하얀 아래옷을 입었으면 하얀 슬갑을 차는 것이다. 蘊結은 생각이 풀리지 않음이다. 그대와 하나 되리라는 것은 함께한다는 것보다 더한 것이다.

字義 韠 : 슬갑 필　韍 : 슬갑 불

素冠 三章이니 章三句라

〈素冠〉 3章이니, 장마다 3句이다.

按喪禮하면 爲父爲君하여 斬衰三年이라 昔에 宰予欲短喪하니 夫子曰 子生三年然後에 免於父母之懷하나니 予也 有三年之愛於其父母乎아하니 三年之喪은 天下通喪也라 傳曰 子夏三年之喪畢하고 見於夫子하고 援琴而弦할새 衎衎而樂하고 作而曰 先王制禮라 不敢不及이오이다하니 夫子曰 君子也로다하고 閔子騫이 三年喪畢하고 見於夫子하고 援琴而弦할새 切切而哀하고 作而曰 先王制禮라 不敢過也로이다하니 夫子曰 君子也로다하니 子路曰 敢問何謂也잇고하니 夫子曰 子夏는 哀已盡이로되 能引而致之於禮라 故로 曰君子也요 閔子騫은 哀未盡이로되 能自割以禮라 故로 曰君子也라하니 夫三年之喪은 賢者之所輕이요 不肖者之所勉이라

喪禮(《儀禮》〈喪服〉)를 살펴보면, "아비와 군주를 위하여 斬衰 三年服을 입는다." 하였다. 옛날에 宰予가 喪期를 단축하고자 하자, 夫子께서 "자식이 태어난 지 3년이 지난 뒤에야 부모의 품에서 벗어나니, 宰予는 부모에게서 3년 동안의 사랑을 받았는가." 하였으니, 三年喪은 天下에 공통되는 喪이다. 毛亨(前漢)의 傳에 "子夏가 삼년상을 마치고 夫子를 뵙고는 거문고를 가져다 타는데, 화락한 모습으로 즐겁게 타고는 일어나 말하기를 '先王이 만든 禮이기 때문에 감히 이에 미치지 않을 수 없었습니다.' 하자, 夫子는 '君子이다.' 하였다. 閔子騫이 삼년상을 마치고 夫子를 뵙고는 거문고를 가져다 타는데, 슬퍼하는 모습으로 구슬프게 타고는 일어나 말하기를 '先王이 만든 禮이기 때문에 감히 이보다 지나칠 수 없었습니다.' 하자, 夫子는 '君子이다.' 하였다. 子路가 '감히 여쭙겠습니다. 무슨 뜻입니까?' 하고 묻자, 夫子는 '子夏는 슬픔이 이미 다 없어졌지만 연장하여 禮에 맞도록 지켰다. 그래서 君子라 한 것이고, 閔子騫은 슬픔이 아직 남아 있었지만 禮를 지켜 억제하였다. 그러므로 君子라 한 것이다.' 하였으니, 삼년상은 賢者는 쉽게 행하는 것이고, 不肖한 자는 힘써서 하는 것이다."라고 하였다.

字義 衎 : 즐길 간 騫 : 이지러질 건

用例

〔棘人〕 - 부모의 상을 당한 상주가 자신을 일컫는 말이다. 孫仁孺(明), 《東郭記》〈遍國中〉: "素冠聊擬**棘人**欒, 蕭索西風墓木盤."

〔欒棘〕 - 부모상을 당하여 애통으로 수척해진 모습, 효자의 애통함을 표현하는 말이다. 張說(唐), 〈故開府儀同三司上柱國梁國文貞公碑〉: "剖符江表, 敦諭起復, 衰麻外墨, **欒棘**內毁."

〔素冠〕 - 효도를 다하지 않은 자를 기롱하고 풍자하는 말이다. 《晉書》〈顧和傳〉: "吾在常日猶不如人, 況今中心荒亂, 將何以補於萬分, 祇足以示輕忘孝道, 貽**素冠**之議耳."

〔韠冕〕 - 官員이 朝覲할 때의 복식을 표현한다. 劉向(漢), 《說苑》〈修文〉: "是故**韠冕**厲戒, 立於廟堂之上, 有司執事, 無不敬者."

隰有萇楚(습유장초)

萇楚(中華獼猴桃)

隰有萇楚하니 猗儺(아나)其枝로다 夭之沃沃하니 樂子之無知하노라 (檜風 隰有萇楚-01)

隰有萇楚　　습지에 다래나무
猗儺其枝　　그 가지 부드럽네
夭之沃沃　　어리고 고와 윤기 나니
樂子之無知　세상모르는 네가 즐겁겠구나

賦也라 萇楚는 銚(요)弋이니 今羊桃也라 子如小麥하고 亦似桃라 猗儺는 柔順也라 夭는 少好貌요 沃沃은 光澤貌라 子는 指萇楚也라

賦이다. 萇楚는 銚弋이니, 지금의 다래나무〔羊桃〕이다. 씨는 小麥과 비슷한데, 〈열매 모습이〉 복숭아와도 비슷하다. 猗儺는 부드러움이다. 夭는 어리고 예쁜 모양이고, 沃沃은 윤기가 나는 모습이다. 子는 萇楚를 가리킨 것이다.

◯政煩賦重하니 人不堪其苦하여 嘆其不如草木之無知而無憂也라

◯정사가 번거롭고 세금이 무거우니, 사람들이 그 고통을 견디지 못하여, 無知하여 근심이 없는 草木만 못함을 탄식한 것이다.

字義　萇 : 다래나무 장　猗 : 야들야들할 아　儺 : 부드러울 나　沃 : 기름질 옥　銚 : 쟁개비 요

隰有萇楚하니 猗儺其華로다 夭之沃沃하니 樂子之無家하노라 (檜風 隰有萇楚-02)

隰有萇楚　　습지에 다래나무
猗儺其華　　그 꽃 아름답네
夭之沃沃　　어리고 고와 윤기 나니
樂子之無家　가족 없는 네가 즐겁겠구나

賦也라 無家는 言無累也라

賦이다. 無家는 〈가족이 없어〉 매인 곳이 없음을 말한 것이다.

隰有萇楚하니 猗儺其實이로다 夭之沃沃하니 樂子之無室하노라 (檜風 隰有萇楚-03)

隰有萇楚　　습지에 다래나무
猗儺其實　　그 열매 곱기도 하지
夭之沃沃　　어리고 고와 윤기 나니

樂子之無室　　가족 없는 네가 즐겁겠구나

賦也라 無室은 猶無家也라

賦이다. 無室은 無家와 같다

隰有萇楚 三章이니 章四句라

〈隰有萇楚〉 3章이니, 장마다 4句이다.

匪風(비풍)

匪風發兮며 匪車偈(걸)兮라 顧瞻周道요 中心怛兮호라 (檜風 匪風-01)

匪風發兮　　회오리바람 때문이 아니요
匪車偈兮　　빨리 달리는 수레 탓도 아니로다
顧瞻周道　　주나라 가는 길 돌아보고
中心怛兮　　마음속 깊이 슬퍼하네

賦也라 發은 飄揚貌요 偈은 疾驅貌라 周道는 適周之路也요 怛은 傷也라

賦이다. 發은 휘날리는 모양이고, 偈은 빨리 달리는 모습이다. 周道는 주나라로 가는 길이고, 怛은 슬퍼함이다.

○周室衰微하니 賢人憂嘆而作此詩라 言常時엔 風發而車偈이면 而中心怛然이러니 今非風發也며 非車偈也요 特顧瞻周道而思王室之陵遲라 故로 中心爲之怛然耳라

○周나라 왕실이 衰微하니, 賢人이 근심하고 탄식하여 이 시를 지은 것이다. "평상시에는 회오리바람이 불고 수레를 빨리 달리면 마음이 걱정스러웠는데, 지금은 바람이 몰아쳐서도 아니며 수레가 빨리 달려서도 아니고, 다만 周나라로 가는 길을 돌아보고는 침체된 王室을 생각하므로 마음이 이 때문에 슬프다."라고 한 것이다.

字義　偈 : 빠를 걸　怛 : 슬퍼할 달

匪風飄兮며 匪車嘌兮라 顧瞻周道요 中心弔兮호라 (檜風 匪風-02)

匪風飄兮　　회오리바람 때문이 아니며
匪車嘌兮　　흔들리는 수레 탓도 아니로다
顧瞻周道　　주나라 가는 길 돌아보고
中心弔兮　　마음속 깊이 아파하네

賦也라 回風을 謂之飄라 嘌는 漂搖不安之貌라 弔도 亦傷也라

賦이다. 회오리바람을 飄라 한다. 嘌는 흔들려 불안한 모습이다. 弔도 아파함이다.

字義 嘌 : 몰아갈 표 弔 : 상심할 조

誰能亨(팽)魚[4]오 漑之釜鬵하리라 誰將西歸오 懷之好音하리라 (檜風 匪風-03)

誰能亨魚 누가 물고기 잘 삶는가
漑之釜鬵 가마솥 씻어주리라
誰將西歸 누가 서쪽으로 가려느뇨
懷之好音 좋은 말로 위로하리라

興也라 漑는 滌也라 鬵은 釜屬이라 西歸는 歸于周也라

興이다. 漑는 씻음이다. 鬵은 가마솥 종류이다. 西歸는 周나라로 돌아감이다.

◯誰能亨魚乎아 有則我願爲之漑其釜鬵이요 誰將西歸乎아 有則我願慰以好音이라하니 以見(현)思之之甚하여 但有西歸之人이면 卽思有以厚之也라

◯"누가 물고기를 잘 삶는가. 있으면 내 그를 위하여 가마솥을 씻어줄 것이고, 누가 서쪽으로 돌아가려는가. 있으면 내 좋은 말로 위로하리라."라고 하였으니, 그리움이 심함을 드러내어 서쪽으로 돌아가는 사람만 있으면 곧 그를 후하게 대우할 것을 생각한 것이다.

字義 漑 : 씻을 개 鬵 : 용가마 심 滌 : 씻을 척 亨(≒烹) : 삶을 팽

匪風 三章이니 章四句라

〈匪風〉 3章이니, 장마다 4句이다.

檜國 四篇이니 十二章이요 四十五句라

檜國風 4篇이니, 12章이고 45句이다.

4 誰能亨(팽)魚 : 毛亨(前漢)은 "물고기는 삶을 때에 자주 저으면 부서지고 백성은 다스릴 때에 자주 政令을 내리면 떠나가니, 물고기 삶을 줄을 알면 백성 다스릴 줄을 아는 것이다."라고 해석하였다.(《毛詩正義》 참조)

詩經集傳 卷之七

曹 一之十四

曹世系(伯爵)

振鐸 - 太伯 - 仲君 - 宮伯 - 孝伯 - 夷伯 - 幽伯 - 戴伯 - 惠伯 - 石甫 - 繆公(石甫 弟) - 桓伯 - 莊伯 - 釐伯(群公子) - 昭伯 - 共伯 - 文伯 - 宣伯 - 成伯 - 武伯 - 平伯 - 悼伯 - 聲伯(悼公 弟) - 隱伯(平公 弟) - 靖伯 - 伯陽

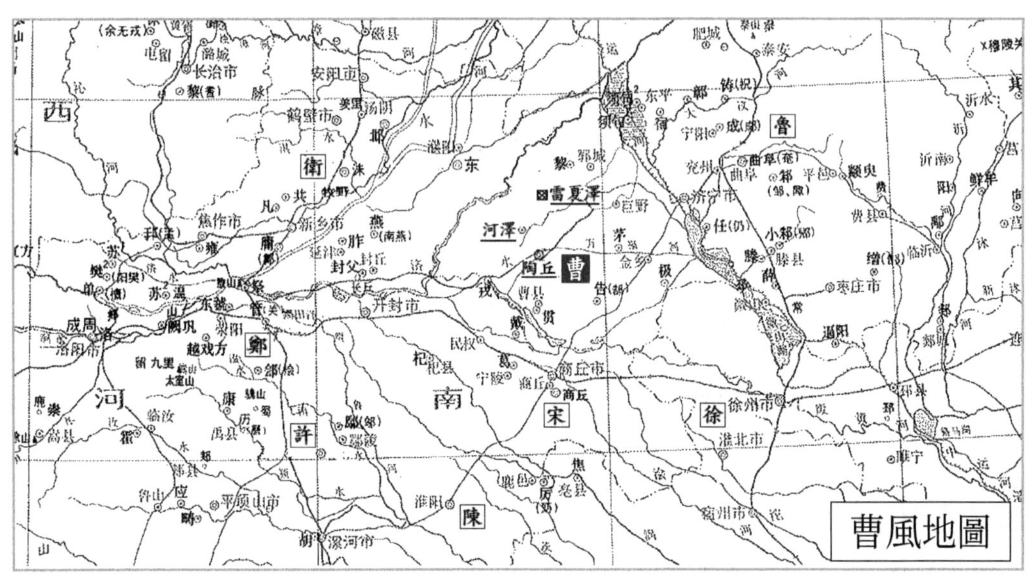

曹風地圖

曹는 國名이니 其地在禹貢兗州陶丘之北, 雷夏何澤之野라 周武王이 以封其弟振鐸하니 今之曹州 卽其地也라

曹는 國名이니, 그 지역은《書經》〈禹貢〉의 兗州 陶丘의 북쪽, 雷夏澤 · 荷澤의 들에 있었다. 周 武王이 이곳으로 아우 振鐸을 봉했으니, 지금의 曹州가 바로 그곳이다.

蜉蝣(부유)

蜉蝣

蜉蝣之羽여 衣裳楚楚로다 心之憂矣로니 於我歸處어다 (曹風 蜉蝣-01)

蜉蝣之羽　　하루살이 깃이여
衣裳楚楚　　깨끗한 옷이로다
心之憂矣　　수심스런 이 마음
於我歸處　　내게 와 살지어다

比也[5]라 蜉蝣는 渠略也니 似蛣蜣이라 身狹而長角이요 黃黑色이니 朝生暮死라 楚楚는 鮮明貌라

比이다. 蜉蝣는 渠略이니, 말똥구리와 비슷하다. 몸통이 좁고 촉각이 길며, 黃黑色이니, 아침에 태어났다가 저녁에 죽는다. 楚楚는 깨끗한 모습이다.

○此詩는 蓋以時人 有玩細娛而忘遠慮者라 故로 以蜉蝣爲比而刺之라 言蜉蝣之羽翼은 猶衣裳之楚楚可愛也라 然其朝生暮死하여 不能久存이라 故로 我心憂之하여 而欲其於我歸處耳라 序에 以爲刺其君이라하니 或然而未有考也라

○이 시는 그 당시 사람 중에 작은 즐거움을 좋아하고 먼 앞날을 염려함을 잊은 자가 있었다. 그리하여 하루살이로 비유하여 풍자한 것이다. "하루살이의 깃과 날개는 아낄 만한 깨끗한 衣裳과 같다. 그러나 아침에 태어났다가 저녁에 죽어 오래 살지 못한다. 그리하여 내 맘에 근심하여 나에게 돌아와 살게 하고자 한다."고 한 것이다. 〈序〉에 "그 군주를 풍자한 시이다." 하였는데, 혹 그럴 듯하나 상고할 만한 것은 없다.

字義　蜉 : 하루살이 부　蝣 : 하루살이 유　楚 : 산뜻할 초　蛣 : 말(쇠)똥구리 길　蜣 : 말(쇠)똥구리 강

蜉蝣之翼이여 采采衣服이로다 心之憂矣로니 於我歸息이어다 (曹風 蜉蝣-02)

蜉蝣之翼　　하루살이 깃이여
采采衣服　　화려한 옷이로다
心之憂矣　　수심스런 이 마음
於我歸息　　내게 와 쉴지어다

比也라 采采는 華飾也라 息은 止也라

5　比也 : 毛亨(後漢)은 興으로 해석하였다. 앞의 두 句는 昭公의 君臣이 사치한 것을 興한 것이라 하였다.(《毛詩正義》 참조)

比이다. 采采는 화려하게 꾸밈이다. 息은 멈춤이다.

蜉蝣掘閱하니 麻衣如雪이로다 心之憂矣로니 於我歸說(세)어다 (曹風 蜉蝣-03)

蜉蝣掘閱　　갓 나온 하루살이
麻衣如雪　　눈처럼 흰 베옷이로다
心之憂矣　　수심스런 이 마음
於我歸說　　내게 와 머물지어다

比也라 掘閱은 未詳[6]이다 說는 舍息也라

比이다. 掘閱은 未詳이다. 說는 머물러 쉬는 것이다.

字義 掘 : 팔 굴　說 : 머무를 세

蜉蝣 三章이니 章四句라

〈蜉蝣〉 3章이니, 장마다 4句이다.

用 例

〔蜉蝣羽〕 - 눈앞의 일만 생각하고 장래를 생각지 않는 것을 비유한다. 張九齡(唐), 〈感遇〉詩之三 : "魚遊樂深池, 鳥棲欲高枝, 嗟爾**蜉蝣羽**, 薨薨亦何爲?"

〔蝣羽〕 - 奢侈스러운 服飾을 말한다.

〔衣冠楚楚〕 - 의복이 아름다움을 형용한 말이다. 無名氏(元), 《凍蘇秦》第四摺 : "想當初風塵落落誰憐憫, 到今日**衣冠楚楚**爭親近."

候人(후인)

彼候人兮는 何戈與祋(돌)이어니와 彼其之子는 三百赤芾(불)이로다 (曹風 候人-01)

彼候人兮　　손님 안내 저 관리는
何戈與祋　　창대를 메려니와
彼其之子　　저기 저 소인들

6　掘閱 未詳 : 《毛詩草木鳥獸蟲魚疏》에는, 하루살이의 유충이 흐리고 비가 올 때 땅을 뚫고 나와 허물을 벗고 成蟲이 되는 것이라고 하였다. 이에 근거하여 땅속에서 갓 나온 하루살이를 묘사한 것으로 풀이하였다.

三百赤芾　　붉은 슬갑이 삼백 명이로세

興也라 候人은 道路迎送賓客之官이라 何는 揭요 祋은 殳也라 之子는 指小人이라 芾은 冕服之韠也라 一命은 緼芾黝珩이요 再命은 赤芾黝珩이요 三命은 赤芾葱珩이며 大夫以上은 赤芾乘軒이라

興이다. 候人은 도로에서 손님을 맞이하고 전송하는 관원이다. 何는 메는 것이고, 祋은 창이다. 之子는 소인을 가리킨 것이다. 芾은 冕服의 슬갑이다. 一命은 주황색 슬갑에 검은 패옥을 차고, 再命은 붉은 슬갑에 검은 패옥을 차고, 三命은 붉은 슬갑에 푸른 패옥을 차며, 대부 이상은 붉은 슬갑에 軒車를 탄다.

◯此는 刺其君遠君子而近小人之詞라 言彼候人而何戈與祋者는 宜也어니와 彼其之子而三百赤芾은 何哉오 晉文公入曹에 數其不用僖負羈하고 而乘軒者三百人하니 其謂是歟인저

◯이 시는 군주가 군자를 멀리하고 소인을 가까이함을 풍자한 말이다. "저 길을 안내하는 관원이 창대를 메는 것은 당연하지마는, 저 소인으로서 붉은 슬갑을 찬 자가 300명이나 됨은 어째서인가."라고 한 것이다. 《春秋左氏傳》 僖公 28년 晉 文公이 曹나라에 쳐들어갔을 때 僖負羈를 등용하지 않은 것과 軒車를 타는 자가 300명이나 됨을 죄로 들어 따졌으니, 이를 말함일 것이다.

字義　何 : 멜 하　祋 : 창 돌　芾 : 슬갑 불　揭 : 등에 멜 게　殳 : 창 수　黝 : 검을 유　珩 : 패옥 형　葱 : 푸를 총　僖 : 즐거울 희　羈 : 맬 기

維鵜在梁하니 不濡其翼이로다 彼其之子여 不稱其服이로다 (曹風 候人-02)

鵜(班嘴鵜鶘)

維鵜在梁　　어량에 있는 사다새
不濡其翼　　그 깃 적시지 않았네
彼其之子　　저기 저 소인들
不稱其服　　옷이 걸맞지 않네

興也라 鵜는 洿澤으로 水鳥也니 俗所謂淘河也라

興이다. 鵜는 洿澤으로, 물새이니, 세속에서 말하는 淘河이다.

字義　鵜 : 사다새 제　濡 : 젖을 유　洿(≒鶚) : 사다새 오(호)　淘 : 물 흐를 도

維鵜在梁하니 不濡其咮로다 彼其之子여 不遂其媾로다 (曹風 候人-03)

維鵜在梁　　어량에 있는 사다새
不濡其咮　　부리 적시지 않았네
彼其之子　　저기 저 소인들

不遂其媾　　　총애에 걸맞지 않네

興也라 咮는 喙라 遂는 稱이요 媾는 寵也라 遂之曰稱이니 猶今人謂遂意曰稱意라

興이다. 咮는 부리이다. 遂는 걸맞음이고, 媾는 총애이다. 遂를 稱으로 해석하니, 지금 사람들이 遂意(뜻에 맞음)를 稱意라고 하는 것과 같다.

字義 咮 : 새부리 주　媾 : 총애할 구　喙 : 부리 훼

薈兮蔚兮 南山朝隮로다 婉兮孌兮 季女斯飢로다 (曹風 候人-04)

薈兮蔚兮　　　울창하고 무성한
南山朝隮　　　남산에 구름 이네
婉兮孌兮　　　어리고 어여쁜
季女斯飢　　　소녀 굶주리네

比也라 薈, 蔚는 草木盛多之貌라 朝隮는 雲氣升騰也라 婉은 少貌요 孌은 好貌라

比이다. 薈와 蔚는 초목이 무성한 모습이다. 朝隮는 구름이 위로 오르는 것이다. 婉은 어린 모습이고, 孌은 예쁜 모습이다.

○薈蔚朝隮는 言小人衆多而氣燄盛也요 季女 婉孌自保하여 不妄從人이어늘 而反飢困은 言賢者守道而反貧賤也라

○초목이 울창한 남산에 구름이 오르는 것은 소인이 많고 기세가 왕성함을 말한 것이고, 소녀가 어리고 예쁘며 스스로를 보전하여 함부로 남을 따르지 않는데 도리어 굶주리고 곤궁함은 賢者가 道를 지키지만 도리어 貧賤함을 말한 것이다.

字義 薈 : 풀 우거질 회　蔚 : 풀 우거질 위　隮 : 오를 제　孌 : 예쁠 련　騰 : 오를 등　燄 : 불꽃 염

候人 四章이니 章四句라

〈候人〉 4章이니, 장마다 4句이다.

用例

〔濡鵜〕 – 높은 관직과 많은 녹을 받지만 조정을 잘 다스리지 못하여 직책에 걸맞지 못한 사람을 비유한다. 蘇軾(宋), 〈謝賜衣襖表〉 : "敢不推廣朝廷之仁, 益收凍餒, 申嚴祖宗之法, 少肅惰媮, 庶收汗馬之勞, 以解濡鵜之誚."

〔維鵜〕 – 小人이 조정에 있거나, 관직에 있는 자가 才德이 걸맞지 못함을 비유한다. 《隋書》〈盧愷傳〉 : "徒以家富自通, 遂與縉紳并列, 實恐維鵜之刺聞之外境."

〔鵜梁〕 – 일을 맡아 관직에 있거나 그 지위에 걸맞지 못함을 비유한다. 王禹偁(宋), 〈謫居感事〉詩 : "蚊力山難負, 鵜梁翼易滋."

〔鵜翼〕 - 관직에 있는 자가 지위에 걸맞지 못함을 비유한다.《北史》〈盧愷傳〉: "今神歡出自染工, 更無殊異, 徒以家富自通, 遂與搢紳幷列. 實恐鵜翼之刺, 聞之外境."

鳲鳩(시구)

鳲鳩在桑하니 其子七兮로다 淑人君子여 其儀一兮로다 其儀一兮하니 心如結兮로다
(曹風 鳲鳩-01)

鳲鳩在桑　　뽕나무 위 뻐꾸기
其子七兮　　새끼가 일곱이네
淑人君子　　착하신 군자여
其儀一兮　　몸가짐 한결같네
其儀一兮　　몸가짐 한결같아
心如結兮　　마음가짐 굳세네

興也라 鳲鳩는 秸鞠也니 亦名戴勝이니 今之布穀也라 飼子에 朝從上下하고 暮從下上하여 平均如一也라 如結은 如物之固結而不散也라

興이다. 鳲鳩는 秸鞠이니 戴勝이라고도 하는데, 지금의 布穀이다. 새끼에게 먹이를 줄 때에 아침에는 위에서 아래로 내려오고, 저녁에는 아래에서 위로 올라가, 똑같이 균일하게 먹인다. 如結은 물건이 굳게 묶여서 흩어지지 않음과 같은 것이다.

○詩人이 美君子之用心均平專一이라 故로 言鳲鳩在桑하니 則其子七矣요 淑人君子는 則其儀一矣니 其儀一이면 則心如結矣라 然不知其何所指也라 陳氏曰 君子動容貌엔 斯遠暴慢하며 正顏色엔 斯近信하며 出辭氣엔 斯遠鄙倍하여 其見(현)於威儀動作之間者 有常度矣니 豈固爲是拘拘者哉아 蓋和順積中하여 而英華發外[7]라 是以로 由其威儀一於外하여 而心如結於內者를 從可知也라

○시인이 君子의 마음씀이 고르고 공평하고 專一함을 찬미하였다. 그리하여 "뽕나무 위의 뻐꾸기는 새끼가 일곱이며, 어진 군자는 몸가짐이 한결같으니, 몸가짐이 한결같으면 마음이 맺힌듯 굳세다."고 한 것이다. 그러나 그 무엇을 가리킨 것인지는 모르겠다.

---

7 和順積中 而英華發外 :《禮記》〈樂記〉에 나오는 말로, 孔穎達(唐)의 疏에 "오래도록 선한 일을 생각하면 和順이 마음속에 쌓여서 밖으로 말과 음성으로 나타나는 것이니 이것이 몸 밖으로 英華가 나타나는 것이다.〔思念善事日久 是和順積於心中 言詞聲音發見於外 是英華發於身外〕"라고 하였다.(《禮記正義》)

陳氏가 말하였다. "군자가 행동을 할 때에는 거칠고 태만함을 멀리하며, 안색을 바르게 할 때에는 신의에 가깝게 하며, 말을 할 적에는 비루하고 이치에 어긋남을 멀리하여, 몸가짐과 행동하는 사이에 나타나는 것이 일정한 법도가 있으니, 어찌 일일이 마음을 써서 하는 것이겠는가. 이는 부드러운 덕〔和順〕이 가슴 속에 쌓여 그 아름다운 言行〔英華〕이 겉으로 나타나는 것이다. 이래서 밖으로 몸가짐이 한결같음을 통하여 안에 마음이 굳게 맺혀 있음을 따라서 알 수 있는 것이다."

字義 鳲 : 뻐꾸기 시 鳩 : 뻐꾸기 구 秸 : 뻐꾸기 길 鞠 : 기를 국 飼 : 먹일 사

鳲鳩在桑하니 其子在梅로다 淑人君子여 其帶伊絲로다 其帶伊絲니 其弁伊騏로다 (曹風 鳲鳩-02)

鳲鳩在桑 뽕나무 위 뻐꾸기
其子在梅 새끼는 매화나무에
淑人君子 착하신 군자여
其帶伊絲 비단실 띠를 매었네
其帶伊絲 비단실 띠를 매었으니
其弁伊騏 가죽고깔은 청흑색이로세

興也라 鳲鳩는 常言在桑하고 其子는 每章異木하니 子自飛去나 母常不移也라 帶는 大帶也라 大帶는 用素絲하니 有雜色飾焉이라 弁은 皮弁也라 騏는 馬之青黑色者니 弁之色이 亦如此也라 書云 四人騏弁이라하니 今作綦라

興이다. 鳲鳩는 항상 뽕나무에 있다 하고, 그 새끼는 章마다 나무를 달리하니, 새끼는 제 스스로 날아가지만 어미는 항상 옮겨가지 않은 것이다. 帶는 큰 띠이다. 큰 띠는 흰 실을 사용하는데 여러 색깔로 꾸민다. 弁은 가죽고깔이다. 騏는 青黑色 말이니, 가죽고깔 색도 이와 같은 것이다.《書經》〈顧命〉에 '四人騏弁'이라고 하였는데, 지금은 〈騏가〉 綦로 되어 있다.

○言鳲鳩在桑하니 則其子在梅矣요 淑人君子는 則其帶伊絲矣니 其帶伊絲면 則其弁伊騏矣라하니 言有常度하여 不差忒也라

○"뻐꾸기가 뽕나무에 있는데 그 새끼는 매화나무에 있으며, 어진 君子는 그 띠를 비단실로 만들었으니, 그 띠를 비단실로 만들었으면 그 가죽고깔은 청흑색이다."라고 한 것이다. 이는 일정한 법도가 있어 어긋나지 않음을 말한 것이다.

字義 騏 : 철총이 기(검푸른 반점이 있는 말) 綦 : 검푸를 기 忒 : 어그러질 특

鳲鳩在桑하니 其子在棘이로다 淑人君子여 其儀不忒이로다 其儀不忒하니 正是四國이로다 (曹風 鳲鳩-03)

鳲鳩在桑　　뽕나무 위 뻐꾸기
其子在棘　　새끼는 가시나무에
淑人君子　　착하신 군자여
其儀不忒　　몸가짐 어긋남이 없네
其儀不忒　　어긋나지 않는 몸가짐
正是四國　　온 나라 바루리로다

興也라 有常度而其心一이라 故로 儀不忒이니 儀不忒이면 則足以正四國矣라 大學傳曰 其爲父子兄弟足法而後에 民法之也라하니라

興이다. 일정한 법도가 있어서 그 마음이 한결같기 때문에 몸가짐이 어긋나지 않으니, 몸가짐이 어긋나지 않았으면 충분히 온 나라를 바로잡을 수 있는 것이다. 《大學》의 傳 9章에 "부자와 형제가 본받기에 충분한 뒤에야 백성이 본받는다." 하였다.

鳲鳩在桑하니 其子在榛이로다 淑人君子여 正是國人이로다 正是國人하니 胡不萬年이리오 (曹風 鳲鳩-04)

鳲鳩在桑　　뽕나무 위 뻐꾸기
其子在榛　　새끼는 개암나무에
淑人君子　　착하신 군자여
正是國人　　온 나라를 바루시네
正是國人　　온 나라 바루시니
胡不萬年　　어이 만년 장수 않으리오

興也라 儀不忒이라 故로 能正國人이라 胡不萬年은 願其壽考之詞也라

興이다. 몸가짐이 어긋나지 않기 때문에 온 나라 사람을 바로잡을 수 있는 것이다. 胡不萬年은 장수하기를 바라는 말이다.

字義 榛 : 개암나무 진　考 : 오래 살 고

鳲鳩 四章이니 章六句라

〈鳲鳩〉 4章이니, 장마다 6句이다.

用 例

〔七子均養〕 - 人君이 臣民을 공평하게 보살핌을 말한다. 曹植(三國 魏), 〈上責躬應詔詩表〉 : "**七子均養**者, 鳲鳩之仁也."

下泉(하천)

洌彼下泉이여 浸彼苞稂이로다 愾我寤嘆하여 念彼周京호라 (曹風 下泉-01)

洌彼下泉　흘러내리는 차가운 샘물
浸彼苞稂　가라지 포기를 적시네
愾我寤嘆　아, 잠깨어 한숨 지며
念彼周京　저 주나라 서울 그리네

比而興也라 洌은 寒也요 下泉은 泉下流者也라 苞는 草叢生也요 稂은 童粱이니 莠屬也라 愾는 歎息之聲也라 周京은 天子所居也라

比이면서 興이다. 洌은 차가움이고, 下泉은 샘물이 아래로 흐르는 것이다. 苞는 무더기로 나는 풀이고, 稂은 쭉정이[童粱]이니, 가라지의 종류이다. 愾는 탄식하는 소리이다. 周京은 천자가 있는 곳이다.

○王室陵夷하여 而小國困弊라 故로 以寒泉下流而苞稂見傷爲比하고 遂興其愾然以念周京也라

○주나라 王室이 쇠약하여 弱小國이 곤궁하였다. 그리하여 차가운 샘물이 아래로 흘러 무성히 자란 가라지가 해를 입은 것에 비유하고 마침내 탄식하며 周나라 서울을 생각하는 詩情을 일으킨 것이다.

字義 洌 : 차가울 렬　稂 : 가라지 랑　愾 : 성낼 개　莠 : 가라지 유

洌彼下泉이여 浸彼苞蕭로다 愾我寤嘆하여 念彼京周호라 (曹風 下泉-02)

洌彼下泉　흘러내리는 저 차가운 샘물
浸彼苞蕭　쑥 포기를 적시네
愾我寤嘆　아, 잠깨어 한숨 지며
念彼京周　저 주나라 서울 그리네

比而興也라 蕭는 蒿也라 京周는 猶周京也라

比이면서 興이다. 蕭는 쑥이다. 京周는 周京과 같다.

字義 蕭 : 산쑥 소　蒿 : 쑥 호

蓍

洌彼下泉이여 浸彼苞蓍로다 愾我寤嘆하여 念彼京師호라 (曹風 下泉-03)

洌彼下泉　흘러내리는 저 차가운 샘물

浸彼苞蓍　　시초 포기를 적시네
愾我寤嘆　　아, 잠깨어 한숨 지며
念彼京師　　저 주나라 서울 그리네

比而興也라 蓍는 筮草也라 京師는 猶京周也니 詳見(현)大雅公劉篇[8]하니라

比이면서 興이다. 蓍는 점치는 풀이다. 京師는 京周와 같으니, 자세한 내용은 〈大雅 公劉〉篇에 보인다.

字義 蓍 : 시초풀 시　筮 : 시초점 서

芃芃黍苗를 陰雨膏之니라 四國有王이어시늘 郇伯勞之러니라 (曹風 下泉-04)

芃芃黍苗　　무성한 기장 싹을
陰雨膏之　　단비 내려 적셔주네
四國有王　　모든 나라 왕 있는데
郇伯勞之　　순백이 또 위로하였었네

比而興也라 芃芃은 美貌라 郇伯은 郇侯니 文王之後니 嘗爲州伯하여 治諸侯有功이라

比이면서 興이다. 芃芃은 아름다운 모양이다. 郇伯은 郇侯이니, 문왕의 후손으로 일찍이 州伯이 되어 諸侯를 다스려 功이 있었다.

○言黍苗旣芃芃然矣어늘 又有陰雨以膏之요 四國旣有王矣어늘 而又有郇伯以勞之하니 傷今之不然也라

○"기장 싹이 무성히 자랐는데 또 단비가 적셔주고, 나라마다 王이 있는데 또 郇伯이 위로하였다."고 말하였으니, 지금은 그렇지 못함을 서글퍼한 것이다.

字義 芃 : 풀 무성한 모양 봉　郇 : 나라 이름 순

下泉 四章이니 章四句라

〈下泉〉 4章이니, 장마다 4句이다.

程子曰 易剝之爲卦也 諸陽消剝已盡하고 獨有上九一爻尙存하니 如碩大之果 不見食하여 將有復生之理하니 上九亦變이면 則純陰矣라 然陽無可盡之理하니 變於上則生於下하여 無間可容息也라 陰道極盛之時엔 其亂可知니 亂極則自當思治라 故로 衆心願戴於君子하니

8　詳見(현)大雅公劉篇 : 〈公劉〉에서 주자는 다음과 같이 京師를 풀이하였다. "京은 높은 언덕이고 師는 많음이니, 京師는 산이 높아 많은 사람이 거주할 만한 곳이다. 董氏는 '이른바 京師라는 말이 여기에서 시작되었으니, 후세에 그로 인하여 도읍하는 곳을 京師라 한 것이다.'라고 하였다."

君子得輿也라 詩匪風下泉이 所以居變風之終也라

程子가 말하였다. "《周易》의 剝卦는 모든 陽이 모두 다 없어지고, 上九 한 爻만이 아직도 남아 있으니, 이는 마치 큰 과일이 먹히지 않아서 다시 생겨날 이치를 지니고 있는 것과 같다. 上九도 바뀌면 純陰이 된다. 그러나 陽은 없어지는 이치가 없으니, 위에서 변하면 아래에서 생겨나서 한 순간도 쉴 수가 없는 것이다. 陰道가 지극히 왕성한 때에는 그 혼란함을 알 수 있으니, 亂이 극에 달하면 스스로 다스려지기를 생각한다. 그리하여 사람들의 마음이 君子를 추대하기를 원하니, 이는 군자가 수레를 얻은 것이다. 《詩經》의 〈匪風〉과 〈下泉〉이 變風의 맨 마지막에 있는 이유이다."

○陳氏曰 亂極而不治하고 變極而不正이면 則天理滅矣요 人道絶矣라 聖人於變風之極에 則係之以思治之詩하여 以示循環之理하니 以言亂之可治, 變之可正也라

○陳氏가 말하였다. "亂이 극에 이르러도 다스리지 못하고, 變이 극에 이르러도 바루지 못한다면 天理가 없어지고 人道가 끊기게 된다. 聖人이 變風의 마지막에 다스려지기를 생각하는 詩를 이어놓아서 循環하는 이치를 보여주셨으니, 난을 다스릴 수 있고 변을 바로잡을 수 있음을 말씀한 것이다."

字義 剝 : 괘 이름 박

用例

〔下泉〕 - 현명한 군주를 그리워하는 전거로 사용한다. 王粲(漢), 〈七哀詩〉之一 : "悟彼下泉人, 喟然傷心肝."

曹國 四篇이니 十五章이요 六十八句라

曹國風 4篇이니, 15章이고 68句이다.

附錄

《詩經集傳 上》 도판 목록

|역자 소개|

朴小東

전남 구례 광의 출생
蘭圃 徐漢奉 선생 사사

민족문화추진회 부설 국역연수원 연수부 및 상임연구부 졸업
성균관대학교 유학대학원 졸업
민족문화추진회 국역실장 편찬실장 교무처장
한국고전번역원 한학교수
성균관대학교 한문고전번역 석·박사 통합과정 겸임교수
한국고전번역원 명예한학교수·이사(現)
국민훈장 동백장 수훈

論文 〈古典國譯事業의 回顧와 展望〉, 〈禮와 樂舞의 상호관련성〉,
〈退溪 四書釋義의 經學的 特性에 관한 연구〉, 〈古典國譯의 實際〉,
〈朝鮮王朝儀軌 飜譯의 現況과 課題〉, 〈韓國古典 飜譯의 歷史〉
譯書 《嘉禮都監儀軌》, 《親耕·親蠶儀軌》, 《高宗壬寅進宴儀軌》
共譯 《茶山詩文集5》, 《宋子大全6·10》, 《弘齋全書16》, 《中宗實錄48》, 《明宗實錄15》,
《宣祖實錄13·30·38》, 《光海君日記5·14》, 《仁祖實錄6·17》, 《孝宗實錄1》
編書 《궁궐 밖의 역사》 외

오서오경독본

懸吐完譯 詩經集傳 上

2019년 07월 15일 초판 발행
2024년 12월 31일 초판 3쇄

집전 주희
역주 박소동

자문 오규근
윤문교정 박승주 전병수

출판 곽성용 김주현
관리 함명숙
보급 서원영

발행인 김 현
발행처 (사)전통문화연구회
서울 종로구 삼봉로 81 두산위브파빌리온 1332호
전화 : (02)762-8401 전송 : (02)747-0083
홈페이지 : juntong.or.kr
등록 1989. 7. 3. 제1-936호

총판 한국출판협동조합(070-7119-1750)

ISBN 979-11-5794-209-1 (04140)
979-11-5794-202-2 (세트)

정가 30,000원

전통문화연구회 도서목록